한국비용편익분석연구원 연구총서 001

미세먼지로 슬픈 대한민국

강만옥 지음

도서출판 해남

미세먼지로 슬픈 대한민국

초판1쇄 인쇄 2022년 1월 19일
초판1쇄 발행 2022년 1월 27일

저 자 강만옥
발행인 노현철
발행처 도서출판 해남

출판등록 1995. 5. 10 제 1-1885호
주 소 서울특별시 마포구 마포대로8길 9 영명빌딩 405호
전 화 739-4822 팩스 720-4823
이 메 일 haenamin30@naver.com
홈페이지 www.hpub.co.kr

ISBN 978-89-6238-163-4 03330

추천사

박완규

(한국비용편익분석연구원 이사장)

강만옥 박사와는 2003년 한국재정학회 회장을 할 때부터 인연이 시작되어 20년 가까운 세월이 흘렀다. 2011년 한국환경경제학회 회장직을 맡았을 때에도 강 박사는 학회에 적극적으로 참여하여 학회 발전에 이바지한 바가 크다.

2011년 개원 기념 세미나를 시작으로 지금까지 활발하게 그 활동 영역을 넓혀 가고 있는 한국비용편익분석연구원에서도 강 박사는 창립 시부터 적극적인 활동을 해 오고 있다. 이 같은 20년의 세월을 통해 나는 강만옥 박사의 학문적 역량과 성실한 품성에 대해 한번도 의심해 본 적이 없다.

강만옥 박사는 독일 뮌헨대학교에서 조세재정 분야 박사학위를 취득하고 귀국하여 삼성경제연구소에서 기후변화협약이 국내 산업에 미치는 영향분석, 산업계의 저탄소 전략 및 정부의 환경정책 변화에 따른 산업계의 환경위험 최소화 전략 등 환경정책에 대한 산업의 대응전략 연구에 매진하였다. 그 후 국책 연구기관인 한국환경연구원에서 20년 이상 근무하면서 정부의 환경정책 수립, 에너지 가격 개편 및 탄소세 도입, 화석연료 보조금 개편, 규제영향분석,

일자리 창출 등 다양한 분야의 정책연구를 수행하였다. 또한 대기오염 개선시설, 소각장, 쓰레기 매립장, 상하수도 시설 등 환경기초시설 설치사업과 환경오염 저감사업을 추진하는 공공기관인 한국환경공단의 상임이사로 2년여 근무하며 실제로 정부정책을 시행하는 역할을 담당하였다. 지속가능발전위원회, 미래에너지포럼, 저탄소녹색성장국민포럼 등 정부 위원회 활동은 물론 OECD의 'Tax and Environment' 분과에서 환경 에너지 자문위원으로 활동하였다. 성균관대학교와 서울시립대학교 등의 학부 및 대학원에서 환경경제학, 경제정책 등의 강의를 하기도 하였다. 이상의 경력에서 알 수 있듯이 강만옥 박사처럼 환경 관련 이론과 정책, 실무를 겸비한 학자는 국내·외에서 흔치 않은 것이 사실이다.

강 박사가 심혈을 기울여 집필한 『미세먼지로 슬픈 대한민국』을 독자 여러분에게 추천하게 된 것을 매우 기쁘고 영광스럽게 생각한다. 이 책에서 강 박사는 미세먼지는 국내의 문제에 국한되지 않고 중국을 포함한 국제 문제라는 데 초점을 맞추고, 이를 해결하기 위한 각종 정책 제안을 하고 있다. 한 나라의 국경을 벗어나는 월경성 오염물질의 경우 오염을 발생시키는 나라와 오염 피해를 입은 나라가 협력을 하여 문제를 해결하는 것이 바람직하다. 그러나 오염감소에 대한 강제 규정이 존재하지 않기 때문에 오염유발 국가가 협조를 하지 않는 한 문제해결이 어려울 수밖에 없다. 따라서 이 경우 환경 문제를 넘어 국가 간 외교 문제로 비화할 가능성이 크다.

갈수록 심해지는 미세먼지 때문에 어린 자식들의 건강을 위해 해외로 이민 가는 것도 적극적으로 고려해 본다는 젊은 사람들이 늘고 있다고 한다. 그만큼 미세먼지 문제는 이제 우리 국민의 일상생활의 질을 좌우하는 중요한 사안이 되었다. 이 책을 통해 국민들의 미세먼지 해결에 대한 공감대가 형성되고 정부에서도 보다 적극적으로 문제의 해법을 찾고 실천하는 계기가 되기를 기대한다. 혼신의 힘을 기울여 국내·외 자료를 수집하여 분석하고 상당 기간 집필에 전념한 강 박사의 노고를 진심으로 치하하며 추천의 글을 가름한다.

추천사

김성태

(한국비용편익분석연구원 원장)

본서는 한국비용편익분석연구원(Korea Institute of Cost-Benefit Analysis: KICA)이 연구총서로 발간하게 된 첫 작품입니다. 한국비용편익분석연구원은 2010년에 우리나라 최초로 비용편익분석과 관련된 다양한 연구를 수행하는 민간 연구소로 출범하여 60여 건의 비용편익분석 관련 연구를 진행하여 왔습니다. 그럼에도 불구하고 KICA는 수많은 연구성과물들을 공식적인 연구총서 형태로 출간하지 못하다가 이번에 강만옥 박사의 저서『미세먼지로 슬픈 대한민국』을 출간하게 되어 원장으로서 더할 나위 없이 기쁩니다.

독일 뮌헨대학교에서 조세재정 분야 논문으로 경제학박사 학위를 받은 강만옥 박사는 귀국하여 민간 부문 경제연구소 선두주자의 하나인 삼성경제연구소 및 공공 부문에서 환경을 다루는 한국환경연구원에서 연구를 수행하였습니다. 저자는 환경에 대한 민간과 공공 부문의 관점에서 연구할 수 있는 학자적 역량을 갖추고 있습니다. 현재 저자는 한국비용편익분석연구원의 환경에너지센터장으로 다양한 주제에 대하여 연구 활동을 하고 있는 중입니다.

지금까지 우리나라에서 미세먼지에 관한 연구는 많지만 경제학 관점에서 미세먼지를 본격적으로 연구한 저서는 드문 것 같습니다. 국경을 넘나드는 미세먼지는 일종의 지구적 공공재(global public good)로, 좀 더 정확하게 말하면 국경을 초월하여 이웃 국가에게 나쁜 영향을 미치는 지구적 공공 악(global public bad)입니다. 이는 일종의 음(−)의 외부성이 국가 간에 존재하는 것입니다. 외부성(externality)은 특정 경제주체의 경제 활동이 자신의 후생뿐만 아니라 여타 경제주체의 후생에도 영향을 미치는 것을 의미하는데 여타 경제주체의 후생에 나쁜 영향을 미치는 것이 바로 음(−)의 외부성입니다. 이를 해결하는 방법은 여러 가지 있는데, 최적의 방안은 관련 당사국가 간의 협의를 통해 해결하는 것입니다. 이에 근거하여 이 책에서는 미세먼지 문제를 인접국가와 합리적으로 해결할 수 있는 방안을 모색하여 최적의 대안을 제시하고 있습니다.

저는 이 책을 실로 많은 분들이 읽어야 할 필독서로 독자들께 강력하게 추천하고자 합니다. 우선 환경정책을 수립하는 정부 관료들에게 추천하고자 하는데 그 이유는 이 책이 지구적 공공재인 국가 간 미세먼지의 해결을 위한 기본 배경이론들을 상세히 설명하고 있기 때문입니다.

다음으로 현실 세계에서 중국을 비롯한 이웃 국가와 미세먼지 문제를 정책적으로 해결해야 하는 정부 부처의 관료들에게 권합니다. 우리 정부 부처의 관료들이 이웃 국가에 미세먼지의 해결을 위해 무엇인가 요구하여야 할 때, 그들의 주장이 설득력을 갖기 위해서는 탄탄한 이론적 배경이 필요하기 때문입니다.

그밖에도 환경을 공부하는 학생들입니다. 또한 미세먼지에 관심을 갖고 있는 시민사회 관계자들과 더 나아가 대한민국 국민 모두 미세먼지에 관한 정확한 실체를 알기 위하여 이 책을 읽기를 강력하게 추천합니다.

머리말

우리는 코로나19 상황에도 불구하고 매일 아침에 미세먼지 수치부터 확인하는 일상생활을 영위하고 있다. 겨울철과 봄철에 자주 발생하는 고농도 미세먼지는 우리들의 숨을 턱턱 막히게 한다. 미세먼지가 심한 날에는 머리가 지끈지끈 아프고 눈이 따갑고 목이 답답함을 느끼곤 한다. 실외에서는 KF94 마스크를 쓰고, 실내에서 생활할 때에는 공기청정기를 돌리면 조금 나아지는 것을 경험해 왔다.

코로나19 사태로 인해 작년과 재작년의 봄과 가을에는 맑고 푸른 하늘이 다시 돌아와 숨쉬기가 편했었다. 참으로 오랜만에 숨쉬기 편안한 봄철과 가을철을 간끽할 수 있었다. 그러나 중국에서 산업 및 사회활동에 관한 봉쇄조치가 풀리자 산업생산과 경제활동이 예전 수준으로 다시 돌아와 작년 겨울부터는 중국의 대기오염이 팬데믹 이전 수준으로 회귀하였다. 미·중 무역분쟁과 중국 경제 침체를 탈피하기 위해 향후 중국 정부는 강력한 경기부양책을 추진할 것으로 전망된다. 이에 따라 환경규제 완화와 석탄화력발전소 가동이 크게 증가하여 대기오염은 더욱 악화될 것으로 보인다.

통상 우리나라의 미세먼지 농도는 국내에서 발생하는 미세먼지, 중국발 미세먼지, 그리고 풍향·풍속·강수량 등 기상 상황의 영향을 받는다. 평상시에는 우리나라 자체에서 발생하는 미세먼지가 주류를 이룬다. 그렇지만 겨울철과 봄철에는 미세먼지가 편서풍(동쪽에서 서쪽으로 부는 바람)에 의해 중국에서 우리나라로 유입된 후 대기 정체로 축적되고, 아울러 질소산화물, 황산화물 등 초미세먼지의 2차 생성물질로 인해 고농도 현상으로 발달한다.

대다수 국민들은 우리나라의 고농도 미세먼지에 크게 영향을 미치는 원인으로 중국에서 유입되는 미세먼지를 꼽고 있다. 중국발 미세먼지로 인해 우리 삶의 질이 크게 악화되고 있다. 국민들은 집단적으로 우울증과 무기력증을 경험하고 있어 미세먼지가 한국 사회 곳곳의 풍경을 바꾸고 있다. 미세먼지 문제가 공포로 변하면서 이제는 개인의 생존을 위협하는 리스크로 등장하였다. 미세먼지로 '슬픈 대한민국'이 되어 버렸다.

우리 국민의 절반가량은 미세먼지 감축을 가장 시급하게 해결해야 할 환경 문제라고 생각하고 있으며, 특히 중국발 미세먼지에 대해 우려와 관심이 높다. 미세먼지 때문에 해외 이민을 고려하는 사람들이 급격히 증가하고 있다. 국민 건강도 크게 위협받고 있다. 공기는 인간의 건강과 안전, 삶의 질에 있어서 가장 중요한 요소이다. 따라서 정부는 우리 국민들이 깨끗한 공기를 마음껏 마실 수 있도록 보장해야 할 책무를 가지고 있다.

우리가 숨 쉬는 공기는 국경을 구별하지 않는다. 우리나라는 겨울철과 봄철에 편서풍에 의해 풍상지역(중국)에서 풍하지역(한반도)으로 대기오염물질이 운반된다. 한반도의 지리적 특성과 풍향에 따른 초미세먼지 이동을 고려할 때 우리나라의 초미세먼지 농도는 중국의 영향을 받는다. 특히, 미세먼지보다 입자가 굵고 무거운 황사도 중국 대륙을 통과하여 한반도로 날아오고 있는데 이보다 입자가 훨씬 작고 가벼운 초미세먼지는 우리나라에 매우 큰 영향을 준다. 평상시 서울에서 측정한 초미세먼지의 30~50%가 중국으로부터 유입되며, 고농도 발생 시기에는 60~80%까지 영향을 준다고 한다. 중국발 미세먼지는 일본과 미국 서부지역까지도 영향을 주고 있다.

2013년 초에 중국 중부 및 동부지역에서 극심한 스모그가 연속적으로 발생하였다. 특히, 베이징시는 초미세먼지 농도가 993㎍/m³로 사상 최고치를 기록하였다. 2013년은 중국발 미세먼지가 우리나라에 심각하게 영향을 미치기 시작한 시점이기도 하다. 이때부터 우리나라의 미세먼지가 극심해졌고 현재까지도 우리 국민들은 상당한 고통을 받고 있다.

중국 정부는 '미세먼지와의 전쟁'을 선포하면서 다각도로 감축 노력을 기울여 왔다. 이로 인해 주요 도시의 미세먼지 오염도는 낮아지고 있다. 하지만 실상을 보면 중국 정부는 환경오염 유발 공장들을 대도시에서 교외로, 도시에서 시골 지역으로, 동부에서 서부내륙으로 대거 이전시켜 전국적인 미세먼지 배출량은 오히려 더 증가하였다. 특히, 중국 동부 연안에 화력발전소와 소각장을 집중적으로 배치하고 있어 우리나라에 직접적인 영향을 주고 있다. 그러나 중국 정부와 언론들은 중국에서 발생하는 미세먼지가 우리나라로 넘어오는 사실을 인정하지 않고 있다. 오히려 중국 정부는 "우리는 줄였는데 한국이 문제다"라면서 중국발 미세먼지가 우리나라에 영향을 미치는 것을 부정하고 있다.

우리 정부는 대기오염으로 인한 건강 피해를 줄이기 위해 다양한 대책을 추진하고 있다. 그 결과 우리나라 자체에서 발생하는 연평균 초미세먼지 농도는 점차 감소하고 있다. 그러나 고농도 초미세먼지의 발생일수와 최고치는 증가 추세에 있다. 이는 중국 주요 도시의 대기 질이 개선되고 있음에도 불구하고 우리나라로 향한 미세먼지 이동량이 감소하지 않고 있기 때문이다. 봄철과 겨울철에 우리나라의 초미세먼지 농도는 오히려 증가하고 있다. 그럼에도 불구하고 우리나라 정부와 환경단체는 중국발 미세먼지에 대해서 침묵하거나 심지어 중국 정부를 옹호하기까지 하고 있다.

현재 우리 정부의 미세먼지 대책은 고농도 시기에도 국내에서 발생하는 미세먼지 감축에만 집중하고 있다. 물론 국내에서 발생하는 미세먼지 발생량을 줄이는 정책도 중요하다. 그러나 고농도 발생 시기에도 국내에서 발생하는 미세먼지 감축에만 열을 올리고 있는 것은 과녁을 한참 빗나간 화살을 쏘는 것과 같다. 정부는 미세먼지 잡겠다고 열일을 마다하지 않고 무언가를 열심히 하고는 있지만 중국발 미세먼지가 공습하는 날에는 어김없이 모두 무용지물이 되고 만다. 우리나라의 지정학적 한계로 인해 답답하고 슬플 뿐이다.

국내에서 발생하는 미세먼지와 중국발 미세먼지는 각각 달리 해결방법을 찾아야 하는 환경 문제이다. 국경을 이동하는 월경성 미세먼지는 이웃 국가 또는 이해 당사국들과 협력을 통해 저감이 가능하다. 국제협력을 통한 월경성 대기오염물질의 저감은 어려운 일이지만 지금까지 성공한 사례가 없었던 것은 아니다. 유럽의 〈장거리 이동성 대기오염협약〉과 미국-캐나다 간의 〈대기 질 협약〉이 대표적인 성공사례이다. 더불어 중국발 고농도 미세먼지 해결도 중요하지만, 우리가 자체적으로 해결할 수 있는 국내 배출 미세먼지를 먼저 줄이는 정책을 적극적으로 추진해야 한다. 그래야만 중국에 대해 미세먼지 배출량 감축을 당당하게 요구할 수 있다. 또한 국내에서 발생하는 미세먼지 배출량을 줄이는 대책은 국민건강 개선에도 기여한다.

저자의 지인들 중에는 환경 전문가들이 많이 있다. 그런데 대다수는 우리나라의 고농도 미세먼지 특히, 중국발 미세먼지는 절대로 해결하지 못한다는 절망감을 종종 피력하곤 한다. 미세먼지는 백약을 다 쓰고도 고치지 못하는 불치병 수준이라는 비관적인 견해를 갖고 있다.

미세먼지의 해결책은 정말로 없는 것일까? 고농도 미세먼지의 원인이 중국에 있기 때문에 우리나라가 통제할 수 없으므로 이를 해결하기는 어려운 일일 것이다. 그렇다고 마냥 손을 놓고 있을 수만은 없는 일 아닌가? 아무리 절망적인 상황 속에서도 어떤 방법을 써서라도 해결책을 찾아내야 하고 또한 부단히 노력하면 반드시 찾을 수 있을 것이다. 우리의 미래 세대들을 위하여 이대로 앉아서 당할 수만은 없다. 危機(미세먼지로 슬픈 대한민국)를 機會(편한 숨 쉬는 행복한 나라)로 변화시키는 지혜가 필요하다. 이러한 문제의식 하에서 이 책을 집필하게 되었다.

저자는 민간경제연구소와 국가환경연구기관에서 환경, 에너지, 경제 분야를 30년 가까이 연구한 전문가로서 독자들에게 미세먼지에 대한 올바른 시각을 제공하고 재앙 수준의 미세먼지를 근본적으로 피하는 법을 제시하고자 한다. 국내에서 발생하는 미세먼지에만 관심을 가지면 제대로 된 해법을 제시하기가 어렵다. 우리나라의 고농도 시기에 매우 큰 영향을 주는 중국발 미세먼지도 함께 다루어야 한다. 이 책은 환경, 에너지, 경제, 과학, 정치외교 등 다학제적 접근방법을 통해 국내에서 발생하는 미세먼지와 중국발 미세먼지를 동시에 해결하는 방안을 심층적으로 제안하는 데 중점을 두고 있다. 그런데 막상 집필을 시작하니 방대한 자료가 필요하고 어떻게 접근해야 할지 막막하기만 하였다. 광부가 광산의 막장에서 중노동을 통해 광맥을 찾아내는 심정으로 국내·외의 방대한 자료들을 하나하나 정리하여 집필하기 시작하였다.

본서는 다음 몇 가지의 핵심적인 질문을 던진다. (1) 미세먼지의 피해는 어느 정도인가? (2) 중국발 미세먼지가 우리나라에 영향을 주는 과학적 증거는 무엇인가? (3) 국내 미세먼지는 어디에서 얼마나 발생하는가? (4) 중국발 미세먼지에 대한 중국 정부와 우리나라의 입장은 무엇인가? (5) 중국발 미세먼지를 어떻게 획기적으로 감축할 것인가? (6) 국내에서 발생하는 미세먼지 감축 방안은 무엇인가? 이에 대한 해답을 독자들과 같이 하나하나 찾아보기로 하자.

이 책이 나오기까지 물심양면으로 성원해 준 '한국비용편익분석연구원'의 박완규 이사장님과 김성태 원장님, 그리고 이사님들에게 감사를 표한다. 또한 출판에 흔쾌히 응해 주고 많은 도움을 준 '도서출판 해남'의 노현철 사장님과 수고한 편집부 직원들에게 감사 인사를 전한다. 끝으로 이 책을 완성하는 데 기도와 인내로 동참한 아내와 가족들에게 고마움을 표한다.

2022년 1월

강만옥

차례

4 적반하장의 중국 정부: "우리는 줄였는데 한국이 문제다"

5 '내 탓이오' 우리나라 정부: 고농도 시에 국내 미세먼지 감축에만 집중

1

공포의 미세먼지:
숨 편하게 살고 싶다.

언제부터인가 미세먼지는 우리 삶에서 일상화되어 버렸다. 특히 겨울철과 봄철에 발생하는 고농도 미세먼지는 국민들의 숨을 턱턱 막히게 하며 공포스러움마저 느끼게 한다. 이러한 재앙 수준의 공기 상태는 중국발 미세먼지와 상시적으로 배출되는 국내 미세먼지가 합해져 생긴 것이다. 국민 건강도 크게 위협받고 있다. 공기는 인간의 건강과 안전, 삶의 질에 가장 중요한 요소이다. 정부는 우리 국민들이 깨끗한 공기를 마음껏 마실 수 있도록 보장해야 할 책무를 가지고 있다.

1. 미세먼지로 '슬픈 대한민국'

날로 악화되는 공기 상태

우리는 코로나19 상황에도 불구하고 매일 아침 미세먼지 수치부터 확인하는 일상생활을 영위하고 있다. 저자도 작업 중에는 창문을 열지 못하고 일할 때가 많다. 특히 매년 12월부터 이듬해 4월까지 거의 반년 동안은 미세먼지 때문에 일상생활에 지장을 받고 있다. 출근하려거나 밖에서 운동, 산책할 경우 미세먼지 앱을 먼저 확인하는 것이 이제는 필수적인 일이 되어 버렸다.

미세먼지가 심한 날에는 머리가 지끈지끈 아프고 눈이 따갑고 목이 답답함을 느낀다. 실외에서는 KF94 마스크를 쓰고, 실내에서 생활할 때에는 공기청정기를 돌리면 조금 나아지는 것을 경험해 왔다. 작업실 문을 다 잠그고 일하니 답답하고, 공기청정기도 너무 돌려서 그런지 실내 공기 상태가 좋지 않다. 이럴 때는 기분이 우울해지고 작업 능률도 크게 저하되곤 한다. 때로는 무기력함을 느낄 때도 있다. 언론에서 말하는 '방콕형 인간' 혹은 '실내형 인간'이 되어 가는 것은 아닌지?

여름이나 가을에는 푸른 하늘을 감상하면서 심호흡을 일부러 많이 하였었다. 그러나 겨울로 접어들면서 잿빛 하늘과 미세먼지로 답답한 일상이 시작되었다. '사흘 춥고 나흘 온난한 겨울'의 삼한사온(三寒四溫)이 '사흘 춥고 나흘 미세먼지'라는 삼한사미(三寒四微)로 바뀌어 버렸다. 이러한 일이 겨울철과 봄철에 매우 자주 발생하다 보니 대기오염은 우리 삶의 질을 위협하는 중요하고도 시급한 문제가 되었다. 우리 국민들은 미세먼지 점령군이 장악한 우울한 봄날은 봄이 와도 봄 같지 않다는 춘래불사춘(春來不似春)을 매년 경험하고 있다.

최근에는 국내·외 뉴스 헤드라인에서 우리나라 미세먼지의 심각성이 부각되고 있다. 언제까지 이러한 일들이 반복될까? 정부는 미세먼지를 잡겠다고 열일을 마다 않고 무언가를 열심히 계획하여 추진하고 있다. 하지만 중국발 미세먼지가 공습하는 날에는 모두 무용지물이 되고 만다. 우리나라의 지정학적 한계로 인해 답답하고 슬플 뿐이다.

2019년에 우리나라의 초미세먼지 연평균 농도는 24.8㎍/m³•로 경제협력개발기구(OECD) 회원국 가운데 가장 나쁘게 나타났다.[1] 2018년의 OECD 2위에서 한 단계 더 올라 1위가 된 것이다. 이렇게 우리나라의 대기 질 상태는 매년 악화되고 있는 실정이다. 우리나라 국민 10명 가운데 6명은 세계보건기구(WHO)에서 권고한 수준인 초미세먼지 연평균 농도 5㎍/m³••의 4배가 넘는 초미세먼지에 노출된 것으로 나타났다. WHO 권고 수준을 넘는 초미세먼지에 노출될 경우 인체에 해로울 수 있음을 의미한다. 우리나라의 초미세먼지 노출 상황은 OECD 회원국 가운데 가장 나쁜 상태이다.[2]

글로벌 대기오염 조사기관인 AirVisual이 발표한 《세계 대기질 보고서》에 의하면, 2019년에 OECD 회원국 도시 가운데 초미세먼지 오염이 가장 심각한 100대 도시에 우리나라는 61곳이나 포함되었다.[3] 우리나라의 어떤 도시도 WHO 권고 수준을 만족시키지 못하고 있다. 동아시아 국가 가운데 우리나라의 초미세먼지 농도는 나쁜 편에 속하여 몽골, 중국 다음으로 높게 나타났다.

중국 정부는 2020년 초에 코로나19 확산 방지를 위해 공장을 폐쇄하고 사람의 이동을 금지하였다. 2020년 2월 초 중국의 공장가동률은 약 10%에 불과하

• ㎍은 마이크로그램, 1㎍은 100만분의 1g.
•• WHO는 2021년 9월에 초미세먼지 농도의 권고 기준을 강화하였다. 연평균 초미세먼지 농도는 5㎍/m³로, 일평균 농도는 15㎍/m³로 강화하였다.

였고, 2020년 3월에는 60~70%로 추정되었다. '세계의 공장'인 중국에서 공장 가동을 멈추니 대기 질 개선 효과가 뚜렷하게 나타났다. 2020년 2~3월에 중국 337개 도시의 초미세먼지 평균 농도는 36μg/m^3로 2019년 동 기간의 48μg/m^3 대비 25%나 감소하였다. 이러한 중국의 대기 질 개선은 우리나라에도 영향을 주어 2020년 봄에는 맑고 푸른 하늘이 다시 돌아와 숨쉬기가 한결 편했었다. 그러나 중국에서 산업 및 사회활동에 관한 봉쇄 조치가 풀리자 산업생산과 경제활동이 예전 수준으로 다시 돌아갔다. 2021년 2월에는 중국의 대기오염 수준이 팬데믹 이전 수준으로 회복되었고 오히려 악화하는 추세를 나타내고 있다.

미세먼지란 무엇인가?

미세먼지는 고체 및 액체 입자의 혼합물로 구성된 공기 중에 떠다니는 광범위한 대기오염 물질이다. 석탄, 석유와 같은 화석연료를 연소시킬 때나 공장, 자동차 등의 배출가스에서 다량으로 발생한다.

미세먼지(PM10)는 대기 중에 부유하는 분진 가운데 직경이 10μm(0.001cm) 이하인 작은 입자로 머리카락의 1/6 정도 크기이다. 초미세먼지(PM2.5)는 대기 중에 부유하는 분진 가운데 직경이 2.5μm보다 작은 먼지로서 머리카락 직경의 1/20~1/30 정도 크기이다([그림 1-1]).

미세먼지는 공기 중에 고체 상태와 액체 상태 입자의 혼합물로 배출되거나 화학적 반응 또는 자연적으로 생성된다. 미세먼지는 그 생성 과정에 따라 1차 미세먼지와 2차 미세먼지로 구분된다. 1차 미세먼지는 공장 굴뚝, 자동차 배기구 등 오염원에서 직접 배출된 입자를 말한다. 반면 2차 미세먼지는 황산화물(SOx), 질소산화물(NOx), 암모니아(NH_3), 휘발성 유기화합물(VOCs)과 같은 전구

[그림 1-1] 미세먼지와 초미세먼지의 크기 비교

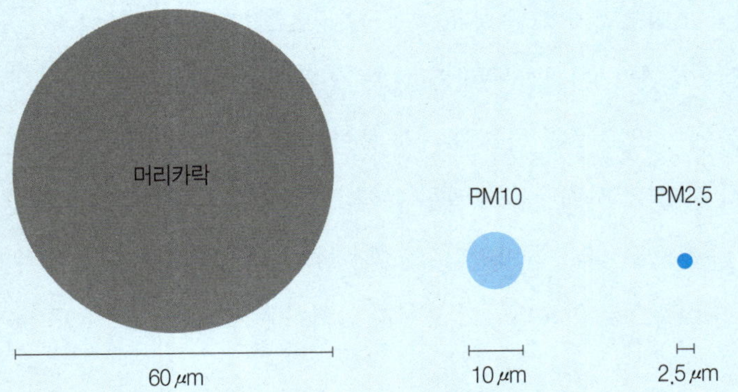

물질•이 공기 중의 수증기, 암모니아 등과 만나 광화학적 반응을 일으켜 발생한다([그림 1-2]).

우리나라의 미세먼지 구성은 직접배출(1차)이 25~30%를 차지하며, 간접배출(2차)은 70~75%를 차지하여 간접배출이 직접배출보다 약 3배 정도 높다.[4)]

미세먼지로 '슬픈 대한민국'

2019년 3월 초 중국발 미세먼지의 공습으로 우리나라는 최악의 공포 상황을 맞이하였다. 수도권, 충청권, 호남권 등 우리나라 국토 전역에서 최고치의 초미세먼지 농도를 기록하였다. 서울시는 129㎍/m^{3}를 기록하여 관측 이래 사

• 전구물질이란 어떤 화합물을 합성하는 데 필요한 재료가 되는 물질을 말한다.

[그림 1-2] 미세먼지 발생원

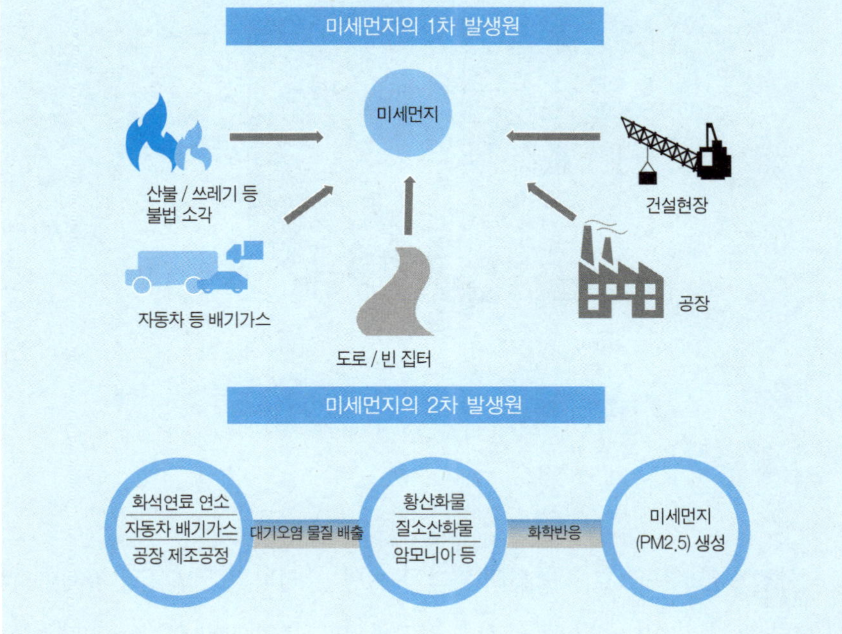

출처: 환경부, 《바로 알면 보인다. 미세먼지, 도대체 뭘까?》, 2016. 4.

상 최악의 미세먼지 수준을 나타냈다. 코로나19 사태 이후 중국 경제의 회복으로 2021년 3월 초에도 초미세먼지가 공습하였다. 2021년 3월 11일에 서울 111㎍/m³, 인천 110㎍/m³, 경기 123㎍/m³, 충남 108㎍/m³ 등 서쪽 지역을 중심으로 초미세먼지 농도가 100㎍/m³ 넘게 증가해 '매우 나쁨' 수준을 나타냈다. 이렇듯 국내 대기가 정체된 상황에서 중국에서 미세먼지가 지속적으로 유입되었고, 오염물질이 확산되지 못하고 국내에 머물면서 고농도 현상이 발생한 것이다([그림 1-3]). 겨울철과 봄철에 우리나라의 초미세먼지 농도가 매우 높은 것은 중국발 영향에 대부분 기인한다.

[그림 1-3] **우리나라 미세먼지 발생 체계**

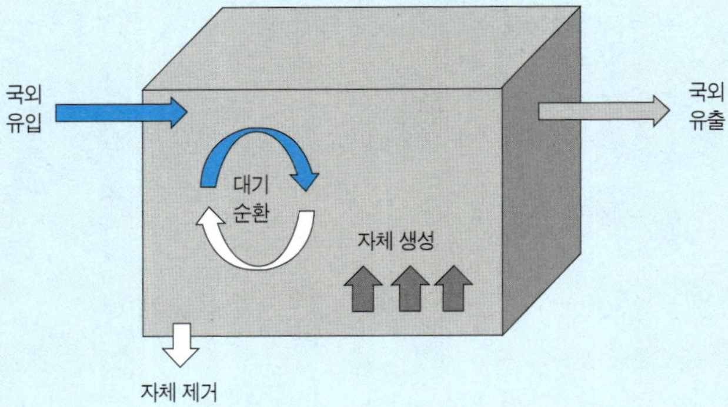

출처: 황인창 외(2020)[5]에서 재인용.

[그림 1-4]의 구글 트렌드 검색 결과를 보면, 우리나라 국민들의 미세먼지에 대한 관심은 2015년부터 급증하기 시작하였다. 특히 2019년 봄에는 기록적인 관심을 표명하였다. 이러한 국민들의 관심 증대는 중국발 미세먼지로 인한 고농도 일수의 급증과 연관성이 높다. 2020년에는 예외적으로 코로나19 사태로 인해 미세먼지에 대한 관심도가 낮았으나, 2021년부터는 예년과 같은 추세를 다시 나타내고 있다.•

[그림 1-5]와 같이 네이버 데이터랩의 미세먼지 키워드 검색 결과를 보면, 통상 겨울철과 봄철에 국민들의 미세먼지 관심도가 높게 나타나고 여름철과 가을철에는 상대적으로 낮게 나타난다.

• 다음소프트는 2013~2017년 기간 키워드 빅데이터 분석을 실시하였다. 분석 결과를 보면, 미세먼지 스트레스가 육아·출산에 대한 관심보다 우선순위가 높게 나타났다.

[그림 1-4] 구글 트렌드의 미세먼지 검색 결과

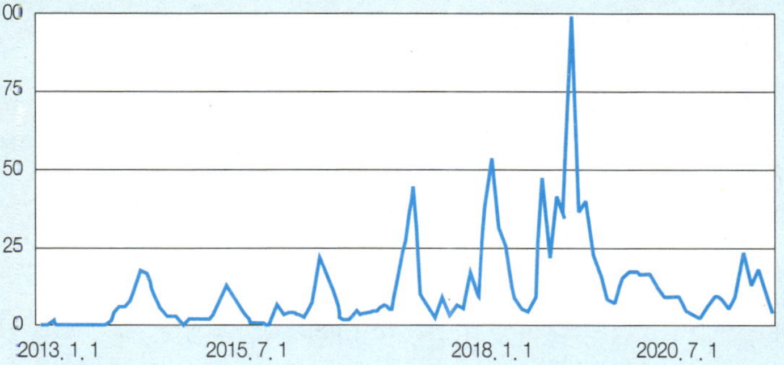

출처: 구글 트렌드.

[그림 1-5] 네이버 데이터랩의 미세먼지 키워드 검색 결과(모바일과 PC)

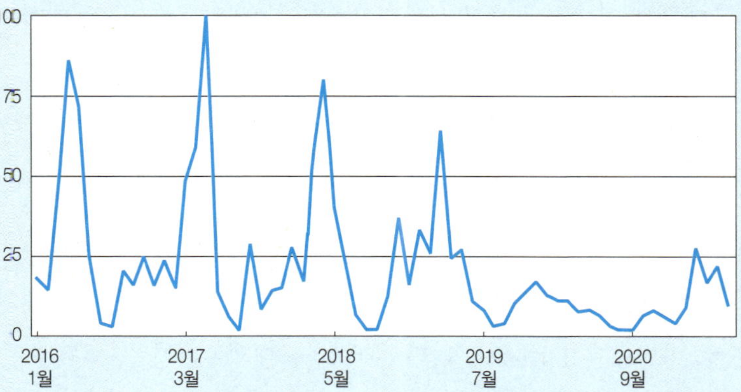

출처: 네이버 데이터랩(네이버 통합검색에서 특정 검색어가 얼마나 많이 검색되었는지 확인이 가능).

우리나라의 환경 분야 국책연구기관인 한국환경연구원(KEI)은 미세먼지에 대한 온라인 설문조사를 실시하였다.[6] 응답자의 92.3%는 현재의 미세먼지 농도가 10년 전보다 더 나빠졌다고 답변하였다. 79.9%는 '매우 나빠졌다'고 응답했으며, 12.4%는 '약간 나빠졌다'고 답변하였다. 과거보다 미세먼지 농도가 좋아졌다는 답변은 1.3%에 불과하였다. 우리나라 미세먼지 농도에 크게 영향을 미치는 원인으로 '중국을 포함한 주변국으로부터 유입되는 미세먼지와 황사'라는 응답이 89.6%로 가장 높았다. 정부의 미세먼지 대책 중에서 '국제협력 강화를 통한 해외 유입 미세먼지 저감방안 마련'은 만족도가 가장 낮았다.

중국발 고농도 미세먼지로 인해 삶의 질이 크게 악화되고 있다. 2010년대 초반 이후부터 지금까지 우리 국민들은 집중적으로 발생하는 미세먼지로 인한 불편함을 많이 참고 살아왔다. 국민들은 우울증, 집단 무기력증, 외출기피증 등을 경험하고 있어 미세먼지가 한국 사회 곳곳의 풍경을 바꾸고 있다. 우리 국민들은 미세먼지로 인한 위험 발생 가능성이 높다고 인식하고 이러한 위험 발생에 대해 상당한 공포감을 가지고 있다. 미세먼지로 '슬픈 대한민국'이 되어 버렸다.

'한국에서 사는 게 무섭다'고 생각하는 사람들이 많아졌으며, 재앙 수준의 미세먼지에 대해 국민들은 패닉 상태에 빠져 있다. 미세먼지 때문에 해외 이민을 고려하는 사람들이 급격히 증가하고 있다. 부모들은 아이들이 숨쉬기 힘든 나라에서는 희망이 보이지 않는다고 생각하기 때문이 아닐까? 해외 이주 요인으로 미세먼지가 1순위로 나타났다. 20~30대의 80%가 한두 번 혹은 자주 이민을 생각할 정도로 국난 수준에 이르고 있다.[7] 대기오염이 10% 증가하면 이민은 2.8% 증가한다는 연구 결과는 우리에게 시사하는 바가 크다.[8]

미세먼지를 피해 맑은 공기 지역으로 떠나는 사람들을 '공기난민'이라고 말한다. 이러한 신조어가 생길 정도로 미세먼지에 대한 국민적 우려가 크다. 실제로 최근에는 '에어 노마드'(air nomad)라는 말도 생겨났다. 이것은 깨끗한 공기(air)를 찾아 떠나는 유목민(nomad)을 뜻한다. 삶의 터전까지 바꿔야 하는 팍팍한 삶이 우려스럽다. 하다못해 수도권을 떠나겠다는 사람들도 증가하고 있다. 그러나 수도권을 피한다고 어디 해결될 일인가? 우리나라는 중국발 미세먼지의 영향을 받아 어느 곳도 안전하지 않다. 심지어 제주도에서조차 미세먼지 비상저감 조치가 시행되었으며, 백령도에서도 고농도 미세먼지를 자주 경험한다. 결국은 중국발 미세먼지 감소 등 미세먼지 발생 요인을 최대한 줄이는 방법밖에는 뾰족한 수가 없다.

이제는 미세먼지가 국가재앙이 되었으며 국민들의 생존 문제로 부각되었다. 정부는 미세먼지 없는 맑은 공기를 마시게 하고자 여러 가지 대책들을 추진하고 있으나 성과는 지극히 미미하다. 2019년 3월 초와 같은 고농도 미세먼지 사건 발생 이후에 대기오염이 중요한 정치적 이슈가 되었다. 미세먼지가 국가적 재난으로 부상한 것이다. 급기야 정부는 〈재난 및 안전관리기본법〉 개정안에 미세먼지를 '사회재난'으로 지정하기에 이르렀다.[9]

2. 미세먼지는 막대한 건강·경제적 피해를 초래한다.

미세먼지는 막대한 건강 피해를 초래한다.

대기오염은 인간의 건강에 큰 위협이 된다. WHO 추산에 의하면 전 세계에서 대기오염으로 매년 700만 명이 목숨을 잃고 있다. 독일 막스플랑크연구소는 전 세계인의 수명을 줄이는 원인 가운데 대기오염이 전쟁, 테러, 에이즈, 흡연보다도 더 높은 제1의 원인이라고 발표하였다.[10)] 우리나라에서도 2019년에 대기오염으로 2만 3,000명이 사망하였으며, 이 가운데 94%인 2만 1,800명이 초미세먼지로 사망하였다.[11)] 초미세먼지로 인한 사망자는 전 세계에서 우리나라가 가장 높은 비율을 차지한다.* 단국대 의과대학의 연구에 의하면, 미세먼지 농도가 10㎍/m^3 증가하면 수명이 1.1년 단축되는 것으로 나타났다.

한국환경연구원은 미세먼지의 국민 건강 피해에 대해 온라인 설문조사를 실시하였다.[12)] 응답자 가운데 85.9%는 "미세먼지로 인해 건강 피해를 경험한 적이 있다"고 답변하였다. 미세먼지로 '기침, 가래, 가슴 답답함'(64.9%), '안구 질환'(47.6%), '호흡기계 질환'(42.3%), '피부 질환'(26.5%), '심혈관계 질환'(13.2%) 등의 건강 피해를 경험하였다고 응답하였다.

우리 몸속에 들어와 폐까지 침투한 미세먼지는 천식과 폐질환을 일으키는 원인이 되며, 이를 제거하기 위한 면역세포의 작용으로 염증을 유발하기도 한다. 초미세먼지는 미세먼지보다 더 넓은 표면적을 갖기 때문에 보다 많은 유해물질들이 달라붙는다. 또한 크기가 작아서 혈관으로 들어와 다른 인체기관으로 이동할 가능성이 높아 미세먼지보다 건강에 더 해로운 것으로 알려져 있다([그림 1-6]). 질병관리본부는 미세먼지 농도가 10㎍/m^3 증가할 때마다 만성 폐쇄성 폐질환으로 인한 입원율은 2.7%, 사망률은 1.1% 증가한다고 말한다. 특히 초미세먼지 농도가 10㎍/m^3 증가할 때마다 폐암 발생률이 9% 증가한다고 주장한다.

대기오염은 출생률에 영향을 미치고 있다. 미세먼지 감소는 유아 사망률

* 2019년 중국은 대기오염으로 185만 명이 사망하였다. 이 가운데 초미세먼지로 142만 명이 사망하여 76%를 차지하였다. 인도는 초미세먼지로 사망한 비율이 58%로 98만 명 수준이었다.

[그림 1-6] 미세먼지가 건강에 미치는 영향

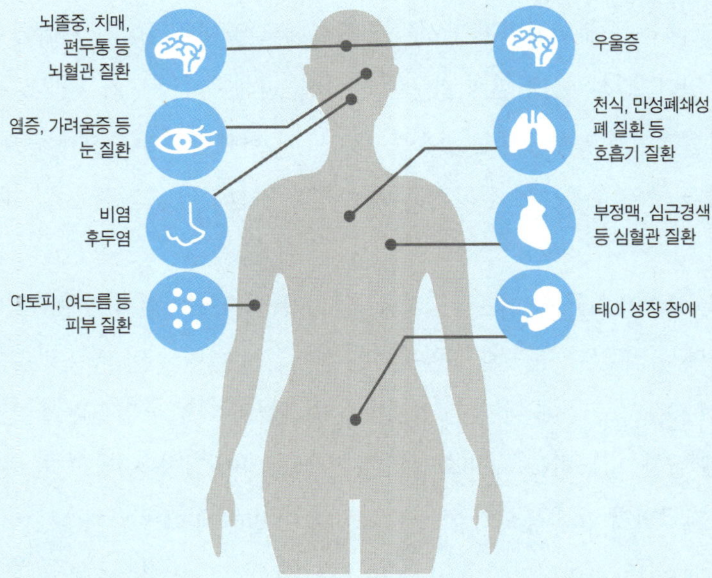

출처: 하이닥 홈페이지(www.hidoc.co.kr).

의 감소를 가져온다. 미세먼지 1% 감소는 유아 사망률을 0.35% 감소시킨다.[13] 미국 캘리포니아에서는 미세먼지와 일산화탄소(CO) 감소가 유아 사망률을 감소시킨다는 사실이 발견되었다.[14] 유아 및 미취학 아동이 실내 및 실외의 대기 오염에 노출되면 유년기의 폐렴 위험이 증가하고 천식과 같은 만성 호흡기 질환의 위험이 증가한다.

디세먼지는 입자 크기가 매우 작아 폐포를 통해 혈관에 들어와 염증을 일으킨다. 이 과정에서 혈관에 손상을 입혀 협심증과 뇌졸중으로 이어질 수 있다. 질병관리본부에 의하면, 초미세먼지에 장기간 노출될 경우 심근경색으로 인한 사망률은 30~80% 증가하는 것으로 나타났다.

비교적 최근에 미세먼지가 신경계 질환에도 영향을 준다는 사실들이 발견되고 있다. 삼성서울병원의 연구에 의하면, 미세먼지 농도가 38㎍/m^3 증가하면 자살률이 3.2% 증가하는 것으로 나타났다. 미세먼지가 신경계 전달물질에 영향을 주어 우울증이 심화되고 이로 인해 자살률이 증가하는 것으로 보인다.

노인과 어린이들은 다른 연령계층의 사람들보다 미세먼지 입자로부터 더 큰 위험에 처해 있다. 운동과 신체활동은 사람들로 하여금 더 빠르고 깊게 호흡하게 하며, 그로 인해 더 많은 미세먼지 입자들이 폐로 흡입된다. 노인들은 심장, 폐 질환, 당뇨병을 가질 확률이 높기 때문에 위험성이 더 크다. 다수의 연구는 미세먼지 입자 농도가 높을 때 노인들이 병원에 입원할 가능성이 높다는 것을 보여 준다. 어린아이들은 천식이나 급성 호흡기 질환을 가질 가능성이 높으며, 이것은 미세먼지 입자 농도가 높을 때 악화될 수 있다. 이러한 위험은 일반적으로 어린 시절에 더 높고, 건강한 청소년과 젊은 성인들에게는 더 낮게 나타난다.

미세먼지 입자 농도가 높은 지역에서 다년간 거주하는 사람들에게는 폐기능 저하와 만성 기관지염, 심지어 조기 사망을 초래할 수 있다. 미세먼지의 장기적인 노출과 폐암·심혈관 질환으로 인한 사망률과의 연관성을 보면, 미세먼지 농도가 10㎍/m^3 증가할 때마다 전체 사망위험은 4% 높아지고 심혈관계 사망은 6%, 암으로 인한 사망은 8% 높아진다.[15] 또한 미세먼지에 장기간 노출되었을 때 폐암 발생의 위험이 10~20% 증가한다.

미세먼지에 하루 한 시간 정도 노출되는 단기적인 노출은 폐 질환을 악화시켜 천식 발작과 급성 기관지염을 일으킬 수 있다. 심장병을 앓고 있는 사람들에게 미세먼지의 단기 노출은 심장마비나 부정맥을 초래한다. 그러나 건강한 사람은 미세먼지 입자 농도가 증가할 때 일시적인 자극을 경험할 수 있지만, 단기 노출에는 심각한 영향을 받지 않는다.

미세먼지로 인한 경제 피해도 매우 크다.

OECD에 의하면, 2000~2015년 기간 동안 유럽연합(EU)에서는 초미세먼지 농도가 1㎍/m³ 증가하면 국내총생산(GDP)이 0.8% 감소하는 것으로 나타났다.[16] 이는 2017년도 EU의 GDP가 약 15조 유로라는 점을 감안하면 약 1,200억 유로의 감소를 의미한다. 따라서 유럽 전역의 초미세먼지 농도가 10㎍/m³ 증가하면 유럽의 GDP가 약 1조 200억 유로 감소하며, 이것은 1인당 연간 200~400유로의 감소를 의미한다. 또한 OECD는 《대기오염의 경제적 파급효과》 보고서에서 우리나라는 2060년경 미세먼지로 인한 경제적 손실이 GDP의 0.63%에 이를 것으로 전망되는데, 이는 OECD 회원국 중 가장 높은 수준이다.[17]

대기오염은 질병에 영향을 미치고 그 결과 결근에도 영향을 미치는 것으로 밝혀졌다. 스페인에서는 미세먼지 농도가 10㎍/m³ 증가하면 결근율이 1.64% 증가하였다.[18] 또한 대기오염이 증가하면 작업시간이 상당히 줄어든다는 것을 알 수 있다.[19]

대기오염은 인간의 인지 기능도 떨어뜨려 근로자의 노동생산성과 학생들의 학력을 저하시킨다. 미세먼지는 폐를 통해 혈류로 전달되며, 여기서 심장과 뇌 기능에 영향을 미친다.[20] 일례로, 중국에서는 실내 공기 질이 나쁜 날에는 포장된 배의 상자 수가 줄어든다는 사실이 나타났다.[21] 인도에서는 초미세먼지 농도가 10㎍/m³ 증가하면 의류제조 근로자의 생산효율이 0.8% 감소하였다.[22] 또한 중국에서는 PM2.5 농도가 10㎍/m³ 증가하면 섬유 공장의 노동생산성이 3% 감소하였다.[23] 열악한 공기 질은 학생들의 성적에도 영향을 미친다. PM2.5 농도가 10㎍/m³ 증가하면 미국 고등학교 시험 성적이 0.023% 하락하는 것을 발견하였다.[24] PM2.5가 10㎍/m³ 증가하면 미국 메이저 리그 야구 심판의 부정판정 숫자가 2.6% 증가하였으며, PM2.5가 7㎍/m³ 증가하면 뉴욕 증권거래소의 당일 주가가 12% 하락하였다.[25]

이산화황 혹은 이산화질소가 포함된 미세먼지는 비에 섞여 내리며 토양과 물을 산성화시킨다. 이로 인해 나무와 각종 식물을 황폐하게 만들어 농작물의 수확량 감소와 생태계에 피해를 끼친다. 미세먼지가 식물의 잎에 달라붙으면 잎의 기공을 막고 광합성 등을 저해함으로써 농작물의 생육을 지연시킨다. 현재의 대기오염 수준은 밀의 경우 7~12%, 콩의 경우 6~16%, 쌀과 옥수수의 경우 3~4%의 수확량을 감소시키는 것으로 나타났다.[26] 토양에 대기오염 물질이 축적되면 토양을 산성화시키고, 따라서 나무 성장에 나쁜 영향을 미친다.[27] 농업 분야 외에 초미세먼지가 태양 전지판에 도달하는 햇빛을 차단시키기 때문에 태양광 발전량이 큰 손실을 입고 있다.

미세먼지는 일상생활 외에 산업생태계도 바꿔 놓았다. 온라인 소비 증가와 공기청정기나 마스크와 같이 활성화되는 산업도 있다. 반면 노동생산성 하락, 관광산업 위축, 오프라인 소비 위축 등 부정적인 영향이 더 크다. 미세먼지는 반도체나 디스플레이 제품에 불량을 일으키고, 시야를 흐리게 하여 비행기나 여객선 운항에 지장을 초래한다.• 자동차 및 조선 산업의 도장 공정에도 악

• 2021년 11월 20일 중국발 고농도 미세먼지의 급습으로 국내 공항에서 대규모 결항사태가 발생하였다. 한편 2017년 12월 23~24일 기간에는 인천공항에서 비행기 10대 중 6대가 결항되는 등 중국발 고농도 미세먼지로

영향을 미치며, 자동화 설비에도 오작동 피해를 입힐 수 있다.

대기오염 관리 정책으로 발생하는 직접적인 경제적 이득은 오염 감소에 소요되는 비용보다 훨씬 더 크다. 유럽위원회의 평가를 보면, 초미세먼지 배출량을 25% 감소시키는 데 따른 편익•은 연간 30억~1,000억 달러에 달한다. 반면, 소요되는 비용은 12억 유로로 추정된다. 미국 환경청은 1990~2020년 기간 동안 〈청정대기법〉(Clean Air Act) 강화에 따른 편익이 12조 달러에 달하며, 이러한 편익의 85%는 조기 사망률의 감소에 기인한다고 주장한다.

대기오염 관리 정책은 최근 유럽의 경제성장에 긍정적인 기여를 하였으며, 향후 경제성장에도 기여할 수 있을 것으로 전망된다. OECD에 따르면, 유럽위원회가 요구하는 2010~2020년 기간의 대기 질 개선 목표를 달성할 경우 유럽의 GDP가 1.25% 증가되고 일부 국가의 경우에는 최대 3%까지 높일 수 있다.[28)]

3. 중국 정부와 언론들: '닭 잡아먹고 오리발 내밀기'••

확실한 증거들이 차고 넘치는 중국발 미세먼지

우리나라는 겨울철과 봄철에 주로 편서풍이 불며, 바람에 의해 풍상 지역(중국)에서 풍하 지역(한반도)으로 대기오염 물질이 운반된다. 한반도의 지리적 특성과 풍향에 따른 초미세먼지 이동을 고려할 때 우리나라의 초미세먼지 농

인해 사상 초유의 '항공대란'이 발생한 바가 있었다.

• 초미세먼지로 인한 작업일수 손실, 환경 피해, 농작물 가치 손실, 의료비를 감소시키는 것을 편익으로 간주한다.

•• 자세한 내용은 이 책의 4장을 참조하시오.

도는 중국의 영향을 받는다. 특히, 미세먼지보다 입자가 굵고 무거운 황사도 중국 대륙을 통과하여 한반도로 날아오고 있어 이보다 입자가 훨씬 작고 가벼운 초미세먼지는 우리나라에 매우 큰 영향을 미침을 알 수 있다.

AirVisual에 의하면, 중국에서 부는 서풍은 한반도에 '미세먼지 터널'을 형성하고 있다. 즉, 우리나라에 집중적으로 중국발 미세먼지가 유입되고 있는 것이다. 미우주항공국(NASA)의 위성 사진을 보면, 2019년 2월 26일 우리나라 상공에는 미세먼지가 없는 청명한 하늘을 보였다. 그러나 2019년 2월 27일부터 우리나라 서해 상공으로 중국발 미세먼지의 유입이 시작되었고, 2019년 3월 6일까지 초유의 고농도 미세먼지가 우리나라 상공을 뒤덮었다.

한국, 일본 및 미국에서 수행된 많은 연구도 중국발 미세먼지가 우리나라를 비롯하여 일본 및 미국 서부까지 영향을 주는 것을 증명하고 있다. 중국에서 발생하는 미세먼지 때문에 우리나라 미세먼지가 극심해졌다는 것은 과학적 근거가 충분하다고 볼 수 있다.

우리나라의 국립환경과학원, NASA 및 한·미 전문가들로 구성된 한·미 대기 질 합동연구단은 5~6월이라는 계절적 한계에도 불구하고 중국발 미세먼지가 우리나라에 34%나 영향을 주는 것으로 발표하였다. 또한 2019년 11월 20일에 한·중·일 3국은 '동북아 장거리 이동 대기오염 물질 국제 공동연구' 결과를 발표하였다. 이 연구보고서는 한·중·일 3국 정부가 최초로 발표한 것이다. 이에 의하면, 2017년도 연평균 기준으로 중국의 초미세먼지 배출이 우리나라에 32% 정도의 영향을 미치는 것으로 나타났다.•

중국 북동부에서 발생하는 미세먼지는 국내의 고농도 발생과 연관성이

• 중국발 미세먼지가 거의 없는 여름철 및 가을철까지도 포함하여 평균값을 낸 것은 문제가 있다. 특히, 중국발 오염도가 큰 겨울철과 봄철에 대한 연구가 없는 것은 큰 결격사유다.

높다. 2019년 1월 11~15일 기간 동안 우리나라에서는 기록적인 미세먼지 고농도 사건이 발생하였다. 서울의 초미세먼지는 2019년 1월 14일에 188㎍/m³를 기록하였다. 허베이와 산둥성 등 중국 북동부에서 발생하는 미세먼지는 서울에서 발생한 고농도 사건과 크게 관련이 있다. 심지어 공장이나 자동차가 거의 없는 대기 청정 지역인 백령도의 미세먼지 농도가 199㎍/m³로 치솟은 사실은 미세먼지가 중국에서 서풍을 타고 한반도로 운송되었음을 보여 준다.

극내 미세먼지의 성분이 중국발 미세먼지와 일치하고 있다. 중국 춘절 기간의 불꽃놀이 폭죽과 우리나라의 초미세먼지는 연관성이 크다.* 이 기간만 되면 우리나라 초미세먼지 농도가 51~100㎍/m³ 정도의 '나쁨' 수준으로 나타난다. 2017년의 경우를 보면, 춘절 기간에 우리나라 대기 중의 칼륨 농도가 7배 이상 증가하였다. 통상 칼륨 농도의 변화는 대규모의 폭죽과 연관이 있는 것으로 알려져 있다. 당시 한반도에서는 설날 축제 기간 동안에 불꽃놀이 활동이 거의 없었기 때문에 초미세먼지에 포함된 칼륨 농도의 급격한 증가는 주로 중국의 불꽃놀이에 기인하였다. 더불어 중국발 미세먼지에 2급 발암물질인 납(Pb)이 포함되어 있음을 알 수 있다. 한국에서 채집한 초미세먼지에서 검출된 납의 동위원소가 중국에서 사용하는 납과 일치하기 때문이다. 또한 초미세먼지에 영향을 주는 대기오염 물질인 질산염, 황산염 등도 중국으로부터 한반도로 유입되고 있다.

중국발 미세먼지는 일본에도 영향을 준다. 2012~2013년에 일본에서는 중국발 미세먼지가 사회 문제로 대두되었다. 베이징을 포함한 중국 전역의 심각한 초미세먼지 오염이 2013년 1월에 언론을 통해 대대적으로 보도되었다. 특

* 중국 춘절에는 액운을 쫓고 복을 드리우기 위해 음력 새해를 맞아 불꽃놀이를 한다.

히 2013년 1월 말에 후쿠오카시의 초미세먼지 농도는 평상시의 3배 이상이었으며, 일본 서부 지역에서는 환경 기준을 초과하는 고농도 미세먼지가 검출되었다. 이것은 중국발 미세먼지가 국경을 넘어 일본으로 넘어가는 상황을 보여주어 대중의 관심을 불러일으켰다. 일본 환경성에 의하면, 중국에서 일본으로 유입된 미세먼지 비중은 40~60%, 한반도에서 일본으로 유입된 비중은 0~10%, 그리고 일본 국내에서 발생한 비중은 20~50%라고 한다.

중국발 미세먼지는 미국 서부의 캘리포니아주와 오리건주까지 영향을 미친다. 중국발 미세먼지가 편서풍을 타고 태평양을 건너 'LA 스모그'* 발생에 영향을 미쳤다는 미국 내 언론 보도가 많다. 2002~2005년 기간 동안 중국에서 유출된 대기오염 물질 발생량 가운데 약 25%가 북미 서해안에 도달한 것으로 나타났다.

적반하장의 중국 정부와 언론들

대기오염이 커다란 중국의 사회 문제로 발전하자 시진핑 주석은 환경오염 해결을 국가 과제로 설정하였다. 이에 따라 중국 정부는 2013년 9월에 〈대기오염 방지 행동계획〉을 수립하여 본격적인 대기오염 저감 정책을 시행해 오고 있다. 리커창 총리도 '대기오염과의 전쟁'을 선포하고 강력한 대기오염 저감 정책을 시행하였다. 후속 대책으로 가장 심각한 지역의 대기오염을 줄이기 위해 〈푸른 하늘 보위전 3개년 행동계획〉을 발표하였다. 또한 가을철과 겨

* 스모그(smog)는 연기(smoke)와 안개(fog)가 결합된 말로 대기오염 물질로 인해 하늘이 뿌옇게 보이는 현상을 일컫는다. 미국 LA에서는 자동차 배출가스로부터 발생한 질소산화물이 상공으로 확산되지 못하고 축적되어 있으면서 강한 햇빛에 의해 광화학반응을 일으켜 짙은 스모그를 생성하였다. 이 스모그로 인해 인체 건강과 가축, 농작물 등 재산상의 큰 피해가 발생하였다.

울철에 중국의 수도권 지역인 징진지* 및 주변 지역에서 자주 발생하는 심각한 대기오염 문제를 해결하기 위해 '추·동계 대기오염 관리제'를 추진하고 있다. 이 대책은 우리나라에서 미세먼지 고농도 시기에 실시하는 '계절관리제'와 비슷한 성격을 갖는다.

이와 더불어 각 부처에 흩어져 있던 환경오염 관리 기능들을 생태환경부로 통합하여 일원화시킨 것은 환경 문제 해결에 대한 중국 정부의 강력한 의지가 반영된 것이다. 또한 최근 몇 년 동안 중국 중앙정부는 지방의 환경 관리 집행에 많은 관심과 자원을 쏟아부었다.

이와 같은 노력으로 2013~2019년 기간에 전국 337개 도시에서 초미세먼지의 연평균 농도가 감소하는 추세를 나타냈다. 베이징 등 대도시 지역을 중심으로 수행된 중국 정부의 미세먼지 감축 정책이 주요 도시의 초미세먼지 농도를 감소시킨 결과이다. 2019년 베이징시의 경우를 보면, 초미세먼지 농도가 모니터링을 시작한 이래 사상 최저치를 기록하였다. 따라서 최근 중국이 시행하고 있는 일련의 대기 질 개선 정책은 어느 정도 효과가 있는 것으로 판단된다.

하지만, 중국의 다른 지역은 공해 산업이 문을 닫지 않고 재배치됨에 따라 대기 질이 악화되었다. 오염기업들은 대도시 위주의 미세먼지 저감 정책을 피해 환경 기준이 낮은 지역으로 대거 이동하였다. 대도시, 특히 수도권은 엄격한 환경 기준을 적용하지만, 지방은 느슨한 환경 기준을 채택하고 있기 때문이다. 중국 정부는 오염 유발 공장들을 대도시에서 교외로, 도시에서 시골 지역으로, 동부에서 서부 내륙으로 대거 이전시켰다. 즉, 중국은 '앞문 닫고 뒷문 열어 놓기' 정책을 수행한 것이다.

* 징진지는 베이징, 톈진 및 허베이성을 포함하는 중국의 수도권 지역을 지칭한다.

이외에도, 석탄발전소를 줄인다고 하였으나, 편서풍이 불면 우리나라에 직접 영향을 주는 중국 동부 해안가에 석탄발전소를 대량으로 건설하고 있다. 2020년 1월 현재 중국에는 105개의 석탄 화력발전소가 건설 중이며 101개는 건설 예정이다. 한반도에 가까운 중국 동부 해안 지역에는 50여 개의 석탄발전소가 있다. 또한 중국은 우리나라 서해 지역에 가까운 동해 연안에 쓰레기 소각장을 대거 건설할 예정이다. 현재 121개 소각시설이 건설 중이고, 추가로 106개 소각시설 건설이 확정되었다. 특히 우리나라에 인접한 산둥성·장쑤성 등 중국 동부 연안 지역에 생활폐기물 소각시설들을 다수 건설할 계획이다.•

중국의 미세먼지 통계에는 베일이 드리워져 있다. 주요 도시의 미세먼지 농도 자료는 고농도 상황을 제대로 반영하지 않아 중국 국민들의 신뢰를 얻지 못하고 있다. 중국 전국을 커버하는 미세먼지 농도 자료가 없고 전국 배출량 자료도 존재하지 않는다. 일부 지방공무원들은 대기 질 측정값을 지속적으로 축소 보고하고 있다. 최근에도 가짜 데이터와 조작된 통계 자료를 제공하였던 실제 사례들이 다수 존재한다.

한편, 중국 정부와 언론들은 중국발 미세먼지가 우리나라에 미치는 영향에 대해 한결같이 부정하고 있다. 오히려 중국 정부는 '우리는 줄였는데 한국이 문제다'라는 적반하장식 태도를 보여 주고 있다. 중국 외교부 대변인은 "한국의 미세먼지가 중국에서 온 것이라는 충분한 근거가 있는지 모르겠다"라고 주장하였다. 중국 생태환경부 대변인도 공식 브리핑에서 "서울의 대기오염 물질은 주로 서울에서 자체적으로 배출된 것"이라고 말하였다. 중국 정부는 공

• 중국 정부가 미세먼지를 다량으로 배출하는 화력발전소, 공장, 소각장을 동부 해안에 집중적으로 배치하는 이유는 서쪽에서 동쪽, 즉 우리나라로 부는 편서풍을 최대한 활용하여 미세먼지를 중국 내륙이 아닌 한반도로 보내기 위한 것이라는 합리적인 의심을 할 수 있다.

식적으로 자국의 미세먼지가 우리나라에 영향을 미친다는 사실을 인정한 적이 단 한번도 없다. 중국 관영 언론인 글로벌타임즈는 신뢰성에 의문을 갖게 하는 한·중·일 첫 공동연구 결과를 언급하면서 "한국의 스모그는 'Made in Korea'인 것으로 밝혀졌다"고 주장한다. 또한 "한국이 오랫동안 해오던 비난의 게임을 종식할 수 있게 되었다"는 아전인수식의 태도를 보였다.

4. 우리나라 정부와 환경단체들: '중국 대변인'인가?

평상시의 국내 미세먼지 감축이 중요하다.

국내에서 발생하는 미세먼지 배출량은 증가하고 있다. 이는 초미세먼지를 만드는 질소산화물과 암모니아의 배출량 증가에 기인한다. 우리나라의 미세먼지 '나쁨' 일수가 장기화됨에 따라 건강에 대한 국민 불안이 증대되고 있어 미세먼지 저감 대책이 중요해지고 있다. 통상 중국발 미세먼지뿐만 아니라 겨울철에는 난방용 화석연료의 사용량 증가로 인해 국내 미세먼지 농도가 높아진다. 그러나 정부의 미세먼지 대책은 국민을 안심시키기에는 턱없이 부족한 실정이다. 국민의 80% 이상이 정부의 미세먼지 대책을 신뢰하지 못한다는 여론조사 결과도 있다.

우리나라의 연평균 초미세먼지 농도는 비교적 낮은 수준을 나타내고 있지만, 그래도 여전히 WHO 기준(5㎍/m³)의 4~6배 수준을 기록하고 있다. WHO

• 자세한 내용은 이 책의 5장을 참조하시오.

[표 1-1] **발생원인별 미세먼지의 종류**

구분	국내 발생 미세먼지	중국 발생 미세먼지	중국발 미세먼지
발생지	한국	중국	중국
발생 시기	평상시(연중)	평상시(연중)	고농도 시(12~4월)
발생원	화석연료 등	화석연료 등	월경성 대기오염 물질
영향권	한국 전역	중국 전역	중장거리 이동 (한반도, 일본, 미국 서부 지역)

출처: 저자 작성.

는 저농도에 장기간 지속적으로 노출되면 인체 건강에 유해하다고 주장한다. 저농도 미세먼지에 장기간 노출되는 것을 방지하기 위해서는 평상시에 국내에서 발생하는 미세먼지 배출량을 감축시키는 것이 중요하다. 평상시의 국내 배출량을 줄이는 대책은 장기적인 국민 건강 영향을 고려하는 것이고, 이를 위해서는 연평균 미세먼지 농도 저감에 관심을 가져야 한다.

중국은 자국의 미세먼지 배출량이 줄어들었다고 주장하고 있으나 사실은 중국 전체가 아닌 일부 도시의 개선에 불과하다. 또한 중국은 우리나라의 석탄 발전소와 미세먼지 대책을 트집 잡아 우리나라가 미세먼지를 더 많이 배출한다고 주장한다. 중국의 관영언론들은 한국의 대기오염의 주원인이 중국이 아닌 한국에 있다고 주장한다. 그러나 중국은 최근 경기둔화를 타개하기 위해 환경규제 완화와 대규모로 석탄발전소 건설에 나서고 있다. 이에 따라 우리나라의 대기 질은 더욱 악화될 전망이다.

중국 정부는 자국의 배출량을 줄여서 문제가 없고 오히려 한국의 배출량이 더 문제라고 지적하고 있다. 중국이 우리나라에 책임 전가하는 것을 회피하기 위해서라도 국내 미세먼지 배출량을 줄이는 것이 필요하다. 이것은 중국이 우리나라에 대한 핑곗거리를 찾아내는 것을 사전에 차단하는 효과도 있다. 유럽 국가들과 캐나다의 경우 자국의 배출량 감축을 먼저 진행하면서 동시에 원인 제공 국가의 배출량 감축을 강하게 요구해 결과적으로 대기 질 개선에 성공하였다.

그러나 고농도 시에도 국내 감축에만 집중하는 우리 정부

우리 정부의 미세먼지 대책은 국내에서 발생하는 미세먼지 감축에만 대부분 집중하고 있다. 이로 인해 감축 효과도 일부 나타나 미세먼지의 연평균 농도는 점차 감소하고 있다. 물론 국내에서 발생하는 미세먼지를 줄이는 대책은 중요하고 당연히 정부가 해야 할 책무이다. 그러나 정부의 미세먼지 대책은 국민을 안심시키기에는 턱없이 부족하다. 정부의 적극적인 감축 노력에도 불구하고 고농도 초미세먼지의 발생일수와 최고치는 증가하고 있어 국민의 체감도는 여전히 낮은 실정이다.

현행 정부의 미세먼지 대책에는 고농도 발생 시에 중국발 미세먼지의 공습을 막는 대책이 전무한 실정이다. 우리 국민의 80%가 미세먼지의 주된 발생 원인으로 중국을 지목하고 있다. 그럼에도 불구하고 우리나라의 미세먼지 대책은 중국발 미세먼지는 쏙 빼고 국내 배출량 혹은 농도 감축에만 집중하고 있다. 고농도 발생 시에 중국발이 80% 이상 영향을 미치고 있는데도 정부는 국내 배출량 감축에만 박차를 가하고 있다. 고농도 발생 시에 시행하는 우리나라의 계절관리제는 효과가 미미하며, 중국에서 유입된 고농도 미세먼지에 대해 국내 배출원 규제만 이루어진다면 정책 실효성이 매우 낮을 것이다. '구슬이 서 말이라도 꿰어야 보배다'라는 속담이 있듯이 아무리 많은 대책이 있어도 중국

[표 1-2] 한국 정부와 중국 정부의 미세먼지 대응 현황

	한국		중국	
	현황	문제점	현황	문제점
평상시 (연중)	• 미세먼지 저감 대책 추진 • 초미세먼지 농도 감소	• 초미세먼지 배출량 증가	• 주요 도시 농도 감소	• 전국 배출량 증가
고농도 발생 시 (12~4월)	• 계절관리제 시행	• 고농도 발생일수 증가 • 한국 정부 대응 자세: '내탓이오'	• 추·동계 대책 시행	• 고농도 발생일수 증가 • 중국 정부 대응 자세: '적반하장'

출처: 저자 작성.

발을 포함한 실질적인 미세먼지 저감이 이루어지지 않으면 아무런 소용이 없게 된다.

환경부는 고농도 미세먼지 기간에 중국발보다는 국내 요인이 더 크다고 주장하고 있다. 최근 고농도 사례는 국내의 대기 정체가 주요 원인이라고 한다. 또한 베이징에 있던 공장이 우리나라와 가까운 지역으로 이전하였다는 소문은 사실이 아니라고 주장한다. 중국 전역은 모두 동일한 국가 환경 기준을 적용받고 있어 특정 지역에만 오염기업이 입지할 수 없다고 말한다. 하지만 실상을 보면 중국 주요 도시에 비해 주변 지역의 환경 기준은 매우 느슨하다. 또한 중국 내에서도 지역별로 환경 정책의 집행 강도가 다르게 나타난다. 베이징시는 대기오염 시설들을 다른 지방으로 이동시키는 '조삼모사' 정책을 시행하하고 있다.

한편, 우리나라 외교부 장관은 국회에서 "한국의 미세먼지도 바람에 따라서 중국으로 간다"고 발언하였다. 또한 우리 정부는 중국발 미세먼지라는 표현조차도 사용하지 못하고 '국외 유입 미세먼지'라고 표현하는 외교적 저자세

를 보이고 있다. 도대체 어느 나라의 정부인가? 우리나라 정부는 중국 대변인인가?• 정부의 이러한 소극적 자세로 향후 미세먼지 감축 협상의 주도권을 중국에 빼앗길 수 있다. 국민의 생명과 건강이 최우선이다. 전략도 없이 조율되지 않은 '내부책임론' 운운하는 것은 향후 미세먼지의 감축 협상력을 심각하게 떨어뜨릴 것이다. 이렇게 해서는 중국을 협상 테이블로 절대로 끌어들일 수 없다.

문재인 대통령은 대선 공약에서 대통령에 당선되면 중국의 최고위층과 협의해서 중국발 미세먼지를 해결하겠다고 공언하였다. 그러나 임기가 거의 끝나가는 현시점에도 한·중 양국의 정상급 의제로 격상되기는커녕 본격적인 어젠다로 논의조차 되지 않고 있다. 그나마 양국 간에 논의되는 내용은 대부분 '미세먼지 저감을 위한 협력방안 모색'의 형식적 수준에 그치고 있다. 중국발 미세먼지의 실질적인 감축이 요원한 실정이다. 문대통령의 중국발 미세먼지 해결을 위한 대선 공약은 실종되어 버렸다. 그리고 임기 내에 국내 미세먼지 배출량을 30% 감축하겠다는 공약도 과연 실현이 가능한 것인가? 이에 대한 책임 있는 답변을 국민들은 요구하고 있다.

'선택적 환경운동'하는 환경단체들

국내외 환경단체들은 중국발 미세먼지에 대해 항의시위조차 하지 않고 침묵하고 있다. 그린피스 동아시아 지부 사무총장은 '미세먼지 = 중국'은 틀

• 환경부는 최근 중국의 경기침체로 대기오염 관리가 느슨해지고 있음에도 오히려 강화하고 있다고 한다. 또한 산업구조·에너지구조·운송구조·용지구조 개선은 수년에서 수십 년간에 이루어지는 중장기적인 정책인데도 불구하고 고농도 기간(2019. 10. 1~2020. 3. 31)의 아주 짧은 기간에 잘 이행하고 있다고 하면서 중국 정부의 주장을 비판적 시각도 없이 그대로 우리 국민들에게 전달하고 있는 우를 범하고 있다(환경부 보도자료, 2019. 1. 22).

렸다고 주장하며 "미세먼지 문제는 각국에서 서로 최선을 다해야 해결될 수 있다. 하지만 한국 정부는 남 탓만 하거나 아예 엉뚱한 걸 원인으로 돌리고 있다"고 말하였다. 그린피스는 중국발 미세먼지 문제에 대해 중국과 입장을 같이하는 듯 보인다. 중국은 세계 1위의 석탄소비량을 기록하고 있으며 석탄소비량은 매년 증가 추세에 있다. 그럼에도 불구하고 그린피스는 중국의 석탄발전소 증가에는 침묵하고 우리나라의 석탄 화력발전소에 대해서는 아예 존재 자체를 부정적인 시각으로 보고 있다.* 중국발 미세먼지에 대해서도 침묵하고 있어서 이중적이자 친중적인 행태마저 보여 주고 있다.

우리나라 환경단체들도 그린피스 등 국제 환경단체의 행태에 동조하고 있다. 환경운동연합과 (사)기후솔루션 등의 국내 환경단체들은 우리나라의 공적 금융기관들이 국내외 석탄발전에 더 이상 투자하지 말 것을 촉구하는 선언문을 발표하였다. 그러나 중국발 미세먼지에 대한 항의시위는 없고, 오로지 국내 미세먼지 감축에만 관심을 갖고 있다. 국내에서 발생하는 미세먼지에 대해서는 매우 격렬하게 반대 시위를 하고 있다. 도대체 어느 나라를 위한 환경단체인가?

권위주의 개발 만능 시대에 유독 환경 문제에 대해 침묵하였던 정치권과 언론을 일깨웠던 환경단체가 지금은 중국발 미세먼지에 대해서는 놀랄 만큼 침묵을 지키고 있다. 우리나라 환경단체들은 중국 베이징에서 혹은 주한 중국대사관 앞에서 날로 심해지고 있는 중국발 미세먼지에 대해 항의시위조차 하지 않고 있다. 국민 건강을 크게 위협하고 있는데도 그 흔한 선언문조차 발표

* 그린피스 동아시아 지부는 유독 국내 기업에만 가혹한 요구를 하고 있고 중국 기업에 대해서는 매우 관대하다. 2021년 6월에 《삼성전자 100% 재생에너지 로드맵》이라는 보고서를 통해 한국과 베트남에 있는 삼성전자 사업장 모두 100% 재생에너지를 사용하라고 요구하고 있어 현실을 무시한 과도한 요구라고 판단된다.

하지 않고 있다. 선택적으로 환경운동을 하고 있는 셈이다.

5. 코로나19 이후에도 중국발 미세먼지는 더욱 악화할 전망

미·중 무역전쟁으로 환경 규제 완화

중국은 2008년의 금융위기 이후 4조 위안(694조 원) 규모의 인프라 프로젝트를 포함한 경기부양책을 실시하였다. 이로 인해 대기 질이 크게 악화되었다. 급기야 중국 정부는 2013년 9월에 '대기오염과의 전쟁'을 선포하기에 이르렀고, 경제성장률 목표치까지 하향 조정하였다.

최근에는 미국과 중국 간의 무역전쟁으로 인해 중국 정부가 환경 규제를 완화하면서 대기오염이 악화되고 있다. 미국이 보복관세를 부과하는 등 무역갈등으로 수출이 감소하자 '굴뚝 산업'의 규제를 느슨하게 적용하였고 공장 생산량도 증가하였다. 허베이성, 산둥성, 산시성, 허난성 등 베이징 주변 지역에서는 시멘트, 금속, 철강 생산량이 크게 증가하였다. 이로 인해 대기 질이 악화되었다. 2018년 10월부터 2019년 3월 기간에 징진지와 주변 지역 28개 도시•의 초미세먼지 농도는 2017년에 비해 6.5%나 증가하였다.

향후 우리나라로 향하는 중국발 미세먼지는 좀 더 독해질 전망이다. 미·중 무역전쟁으로 인한 경기침체로 중국 정부가 경기부양책을 추진하면서 미세먼지 저감 목표를 대폭 하향 조정하였기 때문이다. 중국 생태환경부는 2018

• 허베이성, 산시성, 산둥성, 허난성 지역의 26개 시와 베이징시, 톈진시를 합한 28개 도시를 지칭한다.

년에 미세먼지 감축 목표치를 원래의 5%에서 3%로 낮췄다. 또한 〈2019~2020 징진지 및 주변 지역 동계 대기오염 종합관리 행동방안〉에서 2019년 10월부터 2020년 3월 기간의 미세먼지 농도를 전년 대비 4% 줄이는 것을 목표로 제시하였다. 이는 2019년 9월에 공개한 초안의 5.5%보다 1.5% 낮게 잡은 수치이다. 중국 정부가 원래 계획보다 미세먼지 저감 목표를 하향 조정한 이유는 징진지 지역의 산업활동을 늘리기 위한 것이다. 미국과의 무역전쟁으로 중국의 2019년 3/4분기 경제성장률은 27년 만에 가장 낮은 6%에 그쳤다. 중국 정부로서는 환경보호보다 당장 경제 살리기에 집중해야만 하는 상황인 것이다.

미·중 무역분쟁이 한창인 시기인 2018년에 중국 정부는 미세먼지 규제 기준을 대폭 완화하였다. 침체된 경제를 살리기 위해 중국 정부는 환경 비용을 낮추는 식으로 오염자의 부담을 덜고 있다. 2018년 10월 27일에 리간제(李干傑) 중국 전(前) 생태환경부 부장은 고농도 시에 시행해 왔던 일률적인 공장 가동 및 생산 중지 대책을 금지하였다. 사업장 폐쇄 등 정부 공권력의 남용 방지와 환경법규 위반행위에 대한 제재를 완화하였다. 이에 따라 우리나라는 지리적으로 인접한 조건으로 인해 미세먼지가 더욱 악화할 가능성이 매우 크다.

코로나19 이후 경기부양으로 환경 규제 완화 전망

중국 정부는 2020년 초에 코로나19 확산 방지를 위해 공장 폐쇄 및 사람들의 이동을 금지하였다. 2020년 2월 초에 중국의 공장가동률은 약 10%에 불과하였고, 2020년 3월에는 60~70% 정도였다. '세계의 공장' 중국에서 공장 가동을 멈추자 대기 질 개선 효과가 뚜렷하게 나타났다. 이러한 중국의 대기 질 개선은 우리나라에도 긍정적 영향을 주어 2020년 봄철에는 미세먼지 공포가 거의 없었다. 몇 년 만에 깨끗한 공기를 마음껏 마셨던 기억이 새롭다.

중국은 코로나19 발발 이후 경제 활성화를 위해 대대적인 경기부양책을 실시하고 있다. 2020년에 50조 위안(7조 달러) 규모의 경기부양 패키지를 실시하였다.* 중국의 경기부양책은 종종 인프라 건설을 의미한다. 철강, 시멘트 등 에너지 집약적인 건축자재의 생산과 전력 수요를 촉진시키는 대책은 석탄 소비와 미세먼지 배출량을 증가시킨다. 이 프로젝트에는 다수의 석탄 화력발전소가 포함되어 있다.**

중국 전체 에너지 수요 가운데 석탄이 차지하는 비중은 60%이다. 이는 세계 평균인 30%의 2배 수준이다. 중국에서 소비되는 전체 석탄의 50%가 화력발전소에서 사용된다. 고유황, 고회분의 저품질 석탄 사용이 전체 소비량의 40%를 차지하여 석탄 사용이 중국 내의 대기 질 악화에 크게 기여하고 있다. 중국 정부는 2017년부터 미세먼지 감축을 위해 가정의 난방시설을 천연가스로 교체해 주는 계획을 세우고 있지만, 실제로 가스 공급이 거의 이루어지고 있지 않은 상황이다. 그래서 가정에서는 품질이 낮은 갈탄 사용량이 크게 증가하고 있다. 특히 동북 3성의 가정 난방은 가스 난방시설 교체가 전혀 이루어지지 않고 있다. 지역 난방 및 도시가스의 분배 인프라는 아직 미개발 상태에 있는 실정이다.

코로나19로 타격을 입은 기업에 대해 중국 정부는 환경보호세 납부 연기, 환경위법 행위자 미처벌, 배출시설 허가 기한 연장 등의 조치를 시행하고 있다. 중국 정부가 환경 보호보다는 경제성장에 더 관심을 두면서 그동안 다소

* 2022년의 중국 경제의 성장률은 4%로 전망되어 최근 30년 사이에 최저 성장률을 기록할 것으로 예상된다.
** 중국전력기업연합회(CEC)는 석탄 화력발전 용량을 2020년의 1,000기가와트 규모에서 2030년 1,300기가와트로 30%나 확대하겠다고 발표하였다.

개선된 공기 질이 더 나빠질 수 있다는 우려가 있다. 코로나19 이후 중국의 대기오염 규제가 완화될 것이라는 설문 조사 결과도 있다.[29] 응답자의 50%가 중국의 환경 규제 수준 및 강도가 2020년에 2019년보다 더 완화되었다고 답변하였다. 또한 2021년의 환경 규제 수준 및 강도에 대해 응답자의 50%가 더 완화될 것으로 답변하고 있다. 따라서 중국 정부의 경기부양책과 환경 규제 완화로 인해 코로나19 이후 중국 내 미세먼지 발생량은 더 많이 증가할 것으로 보인다.

시진핑 중국 국가주석은 2020년 12월 유엔기후목표 정상회의에서 2030년까지 이산화탄소 배출량을 2005년 대비 65% 이상 줄이겠다고 말했다. 또한 2021년 4월 기후정상회의에서 2060년까지 '탄소 중립'을 달성하겠다고 약속했다. 이를 위해 2021~2025년 기간에 화력발전을 엄격히 통제하고, 석탄 소비를 억제하여 2026~2030년부터 석탄 소비를 줄이겠다고 강조했다. 그러나 2021년 하반기에 중국에서 발생한 전력대란으로 폐광을 다시 개방하여 석탄 생산량을 증가시켰으며, 화력발전소도 추가로 재가동하는 등 '탄소 중립' 약속에 역행하고 있다. 결과적으로 우리나라로 향한 중국발 미세먼지도 더욱 기승을 부릴 것으로 예상된다.

6. 정부는 '국민의 호흡권'을 보장하라!

국민들은 '각자도생'으로 내몰리고 있는 중

우리 국민들은 겨울철과 봄철에 한반도를 공습하는 중국발 고농도 미세먼지에 대해 거의 자포자기 상태에 있다. 국민들에게 미세먼지 문제는 공포로 변하면서 이제는 개인의 생존을 위협하는 문제로 등장하였다. 미세먼지는 백약을 다 쓰고도 고치지 못하는 불치병 수준에 가깝다고들 말한다. 통제할 수 없는 미세먼지 위험에 대한 불안이 심화되고 있어 우리 사회에는 각자가 스스로 제 갈 길을 찾을 정도로 절박함을 나타내는 각자도생*(各自圖生)이라는 단어가 등장하고 있다.

각자도생은 원래 조선 시대에 전쟁이나 대기근 등 어려운 상황이 발생할 때 백성들이 스스로 알아서 살아가는 절박함에서 유래하였다고 한다. 조선 시대에 임금들은 임진왜란, 병자호란 등 외침이 발발하면 정권 유지를 위해 백성들을 버리고 도주하곤 하였다. 또한 백성들에게 대기근이 닥치면 조정은 "가난은 나랏님도 구제하지 못한다"고 하면서 백성들을 외면하곤 하였다. 이에 백성들은 더 이상 조정을 바라보지 않고 각자 살길을 도모해야만 했었다.

독일의 사회학자 울리히 벡은 현대사회를 '위험사회'로 진단하면서 과학기술 발전은 위험요소를 줄이고 안전한 삶을 보장하기보다는 오히려 위험을 증가시킨다고 말하였다. 위험이 각자도생의 문제로 인식되면 공동체의 대응은 부차적인 문제로 간주된다. 이에 대한 대응은 개인화되고 파편화된다고 경고하였다. 고농도 미세먼지와 같은 새로운 위험에 직면한 한국 사회를 '위험사회'의 시각으로 바라보는 것은 충분히 가능하다. 고농도 미세먼지는 위험유발자와 피해자 사이의 상호 무관심과 사회적 무력감을 초래한다. 이에 따라 우리 국민들은 각자도생의 길로 내몰리고 있다고 볼 수 있다.

미세먼지 위험에 대한 개인들의 해법은 마스크 착용, 공기청정기 설치, 야외활동 줄이기 등이 대표적이다. 어느 환경단체 대표는 국민에게 과도한 공포

* 제 각기 살아나갈 길을 꾀한다는 말.

심을 조장한다면서 미세먼지가 심한 날에도 마스크를 당장 버리라고 촉구한다.[30] 그러나 미세먼지가 심한 날에 마스크를 쓰지 않고 그대로 흡입하면 앞에서 서술한 것처럼 건강에 큰 위협이 된다. 이에 대해 책임을 질 수 있겠는가? 저자의 경험에 의하면 미세먼지 방지를 위해 KF94 마스크를 쓰면 머리와 눈이 덜 아프고 컨디션도 나아짐을 느끼곤 한다. 의학 전문가들도 미세먼지가 심한 날에는 마스크 사용을 적극적으로 권장한다.* 그리고 공기청정기는 가동되는 범위 내의 미세먼지 농도를 줄여 주는 중요한 수단이다. 공기청정기가 설치된 공간에서는 초미세먼지 감축 효과가 높다. 그러나 설치되지 않은 공간과 실외에서는 미세먼지를 피할 수 없는 한계가 있다.

정부는 국민 건강을 최우선으로 해야

미세먼지 위험의 개인화를 넘어설 수 있는 대안은 무엇인가? 각자도생하는 방안이 최선의 대책인가? 미세먼지를 일반 국민은 61%가, 전문가는 81%가 사회재난으로 간주하고 있다.[31] 미세먼지를 해결하는 것은 개인 문제가 아니라 사회 문제로 인식하고 정부는 실질적이고도 체계적인 대책을 시행해야 한다. 미세먼지의 발생 원인은 다양하며 노출도 광범위하다. 미세먼지 노출을 줄이기 위한 개인적인 노력은 한계가 있다. 따라서 정부의 체계적인 미세먼지 감축 대책이 중요하다. 국민의 불만을 심각하게 인식하고 국가가 나서서 해결방안을 제시해야 신뢰도가 높아진다.

일각에서는 국민들이 미세먼지에 대해 과도한 불안감을 갖고 있으며 언

* 정부는 국가 예산으로 전 국민에게 미세먼지 방지 마스크를 지급하는 방안을 마련할 필요가 있다.

론이 이를 조장한다고 주장한다. 그동안 우리는 '국민 건강'과 '비용 절감'이라는 두 가지 가치가 충돌할 때 비용 절감을 우선시해 왔었다. 그러나 이제부터라도 비용보다는 국민 건강을 우선시하는 방향으로 정책을 추진해야 할 것이다. 경제보다 호흡이 먼저다!

정부는 경제발전보다 국민 건강을 최우선적으로 강조해야 한다. 미세먼지 발생을 최소화시켜 국민의 건강권을 반드시 지키겠다는 정부의 확고한 결심이 요구된다. 국민 생명과 국익 보호가 최우선이다. 정부는 국민의 호흡권을 보장하라! 맑은 공기는 국민의 기본권이다.• 모든 국민이 미세먼지 걱정 없이 마음껏 숨 쉴 수 있는 나라를 만들자.

중국발 미세먼지가 우리 국민 건강에 미치는 피해는 엄청나게 크다. 건강 피해는 평상시보다는 고농도 발생 시에 더 크다. 연평균 농도는 만성적인 질환에 영향을 줄 것이고 고농도는 급성질환을 야기시킨다. 우리가 미세먼지를 먼저 줄이면서 중국에 대해 감축 대책을 요구해야 한다. 정부는 '중국발 미세먼지와의 전쟁'을 선포하고 한·중 간의 미세먼지 감축 협약을 추진하자. 이제는 한·중 양국이 상호 감축에 적극적으로 나서야 할 때이다.

• 헌법 제35조 제①항은 "모든 국민은 건강하고 쾌적한 환경에서 생활할 권리를 가지며, 국가와 국민은 환경보전을 위하여 노력하여야 한다"고 명시하고 있다.

1) OECD(2019), "The Economic Cost of Air Pollution: Evidence from Europe," Economics Department Working Paper No. 1584.
2) OECD(2020), "How's Life? 2020," March 9.
3) AirVisual(2020), "2019 World Air Quality Report."
4) 심창섭 외(2018), 《미세먼지 통합관리 전략 수립연구》, KEI.
5) 황인창 외(2020), 《중국사례로 살펴본 서울시 미세먼지 국제협력 강화방안》, 정책리포트 제314호.
6) 2018. 7. 18~25일 기간 동안 전국 성인 남녀 1,111명을 대상으로 온라인 설문조사를 실시하였다(KEI 포커스, 《미세먼지 국민의식 조사》, 통권 제45호, 2019).
7) 시사저널, 2019년 3월 29일자 여론조사 참조.
8) European Bank(2019), "The Effect of Air Pollution on Migration: Evidence from China."
9) 2018년 12월에 〈재난 및 안전관리기본법〉 개정안을 마련하였고, 2019년 3월 13일에 미세먼지를 '사회재난'으로 지정하였다.
10) Jos Lelieveld et al.(2020), "Loss of life expectancy from air pollution compared to other risk factors: a worldwide perspective," Cardiovascular Research.
11) HEI(2020), "State of Global Air 2020."
12) 2018. 7. 18~25일 기간 동안 전국 성인 남녀 1,111명을 대상으로 온라인 설문조사를 실시하였다(KEI 포커스, 《미세먼지 국민의식 조사》, 통권 제45호, 2019).
13) Kenneth Y. Chay and Michael Greenstone(2003), "The Impact of Air Pollution on Infant Mortality: Evidence from Geographic Variation in Pollution Shocks Induced by a Recession," *The Quarterly Journal of Economics*, 118(3), pp. 1121~1167.
14) Janet Currie and Matthew Neidell(2004), "Air Pollution and Infant Health: What Can We Learn From California's Recent Experience," NBER Working Paper 10251, January.
15) C. A. Pope, R. T. Burnett, M. J. Thun, E. E. Calle, D. Krewski, K. Ito, and G. D. Thurston(2002), "Lung cancer, cardiopulmonary mortality, and long-term exposure to fine particulate air pollution," *JAMA*, 287, pp. 1132~1141.
16) OECD(2019), "The Economic Cost of Air Pollution: Evidence from Europe," Economics Department Working Paper No. 1584.
17) OECD(2016), "The economic consequences of outdoor air pollution."
18) Felix Holub, Laura Hospido, and Ulrich J. Wagner(2016), "*Air pollution and labor supply: Evidence from social security data.*"

19) Fernando M. Aragon, Juan Jose Miranda, and Paulina Oliva(2017), "Particulate matter and labor supply: the role of caregiving and non-linearities," *Journal of Environmental Economics and Management*.

20) Lilian Calderon-Garciduen, Ricardo Torres-Jardon, Randy J. Kulesza, Su-Bin Park, and Amedeo Angiulli(2014), "Air pollution and detrimental effects on childrens brain. The need for a multidisciplinary approach to the issue complexity and challenges," *Frontiers in human neuro-science*, 8, p. 613.

21) Tom Chang, Joshua Graff Zivin, Tal Gross, and Matthew Neidell(2016), "Particulate Pollution and the Productivity of Pear Packers," *American Economic Journal: Economic Policy*, 8(3), pp. 141~169.

22) Achyuta Adhvaryu, Namrata Kala, and Anant Nyshadham(2014), "Management and shocks to worker productivity: evidence from air pollution exposure in an Indian garment factory," Unpublished Working Paper, University of Michigan.

23) Jiaxiu He, Haoming Liu, and Alberto Salvo(2018), "Severe air pollution and labor productivity: evidence from industrial towns in China," *American Economic Journal: Applied Economics*.

24) Avraham Ebenstein, Victor Lavy, and Sefi Roth(2016), "The long-run economic consequences of high-stakes examinations: evidence from transitory variation in pollution," *American Economic Journal: Applied Economics*, 8(4), pp. 36~65.

25) James Archsmith, Anthony Heyes, and Soodeh Saberian(2016), "*Air Quality and Error Quantity: Pollution and Performance in a High-skilled, Quality-focused Occupation*.

26) Rita Van Dingenen, Frank J. Dentener, Frank Raes, Maarten C. Krol, Lisa Emberson, and Janusz Cofala(2009), "The global impact of ozone on agricultural crop yields under current and future air quality legislation," *Atmospheric Environment*, 43(3), pp. 604~618.

27) E.-D. Schulze(1989), "Air pollution and forest decline in a spruce (Picea abies) forest," *Science*, 244(4906), pp. 776~783.

28) OECD(2016), "The economic consequences of outdoor air pollution."

29) 2020년 9~10월에 재중 한국 기업 300개를 대상으로 온라인 조사를 실시하였다(KEI, 《중국환경 브리프》, 2020-04호, p. 9).

30) 장재연(2019), 《공기 파는 사회에 반대한다》, 동아시아.

31) 심창섭 외(2021), 〈국내 미세먼지(PM2.5) 관리 개선을 위한 과제〉, 《KEI 포커스》, 제9권 제4호, 6. 30.

2

중국발 미세먼지:
우리 국경을 넘어 대규모로 오는 중

우리 정부는 대기오염으로 인한 건강 피해를 줄이기 위해 다양한 정책을 추진해 왔다. 그 결과 최근 서울의 미세먼지 농도는 2000년대 초에 비해 50%나 감소하였다. 그러나 지난 몇 년간 국내 대기오염 물질을 줄이기 위한 다양한 노력에도 불구하고 초미세먼지 농도는 하락하지 않고 있다. 이는 국내 초미세먼지 농도 수준이 중국발 미세먼지, 국내 배출 배출량, 대기 순환과 같은 요인들에 영향을 받고 있음을 보여 준다.

우리가 숨 쉬는 공기는 국경을 구별하지 않는다. 풍하 지역에 위치한 우리나라는 중국에서 배출되는 대기오염 물질의 유입에 매우 큰 영향을 받는다. 국립환경과학원의 연구에 따르면 평상시에 서울에서 측정한 초미세먼지의 30~50%가 중국 등 외부로부터 유입되며, 고농도 시기에는 60~80%까지 영향을 받는다고 한다.[1]

이 장에서는 중국에서 발생하는 미세먼지가 편서풍을 타고 우리나라 국경을 넘어 대규모로 이동해 오는 과학적 사실들을 국내·외의 연구 결과들을 기반으로 제시한다.

1. 인공위성은 중국발 미세먼지의 우리나라 이동을 보여 준다.

우리나라는 주로 편서풍이 불며 바람에 의해 풍상 지역(중국)에서 풍하 지역(한반도)으로 미세먼지가 운반된다. 한반도의 지리적 특성과 풍향에 따른 초미세먼지 이동을 고려할 때 우리나라의 초미세먼지 농도는 중국의 영향을 받는다. 특히 미세먼지보다 입자가 굵고 무거운 황사도 중국 대륙을 통과하여 한반도로 날아오고 있어 이보다 입자가 훨씬 작고 가벼운 초미세먼지는 우리나라에 매우 큰 영향을 미치고 있다.

중국은 중국발 미세먼지가 서해를 건너 수백km 떨어져 있는 우리나라에 도달하지 못한다고 주장한다. 그러나 2019년 NASA가 촬영한 호주 산불의 위성 사진을 보면 화재로 인한 스모그 구름이 남미까지 이동함을 보여 준다. 즉, 호주 산불로 인한 미세먼지가 1,600km 떨어진 뉴질랜드에도 영향을 주고 심지어 남미까지 이동하였다. 반면, 중국과 서해 백령도 간의 거리는 500km에 불과하다. 따라서 호주 산불 사례가 증명하듯 우리나라에 전혀 영향을 주지 않는다는 중국 측의 변명은 과학적 근거가 없는 일방적인 주장에 불과하다.*

AirVisual에 의하면, 중국에서 부는 서풍은 한반도에 '미세먼지 터널'을 형성하고 있다. 즉, 우리나라에 집중적으로 중국발 미세먼지가 유입되고 있는 것이다. 저자가 상당 기간 개인적으로 관찰한 AirVisual의 위성 사진도 중국발 미세먼지가 우리나라에 직접적인 영향을 주는 것을 보여 준다. 겨울철과 봄철에는 서풍 계열 바람이 주로 불어 우리나라에 미치는 중국발 미세먼지 영향이

* PM10은 발원지로부터 약 10km 정도 이동할 수 있는 반면, PM2.5는 체류 시간이 길어서 수천km까지 이동이 가능하다.

[그림 2-1] 저자가 사계절 관찰한 중국발 미세먼지의 이동경로

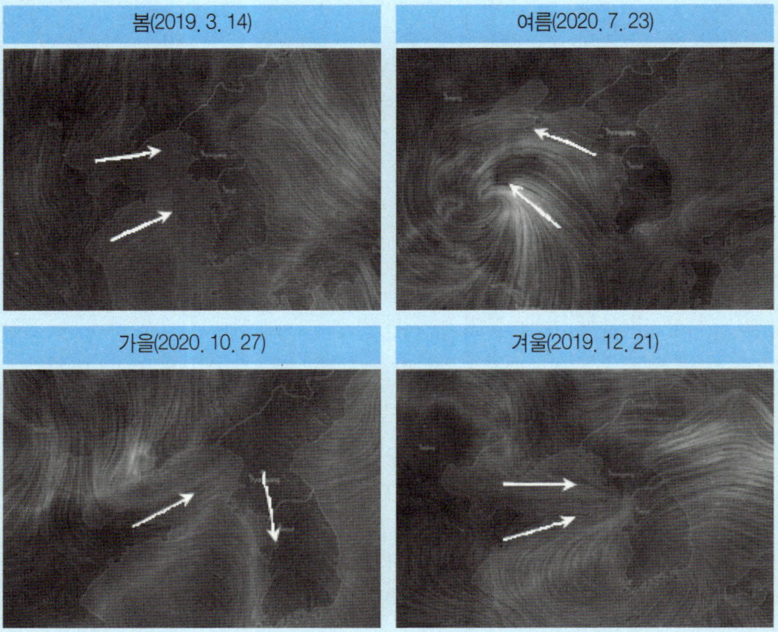

출처: AirVisual. 화살표는 바람이 부는 방향을 나타냄.

매우 크다. 그러나 여름철에는 남풍 계열이 주로 불어 중국발 영향이 거의 나타나지 않는다. 가을철에는 북서풍의 영향으로 우리나라에 미치는 영향이 여름철에 비해 상대적으로 크게 나타난다([그림 2-1]).

미세먼지는 수백km에서 수천km까지 장거리 이동하여 다른 나라에 영향을 준다. 2019년 2월 26일~3월 7일 기간에 미우주항공국(NASA)의 테라/아쿠아(Terra/Aqua) 위성이 촬영한 사진을 보면, 2019년 2월 26일에 우리나라 상공에는 미세먼지가 없는 청명한 하늘이 나타났다. 그러나 2019년 2월 27일부터 우리나

[그림 2-2] NASA의 중국발 미세먼지 위성 사진

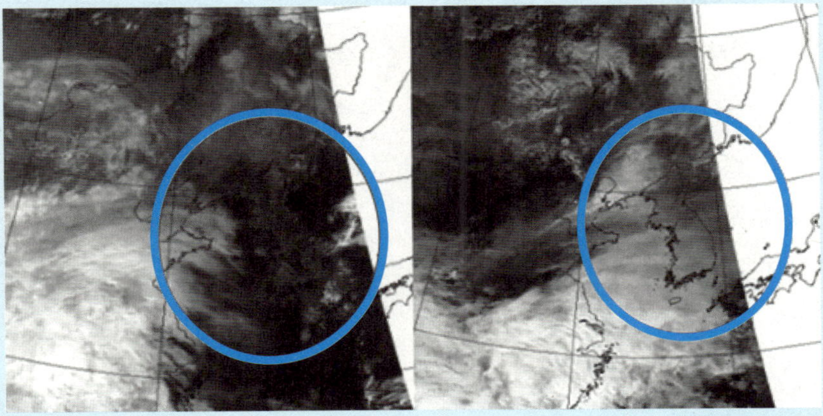

출처: NASA 위성 사진(2019년 2월 26일과 3월 5일의 사진). 중앙일보(2019. 3. 11)에서 재인용.

라 서해 상공으로 중국발 미세먼지의 유입이 시작되었고, 2019년 3월 6일까지 역사상 유례없는 고농도 미세먼지가 우리나라 상공을 뒤덮었다[2]([그림 2-2]).

그런데 중국은 설령 중국발 미세먼지가 우리나라에 영향을 준다 가정하여도 지표면의 공기층에는 영향을 주지 않고 그대로 한반도 상공을 지나 동해로 빠져나간다고 주장한다. 즉, 인공위성 사진은 지표면부터 높은 고도까지의 두꺼운 공기층을 우주에서 촬영한 것이므로 지표면에 영향을 주는 직접적인 증거가 되지 못한다고 주장한다. 그러나 미세먼지의 위성 측정치와 지면의 농도 측정치 사이에는 구름이 끼거나 상대 습도의 변화를 고려할지라도 높은 상관관계가 존재하는 것으로 밝혀졌다.[3] 즉, 초미세먼지의 위성 측정치와 지면의 농도 측정치 사이에 겨울철에는 90%의 상관관계가 있으며, 여름철에는 48% 정도의 상관관계가 있다.[4]

우리나라에서 쏘아 올린 정지궤도 환경위성(천리안 2B호)도 2020년 10월 20일에 중국에서 발원한 황사 및 고농도 미세먼지가 한반도로 이동하는 모습을 관측하였다. NASA가 검증한 결과를 보면 천리안 2B호 위성의 관측 정확도가 지상 관측의 80~90% 수준에 달하는 것으로 나타났다.

이러한 과학적 근거들을 볼 때 위성 사진은 지표상의 미세먼지 농도를 반영하지 못한다는 중국 측의 주장은 전혀 근거가 없음을 알 수 있다.

2. 국제 공동연구는 중국발 미세먼지의 우리나라 영향을 증명한다.

한·미 합동연구단의 공동연구

우리나라의 국립환경과학원, NASA 및 한·미 전문가들로 구성된 한·미 대기 질 합동연구단(KORUS-AQ)은 국내 대기 질 악화에 영향을 미치는 요인들을 분석하였다. NASA와 국립환경과학원은 항공기, 지상 및 선상 관측소를 운용하여 자료를 직접 생산하였다. 분석 기간은 2016년 5~6월이며, 조사 지역은 한반도 상공, 서남해 및 동해 등이다.[5)]

2016년 5월 25~28일 기간에 중국발 고농도 초미세먼지의 유입으로 초미세먼지 농도가 우리나라 대기환경 기준을 초과하였다. 특히 우리나라의 서해안 쪽에서 매우 높은 수치가 나타났다([그림 2-3]). 중국으로부터 직접적인 유입으로 인해 초미세먼지 농도는 2배나 증가하여 조사 기간 동안 가장 심한 미세먼지 오염도를 나타냈다.

[그림 2-3] 중국발 초미세먼지의 한반도 유입(2016년 5월 25일)

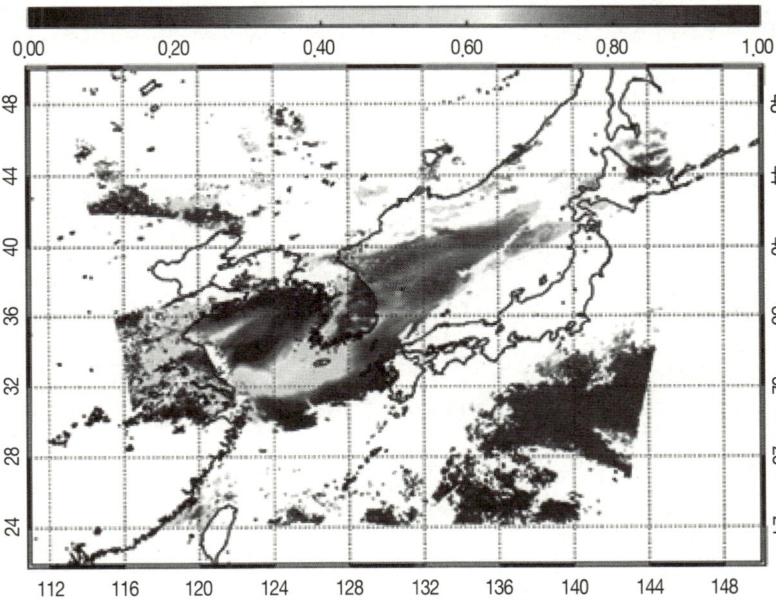

출처: S. Lee et al.(2019)에서 재인용.

이 조사 결과를 보면, 5~6월이라는 계절적 한계에도 불구하고 국외 영향은 48%(중국 34%, 북한 9%, 기타 6%), 국내 영향은 52%로 나타났다. 34%의 중국 영향을 세부적으로 보면, 중국 산둥반도에서 22%, 베이징에서 7%, 상하이에서 5%의 기여율을 나타냈다. 우리나라 환경부는 이 결과를 근거로 48대 52라는 수치를 강조하며, 미세먼지 책임은 한국이 더 크다고 주장하였다. 서울시도 이 주장을 받아들여 미세먼지의 발생 원인은 국내 요소가 더 크다고 주장하였다.

이 조사에서 발견한 사실은 중국 중부 지역의 미세먼지 배출이 한반도에 실질적으로 영향을 미친다는 것이다.[6] 특히 산둥반도와 한국 북서부 지역의 대기 질 조건은 서로 밀접한 관련이 있는 것으로 나타났다.* 국내 미세먼지의 고농도 사건이 중국의 중부 및 동부 지역에서 발생하는 장거리 대기 이동에 의해 많은 영향을 받고 있음을 확인하였다.[7]

그러나 우리나라의 경우 중국발 미세먼지 영향이 가장 큰 시기는 12~4월이지만, 이 연구는 국내 미세먼지 농도가 상대적으로 낮은 5~6월에 관측하여 현실 반영에 한계가 존재한다. 그러나 연구수행단의 미국 측 대표는 중국 영향이 상대적으로 낮은 초여름 조사 기간(5~6월)에도 중국의 영향이 34%나 달한다고 말한다. 이 시기는 우리나라에서 고농도 발생 시기는 아니다. 따라서 좀 더 정확한 장거리 이동의 원인과 영향을 파악하기 위해서는 겨울철과 봄철에 발생하는 미세먼지 고농도 오염 상황을 추가로 조사할 필요가 있다.

한·중·일 3국의 국가기관 공동연구

2019년 11월 20일에 한·중·일 3국은 〈동북아 장거리 이동 대기오염 물질 국제 공동연구(LTP)〉** 결과를 발표하였다. 이 연구는 2017년의 초미세먼지 농도를 대상으로 3개국 상호간의 국내외 영향을 분석하였다. 분석 결과를 보면, 자체 기여율은 연평균 기준으로 한국 51%, 중국 91%, 일본 55%로 나타났다. 한국과 일본의 경우, 자국 내에서 발생한 것이 절반 이상을 차지하고 있다. 중국의 경우에는 대부분이 중국 자체적으로 발생하고 있다([그림 2-4]).

* 우리나라의 대기 중에 있는 톨루엔과 질소산화물(NOx) 성분이 중국과 비슷하게 나왔다.
** LTP(Joint research project for Long-range Transboundary Air Pollutans in Northeast Asia): 동북아 장거리 이동 대기오염 물질 조사와 대책 마련을 위한 한·중·일 3국 간 국제 공동연구.

[그림 2-4] 한·중·일 3국의 초미세먼지 상호 기여율(%)

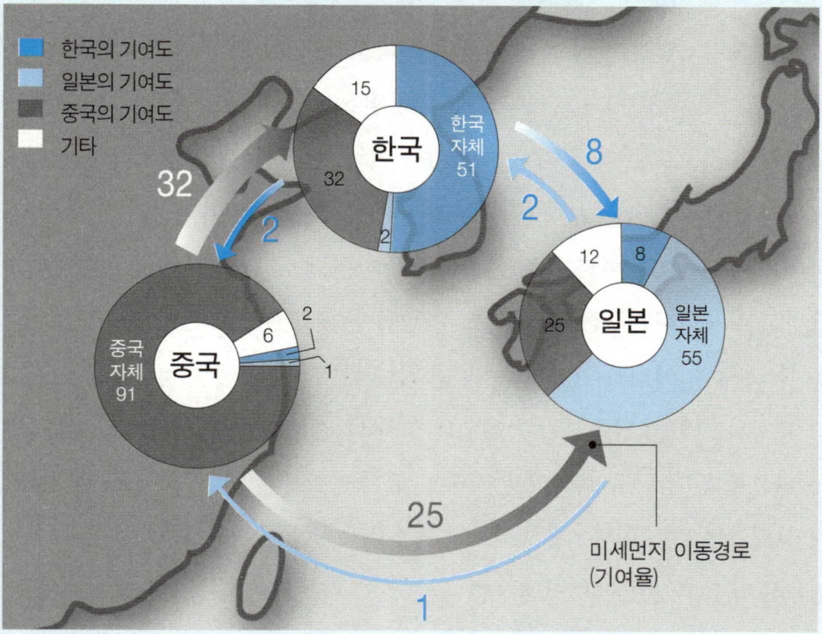

출처: 국립환경과학원 등, 〈동북아 장거리 대기오염 물질 국제 공동연구(LTP)〉. 중앙일보(2019. 11. 21)에서 재인용.

한·중·일 주요 도시 12곳•의 초미세먼지에 대한 각국의 기여율을 보면 큰 차이가 나타난다. 2017년 연평균 기준으로 중국의 초미세먼지 배출이 우리나라에 미치는 영향은 32%, 일본에 미치는 영향은 25%로 나타났다. 우리나라의 초미세먼지 배출이 중국에 미치는 영향은 2%, 일본에 미치는 영향은 8%로 추정되었다. 일본의 초미세먼지 배출이 우리나라에 미치는 영향은 2%, 중국에 미치는 영향은 1%로 나타났다([그림 2-4]).

• 한국 3개 도시(서울, 대전, 부산), 중국 6개 도시(베이징, 톈진, 상하이, 칭다오, 선양, 다롄), 일본 3개 도시(도쿄, 오사카, 후쿠오카).

여기에서 한 가지 흥미로운 점은 서울시에 대한 각국 연구팀의 연구 결과가 다르게 나타났다는 것이다. 중국 연구팀은 서울시 초미세먼지의 23%가 중국에서 오고 63%는 한국 자체 발생이라고 하며, 한국 영향이 중국 영향보다 3배 더 크다고 주장한다. 그러나 한국 연구팀은 서울시 초미세먼지의 39%가 중국에서 오고 42%는 한국 자체 발생이라 하며, 한국 영향과 중국 영향이 거의 비슷하다고 주장한다. 반면에 일본 연구팀은 서울시 초미세먼지의 39%가 중국에서 오고 30%는 한국 자체 발생이라고 하며, 중국 영향이 한국 영향보다 더 크다고 주장한다. 중국은 자국이 덜 영향을 준다고 말하고 있어 그동안의 주장을 볼 때 얼핏 이해가 가지만, 우리나라는 자체 영향이 중국 영향보다 더 크다고 제시하고 있어 납득하기가 어렵다. 더구나 일본 연구팀은 중국발 미세먼지가 한국에 더 영향을 준다고 분석하고 있어 제3자의 관점에서 조사한 결과가 더 신뢰가 갈 정도이다.

이 내용은 2000년부터 한·중·일 3국의 전문가들이 공동으로 연구하고, 한·중·일 3국 정부가 연구 결과를 함께 검토해서 발표한 최초의 공동보고서이다. 그러나 중국 정부는 이 연구 결과를 공식적으로 발표하지도 않았다. 반면에 일본과 우리나라는 정부기관 홈페이지에 이 보고서를 공개하였다. 우리 정부는 중국이 처음으로 우리나라의 심각한 초미세먼지 문제에 대해 책임을 인정하였다는 점에서 의의가 있다고 자평하고 있다.

이 공동보고서의 가장 큰 약점은 월별 자료를 공개하지 않고 있는 것이다. 국민의 입장에서 '연평균 32%'라고 하면 아무것도 아닌 것처럼 느껴진다. 평균의 함정 혹은 평균의 오류라고나 할까? 중국발 미세먼지가 거의 없는 여름철과 상대적으로 적은 가을철까지 포함하여 평균값을 낸 것은 문제가 있다. 특히 중국발 오염도가 큰 겨울철과 봄철을 대상으로 한 연구를 제외한 것은 큰 결격사유이다. 이 보고서에서는 2017년도 연평균 초미세먼지의 유입 비중만 제시하고 정작 우리 국민들이 궁금해 하는 고농도 발생 시기(12~4월)의 중국발 영향에 대해서는 공개하지 않아 '변죽만 울린 연구'라는 비판이 나오고 있다. 국민 체감도와는 전혀 다른 연구 결과라고 평가된다. 연평균 결과값만을 보여주는 것은 의미가 없다. 고농도 발생 시기에 중국의 영향을 우리나라가 실제로 얼마나 받는지를 제시하는 것이 중요하다. 국민이 심각하게 생각하는 고농도 미세먼지를 살펴보려면 월별 혹은 계절별로 분석해야 한다. 이 조사에서 관심이 높은 겨울철과 봄철의 고농도 시기를 산출할 수도 있었지만 중국 측의 반대로 무산되었다고 전해진다.*

미·중 학자들의 공동연구

급속한 경제발전으로 중국에서는 2000년대 초부터 이산화황(SO_2) 배출에 대한 관심이 높아지고 있었다. 이산화황은 초미세먼지를 발생시키는 2차 전구물질이며 중국에서 이산화황의 주요 배출원은 석탄 화력발전소라 할 수 있다. 중국의 이산화황 배출량은 2000~2006년 기간 동안 연간 7.3%의 증가율을 기록하여 동 기간에 51%나 늘어났다. 또한 중국에서 배출된 이산화황 배출량이 동아시아 국가들의 이산화황 농도를 증가시키고 있었다. 미·중 학자들의 공동연구에 의하면, 2003~2007년 기간 동안 중국의 이산화황 배출량이 1% 증가하면 한국과 일본의 이산화황 농도가 각각 1.15% 및 0.71% 증가하는 것으로 나타

* 이 연구는 외교 및 정치적 견해가 더 많이 고려되었다고 평가된다. 3국 간의 연구 결과가 너무 달라 연구 결과도 합의하고 조정해서 발표하였다. 3국의 과학자들이 합의하여 발표한 것은 과학의 영역에 정치가 개입된 것이다. 과학이 합의하는 학문인가? 이 연구는 과학의 영역에 정치적 해석이 개입된 나쁜 선례를 남겼다고 평가된다.

났다.[8] 이는 중국발 대기오염 물질이 우리나라와 일본에 영향을 주고 있으며, 우리나라가 일본보다는 1.6배나 더 큰 영향을 받고 있음을 보여 준다.

3. 우리나라는 연중 중국발 미세먼지의 영향권에 있다.

4계절 중국의 영향권 아래에 놓여 있다.

우리나라는 정도의 차이가 있지만 1년 내내 중국발 미세먼지의 영향권 아래에 있는 것으로 나타났다. 정부 연구기관인 국립환경과학원에 의하면, 2015년 기준 우리나라의 연평균 초미세먼지 농도에 대한 기여율은 국내 41%, 국외 59%(중국 기여율 45%)로 나타났다. 우리나라에 영향을 주는 국외 지역 가운데 중국 동북, 중북, 중남, 동남의 4개 지역*이 총 41%를 차지하며, 북한 등은 10%로 나타났다.[9]

우리나라에 대한 중국의 연평균 초미세먼지 농도의 영향을 계절별로 보면, 겨울철에는 북서풍으로 인해 기여율이 가장 높으며, 중국 동부 및 중북 지역의 영향을 크게 받는 것으로 나타났다. 여름철에는 남서풍 및 남동풍으로 인해 상대적으로 낮은 기여율을 보이며, 중국 동남 지역의 영향을 받는 것으로 나타났다. 봄철에는 서풍으로 인해 중국 동남 및 중남 지역의 영향을 받는 것으로 나타났다. 가을철에는 다시 북서풍으로 인해 중국 중북 및 동북 지역의 영향을 받는 것으로 나타났다.[10]

* 중국 동북 지역(랴오닝, 요녕, 지린, 헤이룽장성), 중북 지역(베이징, 톈진, 허베이, 산시성), 중남 지역(산둥, 허난성), 동남 지역(장쑤성, 안후이성, 상하이, 저장성).

일평균 초미세먼지는 농도가 증가할수록 국외 기여도가 높으며, 주로 중국의 중북, 중남, 동남 3개 지역이 우리나라에 영향을 준다. 반면, 초미세먼지 농도가 감소할수록 국내 기여도가 높게 나타났다. 전체적으로 볼 때 일평균 초미세먼지의 농도 변화는 국외 기여와 높은 상관관계를 갖는다. 다만 고농도 구간(35㎍/m^3 이상)에서는 국외 기여가 중요하지만, 중·저농도 구간(35㎍/m^3 이하)에서는 국내 기여 역시 중요하게 나타난다.[11)]

국내 고농도 시기에는 중국 영향이 거의 대부분이다.

중국발 미세먼지가 우리나라에 미치는 영향을 연구한 다수의 연구 결과는 고농도 발생 시기를 대상으로 한 장거리 대기오염 물질의 이동을 분석하고 있다. 우리나라 학자들은 중국에서 한반도로 국경 간 대기오염 물질이 유입되는 증거를 제시하고 있다. 일례로 중국 북동부에서 발생하는 미세먼지는 국내의 기록적인 고농도 사건과 관련이 있었다. 2019년 1월 11~15일 기간 동안 한국에서 PM2.5 및 PM10의 기록적인 고농도 사건이 발생하였다. 서울의 초미세먼지는 2019년 1월 14일에 188㎍/m^3, 미세먼지는 262㎍/m^3를 기록하였다. 산둥반도와 180km 떨어진 백령도 측정소와 소청도• 측정소에서 고농도 사건 발생 16~19시간 전에는 초미세먼지의 시간당 농도가 각각 155㎍/m^3 및 119.8㎍/m^3였다. 고농도 사건이 발생하자 백령도의 미세먼지 농도가 199㎍/m^3로 치솟은 사실은 미세먼지가 중국에서 서풍으로 운송되었음을 나타낸다. 이것은 중국의 대기오염 물질이 서풍을 통해 한국으로 유입되었음을 분명히 보여 준다([그림 2-5]).

• 소청도는 인천 옹진군 소청리에 있는 공해상의 암초를 가리킨다.

[그림 2-5] 서울에서 기인한 72시간 역궤적 분석(2019년 1월 11~16일)

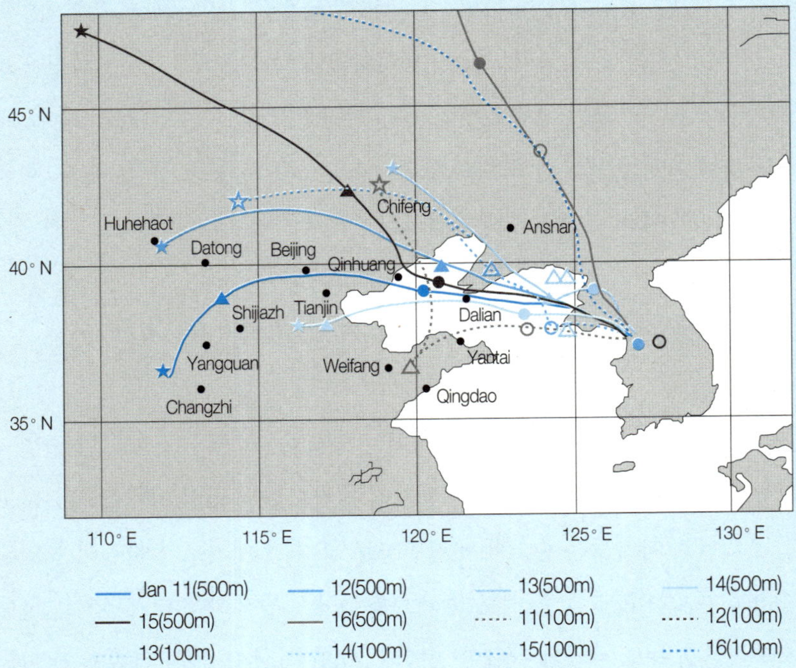

출처: 오혜련 외(2020), Fig. 8에서 재인용.

허베이성과 산둥성 등 중국 북동부에서 발생하는 미세먼지는 서울에서 발생한 기록적인 고농도 사건과 크게 연관되어 있다. 서울시의 고농도 미세먼지 사건에 대한 중국 기여도는 PM2.5의 경우 63~75%, PM10의 경우 54~69%로 매우 크게 나타났다. 특히 이 기간 동안 서울시에 대한 산둥성 및 허베이성 지역의 PM2.5 및 PM10 기여도는 2일 시차를 두고 각각 49~59% 및 44~54%를 나타냈다. 한편, 서울시의 자체 기여도는 PM2.5와 PM10에 대해 각각 7~18%와 10~26%로 나타났다. 이것은 중국 내 미세먼지가 국경을 넘어와 서울의 극단적

인 고농도 사건의 발생과 지속성에 기여하였음을 강력하게 보여 준다.[12)]

국립환경과학원도 고농도 발생시에 중국발 미세먼지가 국내로 이동함을 증명하고 있다. 2015~2017년 기간 동안 미세먼지 농도가 가장 높은 겨울철•에는 중국발 미세먼지가 주로 'ㄴ'자형과 'ㅅ'자형 경로를 통해 한반도로 유입되고 있었다[13)]([그림 2-6]). 이른바 중국발 미세먼지가 우리나라로 들어오는 '미세먼지 도로' 가 존재함이 확인되었다.

[그림 2-6]을 보면, 2015년 2월 10일에 'ㄴ자형'의 유입 경로가 형성되어 중국발 미세먼지가 편서풍으로 인해 서해를 건너 한반도로 들어오는 것을 보여준다. 2017년 1월 9일에 나타난 'ㅅ자형'의 유입 경로는 베이징 등에서 발생한 미세먼지가 발해만 지역을 통과하여 북서 유입 경로를 따라 서울로 들어오는 것을 나타낸다.[14)] 이 경우 중국의 수도권 지역(베이징-톈진-허베이성의 징진지 지역)과 산둥반도 쪽의 미세먼지가 북동풍을 타고 동북 3성(만주 지역)으로 이동한 뒤 다시 북서풍을 타고 북한을 경유하여 서울로 유입된다. 'ㄴ자형'과 'ㅅ자형'의 유입 경로를 거쳐 들어오는 기류는 중국에서 대기오염이 높은 지역과 인구가 많은 지역을 경유한다. 그래서 중국의 높은 미세먼지 농도가 우리나라로 유입되는 것이다.

인공위성과 지상 관측 자료를 활용하여 2019년 12월에 발생한 고농도 미세먼지 현상의 특성을 분석한 결과도 중국발 미세먼지가 우리나라에 영향을 주고 있음을 증명하고 있다. 우리나라에서 기록적인 고농도 미세먼지 사례가 발생한 2019년 12월 2~12일을 살펴보면, 중국의 주요 7개 도시••의 고농도 미세먼지는 국내에서보다 1~2일 정도 먼저 발생하였고 이후 감소하는 경향을 보였

• 우리나라의 전국 5개 권역에서 '나쁨' 이상의 고농도 미세먼지가 발생한 303일을 분석 대상으로 하였다.
•• 베이징, 상하이, 톈진, 충칭, 청두, 항저우, 하얼빈.

[그림 2-6] PM2.5의 서울로 장거리 수송 경로

(a) 'ㄴ자형' 사례: 2015. 2. 10 서풍 유입

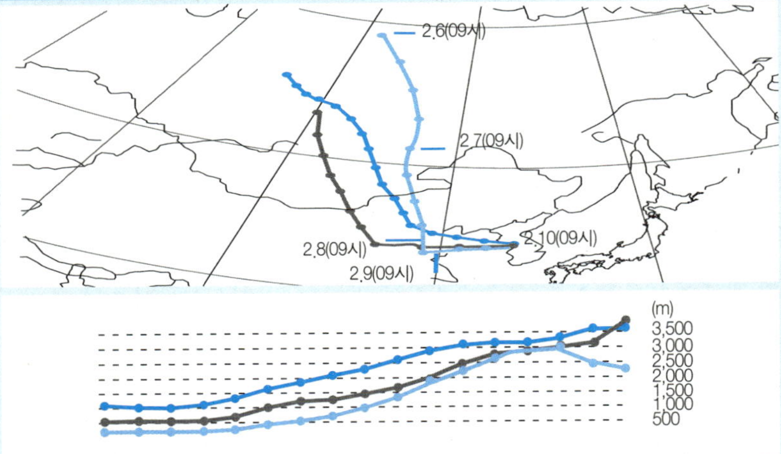

(b) 'ㅅ자형' 사례: 2017. 1. 9 북서 유입

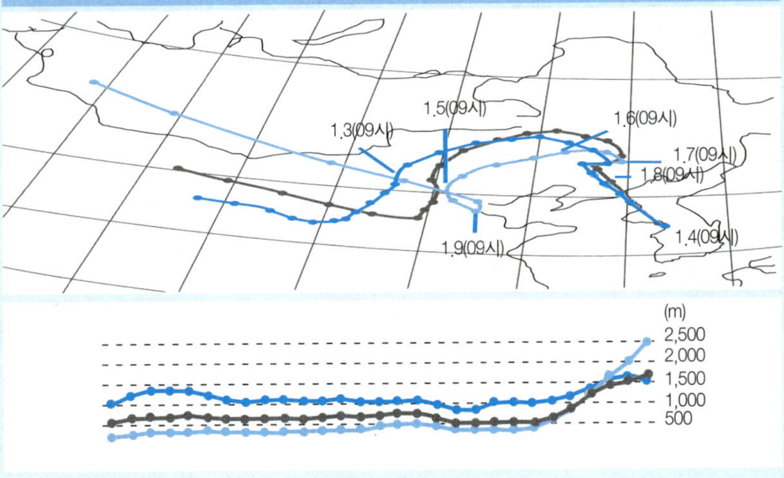

주: 역궤적 유입고도(하늘색 200m, 회색 500m, 청색 1,000m).
출처: 국립환경과학원(2018)에서 재인용.

다. 이것은 우리나라의 고농도 미세먼지 발생 경향과 매우 유사하다.[15)]

중국 춘절 기간(2014년 1월 28일~2월 2일)에 불꽃놀이로 발생하는 대기오염 물질이 장거리로 운송되어 우리나라 대기환경에 영향을 주었다. 중국 상하이와 우리나라 광주에서 측정한 미세먼지 자료를 분석한 결과, 중국 상하이 지역의 미세먼지 농도는 춘절 하루 전 저녁부터 급격하게 증가하여 자정 무렵에는 356㎍/m³로 급증하였다. 이때 광주 지역에서도 미세먼지 농도가 최고 129㎍/m³를 기록하였다. 이러한 사실을 볼 때 중국에서 불꽃놀이로 발생한 고농도 미세먼지가 서풍계열의 기류를 타고 우리나라 광주 지역에 영향을 끼치고 있음을 알 수 있다.[16)]

대기 청정 지역인 제주도까지 영향을 받는다.

제주도는 친환경 자동차 보급률과 신재생 에너지 비율이 우리나라에서 가장 높은 지역이다. 자동차나 공장, 석탄 화력발전소가 매우 적어서 단위면적당 오염물질 배출량이 서울에 비해 크게 낮다. 그런데도 미세먼지 농도는 별반 차이가 없다. 제주도 지역은 청정지역으로 알려져 있지만, PM2.5가 50㎍/m³ 이상을 초과한 고농도 사례가 빈번히 발생하고 있다. 일례로 PM2.5가 50㎍/m³ 이상으로 6시간 이상 지속된 횟수가 30회에 달하였다. 이 때문에 전문가들은 꽤 오래전부터 제주도의 미세먼지 농도가 왜 이렇게 높은지에 대해 의문을 가졌고, 대기 청정 지역 제주도에도 중국발 미세먼지가 매우 큰 영향을 주고 있다고 말하고 있다.[17)]

2013~2015년 기간 동안 PM2.5 농도가 50㎍/m³ 이상 초과한 경우를 대상으로 중국 동남부 공업 지역(군집 1), 중국 북부 공업 지역(군집 2), 내몽골(군집 3),

한반도 남쪽 내륙 및 제주 지역(군집 4)의 4개 군집으로 유입 구역을 구분한 분석 결과를 살펴보자. 제주도 지역으로 유입된 기류의 빈도는 군집 1(43%), 군집 2(29%), 군집 4(22%), 군집 3(6%) 순으로 나타나 국외에서 유입되는 기류의 영향이 70~80% 수준에 달하였다.[18)]

2013~2016년의 4년 동안 계절별 변동 특성과 고농도 사례의 특성을 분석한 연구 결과를 보면, '매우 나쁨' 수준의 PM2.5가 중국의 화북과 화동 지역에서 기원하였고, '나쁨' 수준은 서해를 둘러싼 중국의 화동·화북·동북 지역과 북한 그리고 우리나라의 영향을 모두 받는 것으로 나타났다. '보통' 수준에서는 대만을 포함한 중국 남부와 일본의 영향을 받았고, '좋음' 수준은 시베리아와 태평양에서 기원하는 대기 질에서 나타났다.[19)]

초미세먼지의 조성별로도 기원이 달랐는데, 황산염은 제주의 동쪽과 남쪽, 질산염은 중국 화동 지역, 유기탄소(OC)는 중국 동북 지역이 주요 배출원으로 나타났다. 이러한 결과는 제주의 PM2.5 고농도 발생은 계절에 따라 외부 유입에 기인함을 나타내며, 제주 지역의 자체 기여도는 매우 낮음을 보여 준다.[20)]

한·중 초미세먼지 오염도는 높은 상관관계를 가짐

한국 및 중국의 7개 도시*를 대상으로 2014~2017년 기간 동안 월평균 미세먼지 농도를 비교 분석한 결과를 보면, 한국과 중국의 주요 도시 미세먼지 농도가 겨울철과 봄철에 높아지고, 여름철에 낮아지는 등 매우 유사한 흐름을 나타냈다. 또한 2019년 1월 11~15일의 미세먼지 고농도 기간에 서울과 중국 도

* 베이징, 톈진, 상하이, 허베이성 스자좡, 허난성 정저우, 산둥성 지난, 산시성 타이위안의 7개 도시.

시 간의 미세먼지 농도는 상관관계가 매우 높았다.[21]

또한 2014~2017년의 초미세먼지 일평균 농도 데이터를 이용하여 서울과 중국 74개 도시 간의 농도 상관성을 분석한 결과를 보면, 서울의 초미세먼지 농도는 전반적으로 중국 지역의 당일보다는 하루 전 농도와 더 상관관계가 높다. 2014년의 경우, 서울과 상관관계가 높은 지역은 보하이해* 인근 및 북쪽 지역이다. 이 지역은 베이징 인근의 수도권에 해당하는 징진지 지역으로 중국에서 초미세먼지가 매우 높게 형성되는 지역이다. 2017년에는 이 지역 외에도 중국 중부 내륙 및 한반도 북쪽 지역까지 상관관계가 높아지는 추세를 보였다.

더불어 2014~2017년 기간 동안 한국 10개 지역과 중국 74개 도시 간 초미세먼지 농도의 상관관계를 분석한 결과, 우리나라 동해상 또는 동해에 인접한 울릉도, 울산시, 부산시는 중국 도시와의 미세먼지 농도 상관계수가 낮게 나타났다. 반면 중국과 가장 인접한 곳에 위치한 백령도 등 서쪽 지역은 중국 도시의 미세먼지 농도와 상관계수가 높게 나타났다.[22]

4. 국내 미세먼지 성분이 중국발 미세먼지와 일치한다.

국내 미세먼지의 화학 성분이 중국발 미세먼지와 일치하는 연구가 다수 발표되었다. 이러한 연구들은 중국발 미세먼지의 한반도 영향을 확실하게 증명하는 셈이다. 중국의 춘절 기간의 불꽃놀이 폭죽과 우리나라 대전 지역의 초미세먼지 사이의 연관성을 살펴보자. 이 기간만 되면 우리나라 초미세먼지 농

* 한반도 맞은편에 위치한 산둥반도 북측의 발해만 지역을 가리킨다.

도가 51~100㎍/m^3 정도의 '나쁨' 수준으로 나타난다. 초미세먼지 성분 중 칼륨은 폭죽과 바이오매스(농작물, 산림 등)의 두 가지를 태울 때 모두 배출되지만, 레보글루코산은 바이오매스 연료를 태울 때만 배출된다. 칼륨 농도만 급격히 증가하고 레보글루코산의 농도가 일정하다면, 농작물 등을 소각하는 것이 아닌 다량의 폭죽을 터트리면서 초미세먼지가 발생하였다고 간주할 수 있다. 2017년 중국의 춘절 기간에 우리나라 대기 중의 칼륨 농도가 7배 이상 증가한 반면, 레보글루코산 농도는 변하지 않았다([그림 2-7]).[23] 설날 축제 기간에 한반도에서는 불꽃놀이 활동이 일어나지 않았기 때문에 칼륨 농도의 급격한 증가는 주로 중국의 불꽃놀이에서 발생하는 초미세먼지의 장거리 이동에 기인한다. 이로써 중국발 미세먼지가 우리나라에 유입되어 고농도 미세먼지를 발생시켰다는 사실이 과학적으로 입증되었다.

한국지질자원연구원은 2014년에 우리나라 대전 지역에서 채취한 PM2.5를 분석해 중금속 원소들의 화학적 존재 형태 및 함량을 확인하였다. 초미세먼지 중금속 함량을 월 단위로 비교한 결과, 인체 건강에 심각한 영향을 미치는 것으로 알려진 납, 카드뮴, 비소의 함량이 2014년 1월에 각각 3,930ppm, 122ppm, 656ppm을 기록해 최고치를 나타냈다. 이와 같이 편서풍 영향이 강한 겨울철에 중금속 함량이 가장 높은 수치를 나타낸 것은 초미세먼지에 포함된 중금속 함량이 중국으로부터 직접적인 영향을 받고 있음을 보여 준다. 중금속 동위원소 분석 결과를 보면, 한국에서 채집한 PM2.5에서 검출된 납(Pb)의 동위원소 비율이 1.16으로 나타나 중국에서 사용하는 납과 일치함을 확인하였다.[24] 이는 검출된 납이 우리나라에서 배출된 것이 아니라 중국으로부터 들어온 것을 의미한다. 한편, 납은 생산지에 따라 동위원소 비율이 달라지는데, 우리나라는 주로 동위원소 비율이 1.04인 호주산 납을 이용한다.

[그림 2-7] 2017년 음력설 기간 대전시의 PM2.5 농도 및 화학성분의 변화

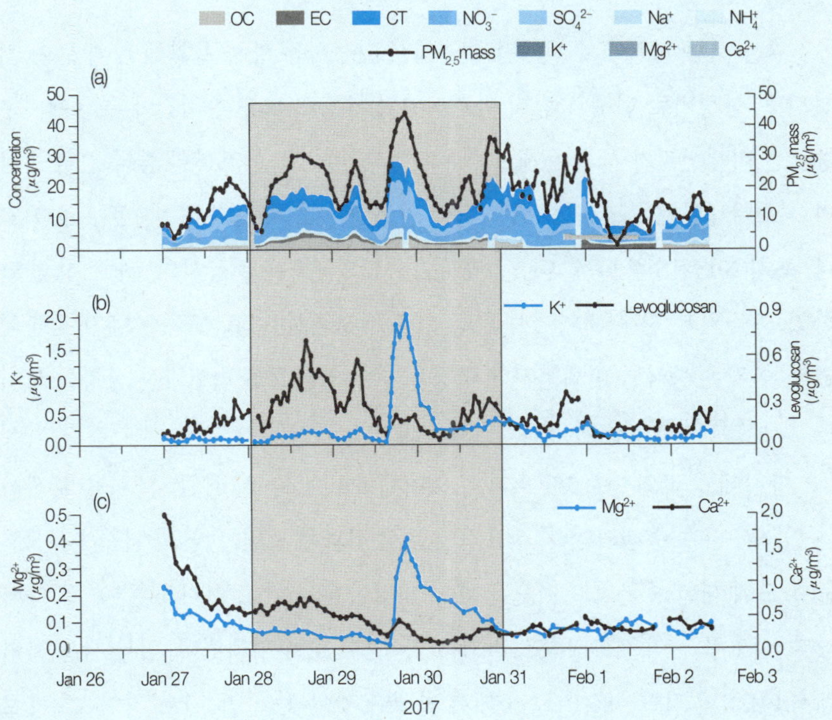

출처: 정진상 외(2018)에서 재인용.

한국과학기술원(KIST)과 중국과학원은 2019. 2. 22~4. 2 기간을 대상으로 서울의 고농도 미세먼지 사례를 분석하였다.[25] 이에 따르면, 베이징(풍상 지역)의 미세먼지가 편서풍을 타고 서울(풍하 지역)로 대량 넘어왔다. 미세먼지에 영향을 주는 대기오염 물질인 질산염, 황산염 등이 중국으로부터 한반도로 유입된 것을 확인하였다. 더불어 중국발 미세먼지에 2급 발암물질인 납(Pb)이 포함되어 있음을 밝혔다.

5. 중국발 미세먼지는 일본에도 영향을 준다.

일본 서부 지역에서는 매년 중국에서 발생하는 황사로 인해 삶의 질이 저하되고, 산성비로 인해 산림이 파괴되었다.[26] 2012~2013년 기간에 일본에서는 중국발 미세먼지가 사회 문제로 대두되었다. 베이징을 포함한 중국 전역의 심각한 초미세먼지 오염이 2013년 1월에 일본 언론을 통해 대대적으로 보도되었다. 특히 2013년 1월 말에 후쿠오카시의 PM2.5 농도는 평상시의 3배 이상에 달하였으며, 일본 서부 지역에서 환경 기준을 초과하는 고농도 PM2.5가 검출되었다. 이것은 중국발 미세먼지가 국경을 넘어 일본으로 넘어가는 상황을 보여주어 대중들의 관심을 불러일으켰다.

당시에 중국의 PM2.5가 일본의 초미세먼지 농도에 미치는 영향을 분석하는 연구가 다수 수행되었다. 대표적인 분석 결과를 보면, 일본의 연간 PM2.5 평균 농도에 대한 중국의 기여율은 큐슈 지역이 61%, 추고쿠 지역은 59%로 나타났다. 시코쿠 지역은 59%였고, 긴키 지역은 55%로 추정되었다. 일본 서부 지역에서 PM2.5의 절반 이상이 중국에서 발생한 것이다. 반면, 간토 지역(도쿄를 포함한 7개 현)에서 연평균 PM2.5 농도에 대한 중국의 기여도는 39%였으며, 51%는 일본 자체적으로 발생한 것으로 추정되었다.[27]

일본 환경성은 2015. 11. 12~12. 13 기간에 일본 전국 각지의 미세먼지 농도와 베이징시의 미세먼지 농도 자료를 비교 분석하였다. 분석 결과, 중국의 미세먼지 농도와 일본의 미세먼지 농도 사이에 밀접한 상관관계가 있는 것으로 나타났다. 또한 이 시기에 일본에 착지한 미세먼지의 발생원별 기여도를 분석하였는데, 중국에서 일본으로 유입된 비중은 40~60%, 한반도에서 일본으로 유입된 비중은 0~10%, 그리고 일본 국내에서 발생한 비중은 20~50%로 나타났

다.[28)]

일븐 후쿠에섬은 중국 대륙에서 가장 가까운 외딴 섬 중 하나로서 타 지역이 주는 대기오염의 영향을 무시할 수 있는 지역이다. 따라서 후쿠에섬의 관측소는 일본 외부에서 운송되는 대기오염 물질을 모니터링하고 동아시아의 지역별 대기오염 특성을 분석하는 데 적합하다. 후쿠에섬에서 각 발생원 지역의 PM2.5에 대한 상대적 기여도를 정량적으로 추정한 결과를 보면, 중국 중북부 지역의 상대적 기여도는 여름을 제외하고 54.9~60.6%를 기록하였다.[29)] 여름에는 18%로 크게 감소하였다. 중국 중남부 지역의 기여도는 15.5~29.2%였다. 우리나라가 일본에 미치는 기여도는 여름을 제외하고 약 10%로 추정되었으며, 여름철에는 6.9%였다. 일본 자체의 기여율은 겨울에는 1.6%, 봄과 가을에는 약 7%이며 여름에는 18.5%로 증가하였다. 또한 일평균 PM2.5가 35㎍/m³ 이상인 고농도 시의 기여도를 추정한 결과를 보면, 중국 중북부 지역의 기여도는 여름을 제외하고 61.0~72.6%로 가장 높았다. 중국 중남부 지역의 기여도는 여름에는 46%, 다른 계절에는 약 30%로 추정되었다. PM2.5의 고농도 시기를 보면 중국 중북 및 남부의 기여도는 연평균 기여도보다 높게 나타났다. 일본 자체의 기여도는 연평균 값보다 작았으며 여름에는 10% 미만으로 나타났다. 이것은 중국을 비롯한 해외의 인위적인 미세먼지 발생이 후쿠에섬에서 1년 내내 일본의 대기환경 기준을 초과하는 데 실질적인 영향을 미치고 있음을 보여 준다.

세계에서 가장 대기오염이 심한 지역 중 하나인 일본과 한국을 대상으로 자국 내 배출 및 장거리 대기오염을 정량화한 연구가 있다. 이 연구는 2010년에 일본과 한국의 연평균 PM2.5 농도의 30%가 자국의 배출에 기여한 반면, 나머지 70%는 중국의 장거리 대기오염이 기여한 것을 보여 준다.[30)] 특히 겨울철에 한국에서 중국발 미세먼지의 기여도가 크게 증가하였다. 발생 원인별로 보면, 중국의 산업 부문은 일본과 한국의 연간 PM2.5 농도에 가장 큰 기여를 하였으며, 주거 및 발전 부문이 그 뒤를 이었다.

2020년 초에 발생한 코로나19 바이러스를 통제하기 위해 중국에서 시행된 조치들이 동아시아에서 PAH(다환 방향족 탄화수소)의 장거리 수송에 미치는 영향을 분석한 연구가 있다. PAH는 미세먼지의 중요한 구성 요소로 장거리 이동이 가능한 대기오염 물질이다. 이 연구 결과를 보면, 일본 KUWAMS 지역•의 PAH 농도가 2020년 2월, 3월, 4월에 2019년 동월 대비 각각 52.6%, 36.6%, 36.7% 감소하였다.[31] 이러한 변화는 중국 북부의 SO_2 및 NO_2 감소와 일치하며, 코로나19의 통제 기간 동안 오염물질이 크게 감소하였고 일상으로 복귀하자 다시 증가하였다. 이 기간 중국에서는 산업·교통 및 사회 활동이 대부분 중단되어 오염 배출 강도와 대기오염 수준이 크게 감소하였다. 이는 중국이 오염 배출량을 줄이면 장거리 이동 오염물질이 줄고 이에 따라 풍하 지역에 위치하는 한국 및 일본의 대기오염이 개선됨을 보여 준다.

6. 중국발 미세먼지는 미국 서부까지 영향을 준다.

동아시아의 미세먼지는 북태평양 지역을 가로질러 북아메리카까지도 운반된다. 중국발 미세먼지가 편서풍을 타고 태평양을 지나 'LA 스모그' 발생에 영향을 미쳤다는 미국 내 언론 보도가 많다. 다수의 연구는 국경을 가로지르는 대기오염이 미국의 대기 질 및 공중 보건에 영향을 미칠 수 있는 잠재적인 우

• KUWAMS는 일본 중부의 동해에 위치하여 일본 자체에서 발생하는 배출 영향을 적게 받는 지역이다. KUWAMS에서 측정한 대기오염도는 중국이 시행하는 대기오염 관리 정책을 직접 반영한다.

려를 강조하고 있다. 장거리를 이동하는 고농도 대기오염이 미국의 배경 농도와 도시의 대기 질에 영향을 미치고 있음을 알 수 있다.[32] 아시아에서 미국으로 태평양을 횡단하는 대기오염 사례가 특히 봄철에 빈번하게 나타나며, 미국의 대기 질에 영향을 미친다는 사실이 드러났다.[33]

NASA와 미국 메릴랜드 대학은 중국발 미세먼지가 미국 서부 해안에 도달한다는 사실을 밝혀냈다. 이에 따르면, 2002~2005년 기간에 중국에서 유출된 대기오염 물질 발생량 가운데 약 25%가 북미 서해안에 도달한 것으로 추정되었다.[34] 중국에서 북미로 유입된 대기오염 물질은 미국 및 캐나다 지역 총배출량의 약 15%에 해당된다.[35] 북미로 유입된 대기오염 물질 배출량은 봄철에 가장 많고 여름철에 가장 적게 나타났다.•

2014년에 미국과 중국의 대학은 중국의 미세먼지와 캘리포니아의 대기 질 간에 인과관계가 있음을 공동으로 밝혔다.[36] 이에 의하면, 봄철에 장거리 이동 물질이 최고치를 기록할 때 중국의 일평균 PM10 농도가 1㎍/m³ 증가할 경우 10~14일의 시차를 두고 미국 캘리포니아주의 PM2.5 농도가 0.022㎍/m³ 증가함을 보였다. 반면, 중국 춘절 기간에는 5~9일의 시차를 두고 캘리포니아주의 PM2.5를 3㎍/m³ 감소시켰다. 이것은 중국의 춘절 기간에 공장 가동 중단, 대중교통과 건설현장이 중단되는 경제활동 제한에 기인한다.

2018년에는 중국 학자들의 연구도 중국발 미세먼지가 미국으로 이동함을 증명하였다.[37] 이 연구는 2000~2013년 기간 중국에서 자연적으로 발생하는 황사 및 중국 춘절이 국경 간 대기오염 이동을 통해 미국의 대기 질에 미치는 영향을 조사하였다. 연구 결과, 중국발 대기오염이 태평양을 건너 캘리포니아주

• 봄철과 여름철에는 각각 연간 유입량의 약 40%와 10%를 차지한다.

[표 2-1] 중국발 초미세먼지가 한국, 일본 및 미국에 미치는 영향

영향 받는 국가	한국					일본		미국	
관련 연구	KORUS -AQ (2016)	LTP (2019)	국립환경 과학원 (2018)	오혜련 외 (2020)	국립환경 과학원 (2013)	일본 환경성 (2015)	Steve 외 (2019)	NASA 외 (2008)	Ngo 외 (2018)
중국발 기여율 (%)	34	32	45,[1] 71[2]	63~75	60~ 80[3]	40~60	70	25	16~39

주: 1) 연평균, 2) 겨울철, 3) 고농도 발생시.
출처: 저자 작성.

와 오리건주의 미국 서부까지 영향을 미쳤다. 중국발 황사는 미국의 미세먼지에 16~39% 영향을 주었다. 반면 중국의 춘절 기간에 미국의 미세먼지는 0.4~2.5% 감소하였다.[38]

지금까지 살펴본 내용은 중국발 미세먼지가 한반도뿐만 아니라 일본과 미국 서부까지도 영향을 끼치고 있다는 사실을 확인시켜 주고 있다. 겨울철과 봄철의 미세먼지 고농도 발생 시기에 우리나라는 중국발 미세먼지의 영향이 최대 80%에 달하고 있음을 알 수 있다. 일본은 최대 70% 정도까지 중국발 미세먼지 영향을 받고 있으며, 미국 서해안은 최대 40% 정도까지 영향을 받는 것을 알 수 있다([표 2-1]). 결론적으로 중국에서 발생하는 미세먼지 때문에 우리나라의 미세먼지가 더욱 악화된다는 사실은 과학적 근거가 충분하다고 볼 수 있다.

1) 국립환경과학원(2013), 《2013 Annual report of intensive air quality monitoring station》, National Institute of Environmental Research, NIER-GP2013-100.

2) 중앙일보(2019. 3. 11), 〈중국 미세먼지 오리발, NASA 위성에 딱 걸렸다〉.

3) Atmospheric Environment, 2006년 9월.

4) Atmospheric Environment, Klaus Shaefer, 2008년 6월.

5) NASA와 국립환경과학원 공동연구(2016년 5월 1일~6월 12일 기간 대상) 결과.

6) 국립환경과학원 & NASA, 《KORUS-AQ(the Korea-United States Air Quality) 예비종합보고서》.

7) S. Lee et al.(2019), "Analysis of long-range transboundary transport(LRTT) effect on Korean aerosol pollution during thr KORUS-AQ campaign," *Atmospheric Environment*, 204, pp. 53~67.

8) Z. Lu, D. G. Streets, Q. Zhang, S. Wang, G. R. Carmichael, Y. F. Cheng, C. Wei, M. Chin, T. Diehl, and Q. Tau(2010), "Sulfur dioxide emissions in China and sulfur trends in East Asia since 2000," *Atmos. Chem. Phys.*, 10, pp. 6311~6331(doi:10.5194/acp-10-6311-2010).

9) 국립환경과학원(2018), 《대기질 예보 권역에 대한 배출원별 지역 간 정량적 기여도 평가 연구》.

10) Moon Joon Kim(2019), "The Effects of Transboundary Air Pollution from China on Ambient Air Quality in South Korea," *Heliyon*, 5(12), December, e02953.

11) 국립환경과학원(2018), 《대기질 예보 권역에 대한 배출원별 지역 간 정량적 기여도 평가 연구》.

12) 오혜련 외(2020), "Impact of Chinese air pollutants on a record-breaking PMs episode in the Republic of Korea for 11-15 January 2019," *Atmoric Environment*, p. 223.

13) 국립환경과학원(2018), 《고농도 미세먼지 정확도 향상을 위한 개념모델 개발 연구(I)》.

14) 국립환경과학원(2018), 《고농도 미세먼지 정확도 향상을 위한 개념모델 개발 연구(I)》.

15) 이권호(2020), 〈인공위성, 지상관측, 궤적 모델을 이용한 2019년 12월 고농도 연무 현상의 특성 분석〉, 《한국대기환경학회지》, Vol. 36, No. 1, February.

16) 김관철(2018), 〈춘절 기간 중국 불꽃놀이로 발생된 대기 오염물질의 한반도 유입〉, 《한국대기환경학회지》, 제34권 제6호, 12월, pp. 841~848.

17) 국립기상연구원의 《국내 배경지역 대기 미세먼지의 기류 이동경로별 조성변화》를 보면, 2013년에 중국 대륙에서 넘어온 기류가 63%에 달하였다. 환경부의 〈제주도의 청정하늘, 미세먼지로 위태위태〉(2009. 12. 보도자료)를 보면, 제주도만 유독 10월에 미세먼지 농도가 높은 것은 중국 동남부의 영향이 컸다고 분석하고 있다. 제주연구원(2017)의 《제주지역 미세먼지 관리정책 방향, 제주도 미

세먼지의 역궤적 분석》에 의하면, 제주도의 농도가 높게 나타난 날에 대한 기류를 역궤적 분석한 결과 중국 북부·동부 지역 등에서부터의 장거리 이동 오염물질의 영향을 상당히 많이 받고 있다.

18) 강경식 외(2017), 〈제주도 지역 대기 중 초미세먼지의 고농도 발생원인 및 특성 연구: 2013~2015년 측정〉, 2017년 한국기상학회 가을학술대회 초록집.

19) 김주애 외(2020), 〈2013~2016년 제주 PM2.5 화학조성 변화 및 고농도 발생 특성〉, 《한국대기환경학회》, Vol. 36, No. 3, June, pp. 388~403.

20) 김주애 외(2020), 〈2013~2016년 제주 PM2.5 화학조성 변화 및 고농도 발생 특성〉, 《한국대기환경학회지》, Vol. 36, No. 3, June, pp. 388~403.

21) 주현수 외(2019), 《중국의 미세먼지 농도추이 및 한-중간의 오염도 상관관계 분석》, KEI, p. 129.

22) 주현수 외(2019), 《중국의 미세먼지 농도추이 및 한-중간의 오염도 상관관계 분석》, KEI, p. 129.

23) "firework/firecracker emissions over the Korean Peninsula: A novel indicator of Asian continental outflows," *Atmospheric Environment*, 178, pp. 223~230.

24) 한국지질자원연구원 보도자료(2014. 2. 12), 〈중금속 '중국발' 첫 확인〉.

25) 김화진 외(2020), "Measurement Report: Characterization of severe spring haze episodes and influences of long-range transport in the Seoul metropolitan area in March 2019," *Atmos. Chem. Phys.*, 20, pp. 11527~11550.

26) 대한해협 1,000m 상공에서 고농도의 황산염과 이산화황을 포함하는 약 500km 폭의 기단이 대륙(중국)쪽에서 북서풍을 타고 일본으로 이동한다는 증거를 동아시아 최초로 제시하였다(Kenneth and Jasanoff, *Acid Rain Science and Politics in Japan – A History of Knowledge and Action toward Sustainability*, MIT Press, 2004).

27) Yugo Kanaya 외(2012), "Comparison of Black Carbon Mass Concentrations Observed by Multi-Angle Absorption Photometer(MAAP) and Continuous Soot-Monitoring System(COSMOS) on Fukue Island and in Tokyo, Japan," *Aeroson Science and Technology*, 47, pp. 1~10.

28) 日本 環境省 大氣環境課(2015), 《PM2.5問題の現狀と對應》.

29) Kohei Ikeda(2014), "Sensitivity analysis of source regions to PM2.5 concentration at Fukue Island, Japan," *Journal of the Air & Waste Management Association*, Volume 64, Issue 4.

30) Steve Hung Lam Yim, Yefu Gu, Matthew A. Shapiro, and Brent Stephens(2019), "Air quality and acid deposition impacts of local emissions and transboundary air pollution in Japan and South Korea," *Atmos. Chem. Phys.*, 19, pp. 13309~13323.

31) Lulu Zhang et al.(2020), "Impact of the COVID-19 Outbreak on the Long-range Transport of Particulate PAHs in East Asia," Aerosol and Air Quality Research

(https://aaqr.org).

32) H. Timonen et al.(2013), "Influence of background particulate matter (PM) on urban air quality in the Pacific Northwest," *Journal of Environmental Management*, 129, pp. 333~340.

33) Dan Jaffe(1999), "Transport of Asian Pollution to North America," *Geophysical Research Letters*, Vol. 26, No. 6, pp. 711~714.

34) Hongbin Yu et al.(2008), "A satellite-based assessment of transpacific transport of pollution aerosl," *Journal of Geophysical Research*, Vol. 113.

35) Mian Chin et al.(2007), "Intercontinental transport of pollution and dust aerosols: implications for regional air quality," *Atmos. Chem. Phys.*, 7, pp. 5501~5517.

36) N. S. Ngo et al.(2014), "Evaluating the Impacts of Transboundary Air Pollution from China on Air Quality in the U.S. Using a Regression Framework," American Geophysical Union, Fall Meeting 2014.

37) N. S. Ngo et al.(2018), "The effects of transboundary air pollution following major events in China on air quality in the U.S.: Evidence from Chinese New Year and sandstorms," *Journal of Environmental Management*, 21, pp. 169~175.

38) 이 분석 결과는 계량경제학적 회귀분석이 대기과학에서 널리 사용되는 연구방법을 보완하는 강력한 도구가 될 수 있음을 시사한다. 이것은 또한 중국의 황사를 추적하고 미국 및 우리나라 등의 해외 대기 배출량 증가에 대비할 수 있는 정책 입안자들에게 중요한 의미를 가진다.

3

국내 미세먼지:
어디에서 얼마나 발생하는가?

우리나라의 미세먼지 농도는 국내 발생 미세먼지, 중국발 미세먼지의 국내 유입, 그리고 풍향·풍속·강수량 등 기상 상황의 영향을 받는다. 특히 미세먼지 고농도 시기에는 대기오염 물질이 편서풍에 의해 중국에서 우리나라로 유입된 후 대기 정체로 축적되고, 아울러 초미세먼지의 2차 생성물질로 인해 고농도 현상으로 발달한다.

이하에서는 우리나라의 미세먼지 농도 추이를 개관한다. 아울러 코로나19 사태로 인한 국내 미세먼지의 농도 변화도 살펴본다. 또한 우리나라에서 자체적으로 기인하는 미세먼지가 어디에서 얼마나 발생하는가를 제시한다.

1. 국내 미세먼지 농도는 감소 추세에 있다.

우리나라 미세먼지(PM10)의 연평균 농도는 점차 감소하고 있으며, 서울을 포함하여 전국적으로 개선되는 추세를 나타내고 있다. 전국 기준으로 보면, 2001년의 58μg/m³에서 2019년에는 41μg/m³로 30%나 감소하였다. 2000년대 초반에는 57~61μg/m³ 사이로 증감을 반복하다가 2007년부터 감소하기 시작하여 2012년에 45μg/m³를 기록하여 연평균 환경 기준치인 50μg/m³보다 낮았다. 2013년과 2014년에는 다시 소폭 증가하였지만, 이후 현재까지 감소 추세에 있으며 연평균 환경 기준치를 달성하고 있다. 2020년은 코로나19 사태로 인해 국내 산업활동과 교통 제한이 있었다.* 이로 인해 연평균 미세먼지 농도가 33.5μg/m³를 기록하여 2019년 대비 18.3%나 감소하였다([그림 3-1]).

서울시의 경우, 미세먼지는 2001년 71μg/m³에서 2019년 41.4μg/m³로 42%나 감소하였다. 서울시의 미세먼지 연평균 농도는 2016년부터 다시 증가하다가 이후 감소 추세를 나타내고 있으며, 연평균 환경 기준치를 달성하고 있다. 2020년은 코로나19 사태로 인해 35.3μg/m³을 기록하여 2019년 대비 14.7%나 감소하였다([그림 3-1]).

국내 초미세먼지(PM2.5)의 연평균 농도는 전국적으로 측정을 시작한 2015년도의 26μg/m³에서 2019년에는 23μg/m³로 12% 감소하였다. 2018년에는 초미세먼지 환경 기준을 미국과 일본 수준인 15μg/m³로 강화하였다. 초미세먼지 농도 현황을 보면 연평균 농도는 소폭 개선되었으나, 전국적으로 환경 기준에

* 에너지경제연구원에 따르면, 코로나19는 국내 에너지 소비 패턴에 큰 영향을 주었다. 2019년 상반기 대비 2020년 상반기의 부문별 에너지 소비량을 살펴보면, 가정 부문은 0.6% 증가하였으나 산업, 수송, 상업·공공 부문의 소비는 각각 2.3%, 10.6%, 3.2% 감소하였다. 이 가운데 수송 부문의 에너지 소비가 가장 많이 감소하였다.

[그림 3-1] 우리나라의 미세먼지 연평균 농도 추이

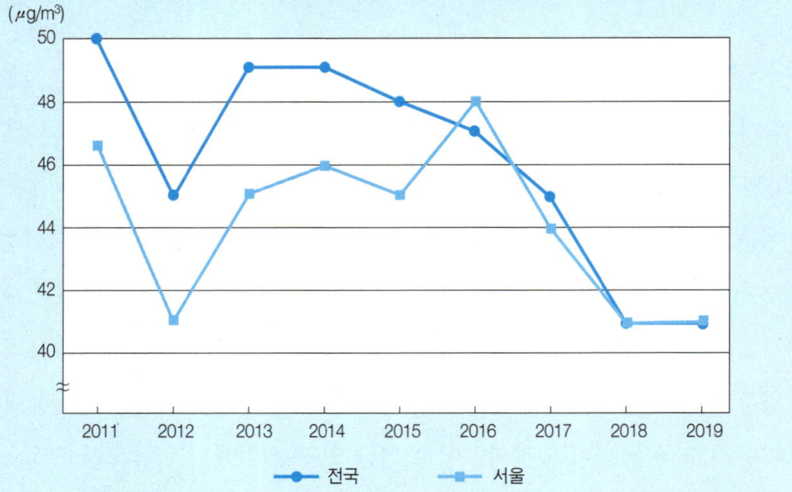

출처: 에어코리아(www.airkorea.or.kr), 서울시 대기환경정보(https://cleanair.seoul.go.kr).

미달하고 있는 실정이다. 2020년에는 코로나19 사태로 인해 국내 산업활동 및 교통 제한으로 예외적인 현상이 발생하여 19$\mu g/m^3$로 크게 감소하였다. 2020년은 2019년 대비 17.4% 감소하여 2015년에 시작된 관측 이래 가장 낮은 수치를 기록하였다([그림 3-2]).[1] 그러나 아직도 국내 연평균 환경 기준에 미달하고 있으며, WHO 권고치의 4배 수준에 머물고 있다([그림 3-3]). 이를 볼 때 우리나라는 상대적으로 초미세먼지 오염이 심각한 수준의 국가임을 알 수 있다. 이러한 고농도 초미세먼지에 장기간 노출되면 고령자와 기저 질환자 등 취약계층을 중심으로 심각한 건강 피해가 발생한다.

서울시의 경우, 2000년대 초에 40$\mu g/m^3$를 상회하던 초미세먼지 농도가 2019년에는 25$\mu g/m^3$로 크게 개선되었다. 서울시의 초미세먼지 연평균 농도는

[그림 3-2] 우리나라의 초미세먼지 연평균 농도 추이

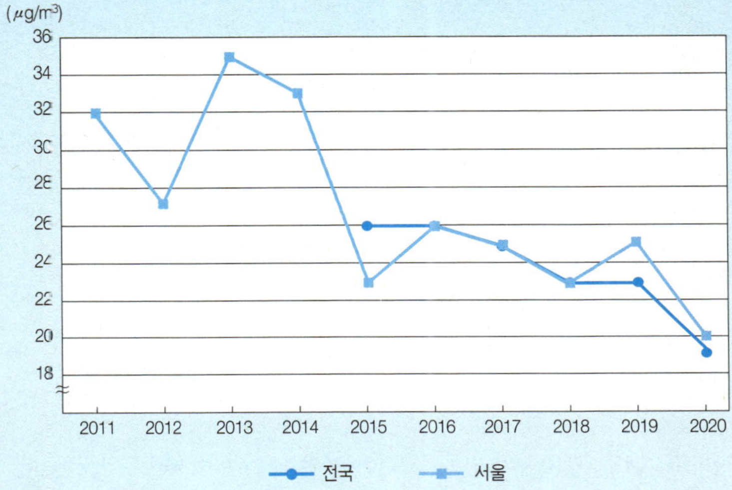

주: PM2.5의 연평균 농도 15μg/m³ 기준(2018년 3월 27일).
출처: 에어코리아(www.airkorea.or.kr), 서울시 대기환경정보(https://cleanair.seoul.go.kr).

2016년부터 다시 증가하다가 최근에는 감소 추세를 나타내고 있다. 그러나 2019년에는 25μg/m³로 악화되었고 환경 기준에도 미달되었다. 서울시의 연평균 초미세먼지 농도는 23~26μg/m³ 사이에 박스권을 형성하여 제자리걸음을 하고 있는 실정이다. 2020년은 코로나19 사태로 인해 20μg/m³를 기록하여 전년 대비 20%나 감소하였다([그림 3-2]).

한편, 초미세먼지의 2차 전구물질인 SO_2 농도는 1989년부터 꾸준히 감소 추세에 있다. NO_2 농도는 증감을 반복하다가 2009년부터 서서히 줄어들고 있다. 이는 자동차 대수는 늘었지만 배출 규제가 그만큼 강해졌다는 것에 기인한다. 오존(O_3)은 꾸준한 증가 추세를 보이고 있어 국민 건강에 위협이 되고 있다. OECD에서도 우리나라의 오존 농도가 특히 높다고 지적하며 감축대책을 권고

[그림 3-3] 우리나라와 WHO의 초미세먼지 기준

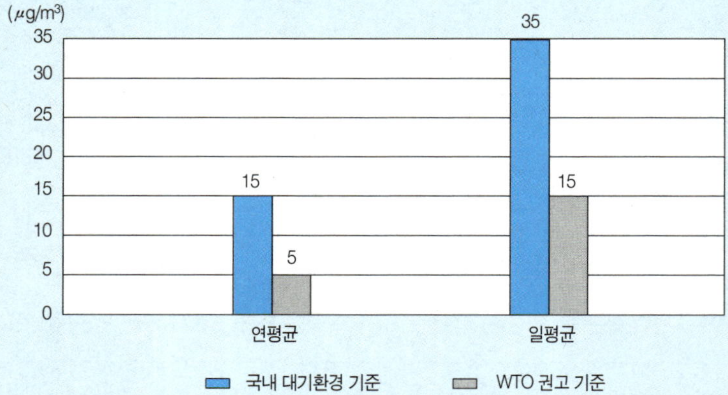

출처: 국립환경과학원, 《대기환경연보》, 2017, WHO, 《WHO global air quality guidelines》, 2021. 9.

하고 있다.

2. 하지만, 초미세먼지 기준 달성률은 0%로 국민은 불안하다.

2019년 1~3월 기간에 우리나라는 유례없는 고농도 미세먼지를 경험하였다. 수도권·충청권·호남권의 초미세먼지 농도는 기존 대비 최고치를 경신하였다. 서울시의 경우 129μg/m³를 나타내어 관측 이래 사상 최악의 미세먼지를 기록하였다. 2019년 1월부터 3월 기간 동안 수도권에서만 미세먼지 비상저감조치가 12회나 발령되었다. 2019년 3월에는 7일 동안 발령되었다. 사상 처음 있는 일이었다. 이때 서울의 일평균 초미세먼지 농도는 m³당 129μg과 135μg을 기록

[그림 3-4] 주요 도시의 PM2.5 연평균 농도(2019년)

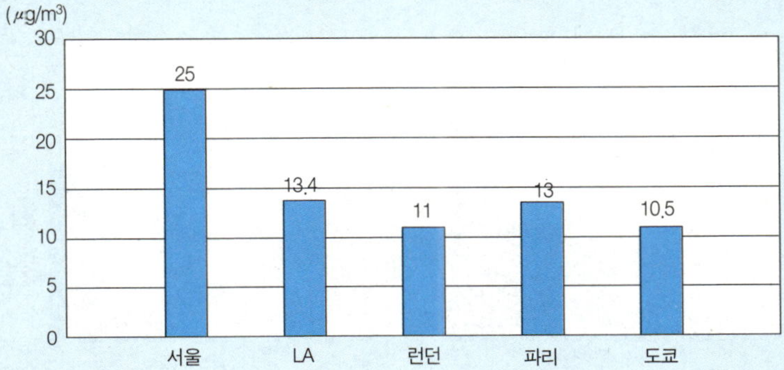

하여 두 차례나 최고치를 경신하였다.

이 시기에 국내 대기가 정체된 상황에서 중국에서 미세먼지가 지속적으로 유입되었고, 오염물질이 확산되지 못하고 국내에 머물면서 이러한 고농도 현상이 발생한 것이다. 통상 저기압에서는 고기압과 반대 방향으로 바람이 분다. 중국에서 몰려온 미세먼지가 한반도를 빠져나가야 하는데, 일본 부근의 저기압이 이를 막고 있었다. 중국 쪽의 고기압과 일본 인근 저기압 사이에 끼여 있는 한반도에 미세먼지가 지속적으로 쌓인 결과이다.[2]

2020년은 코로나19 발발로 인해 예외적인 현상이 발생하였다. 초미세먼지 농도가 가장 좋았던 시기는 2020년 3월이었다. 통상 3월에는 연중 가장 높은 미세먼지 농도를 나타낸다. 그러나 2020년 3월에는 전국 기준 21$\mu g/m^3$로 2019년 3월의 39$\mu g/m^3$ 대비 초미세먼지 농도 감소 폭이 18$\mu g/m^3$를 나타내 46.2%나 감소하였다. 서울시의 경우, 2019년 3월의 45$\mu g/m^3$에서 2020년 3월에 25$\mu g/m^3$로 44.4%나 감소하여 개선 폭이 가장 높았다.

[그림 3-5] 전국, 서울의 초미세먼지 매우 나쁨 일수(일/년)

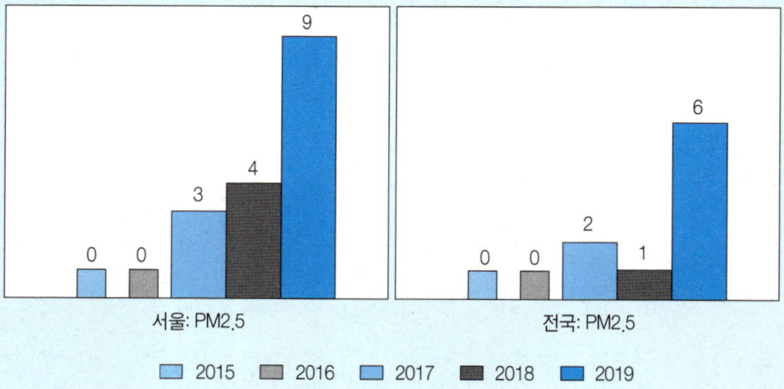

출처: 국립환경과학원, 《대기환경연보》, 2019.

서울시의 초미세먼지는 선진국 도시들에 비해 나쁜 수준이다. 2019년에 서울시 25개 측정소에서 집계한 초미세먼지의 연평균 농도는 25μg/m³로 LA 13.4μg/m³, 파리 13μg/m³, 런던 11μg/m³, 도쿄 10μg/m³의 2배 수준에 이른다([그림 3-4]).

전국 초미세먼지의 일평균 달성률은 2018년과 2019년 두 해 연속 0%를 기록하였다. 우리나라는 미국과 일본의 초미세먼지 일평균 환경 기준에 맞추어 50μg/m³였던 기준을 2018년 3월에 35μg/m³로 강화하였지만, 도입 첫해와 둘째 해에 달성률 0%를 기록한 것이다.

또한 2018년에는 모든 측정소(328개소)에서 연평균 초미세먼지 기준인 15μg/m³를 달성한 곳이 하나도 없었다. 2019년에도 모든 측정소(400개소)에서 연평균 달성률이 0%로 환경 기준을 초과하였다. 전국 대부분의 지방에서 초미세먼지 기준치를 초과하고 있다. 지난 20년간 대기오염 물질 실측 자료에 의하

[그림 3-6] **전국 초미세먼지의 좋음, 보통, 나쁨, 매우 나쁨 일수(일/년)**

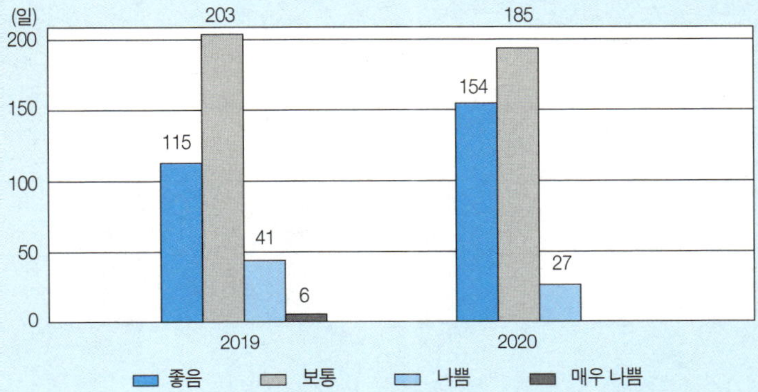

출처: 에어코리아(www.airkorea.or.kr).

면 분명한 대기 개선 효과가 있다. 그러나 아직도 WHO 권고 기준인 5㎍/m³에 비하면 국민 건강에 매우 유해한 수준에 머물고 있는 상태이다.

초미세먼지 농도는 점차 줄어들고 있는 추세이지만, 고농도 일수는 크게 줄어들지 않고 있다. 서울시에서 '매우 나쁨' 일수가 2019년에는 2018년보다 5일 늘어난 9일이나 발생하였다. 전국적으로는 2018년보다 5일 증가한 6일이나 발생하여 대기 질이 더 악화되었다([그림 3-5]).

2020년은 코로나19의 특수 상황으로 인해 '매우 나쁨'(76㎍/m³ 이상) 일수는 하루도 발생하지 않았다. 2020년은 2019년 대비 '좋음' 일수가 25% 증가(115 → 154일)하였고, '나쁨' 일수는 34% 감소(41 → 27일)하였다. '매우 나쁨' 일수는 2020년에 0일을 기록하였다([그림 3-6]).[3)]

2019년을 대상으로 월별로 살펴보면, 초미세먼지가 '매우 나쁨'인 날은 1월에 3일, 3월에 6일로 1월과 3월에 집중되었다. '좋음'인 날은 111일로 2018년의 130일보다 19일 줄었다. 대신 '보통'인 날은 2018년 174일에서 2019년 192일

[그림 3-7] 전국 연도별 초미세먼지 주의보 및 경보 발령일수

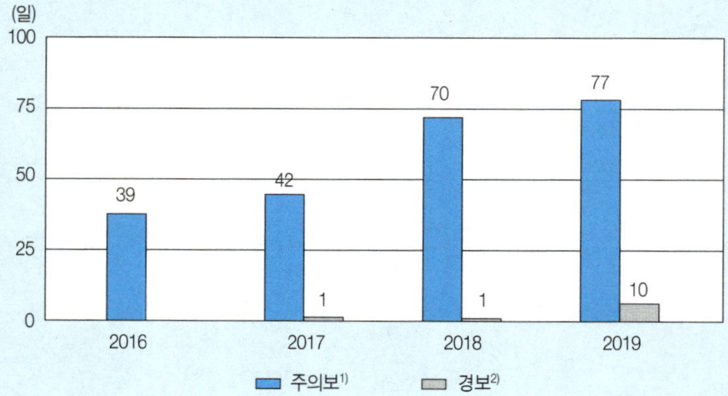

주: 1) 주의보: 시간당 평균 농도 75μg/m3 + 2시간 이상 지속.
2) 경보: 시간당 평균 농도 150μg/m3 + 2시간 이상 지속.
출처: 에어코리아(www.airkorea.or.kr).

로 늘었다. 초미세먼지가 '나쁨' 이상인 날이 늘어난 것은 고농도 초미세먼지가 중국에서 유입되고 대기 정체로 국내에서 발생한 초미세먼지가 동시에 축적된 일수가 늘어난 것에 기인한다. 최근에는 과거보다 대기 정체가 길어지는 경향을 보여 초미세먼지가 쉽게 해소되지 못하고 중국발 미세먼지가 한반도에 갇히는 현상이 자주 발생하고 있다. 우리나라는 연평균 미세먼지 농도의 감소에도 불구하고 국민들이 실생활에서 느끼는 체감 농도는 오히려 크게 증가하고 있다. 이는 중국발로 인한 고농도 사례 일수의 증가와 관련이 있다.

초미세먼지 주의보•와 경보••의 발령 일수도 증가하고 있다. 2015년 1월부터는 초미세먼지의 실시간 농도가 인체 건강에 영향을 주는 수준에 이를 경우 지자체장이 주의보나 경보를 발령하는 경보제도를 시행하였다.

• 시간당 평균 농도 75μg/m3+ 2시간 이상 지속.
•• 시간당 평균 농도 150μg/m3+ 2시간 이상 지속.

전국 초미세먼지 주의보 발령 일수는 최근 4년간(2016~2019) 증가 추세에 있다. 2016년 39일, 2017년 42일, 2018년 70일, 2019년 77일을 기록하여 지속적으로 증가하고 있다. PM2.5의 경보 발령 일수는 전국 기준으로 2016년까지는 없었으나 2017년 1일, 2018년 1일, 2019년에는 10일이 발생하여 증가 추세에 있다([그림 3-7]).

서울시의 경우 초미세먼지 주의보는 2017년 10일, 2018년 18일, 2019년 25일로 지속적으로 증가하고 있다. 매년 16~17일 정도로 나타나 단기 고농도 초미세먼지의 발생 빈도가 증가하는 추세에 있다. 초미세먼지 경보는 2017년까지 없었다가 2018년 4일, 2019년 4일을 기록하였다. 반면 2020년에는 코로나19로 인해 예외적인 상황이 발생하여 0일을 기록하였다.

3. 대기청정 지역에서도 고농도 미세먼지가 관측된다.

대기청정 지역인 백령도와 제주도에서도 고농도 미세먼지가 발생하고 있다. 미세먼지 국가배경농도* 측정망의 연평균 농도를 보면, 백령도는 2018년 33㎍/m³, 2019년 40㎍/m³를 기록하였다. 제주도 고산리는 2018년 39㎍/m³, 2019년 39㎍/m³를 나타냈고, 울릉도 태하리는 2018년 39㎍/m³, 2019년 39㎍/m³를 기록하였다. 이 3곳 모두 연평균 미세먼지 기준치인 50㎍/m³ 이하를 나타내 기준치에 도달하였다. 2019년도에 이 3곳의 국가배경농도 측정망 평균치는 38.3

* 특정 지역의 대기 오염도는 전 지구적인 배경 농도, 지역적인 배경 농도, 국지적인 배출에 의한 농도의 합산으로 결정한다. 한반도의 배경 농도는 한반도 국내 배출의 영향을 받지 않는 상태, 즉 전 지구적인 배경 농도와 동북아시아 지역의 배경 농도의 영향만을 받는 상태의 농도를 의미한다(국립환경과학원).

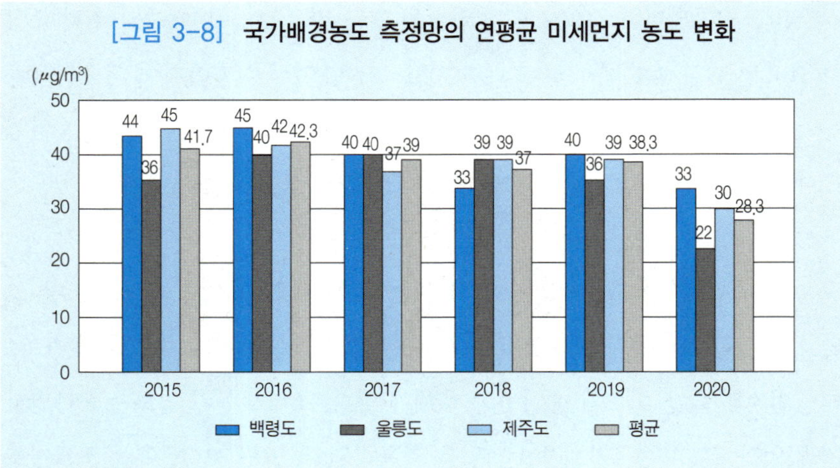

출처: 에어코리아(www.airkorea.or.kr).

μg/m³를 기록해 전국 평균치 41μg/m³와 서울시 평균치 41.4μg/m³에 비해 약간 낮게 나타났다. 2020년에는 코로나19 사태로 인해 예외적인 상황이 발생하여 이 3곳의 평균치는 28.3μg/m³를 나타내 과거에 비해 가장 낮게 나타났다([그림 3-8]).

한편, 초미세먼지 국가배경농도 측정망의 연평균 농도를 살펴보면, 백령도는 2018년 17μg/m³, 2019년 20μg/m³를 기록하였다. 제주도 고산리는 2018년 16μg/m³, 2019년 20μg/m³를 나타냈고, 울릉도 태하리는 2018년 17μg/m³, 2019년 20μg/m³를 기록하였다. 이 3곳 모두 연평균 초미세먼지 기준치 15μg/m³를 초과하였다. 2019년도에 이 3곳의 국가배경농도 측정망 평균치를 보면 20μg/m³로 나타나 공장과 자동차가 거의 없는 청정 지역에서 전국 평균치인 23μg/m³와 서울시의 25μg/m³에 비해 약간 낮은 수준을 기록하고 있다. 2020년에는 코로나19 사태로 인해 예외적인 상황이 발생하여 이 3곳의 평균치는 15.3μg/m³를 나타내 과거에 비해 가장 낮게 나타났다([그림 3-9]).

[그림 3-9] 국가배경농도 측정망의 연평균 초미세먼지 농도 변화

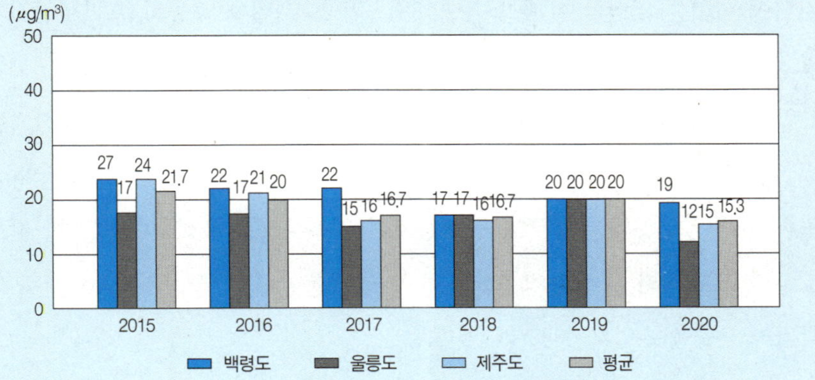

출처: 에어코리아(www.airkorea.or.kr).

2019년에 대기청정 지역인 백령도의 연평균 초미세먼지 농도는 20μg/m³로 일본 도쿄 10.5μg/m³, LA 13.4μg/m³, 런던 11μg/m³, 파리의 13μg/m³에 비해 거의 2배 수준을 기록하였다. WHO 권고치와 비교해도 4배 수준으로 높게 나타났다. 공장도 없고 차량 통행량도 매우 적은 백령도의 초미세먼지 농도가 2018년 12월~2019년 3월의 평균치가 29.3μg/m³에 달해 연평균 기준치를 크게 상회하였다. 2020년의 코로나19의 예외적인 상황에도 WHO 권고치보다 3배나 높게 나타났다. 우리나라 서해 한복판에서 이 정도의 수치가 나온다는 것은 중국의 영향이 매우 크다는 것을 확실하게 보여 준다고 할 수 있다.

2015년 1월부터 2020년 12월의 6년 동안 미세먼지에 대한 대기환경 기준 초과 횟수를 보면, 중국과 비교적 가까운 거리에 위치한 백령도가 가장 많이 나타났다.[4] 이는 통상 북서쪽의 중국 대륙으로부터 이동해 오는 편서풍의 영향이 크기 때문으로 보인다.

미세먼지 고농도 사례들을 통해 중국발 미세먼지가 우리나라 대기청정 지역에 미치는 영향을 살펴보자. 2018년 3월 22~24일에 고농도 초미세먼지가 발생하여 경기도에서는 102㎍/m³, 서울은 99㎍/m³를 기록하였다. 2018년 3월 22일 0시에 백령도는 13㎍/m³를 기록하였다. 그러나 당일 오후 3시에 북서기류의 영향으로 백령도에서 63㎍/m³를 기록하여 5배나 증가하였다. 백령도의 급격한 미세먼지 증가는 중국발 미세먼지가 우리나라로 유입되어 발생한 것으로 판명된 것이다. 국립환경과학원은 이 기간 동안에 중국이 최대 69%나 우리나라에 영향을 주었다고 평가하였다.[5)]

2018년 11월 25~28일에도 우리나라에서는 전국적으로 초미세먼지 일평균 기준(35㎍/m³)을 훨씬 초과하는 고농도 사례가 발생하였다. 2018년 11월 27일에 백령도에서는 113㎍/m³로 최고 농도를 기록하였다. 수도권도 83㎍/m³를 나타냈다. 한편, 2018년 11월 24~26일에 중국의 징진지 주변 지역에서 초미세먼지 고농도가 발생하였으며, 베이징시와 톈진시는 황색경보를 발령하였다. 국립환경과학원은 이 기간 동안 중국이 최대 74%나 우리나라에 영향을 주었다고 추정하였다.[6)]

4. 한고온저 · 서고동저 형태의 초미세먼지 농도 분포

한고온저 형태의 초미세먼지 농도 분포

우리나라의 초미세먼지 농도는 한고온저(寒高溫低) 형태의 분포를 나타낸다. 즉, 추울 때에는 초미세먼지 농도가 높고(寒高), 따뜻해지면 농도가 낮아진

[그림 3-10] **전국 초미세먼지 계절별 농도**

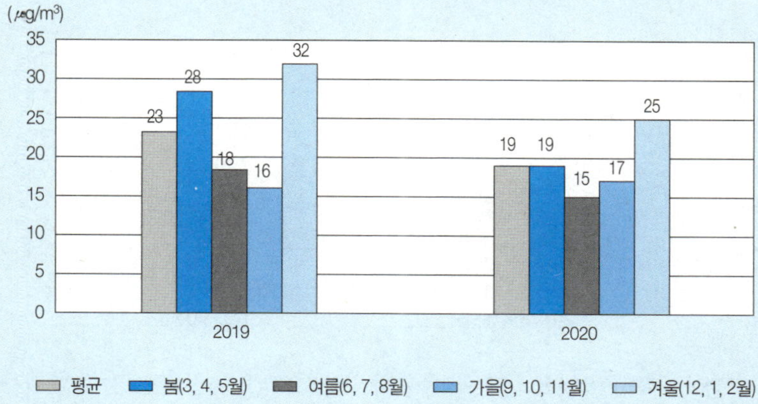

출처: 에어코리아(www.airkorea.or.kr).

다(遞低). 실제로 중국발 미세먼지로 인해 겨울철과 봄철에 높은 수준을 보이는 반면, 여름철과 가을철에는 상당히 낮게 나타난다. 특히 1년 중 9월에 초미세먼지 농도가 가장 낮다.

2019년을 대상으로 월별 초미세먼지 농도를 보면, 5~10월 대비 1~4월, 그리고 11~12월에 높은 것을 확인할 수 있다. 특히 2019년 12~3월 기간의 평균 농도는 연평균 대비 12~41%나 높은 수준을 나타냈다. 고농도 일수와 '나쁨 일수' 역시 12~3월 중에 주로 발생하였다. 2020년 봄철에는 코로나19의 발발로 예외적인 상황이 발생하여 매우 낮은 농도를 나타냈으나, 한고온저형 트렌드는 예년과 비슷하였다([그림 3-10]).

서울시의 경우에도 2019년에 계절별로 초미세먼지 농도를 보면, 겨울철과 봄철에 각각 34㎍/m³, 32㎍/m³로 높게 나타났고, 여름철과 가을철에 각각 18

[그림 3-11] 서울시 초미세먼지 계절별 농도

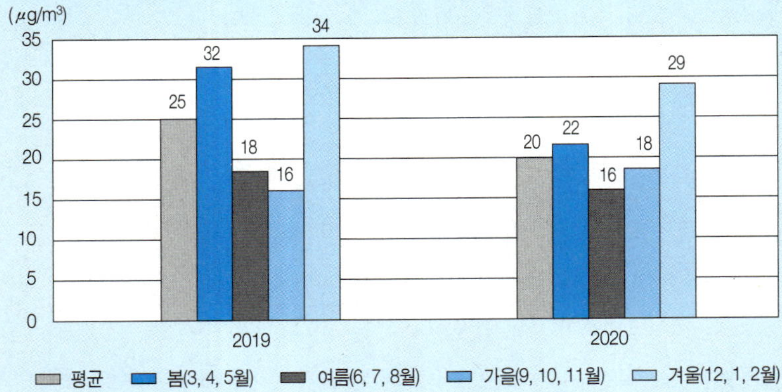

출처: 에어코리아(www.airkorea.or.kr).

μg/m³, 16μg/m³를 기록하여 상대적으로 낮게 나타남을 알 수 있다. 2020년 봄에는 코로나19의 발발로 매우 낮은 농도를 나타냈으나, 한고온저형 트렌드는 예년과 비슷하였다([그림 3-11]).

서고동저 형태의 초미세먼지 농도 분포

우리나라 초미세먼지는 서고동저(西高東低) 형태의 초미세먼지 농도 분포를 나타낸다. 즉, 중국발 미세먼지로 인해 초미세먼지 연평균 농도가 서쪽 지역이 높고(西高) 동쪽 지역이 상대적으로 낮게 나타난다(東低). 실제로 2019년에 서쪽 지역(수도권, 충청권, 호남권)은 평균 24.4μg/m³를 나타내 동쪽 지역(영남권, 강원권)의 평균치 20.5μg/m³보다 4μg/m³나 높게 나타났다([표 3-1]). 서쪽 지역은 전국 평균치인 23μg/m³를 상회하였고 동쪽 지역은 전국 평균치보다 낮게 나타

[표 3-1] 2019년 연평균 초미세먼지 농도(전국 평균: 23μg/m^3)

서고(西高)		동저(東低)	
서울	25	강원	21
인천	23	경북	20
경기	26	경남	19
세종	26	부산	21
대전	22	울산	20
충북	28	대구	22
충남	26	평균	20.5(μg/m^3)
전북	26		
전남	19		
광주	23		
평균	24.4(μg/m^3)		

출처: 에어코리아.

났다. 2019년에 초미세먼지는 서울시, 경기도, 충청남북도, 전라북도 지역이 다른 지역보다 상대적으로 높은 오염도를 나타냈다.

초미세먼지 '나쁨 일수'(35μg/m^3 이상인 날)를 시도별로 비교하면, 2019년에 전국적으로 평균 47일을 기록하였다. 그러나 충북 83일, 전북 60일, 경기 71일, 서울 64일로 서쪽 지역이 전국 평균을 크게 상회하였다.

2020년은 코로나19 발발로 인해 예외적인 현상이 발생하였으나 시도별로 보면, 예년과 비슷한 서고동저형 트렌드를 나타냈다. 충북(7μg/m^3 감소)과 세종시·전북(6μg/m^3 감소) 등 서쪽 지역이 초미세먼지가 상대적으로 큰 폭으로 감소하였다. 반면 대구(2μg/m^3 감소), 울산·경북·경남(3μg/m^3 감소) 등 동쪽 지역은 감소 폭이 상대적으로 작게 나타났다.

미세먼지 고농도 사례들을 통해 중국발 미세먼지가 우리나라에 지역별로 미치는 영향을 살펴보자. 2018년 11월 3~6일에 강원권과 영남권 일부를 제외한 전 지역에서 초미세먼지 일평균 기준치 35㎍/m³를 크게 초과하는 고농도 사례가 발생하였다. 시간당 최고 농도는 11월 6일에 경기 남부에서 107㎍/m³를 기록하였으며, 호남권은 101㎍/m³, 수도권은 72㎍/m³를 나타냈다. 서쪽 지역에서는 36~85㎍/m³를 기록하여 동쪽 지역에 비해 34~63㎍/m³나 높게 나타났다. 국립환경과학원은 이 기간 동안 중국 북부에서 발생한 미세먼지가 북한을 경유해서 우리나라에 영향을 주었으며 최대 45%의 영향을 준 것으로 분석하고 있다.[7)]

2019년 1월 11~15일에도 우리나라에서 미세먼지 고농도 사례가 발생하였다. 이 고농도 사례는 나쁨 수준의 농도가 1월 11일부터 5일간 지속되었으며, 1월 12일에는 매우 나쁨(75㎍/m³ 초과) 수준의 극심한 고농도 사례가 나타났다. 1월 14일에는 백령도 155㎍/m³, 수도권 145㎍/m³, 호남권 144㎍/m³를 기록하여 주로 서쪽 지역의 농도가 매우 높았다. 한편, 중국에서는 1월 10~13일에 징진지 지역에서 초미세먼지가 높게 나타났다. 일평균 농도를 보면 베이징시는 1월 12일에 191㎍/m³, 칭다오시는 1월 13일에 216㎍/m³, 스좌장시는 1월 12일에 324㎍/m³를 기록하였다. 국립환경과학원은 이 기간에 중국에서 발생한 미세먼지가 우리나라에 최대 75%의 영향을 준 것으로 추정하였다.[8)]

5. 국내 초미세먼지는 어디에서 얼마나 배출되나?

지금까지 살펴본 초미세먼지 농도도 중요하지만 또 하나 중요한 것은 국내에서 발생하는 초미세먼지 배출량이다. 국내 배출량은 순수 국내 요인에 기

[표 3-2] **초미세먼지 총발생량 추이**

연도	2015년	2016년	2018년
톤/년	98,806	100,247	91,731
전년 대비 증감률	–	+1.5%	–8.5%

주: 2015~2017년 통계에는 비산먼지 및 생물성 연소 부문의 배출량이 포함됨.
출처: 국립환경과학원, 《2017 국가 대기오염물질 배출량》.

인한다. 우리나라 자체에서 발생하는 초미세먼지 배출량은 얼마나 되며, 어디에서 배출되는가?

이를 알아보기 위해서는 국립환경과학원에서 매년 발간하는 《국가 대기오염 물질 배출량》 통계를 살펴보면 된다. 2015년부터 우리나라는 초미세먼지를 환경 기준 물질로 지정하였다. 초미세먼지 배출량 통계는 2015년도부터 사용이 가능하다. 국내 초미세먼지 총배출량은 2015년 9.9만 톤에서 2016년 10만 톤으로 1.5% 증가한 후 2017년에는 9.2만 톤으로 8.5% 감소하였다([표 3-2]).[9]

한편, 미세먼지와 반응하여 초미세먼지를 생성하는 2차 전구물질들의 총배출량 추이를 살펴보자([그림 3-12]). NOx는 2015년 116만 톤에서 2016년 129만 톤으로 증가한 후 2017년에는 119만 톤으로 감소하였다. 이러한 감소 추세는 노후 차량의 신차 대체, 무연탄 공급 및 중유 사용량 감소에 기인한다.

SOx는 2015년 35만 톤에서 2016년 36만 톤으로 증가한 후 2017년에는 32만 톤으로 감소하였다. 이러한 감소 추세는 무연탄, 벙커C유, 중유 등의 연료 사용량 감소에 기인한다.

VOCs는 2015년 101만 톤에서 2016년 102만 톤으로 증가하고 2017년에는 105만 톤을 기록하여 지속적인 증가 추세를 나타냈다. 이는 레저용 선박의 등

[그림 3-12] 초미세먼지의 2차 전구물질 총발생량 추이

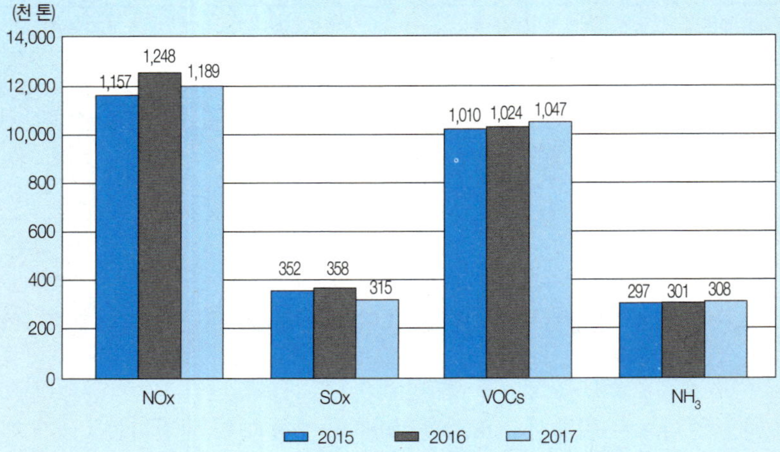

출처: 국립환경과학원, 《2017 국가 대기오염물질 배출량》.

록대수, 페인트 판매량 및 굴뚝원격감시체계(CleanSYS)• 설치 기업의 대기 배출량 증가에 기인한다.

NH_3는 2015년과 2016년에 30만 톤에서 2017년 31만 톤을 기록하여 지속적인 증가 추세를 나타냈다. 이는 돼지, 닭 등 가축사육 두수 증가에 기인한다.[10)]

그러나 감사원은 국내 발생 초미세먼지 배출량이 과소 산정되었다고 지적하였다. 환경부는 2016년 대기오염 물질 배출량 통계에서 배출계수 미개발, 배출량 미산정, 부정확한 기초 자료 적용 등으로 1차 및 2차 초미세먼지 환산 배출량을 11.4%나 누락하였다([표 3-3]).[11)] 이는 환경부 대기 배출량 통계의 신뢰

• 굴뚝원격감시체계(CleanSYS)는 사업장 굴뚝에서 배출되는 대기오염 물질을 자동측정하는 기기로 상시 측정하고, 이를 관제센터와 온라인으로 연결하여 배출 상황을 24시간 관리하는 시스템을 가리킨다.

[표 3-3] 초미세먼지 배출량의 과소 산정량(2016년)

	1차	2차			PM2.5(1차+2차) 환산 배출량
	PM2.5	NOx	SOx	VOCs	
CAPSS 배출량(톤/년)	100,247	1,248,309	358,951	1,024,029	347,278
과소 산정량(톤/년)	13,719	129,369	32,956	175,169	39,513
비율(%)	13.7	10.4	9.2	17.1	11.4

출처: 감사원 감사보고서(2020. 9).

[표 3-4] 부문별 오염물질별 배출 비중(2017년)

(단위: %)

부문	PM2.5	SOx	NOx	VOCs	NH_3
발전[1)]	3	25	10	1	0
산업[2)]	37	57	20	24	14
도로	10	0	36	4	1
비도로	16	11	26	6	0
생활[3)]	34	7	8	65	5
농업	0	0	0	0	79

주: 1) 에너지 산업 연소.
2) 제조업 연소, 생산 공정, 폐기물 처리.
3) 비산먼지, 생물성 연소, 비산업 연소, 기타 면 오염원, 에너지 수송 및 저장, 유기용제 사용.
출처: 국립환경과학원, 《2017 국가 대기오염물질 배출량》.

성에 의문을 제공한다. 또한 부정확한 배출량 통계를 기초로 만든 미세먼지 대책의 실효성에도 의문을 던지고 있다.

부문별로 대기오염 물질 배출량 현황을 살펴보자([표 3-4]). 2017년에 초미세먼지는 산업 부문에서 37%를 배출하고 있다. 초미세먼지의 경우 제조업 연소, 비도로 이동 오염원, 도로 이동 오염원 순으로 발생하고 있다. 제조업 연소에서는 광업, 식료품 제조, 비금속 제조 등의 배출원에서 배출하는 비율이 가장 높게 나타난다.

2017년에 황산화물은 산업 부문에서 57%를 배출하고 있다. 황산화물의 배출은 연료에 기인하며 석탄 화력발전과 제조업 생산 공정에서 높게 나타났다. 에너지 산업 연소의 배출량은 정부의 저황유 공급 정책 및 청정연료 사용 확대에 의해 큰 폭으로 감소하였다.

2017년에 질소산화물은 수송 부문에서 62%를 배출하고 있다. 질소산화물은 도로 이동 오염원에서 배출 비율이 높게 나타난다. 도로 이동 오염원의 경우 화물차에서 배출되는 비율이 가장 높게 나타났다.

2017년에 휘발성 유기화합물(VOCs)은 생활 부문(유기용제)에서 65%를 배출하여 가장 높게 나타나고 있다. 생산 공정에서의 배출량도 2009년부터 꾸준히 증가하는 추세를 보이고 있다.

2017년에 암모니아는 농업 부문에서 79%를 배출하고 있다. 주요 배출원은 농경지 비료 사용과 가축분뇨 등이다. 농업 부문에서 암모니아가 지속적으로 증가하고 있는 이유는 가축 사육 두수의 증가에 의한 것으로 판단되며 특히 돼지, 가금류의 사육 두수가 증가하여 배출량 증가에 영향을 주고 있다.[12)]

마지막으로 지역별로 대기오염 물질 배출량 현황을 살펴보자. 초미세먼지의 주요 배출원은 지역마다 다르게 나타난다. 수도권 등 대도시는 경유차, 건설기계 등의 이동 오염원이 높게 나타난다. 전국적으로는 발전소, 산업시설 등 사업장에서 높게 나타난다. 특히 충남에서는 석탄 화력발전이 높게 나타나고 있다.

산업, 발전, 수송 등 부문별 배출량도 특정 지역에서 집중적으로 발생한다. 산업 부문의 초미세먼지 배출은 전남, 충남, 울산, 경북에 집중되어 있다. 산업 부문의 황산화물(SOx)은 충남과 전남에서, 질소산화물(NOx)은 강원, 경북에서 다량 배출된다.

발전 부문의 초미세먼지 배출은 충남·경남·전남에 집중되어 있다. 발전 부문의 황산화물(SOx)과 질소산화물(NOx)은 모두 충남과 경남에서 다량 배출된다.

수송 부문의 초미세먼지 배출량 가운데 경기도는 자동차에서 다량 배출되며, 건설기계·선박 등 비도로 오염원의 경우 전남·경기·부산에서 주로 배출된다. 서울과 경기도는 특히 질소산화물(NOx)을 다량 배출한다.

생활 부문의 초미세먼지 배출은 전남·충남·경기에 집중되어 있다. 생활 부문의 휘발성 유기화합물(VOCs)은 경기와 경남에서, 암모니아(NH_3)는 충남·경기·전남에서 다량으로 배출된다.[13)]

1) 환경부 보도자료(2021. 1. 4), 〈2020년 초미세먼지 농도 19$\mu g/m^3$, 관측 이래 최저〉.

2) 김영성 외(2019), 〈2013~2016 기간 전국 규모 PM2.5 고농도 사례의 전반적 특성〉, 《한국대기환경학회지》, Vol. 35, No. 5, October, pp. 609~624.

3) 환경부 보도자료(2021. 1. 4), 〈2020년 초미세먼지 농도 19$\mu g/m^3$, 관측 이래 최저〉.

4) 임동엽 외(2021), 〈우리나라 배경지역에서 분진의 기간별 분석, 미측정 PM2.5 자료의 추정 및 COVID-19의 영향평가〉, 《한국대기환경학회지》, 제37권 제4호, pp. 670~690.

5) 환경부 보도자료(2018. 4. 6), 〈3월 고농도 미세먼지, 국외 미세먼지 유입과 국내발생 미세먼지 효과가 더해져 발생〉.

6) 환경부 보도자료(2018. 11. 28), 〈11월 25~28일 황사와 고농도 미세먼지 발생 사례 분석 결과〉.

7) 환경부 보도자료(2018. 11. 7), 〈11월 3~6일 고농도 미세먼지 발생 사례 분석 결과〉.

8) 환경부 보도자료(2019. 2. 1), 〈올해 첫 고농도 1월 11~15일 미세먼지 발생 사례 분석 결과〉.

9) 국립환경과학원(2020), 《2017 국가 대기오염물질 배출량》.

10) 국립환경과학원(2020), 《2017 국가 대기오염물질 배출량》.

11) 감사원(2020), 《환경부 감사보고서 – 미세먼지 관리대책 추진실태》.

12) 국립환경과학원(2020), 《2017 국가 대기오염물질 배출량》.

13) 국립환경과학원(2020), 《2017 국가 대기오염물질 배출량》.

4

적반하장의 중국 정부: “우리는 줄였는데 한국이 문제다”

2013년 초에 중국 중부 및 동부 지역에서 극심한 스모그가 연속적으로 발생하였다. 특히 베이징은 초미세먼지 농도가 $993\mu g/m^3$로 사상 최고치를 기록하였다. 2013년은 중국발 미세먼지가 우리나라에 심각하게 영향을 미치기 시작한 시점이기도 하다. 이때부터 우리나라의 미세먼지가 극심해졌고 현재까지도 우리 국민들은 상당한 고통을 받고 있다. 그러나 중국발 미세먼지가 우리나라에 미치는 영향에 대해 중국 정부와 언론들은 한결같이 부인하고 있다. 오히려 중국 정부는 "우리는 줄였는데 한국이 문제다"라는 등의 적반하장식 태도를 보이고 있다.

이 장에서는 중국 정부의 미세먼지 저감 노력과 공식 통계상의 감축 성과를 살펴본다. 아울러 도덕적 해이가 심각한 중국 정부의 환경 관리 및 통계상의 문제를 고찰하고, 중국발 미세먼지가 타국에 미치는 영향에 대한 중국 정부와 전문가들의 입장을 살펴본다. 또한 코로나19 발발 이후 중국의 미세먼지 배출 동향을 고찰하기로 한다.

1. 중국 정부는 '대기오염과의 전쟁'을 선포하였다.

'대기오염과의 전쟁' 중인 중국 정부

세계에서 인구가 가장 많은 중국은 2000년대 초반부터 급속한 산업화, 도시화 및 자동차 사용의 급격한 증가를 경험하였다. 그 결과 20년 동안 대기오염 배출량은 두 배 이상 증가하였다. 중국 전역은 2012년 말부터 2013년 초까지 매우 심각한 스모그 현상을 경험하였다. 2013년 1월에 중국과 세계 언론들은 매우 심각한 베이징의 스모그를 집중 조명하였다. 뉴욕타임스 등 해외 언론들은 '에어포칼립스'(Airpocalypse)• 라는 신조어를 만들어 냈다. 미세먼지로 가득 찬 베이징시의 사례를 언급하며 대기오염으로 인류의 종말이 찾아올 것이라고 우려하였다. 대기오염이 커다란 중국의 사회 문제로 등장한 것이다.

이에 따라 중국의 시진핑 주석은 2012년 11월에 집권한 이후 환경오염 해결을 중국의 국가 과제로 설정하였다. 그는 대기오염 개선 의지가 매우 큰 것으로 알려져 있으며, 환경오염 행위에 대해서 강력한 무관용 원칙을 내세우고 있다. 중국 정부는 2013년 9월에 〈대기오염 방지 행동계획〉을 수립하여 본격적인 대기오염 저감 정책을 시행하였다. 오래된 공장 폐쇄, 오염이 심한 시설 재배치, 재생 에너지 사용 촉진••, 대도시의 차량 대수 조절 등 대기오염을 줄이기 위한 다양한 조치를 취하였다. 리커창 총리도 '대기오염과의 전쟁'을 선

• Airpocalypse는 공기 오염으로 인한 지구 종말이라는 의미를 나타낸다. 공기를 뜻하는 air와 파멸 혹은 대재앙을 의미하는 apocalypse를 합쳐서 만든 합성어이다.

•• 중국의 수력, 태양 및 바람과 함께 천연가스를 포함하는 청정에너지는 2019년 기준으로 중국 전체 에너지 소비의 22.1%를 차지하고 있다. 중국은 다른 어떤 나라보다 더 많은 태양 에너지 용량을 가지고 있다. CleanTechnica에 따르면 중국의 누적 태양광 용량은 175GW이다. 반면 Solar Energy Industries Association에 따르면 미국의 총 태양광 설치 용량은 67GW에 불과하다.

포하고 강력한 대기오염 저감 정책을 이행하였다.

이러한 조치들은 환경 악화에 대한 중국 국민들의 불만을 잠재우려 한 것이었다. 중앙정부가 환경오염 문제를 정부의 법률 및 정책에 반영하려고 노력하였다는 사실은 고무적인 일이다. 통상 중국에서는 말과 행동 사이에 커다란 차이가 존재한다. 그러나 최고지도부가 대기 질 개선을 적극적으로 추진하겠다는 의지는 그 자체만으로도 대중의 관심 대상이라고 할 수 있다.[1)]

〈대기오염 방지 행동계획〉(2013~2017년) 시행

중국은 2013년에 시행된 〈대기오염 방지 행동계획〉(대기 10조)을 시작으로 대기오염 방지 정책을 본격적으로 추진하였다. '대기 10조'[2)]는 중국의 심각한 대기환경 문제를 해결하기 위한 최초의 종합관리 행동계획이다. 주요 목표는 전국 지급 시* 이상 285개 도시의 미세먼지 연평균 농도를 2017년 말까지 2012년 대비 10% 이상 감축하는 것이다. 또한 3대 중점 권역인 징진지, 장강삼각주 및 주강삼각주** 지역의 초미세먼지 목표 농도를 각각 25%, 20%, 15%씩 감축하고, 베이징시의 경우에는 초미세먼지 농도 60㎍/m³를 달성하고자 하였다. 이 계획은 배출량 기준이 아닌 농도 목표를 제시한 것으로 역사상 가장 엄격한 대기오염 방지 조치로 평가된다. 위의 3개 중점 권역에서는 신규 석탄 화력발전소 건설을 금지시켰고, 2030년까지 1차 에너지 총소비량의 20%를 비화석 연료로 대체하는 계획을 세웠다.[3)]

* 중국의 행정조직은 중앙-성-시(지급 시)-현-향으로 구성되는 수직적 체계로 이루어져 있다.

** 장강삼각주는 상하이를 비롯하여 장쑤성 9개, 저장성 8개, 안후이성 8개 도시 지역을 지칭하며, 주강삼각주는 광둥성 중남부의 9개 도시 지역을 지칭한다.

[그림 4-1] 중국 징진지, 장강삼각주, 주강삼각주, 편웨이 평원 분포도

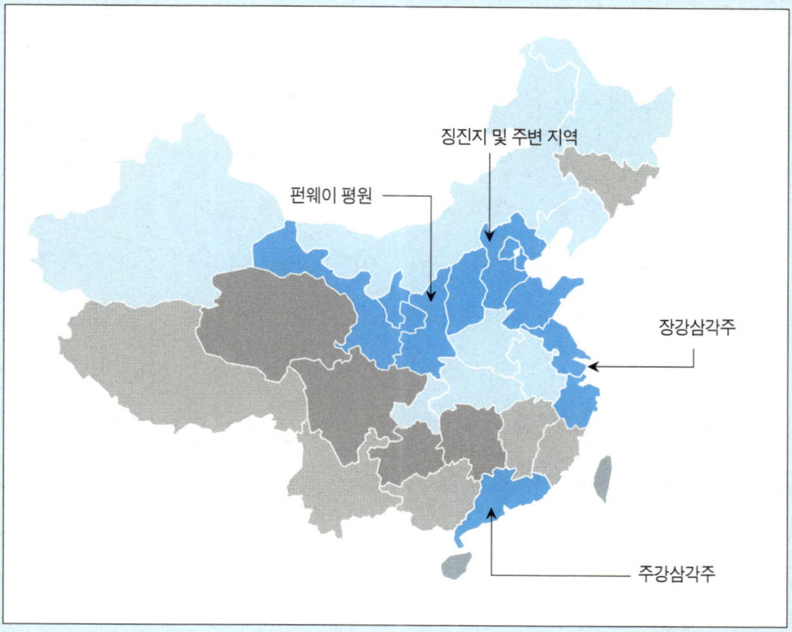

출처: 국가기후환경회의, 《이슈리포트》, 2020년 2호.

'대기 10조'의 추진으로 징진지, 장강삼각주, 주강삼각주 지역의 대기 질은 눈에 띄게 개선되었다. 2017년에 전국 지급 이상 도시의 미세먼지 연평균 농도는 2013년에 비해 22.7% 감소하였다. 2017년의 초미세먼지 농도는 2013년 대비 징진지는 39.6%, 장강삼각주는 34.3%, 주강삼각주는 27.7% 등 약 30%나 감소하였다. 베이징시의 2017년 초미세먼지 연평균 농도는 58㎍/m³까지 하락해 '대기 10조'에서 제시한 목표치 60㎍/m³를 달성하였다. 이러한 성과에도 불구하고 2017년 말에 전국 337개 도시의 목표 달성률은 29%(99개 시)에 불과하였다.

베이징, 톈진 및 주변 26개 시와 펀웨이 평원의 초미세먼지는 연평균 기준치를 크게 웃돌았다.[4)]

〈푸른 하늘 보위전 3개년 행동계획〉(2018~2020년) 발표

중국 국무원은 가장 심각한 지역의 대기오염을 줄이기 위해 〈푸른 하늘 보위전 3개년 행동계획〉을 발표하였다. 이 계획은 '대기 10조'의 후속 대책으로 기존 대책의 성과와 한계점을 평가하고, 이를 기반으로 중점 관리 대상 지역의 재설정과 새로운 감축 목표를 제시하였다. 〈푸른 하늘 보위전 3개년 행동계획〉은 2020년에 2015년 대비 SOx 및 NOx 배출 총량을 15% 이상 감소시키고, 초미세먼지 기준을 초과하는 지급 이상 도시의 초미세먼지 농도를 18% 이상 감소시키는 것을 목표로 제시하고 있다. 또한 지급 이상 도시의 대기 질 우량 일수 비율 80%를 충족하고, 중(重)오염 이상의 오염 일수 비율을 2015년 대비 25% 이상 감축하고자 하였다.

주요 초미세먼지 저감 수단은 석탄보일러 규제, 에너지 소비 구조 개선, 노후 차량 폐차, 중오염 비상 조치, 감찰 강화 등이 있다. 앞에서 제시된 목표 달성을 위해 생태환경부는 중점 구역(징진지 및 주변 지역 '2+26개 도시', 장강삼각주 지역, 펀웨이 평원 지역)을 중심으로 관리 감독을 강화하였다. 2018년 6월~2019년 4월 기간에 환경오염 점검팀을 운영하여 산란오 기업* 관리, 석탄보일러 규제, 비산먼지 관리 등을 시행하였다. 2017년 이후 106만 곳을 점검하였고 9만 7,000건의 문제를 조치하였다. 여기에 동원된 인원은 3만 7,000명에 달하였다.

* 산란오(散亂汚) 기업은 도시 주변에 흩어져 있어 제대로 관리되지 않는 환경오염을 유발하는 소규모 영세 사업체를 지칭한다.

[표 4-1] 중국의 대기질 오염도 등급 구분

등급	AQI 지수[1]	초미세먼지 농도(μg/m³)
우수	0~50	0~35
양호	51~100	35~75
경도오염	101~150	75~115
중도오염	151~200	115~150
중오염(심각)	201~300	150~250
엄중오염	300 초과	250 초과

주: 1) AQI 지수(Air Quality Index): 초미세먼지, SO_2, NO_2, CO, O_3 농도에서 환산된 대기 질 지수.

또한 2019년 5월~2021년 3월 기간에 중점 구역 39개 도시에 월 2회씩 300팀을 보내 감독 업무를 추진하였다.[5]

〈추·동계 대기오염 관리제〉(2017~현재) 실시

2017년 8월 21일에 중국 정부는 가을·겨울철에 징진지 및 주변 지역에서 자주 발생하는 심각한 대기오염 문제를 해결하기 위해 〈징진지 및 주변 지역 2017~2018년 추·동계 대기오염 종합관리 행동방안〉을 발표하였다.[6] 이 행동방안은 우리나라에서 시행하고 있는 미세먼지 고농도 시의 계절관리제와 비슷한 성격을 갖는다.

1차 계획 기간은 겨울철 난방기의 6개월(2017. 10~2018. 3)이다. 이 기간 동안에 징진지 지역의 경우 초미세먼지 연평균 농도 및 중오염(심각) 일수를 전년 대비 각각 15% 이상 감축시키고자 하였다.[7] 2차 계획 기간인 2018~2019년에는 '징진지 및 주변 지역 추·동계 행동방안'에서 초미세먼지 및 중오염 일수를

3% 이상 감축하는 목표를 제시하였다. 3차 계획 기간인 2019~2020년 추·동계 행동방안에서는 초미세먼지 4% 감축, 중오염 일수 6%의 감축 목표를 제시하였다. 이것은 2018~2019년의 감축 목표보다 더 강화된 것이다.[8)] 4차 계획 기간인 2020~2021년 추·동계 행동방안에서는 2020년 10~12월에 초미세먼지 평균 농도를 63㎍/m³ 이하, 2021년 1~3월에는 초미세먼지 평균 농도 86㎍/m³ 이하를 달성하는 목표를 제시하였다.

그러나 이러한 일련의 계획에도 불구하고 징진지 및 주변 지역의 추·동계 초미세먼지 평균 농도는 다른 계절에 비해 2배인 70㎍/m³나 기록하였다. 이에 대한 원인으로는 산탄(散炭)* 사용량 증가, 산란오 기업 문제, 중오염일 개선을 위한 적극적 대응 부족 등이 지적되고 있다.[9)]

환경법규의 개정 및 강화

2016년 1월부터 중국 정부는 신〈환경보호법〉을 시행하면서 엄격한 환경법규 제정 및 제도지침 정비를 추진하였다.** 〈대기오염방지법〉도 17년 만에 개정되었으며, 대기 질 개선에 역점을 두고 대기오염 유발에 대한 처벌을 강화하는 조항을 포함하고 있다.

2016년 1월에는 각 지방정부에 강화된 대기환경 기준 및 배출허용 기준을

* 산탄(散炭)은 공업용 소형 보일러, 가정용 난방 및 취사 등에 사용하는 연료로 중국 전체 석탄 소비의 16% 정도를 차지한다.
** 중국의 환경법률 체계는 환경기본법인 〈환경보호법〉을 기반으로, 입법절차를 거친 법률과 국무원 및 산하 부처에서 제정·발표한 행정법규 및 각 지역법규와 지역행정규정으로 구성되어 있다. 국무원 및 산하 부처에서 제정·발표한 행정법규는 전인대 상무위에서 입법절차를 거치지 않지만 각 부처와 지방정부가 환경단속을 시행하는 근거로 작용한다. 또한 지방인민대표대회(상무위 포함)에서 통과된 지역법규, 지방정부가 발표한 지역행정규정은 해당 지방에서 법적·행정적 효력을 가진다(KOTRA 해외시장뉴스).

달성하도록 법적으로 강제하였다. 개정된 법에는 〈대기오염방지법〉상의 의무위반 사항에 대한 처벌을 대폭 강화하였다. 대기오염 물질 배출시설의 설치 허가 및 신고, 배출시설 및 방지시설의 운영에 관한 의무 위반 시 영업정지 및 시정조치 등 무거운 처벌을 부과하였다. 대기오염을 초래함으로써 중대한 재산상의 손해를 입히거나 인명피해를 발생시킨 경우 형벌을 부과하였다. 또한 정보 공개 및 주민 참여를 확대하였다. 정부와 기업은 대기오염 물질 배출 현황, 대기오염 신고에 대한 처리 결과 등 대기환경 정보 공개를 의무화하고, 대기오염 배출 중점 기업의 명단을 공개하였다. 환경단체가 환경공익소송도 제기할 수 있도록 허용하였다.[10)]

생태환경부 신설로 환경오염 관리 일원화

과거에는 환경보호 책임이 환경보호부, 국가발전개혁위원회, 수리부, 국토부, 임업국, 농업부, 해양국 등 여러 부처에 분산되어 있었다. 이로 인해 업무의 중복 문제가 심각하였다. 생태환경 보호와 관련하여 부처 간 수평적 관계 설정이 명확하지 않았기 때문에 책임소재의 불분명, 책임전가 문제 등이 비일비재하였다. '권력은 누리되 책임은 지지 않는' 현상이 오랜 기간 환경부처에서 지속되어 왔다. 이로 인해 행정 비용은 많아지고 효율성이 낮아지는 결과를 초래하였다.

이에 따라 2018년 3월 중국 국무원은 환경보호부를 생태환경부로 개편하였고 대기, 수질 등의 매체별 관리 전문성을 강화하였다. 생태환경부로 개편한 목적은 분산되어 있던 환경보호 기능과 오염물질 배출의 감독관리 기능을 통합하여 환경오염 관리를 강화하는 것이었다. 대기 분야의 경우를 보면, 새로운 기준과 법규 제정, 대기관리 정책 수립과 집행, 환경 모니터링 등을 상호 연계시키고 있다. 각 부처에 흩어져 있던 환경오염 관리 기능들을 생태환경부로 통합하여 일원화시킨 것은 환경 문제 해결에 대한 중국 정부의 강력한 의지가 반영된 것이다. 정책결정자들의 환경관리 개선 필요성에 대한 인식뿐만 아니라 대중의 높아진 환경의식이 환경오염 관리 일원화의 배경이 되었다.

환경오염 감독·시행 체계의 중앙 집중화

최근 몇 년 동안 중국의 중앙정부는 지방의 환경관리 이행에 더 많은 관심과 자원을 쏟아부었다. 중국은 2016년에 31개 성·시 전체를 대상으로 국가 환경점검 캠페인을 시작하였다. 지방정부 당국자들은 환경보호보다 경제발전을 우선시한다는 측면이 있어서 중국 공산당 중앙위원회와 국무원은 직접 환경 점검을 주도하였다. 이 점검은 지방정부의 영향과는 독립적이었고 예전에 비해 환경 감시 기능이 더욱 강화되었다.*

중앙정부는 2017년에 베이징, 톈진 및 주변 28개 도시를 중심으로 대기오염 점검 캠페인을 벌이는 등 표적 점검에 나섰다. 여기에 1만 8,000명의 인력이 투입되었으며, 양쯔강 삼각주와 펀웨이 평원 지역의 11개 도시가 추가되었다. 2016년에는 과태료, 재산 압류, 생산 중지 또는 제한, 행정구금 등 환경침해 범죄수사 건수가 총 2만 2,730건에 달하였다. 2017년에는 3만 9,593건으로 증가하였다. 그러나 2018년부터 중국 경제가 둔화되어 규제 당국이 환경 기준을 낮추었기 때문에 점검이 일부 중단되었다. 2018년 1~11월 기간에 환경위반 사건은

* 지방정부의 경우, 기존의 시·현의 단위가 아닌 상급기관인 성(省)의 환경라인 지휘 감독을 직접 받는 '수직 관리 제도' 도입으로 지역 내 학연, 지연, 혈연을 이용한 문제 해결이 상대적으로 점차 어려워지는 추세에 있다.

1.78% 늘어나는 데 그쳤다. 그러나 시행의 강도는 과거에 비해 여전히 높은 편이다. 2019년 1월 1일부터 전국적으로 2차 점검이 시작되어 3년가량 진행되었다.

2. 중국 주요 도시의 미세먼지 농도는 감소하고 있다.

주요 도시의 초미세먼지 농도는 감소 추세

2013~2019년 기간 동안 중국 대부분 지역에서 연평균 초미세먼지 농도가 감소하는 추세를 나타냈다. 중국 정부 발표에 따르면 전국 337개 도시의 2014년도 초미세먼지 연평균 농도는 62㎍/m^3이었으며, 2018년에는 39㎍/m^3로 37.1%나 감소하였다. 전국 337개 도시의 2019년도 초미세먼지 오염도는 36㎍/m^3로 2018년과 비슷한 수준을 유지하였다([그림 4-2]). 이 가운데 기준에 미치지 못한 도시의 초미세먼지 농도는 2018년 대비 1.6% 하락한 63㎍/m^3 수준이었다. 오존(O_3) 농도는 2019년에 2018년 대비 6.5% 상승한 148㎍/m^3를 나타냈다. SO_2 농도는 2018년 대비 15.4% 하락한 11㎍/m^3였고, NO_2 농도와 CO 농도는 각각 2018년과 비슷한 수준인 27㎍/m^3와 1.4㎍/m^3를 기록하였다. '맑은 날' 수는 2019년에 전체 일수의 82%를 차지하였으며, 157개 도시의 대기 질 수준은 기준치를 달성한 것으로 확인되었다.[11]

2013~2017년의 5년 동안에 중국의 주요 중점 권역인 징진지, 장강삼각주, 주강삼각주 지역의 초미세먼지 농도도 감소 추세를 나타냈다.[12] 중점 관리 지역인 징진지 지역은 2013년부터 초미세먼지 관측을 시작하였는데, 2013년에

106μg/m³, 2016년에 71μg/m³, 2018년에 60μg/m³, 2019년에는 50μg/m³를 나타내 연차적으로 감소하고 있다([그림 4-2]).

이러한 정량적 지표를 보면, 최근 중국이 실시하고 있는 대기 질 개선 정책은 어느 정도 효과가 있는 것으로 보인다. 그러나 아직도 전국 및 징진지 지역의 초미세먼지는 연평균 기준치인 35μg/m³를 초과한 상태이다. 중국 전역은 여전히 환경용량을 초과하고 있으며, WHO 기준인 연평균 5μg/m³에 비해서는 8~12배 높은 수준에 머물고 있다.

중국 정부는 2020년 초에 코로나19 확산을 방지하기 위해 사람의 이동과 경제활동을 엄격히 제한하였다. 324개 도시 중에서 95개 도시를 봉쇄하였다.

[그림 4-2] 중국의 초미세먼지 연평균 농도 추이(2013~2019년)

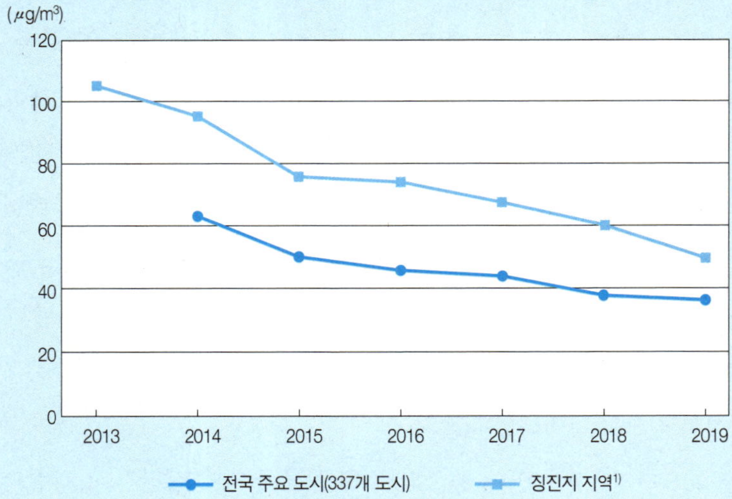

주: 1) 대기오염 배출원의 집중도가 큰 베이징, 톈진, 허베이 지역을 가리킴.
출처: 중국 생태환경부.

이는 교통량 감소와 산업 부문의 에너지 사용량을 감소시켰다. 2020년 3월에 중국의 공장 가동률은 60~70%로 추정된다. 결과적으로 2020년 전국 337개 도시의 초미세먼지 연평균 농도는 33㎍/m³로 2019년 대비 8.3% 감소하였다. 징진지 및 주변 지역의 초미세먼지 연평균 농도는 51㎍/m³로 2019년 대비 10.5% 감소하였다. 2020년에는 예외적으로 전국 337개 도시가 중국 초미세먼지 연평균 기준을 달성하였다. 그러나 코로나19로 인한 경제봉쇄(lock-down) 상황에도 불구하고 징진지 및 주변 지역은 중국의 연평균 기준치인 35㎍/m³를 크게 초과한 상태이다. WHO 기준에 비해서는 여전히 6~10배 이상 초과한 상태이다.

중국 생태환경부에 따르면, 2019년도 상반기의 대기 질 상황은 전국 337개 지급 이상 도시 중 기준 달성률이 42%(142개 도시)로 절반에도 미치지 못하였다. 2017년 말 전국 337개 도시의 연평균 농도는 43㎍/m³, 2018년 말에는 39㎍/m³, 2019년에는 37㎍/m³를 기록하였으나, 중국 환경 기준인 35㎍/m³에는 미치지

[그림 4-3] 2019년 중국 주요 지역의 초미세먼지 계절별 농도

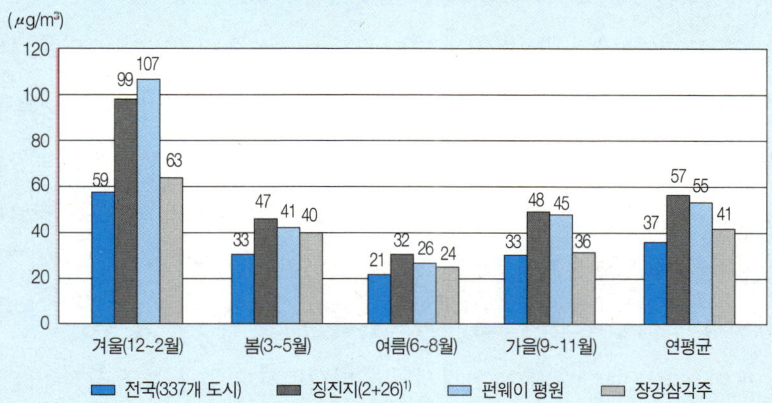

주: 1) 베이징, 톈진 및 주변 26개 도시.
출처: 중국 생태환경부.

못하였다. 중국의 미세먼지 평균 농도는 감소하고 있으나 우리나라 평균치보다는 여전히 2~3배 높은 수준이다.

중국 정부의 중점 관리 지역인 징진지 및 주변 지역, 주강삼각주, 장강삼각주, 펀웨이 평원 지역의 대기오염은 여전히 심각하며, 가을철과 겨울철의 초미세먼지 평균 농도는 다른 계절보다 30~40%나 높다([그림 4-3]). 이들 지역들은 겨울철과 봄철에 우리나라에 직접적인 영향을 준다.

이러한 상황을 볼 때, 중국 정부가 수행하고 있는 미세먼지 감축 대책의 실질적인 효과와 이행 가능성 여부는 과학적 근거에 기반을 두고 신중하게 판단해야 한다. 왜냐하면 한국, 일본 등 인접 국가에 미치는 중국발 미세먼지의 영향이 충분히 고려되지 않은 한계점이 존재하고 있기 때문이다.[13)]

베이징시의 초미세먼지 농도 역시 감소 추세

베이징시를 보면, 초미세먼지 농도가 2013년의 101.7㎍/m³에서 2018년에는 50.9㎍/m³로 50%나 감소하였다. 2019년의 42.6㎍/m³는 초미세먼지 농도 모니터링이 시작된 이래 사상 최저치이다([그림 4-4]). 이는 2018년 대비 16.3% 낮으며, 2013년에 비해서는 63%나 감소한 수치다. 그러나 베이징시의 초미세먼지 농도는 여전히 중국 연평균 기준치인 35㎍/m³를 초과한 상태이며, WHO가 권고하는 기준치를 4배 이상 초과한 수준이다.

베이징시도 2020년 초에 코로나19로 인해 공공 및 개인 모임 제한, 교통 제한 등이 이루어졌다. 2020년 베이징시의 초미세먼지 연평균 농도 37.5㎍/m³로 2019년 대비 12%나 감소하였다([그림 4-4]). 베이징시에서는 2020년에는 '좋은 날' 수가 40일 이상을 기록하여 역사상 가장 높은 수준을 나타냈다. 또한 자동

[그림 4-4] 베이징시의 초미세먼지 연평균 농도 추이(2013~2019년)

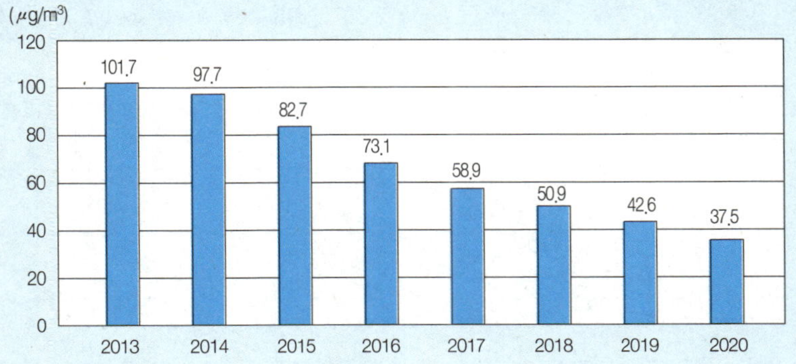

출처: AirVisual, 《2020 World Air Quality Report》.

차에서 배출되는 NOx 배출량도 크게 감소하였다. 하지만 코로나19 상황에도 불구하고 중국 연평균 기준치인 35μg/m³를 여전히 초과한 상태이며, WHO 권고 수준의 8배에 근접한 수준에 머물고 있다.

[그림 4-5]를 보면, 베이징시는 초미세먼지 농도가 겨울철과 봄철에 높으며 난방이 시작되는 9~10월부터 상승하기 시작함을 보여 준다. 겨울철·봄철(12~3월)에 고농도(80μg/m³ 이상)가 발생하고, 4~5월부터 감소하며, 여름철에는 가장 낮은 계절적 특성이 나타난다. 이는 우리나라 초미세먼지의 계절별 농도 분포와 아주 유사한 특성을 보여 준다.

2016년 대비 2017년의 베이징시 초미세먼지 배출량의 감소 효과를 분석해 보면, 전체적으로 배출량이 53.7%나 감소하였다. 이를 대책별로 나누어 보면 가정 브문의 청정연료 전환이 14.1%, 석탄보일러 규제가 12.8% 순으로 배출량 감소에 기여하였다. 주변 지역의 배출 감소 역시 16.8%나 기여하였다. 기상 요인에 의한 감소 효과는 29.5%로 2013~2017년 전체 평균 감소 효과인 12.1% 대비

[그림 4-5] 베이징시의 초미세먼지 농도 추이

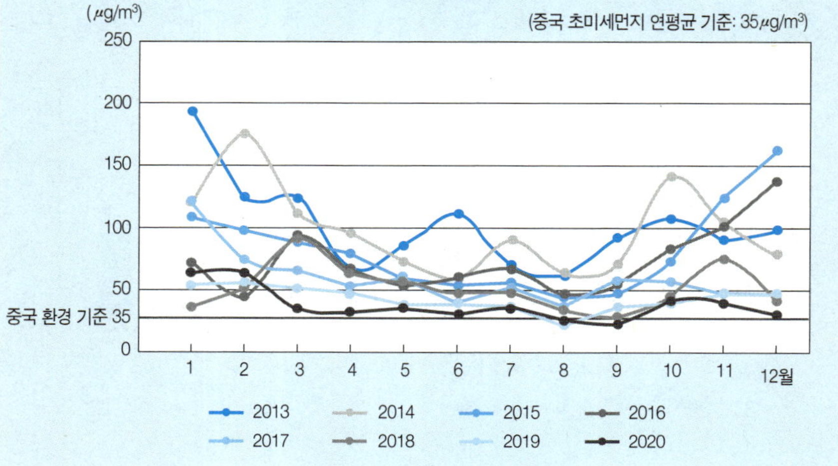

출처: AirVisual(2019), 《Beijing Air quality Report》; AirVisual(2021), 《2020 World Air Quality, Region & City PM2.5 Ranking》.

2배 이상의 높은 수준을 나타냈다.[14)]

3. 그러나 '누출 효과'로 중국 전체의 미세먼지 배출량은 더 늘었다.

'앞문 닫고 뒷문 열어놓는' 중국 정부의 환경 정책

중국은 2013년부터 〈징진지(중국의 수도권) 협동발전 계획〉에 따라 수도 베이징에는 정치, 문화, 국제 교류, 창의, 혁신 기능만 남기고 공장과 생산시설은 허베이와 톈진, 산둥 지역으로 대거 이전하였다. 베이징시는 환경오염 개선과

비(非)수도 기능 분산을 위해 2014년에 155개 업종에 달하는 〈오염생산 퇴출 대상 공업 및 설비 목록〉을 발표하였다. 2017년에 베이징시 정부는 172개 오염 업종을 퇴출하였다. 퇴출 업종에는 주로 오염 배출량 및 에너지 소모 과다, 낙후 업종, 수도 기능에 부합하지 않는 업종, 중앙정부가 명시한 노후 설비 등이 해당된다.[15] 베이징에 입주해 있는 한국 투자기업들도 환경오염 유발 업종이라는 이유로 강제 이주하였다. 대표적으로 한샘은 베이징의 가구공장을 쑤저우로 이전해야 했다.

중국은 2013년부터 본격적으로 공장을 지방으로 이전하였고, 총 1,500여 개 기업을 베이징시에서 톈진과 허베이로 이전하였다. 국유 제약회사의 경우 중앙정부의 지역협력 개발 추진에 따른 조치로 2017년 4월에 공장을 베이징에서 인근 지방으로 이전하였다. 베이징 펑타이 지구의 중탄산나트륨 생산업체는 100명 이상의 근로자와 함께 허베이성의 한단시로 이주하였다. 그 이유는 낡은 장비와 고오염 생산시설이 베이징시에 부적합하였기 때문이었다. 이주 대상 사업주들은 근로자들의 이전을 유인하기 위해 임금과 유급휴가를 두 배로 늘렸다.

중국 정부는 환경오염 유발 공장들을 대도시에서 교외로, 도시에서 지방으로, 동부 연안에서 서부 내륙으로 대거 이전시켰다. 대도시 특히 수도권은 엄격한 환경 기준을 적용하지만 지방은 느슨한 환경 기준을 채택하고 있기 때문이다. 중국 내륙에 있는 지난시의 산둥철강은 2017년에 한국에 가까운 동남쪽 바닷가로 이전하였다. 칭다오특수강은 2015년에 중국 동해안의 바닷가에 공장을 신설하였다.[16] 이러한 오염원의 대규모 이전 결과, 대기오염 배출원의 집중도가 큰 베이징-톈진-허베이, 장강삼각주, 주강삼각주는 2012년부터 중점 권역으로 지정·관리되어 미세먼지 농도가 감소 추세에 있다.

국제기구인 유엔환경계획(UNEP)은 베이징시의 대기 질 개선을 극찬하였다. 베이징시의 초미세먼지는 2013년의 101.7㎍/m³에서 2019년에는 42.6㎍/m³으로 58%나 개선되었다.• UNEP은 베이징시의 대기 질 개선은 우연히 발생한 것이 아니라 많은 시간과 자원을 투입하였고, 강한 정치적 의지가 있어서 가능하였다고 극찬하였다. 또한 지난 20년 동안 베이징의 대기 질 개선 노력은 개도국의 대도시가 어떻게 환경보호와 경제성장의 균형을 유지할 수 있는가에 대한 좋은 모범사례라고 평가하였다.[17]

그러나 이러한 결과는 베이징의 대기오염 발생 시설들을 허베이성, 산둥성, 장쑤성 등 농촌 지역으로 강제 이주한 것에 기인한다. 또한 현재에도 가을철과 겨울철에 이 지역의 대기오염은 매우 심각한 수준이다. 베이징 서쪽의 중부 내륙 지역인 산시성, 섬서성, 서북 및 신장자치구는 2015년 이후에 초미세먼지 농도가 증가 추세에 있다.

또한 중화학 기업의 남부 지역 이동[18]으로 인해 상하이와 서부 지역(양쯔강 삼각주 지역)의 대기오염이 악화되었다. 2017년에 초미세먼지 연평균 농도는 금속 및 석탄 화력과 같은 오염산업의 생산량이 증가함에 따라 헤이룽장성은 10.4%, 안후이성은 7.4%, 장시성은 4%, 광둥성은 5.3% 증가하였다. 화석 연료의 연소 지표인 NO_2 수준은 베이징, 톈진 및 26개 주변 도시에서 평균 10% 하락하였지만 타 지역에서는 약 6% 증가하였다.

• 베이징시의 초미세먼지 배출량은 2019년 10~12월 기간에 18%나 감소하였다.

'누출 효과'로 미세먼지 배출량은 더 증가

중국, 네덜란드 및 미국의 연구팀은 베이징 등 대도시 지역을 중심으로 수행된 중국 정부의 미세먼지 감축 정책이 오히려 주변 지역의 대기를 더 악화시켰다는 연구 결과를 발표하였다. 즉, 중국 정부가 주요 도시의 대기오염을 줄이려는 노력이 결과적으로 도시에만 국한되었을 뿐 인근 지역의 대기오염을 더 악화시켰다는 것이다.[19)]

중국은 주요 도시에 대해 2017년까지 2012년 대비 초미세먼지 농도를 10% 감축하고, 징진지 지역의 초미세먼지 농도를 25% 감축하는 목표를 세웠다. 이를 위해 석탄 소비를 제한하며 오염집약 사업장을 퇴출하기 위한 청정대기 정책을 발표하였다.

징진지 지역의 청정대기 정책에 따라 베이징, 톈진, 허베이 지역의 2017년도 초미세먼지 배출량은 2012년에 비해 34%나 감소하였다. 징진지 지역은 2012년 대비 34%를 감축하여 목표 달성에 성공하였다. 반면, 징진지 지역을 제외한 나머지 지역의 초미세먼지 배출량은 2012년 대비 2.5% 증가하였다. 그리고 산시성의 초미세먼지 배출량은 8%, 내몽골은 8%, 랴오닝성은 5%, 산둥성은 2%, 허난성은 2% 증가하였다.[20)] 결과적으로 산시성, 랴오닝성, 내몽골, 산둥성, 허난성의 초미세먼지 배출량의 증가는 징진지 지역의 감소량보다 1.6배나 초과하였다.

초미세먼지를 발생시키는 2차 전구물질의 배출량 변화를 살펴보자. 징진지 지역의 2017년도 연간 NH_3, NOx, SO_2 및 VOC 배출량은 2012년 대비 각각 0.2%, 16%, 20%, 4.3% 감소하였다. 그러나 징진지 지역을 제외한 나머지 지역의 NH_3, NOx, SO_2 및 VOC의 배출량은 각각 0.45%, 2.0%, 2.2%, 1.3% 증가하였다. 이

[그림 4-6] **징진지 지역의 청정대기 정책으로 촉발된 초미세먼지 배출량 변화**

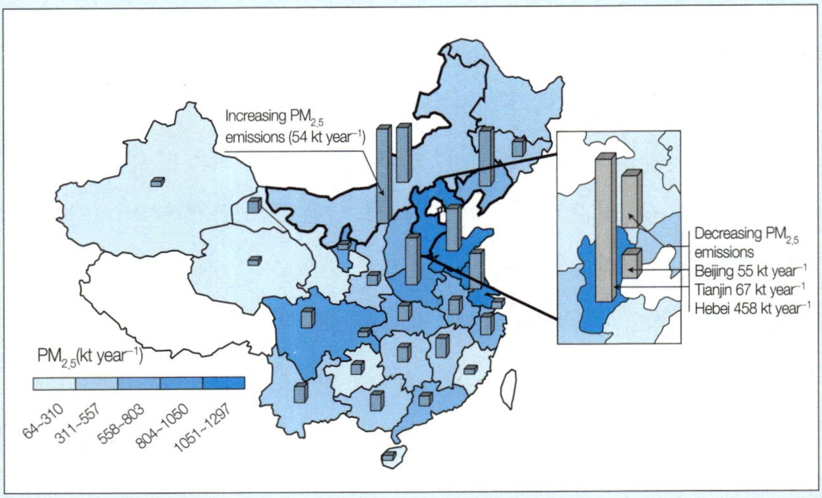

주: 징진지 지역의 청정대기 정책에 의해 촉발된 초미세먼지 배출량 변화. 네모 박스 안의 막대는 징진지 지역의 초미세먼지 배출량 감소를 나타내고, 왼쪽 지도에 있는 막대는 중국 나머지 지역에서의 초미세먼지 배출량의 증가를 보여 준다.
출처: Fang et al.(2019)에서 재인용.

는 징진지 지역의 청정대기 정책이 다른 지역의 배출량을 오히려 더 많이 증가시켰음을 보여 준다.[21)]

통상 일방적인 환경 정책은 의도하지 않은 역효과를 불러올 수 있고, 다른 지역의 환경오염을 증가시킨다. 현재 징진지 지역은 초미세먼지 배출량의 53%를 중국 북부의 주변 및 낙후 지역으로 '누출'(spill-over)시키고 있다. 징진지 지역에서 다른 지역으로 초미세먼지의 추가 누출량은 징진지 지역 감소량의 3.4배에 달한다.

베이징과 상하이 근처의 스모그 발생 지역은 2019년 후반에 대기 질이 크게 개선되었다. 그러나 중국의 다른 지역은 공해 산업이 문을 닫지 않고 재배치됨에 따라 대기 질이 악화되었다. 오염기업들은 대도시 위주의 미세먼지 저감 정책을 피해 환경 기준이 낮은 지역으로 대거 이동하였다. 그 이유는 낙후된 지역은 그 지역에 사는 사람들을 고용할 회사를 원하기 때문이었다. 환경 기준이 낮은 지역들이 점점 더 심각한 오염으로 큰 고통을 받게 된 것이다.

실제로 2015년 2월~2018년 1월 기간에 중국 정부의 대기오염 통제 정책은 베이징과 톈진시의 대기 질을 각각 56%, 34% 개선시켰다. 반면, 베이징시와 톈진시는 오염기업을 다른 지역으로 이전시켜 인근 허베이성의 도시 대기 질에 악영향을 끼쳤다. 허베이성 스좌장시와 한단시의 대기 질은 각각 59%와 39% 악화되었다.[22] 허베이성 내의 주요 도시들은 지난 20년간 산업생산의 실질 증가율이 매년 14~23% 증가한 지역이다. 베이징 올림픽 때 시내의 많은 공장들은 허베이성의 도시들로 재배치되었다. 허베이 지역은 중국의 철강업, 시멘트 및 화학산업의 중심지가 되었다. 이로 인해 허베이 지역의 대기오염 평균치가 다른 지역의 3배 이상을 기록하였다. 이 지역은 초미세먼지가 연평균 100㎍/m^3 이상을 기록하여 중국 연평균 기준치 35㎍/m^3를 거의 3배나 초과하였다.

4. '도덕적 해이'가 심각한 중국 지방정부의 미세먼지 관리 실태

'눈 가리고 아웅' 하는 중국 지방정부의 환경 관료들

중국의 대기오염 관리 실상을 보면, 지방정부의 각종 허위 보고와 대기오염 수치를 조작하는 일이 비일비재하게 발생하고 있다. 중국의 지방 관리들과 오염기업들은 환경 규정을 어기는 온갖 수단을 자행하며 중앙정부의 환경 감찰보다 한 수 더 우위의 위치에 있다. 예를 들면, 2017년 1월에 닝샤 북서부 지방의 쓰쭈이산시 환경 관리들은 지방 환경보호국 건물에 물대포로 물을 뿌려 대기오염 물질 수치를 줄이려고 시도하였다. 이는 해당 건물의 모니터링 장비에 등록된 미세먼지의 발생량을 줄이려는 목적이었다.[23)]

또 다른 예를 들면, 연중 대기오염이 심각한 지방인 산시성에 있는 린펀시 공무원들은 대기오염 데이터를 직접 위조하였다. 2017년 3월 환경국장은 다른 11명의 사람과 함께 대기오염이 심한 날에 모니터링 데이터를 변경하였다. 중국 생태환경부에 따르면, 2017년 4월부터 2018년 3월까지 린펀시의 6개 국가관측소에서 100번 이상의 데이터 조작이 발생하였다. 같은 기간에 53건의 모니터링 데이터가 심각하게 위조되었다. 린펀시 공무원들은 관측소에 설치된 폐쇄회로(CCTV) 감시를 차단하기 위해 관리자들에게 뇌물을 주기도 하였다. 산시성은 중국에서도 대기오염이 심각해 2018년 6월에 중앙정부로부터 기준을 달성하지 못할 경우 지방 공무원이 모든 책임을 지라는 명령을 하달받은 곳이다. 산시성은 2018년 12월에 초미세먼지 농도가 2017년 대비 4.9%, 이산화황 농도는 30% 감소하는 등 전체적인 대기오염 수치가 10% 이상 개선되었다고 대대적으로 홍보하였다. 그렇지만 실상은 모두 거짓 데이터에 근거한 허위선전에 불과하였다.[24)]

허베이성의 스좌장시는 환경침해적인 새로운 석탄로의 설치를 장려하였다. 베이징 남부에 있는 철강도시인 구안시는 지역 내 모든 회사와 산업단지를 관할하는데 오직 하나의 오염방지 계획만 가지고 있었으며, 그나마 효과도 거의 없었다. 국가의 곡물저장 관리를 담당하는 국영회사 Sinograin의 정저우 석유시설은 대기오염이 심한 날에 석탄 연소를 증가시킨 것으로 밝혀졌다.[25)]

이러한 사례들을 보면, 지방정부는 중앙정부에서 정한 환경 기준을 달성해야 하는데 실제로는 성과 도출이 쉽지 않다는 반증이기도 하다. 또한 중앙정부의 강력한 행정력이 전국에 골고루 영향을 미치지 못한다고도 볼 수 있다. 대기오염뿐만 아니라 식품위생, 빈곤구제 등 중국 정부가 추진하는 역점사업의 경우에도 지방에서는 실적만 부풀려서 '눈 가리고 아웅' 하다 적발되는 경우가 자주 발생하고 있다. 일부 지방에서는 감사가 시작되면 지방 공무원들은 시간이 충분하지 않다고 판단하여 데이터를 조작하기도 한다.

중앙정부가 데이터의 조작 행위를 강력하게 처벌하는데도 지방 공무원들이 위험을 무릅쓰고 허위 보고를 하는 것은 나름대로 합리적인 이유가 있다. 시진핑 집권 이후 중국에서는 환경 개선 성과를 지방정부 관리들의 승진에 중요한 지표로 간주하고 있다. 특히 환경오염이 심각한 지역을 관리하는 공무원들은 커다란 허위 보고 유혹을 느낄 수 있다. 환경오염 목표를 달성하지 못하면 승진하지 못할 뿐만 아니라 경력에도 심각한 부정적 영향을 받으며 심지어 좌천까지도 될 수 있다. 또한 지방 공무원들이 환경 개선에 강한 의지를 갖고 있다 하더라도 산업 현장에서 올라오는 허위 보고를 모두 찾아내는 데에는 한계가 있다. 검사 결과가 승진과 직접 관련되어 있기 때문에 지방 공무원들이 도덕적 해이를 자행하는 동기로 작용한다. 지방 공무원들은 결국 지역의 이익이나 자신의 성과를 보호하기 위해 부정행위를 하거나 위조 자료를 만들게 되었던 것이다. 중국의 공장들도 환경 기준을 달성하지 못하면 커다란 불이익을 받기 때문에 당국에 잘못된 측정 자료를 보고한다. 이렇게 조작된 데이터는 궁극적으로 중앙정부의 정책적 판단에 영향을 미칠 수 있다는 점에서 심각하다고 할 수 있다.

중앙정부의 〈대기오염 방지 행동계획〉에 따라 각 지방정부는 대기오염 관리 목표와 계획을 수립·이행한다. 중앙정부는 엄격한 성과 평가를 통해 지역별로 예산 지원에 차등을 두고 있다. 시진핑 주석이 2017년에 환경보호 목표를 달성하는 것이 자신의 중요한 정책이라고 천명한 이후, 지방정부는 이를 달성하라는 압박을 받고 있다. 이제 지방 공무원의 성과는 환경보호 관련 일을 얼마나 잘 수행하였는지에 의해 부분적으로 평가된다. 전국적 수준에서 환경보호를 위한 정책과 규제들이 존재하지만, 특히 지방에서는 실행이 되지 않는 심각한 문제가 발생한다. 중앙정부가 지방 공무원들의 자율성을 제한하기 위해서 어떤 방법을 내놓더라고 지방 공무원들은 재빨리 해결책을 찾아낸다. 지금도 여전히 '위로부터 정책이 내려오고, 아래로부터 대응책이 올라간다'는 상황이 일상적으로 이루어지고 있다.

한편, 엄격한 환경 정책으로 수만 명의 일자리가 사라졌고 자원공급 부족으로 인해 원자재 및 산업 제품의 가격이 급격하게 상승하는 부작용이 발생하였다. 베이징-톈진-허베이 지역을 대상으로 중국 생태환경부는 2017년 겨울에 2016년 동 기간 대비 초미세먼지 15% 감축을 약속하였었다. 베이징-톈진-허베이 지역에만 5,000명의 감시요원이 배치되었다. 국영언론에 의하면 2017년 9월까지 이 지역에서 최대 17만 4,000개의 공장을 폐쇄한다고 발표하였다. 허베이 지역의 경우 산업구조 조정으로 인해 2017년에 약 10만 명이 일자리를 잃었다. 허베이성의 싱타이시의 경우 고농도 오염물질 배출 산업의 매출이 약 40%나 감소하였고 실업률은 37%에 달하였다.[26]

대기 질 개선은 중국 정부가 당면한 주요 현안이다. 이러한 점에서 중앙정부는 정책을 효율적으로 추진하기 위해 지방정부의 역할과 책임을 강화하고 있다. 하지만 지방정부는 중앙정부의 정책 수용 과정에서 정책적 자율성이 부족하고 환경재원·기술 및 인력이 부족한 실정이다. 지방정부에서 만드는 자가보고 자료(self-reporting data)도 문제점이 많다. 이 데이터는 종종 불완전하며 부정확하거나 커다란 오류를 가지고 있다. 환경 규제에 있어서 목표와 실제 결과 사이에는 큰 차이가 존재한다. 즉, 이행과 모니터링 과정에서 문제가 많이 발생한다. 또한 지방에는 지방세수 확대 및 일자리 유지 등을 위해 환경을 오염시키고자 하는 인센티브가 만연한 실정이다.

중국의 민간기업들은 평균적으로 보면 기업 규모가 작은 편이다.• 시진핑 정부의 '국진민퇴'(國進民退) 정책 추진으로 대기업은 압도적인 비율로 국유기업인 경우가 많다. 중국의 국유기업들은 국영은행으로부터 손쉽게 자본을 조달하기 때문에 가격 변동에 영향을 받지 않고 결과적으로 환경 비용에 둔감하게 되는 특성을 가지고 있다. 국유기업은 민간기업보다 생산 성과에 비해 자본, 토지 및 연료를 훨씬 더 많이 사용하여 환경오염 우려를 자아내고 있다. 특히 중공업, 설비 및 기간산업, 자원개발과 같은 부문에 속한 국유기업들은 중국에서 최대 오염자가 될 수밖에 없다. 지방의 많은 국유기업들은 막대한 부채를 안고 있으며 지방정부의 지원에 기대어 겨우 도산을 면하고 있는 수준으로 환경오염 개선에 여력이 부족한 실정이다.

지난 10여 년 동안 국유기업은 다수의 심각한 환경오염 사고의 원천이었으며 종종 환경 지침 및 규정을 준수하지 못하였다. 발전, 석유 및 가스 산업의 중앙 공기업들은 환경 지침을 다수 위반하였다. 2004~2016년 기간 동안 6개 국유회사가 총 1만 2,370건의 위반 사례 중 62%를 차지하였다.[27] 국유기업은 '중앙 보호주의'와 환경 관료주의라는 불충분한 규제 능력으로 인해 환경 규제 회피에 대한 인센티브와 기회를 누렸다. 국유기업이 지방 당국이 아닌 베이징의

• 그러나 중국에서 민간 부문은 GDP의 60%와 일자리의 90%를 차지하고 있다.

관료들에게 대응하는 복잡한 거버넌스 시스템에서 중앙 공기업은 사실상 지방정부가 요구하는 환경 조치를 회피할 수 있는 충분한 기회를 가지고 있다. 지방정부 공무원들은 종종 관할 지역 내의 국유기업들이 환영하지 않는 환경 규제를 실제로 시행할 수 있는 능력이 부족하다. 지역 공산당 및 비즈니스 네트워크에서 국유기업 관리자의 높은 위치는 지역 환경 규제의 집행 노력을 좌절시킬 수 있다. 국유기업들이 세수 확보 및 지역 고용의 원천과 같은 필수적인 서비스를 제공하기 때문에 지방정부 공무원들은 환경 위반에 대해 눈을 감아 주는 유혹을 갖게 된다.

'잠자는 숲속의 미녀'와 같은 중국의 환경법규

"중국의 법률은 소위 '잠자는 숲속의 미녀' 조항과 다르지 않다."고 말한다.[28] 중국은 세계에서 가장 잘 만들어진 환경법과 규정들을 가지고 있다. 그러나 중국의 환경법규는 조문만 잘 작성되어 있고 내용은 모호하다. 또한 사법당국의 소극적인 행동으로 인해 현실에서 구현이 잘 안 되고 있다. 환경 규정의 이행과 강제로 집행할 수 있는 법적·행정적 체계는 약화된 상태로 남아 있다. 대기오염 물질 배출 규제를 이행하고 강제할 수 있는 법적 기반은 상당히 취약한 편이다. 환경 규정들은 발전하고 있으나 이를 실제로 집행할 유인책은 부족하다. 집행을 생략하게 하고 오염행위를 부추기는 지역적 인센티브가 만연되어 있는 실정이다.[29]

정부 권위에 대한 불신도 정책의 신뢰성에 커다란 의문을 던진다. 일례로 리커창 총리는 14차 경제 5개년 계획(2021~2025)에서 석탄을 중국의 에너지 안보의 제1의 원천이라고 말하였으며, 저탄소 이행의 다급성도 완화시킬 것이라고

하였다. 이는 최근 중국의 환경 정책 행보와는 정반대 조치이다. 중국 정부는 2018년에 초미세먼지 감축 목표를 5%에서 3%로 하향 조정해 논란을 키웠다. 또한 중국 생태환경부는 "2018년 10월부터 2019년 3월까지 초미세먼지 평균 농도를 지난해 대비 3% 감소시키겠다"고 밝혔다. 이는 2017년도 목표치인 15%의 1/5에 불과한 수준이다.

중국의 환경법규는 유연성 및 투명성 부족, 비과학성 등 내재적 문제들을 갖고 있다. 환경 규제 당국은 효율성과 관계없이 임시 조업정지 및 생산량 감축을 요구한다. 2018년 1~11월 기간에 장쑤성, 산시성 등 10개 성에서 4,416건 이상의 임시 조업정지 및 생산량 감축 요구가 있었다. 오염이 심한 몇 달 동안 혹은 국가적인 행사를 앞두고서 종종 기업의 재량권을 무시하고 임시 조업정지와 생산량을 강제로 감축하였다. 이러한 융통성 없는 시행 조치(one-size-fits-all enforcement)는 비용이 많이 소요되고 비효율적이다.

뿐만 아니라 높은 환경 기준은 기업들로 하여금 충족하기 어렵게 만든다. 일부 산업단지에서는 공무원들이 현지 배출 규정을 준수하는 회사라 할지라도 공해가 심한 날에는 모든 회사가 문을 닫도록 요구하였다. 그래서 회사가 계약 의무를 이행하지 못하는 경우도 있었다. 이와 같은 셧다운과 일률적인 생산량 감축은 공급자와 고객 모두에게 공급망을 붕괴시키는 결과를 초래하였다. 일례로 중앙 당국의 주도로 환경 검사를 실시하는 동안, 회사 관계자들은 언제 영업을 재개할 수 있는지에 대한 정보가 거의 없이 몇 달 동안 문을 닫았다. 이 기간 동안 이들 회사는 대체할 수 있는 공급업체가 필요하였는데, 이것은 생산 비용을 두 배로 증가시켰다. 어떤 경우에는 필요한 자재를 구할 수가 없었다. 사전에 통보가 있었더라면 충격을 완화하기 위한 충분한 조치를 취할 수도 있었을 것이다.[30)]

중국에서는 지역 환경표준을 입수하기가 어려우며 새로운 정책은 종종 이행 일정이 짧다. 지역 규제 당국은 종종 임시 조업정지 또는 생산량 감축을 이행하기 전에 거의 통보해 주지 않는다. 대기오염도가 높아 가동을 중단하라는 명령이 내려지면 기업들은 일기예보처럼 통보받는 경우가 많고, 언제 생산을 재개할 수 있을지 예측할 수 없다.[31] 중앙 당국이 지방 공무원들에 대한 집중 조사를 강화하고 있는 가운데, 지방 감독관들은 종종 부주의한 실수로 발생하는 책임부담을 두려워한다. 그 결과, 많은 사람들이 '관망하는' 접근법을 택하여 국가 차원의 규제 변경이 진행되는 동안 가능한 한 최소한의 조치를 취하기도 한다.

중국의 규제 기관은 지나치게 엄격한 비과학적 요구사항을 제시하기도 한다. 일부 지역의 환경 요구사항은 국제 기준보다 엄격하며 최첨단 환경 기술로도 충족하기 어렵거나 불가능하다. 이것은 과학에 바탕을 둔 것이 아니라 정치적 압력, 성급하게 발표된 규제, 기술적인 전문지식이 부족한 감시자 등의 결과일 수 있다. 또한 일부 관할구역은 국가 기준보다 훨씬 엄격한 요건을 부과하고 있어 기업이 현실적으로 충족할 수 없는 실정이다.[32] 그래서 기업들은 종종 공해방지를 위해 지불하는 높은 비용보다는 차라리 벌금을 지불하는 것이 더 값싸다는 인식을 갖고 있어 오히려 벌금을 선택할 유인을 갖는다.[33]

중국 정부에서 추진하고 있는 새로운 정책, 규제 및 제도 등의 실행 가능성에 대한 여부도 객관적으로 살펴볼 필요가 있다. 실제로 과거 중국의 석탄연료 사용에 대한 제한 조치는 석탄 연소 보일러를 이용한 난방 금지 및 천연가스로의 대체 난방을 계획하였다. 그러나 중국 북동부 농촌 지역의 경우 연료 수급 문제와 LNG 파이프 시설 미비 등으로 인해 겨울철 난방에 큰 문제가 발생하였다. 이에 따라 해당 지역에 대한 정부 당국의 석탄난방 금지 조치가 철

회되기도 하였다.[34] 중국은 환경부처의 권위가 부족하여 지방정부로부터 많은 제한을 받는다. 빈곤 지역의 경우 지방정부가 환경보호보다는 경제발전을 중시하는데다 환경부처의 권위가 낮아 법 집행이 잘 보장되지 않는다. 전반적으로 볼 때, 환경오염 관리의 법적 보장 측면이 아직은 매우 미흡한 편이다.

환경감시 기능이 매우 취약한 중국의 환경단체들

일반적으로 환경단체는 정부가 환경 관련 법을 집행하도록 압력을 가하는 본질적인 특성을 갖고 있다. 중국에서 기업에 대해 환경단체가 제기하는 소송의 양이 증가하고 있다. 2015년 11월 11일에 난핑 중급 인민법원은 오염기업에 대해 벌금을 부과하였다. 이것은 환경단체가 제기해서 처음으로 성공한 환경 공익소송이었다.

중국에서 〈환경보호법〉 개정안이 2015년 1월 1일부터 시행되었다. 이 개정안은 환경공익소송이 법률에 의거하여 전국적으로 확대 추진되는 근거를 제시하였다. 여기에서 환경공익소송의 제기 주체를 "법률에 의거하여 시급 이상 인민정부의 민정부처에 등록되어 있고 환경보호 공익활동 종사 기간이 5년 이상이며 기율 위반기록이 없는" 사회단체로 한정하고 있다.[35] 환경공익소송의 원고는 크게 사회단체와 감찰기관으로 나눌 수 있다. 사회단체는 법에 의거하여 환경민사공익소송을 제기할 수 있고, 감찰기관은 환경민사공익소송과 환경행정공익소송을 제기할 수 있다. 각급 민정부처에 등록된 환경보호 관련 사회단체는 6,000여 개이다. 이 중 국무원 민정부처에 등록된 단체가 36개, 성급 민정부처에 등록된 단체가 300여 개, 시급 민정부처에 등록된 단체가 700여 개이다.

그러나 환경단체는 환경행정공익소송을 제기할 권한이 없다. 따라서 환경단체는 중국 정부의 환경행정권을 감독할 수 없다. 현재 환경단체는 환경특별법원에서 환경을 오염시키는 기업을 대상으로 소송을 제기할 수 있으나, 소송을 제기할 수 있는 환경단체를 정부가 먼저 심사한다. 게다가 많은 판사들이 여전히 뇌물에 취약하고 강력한 경제적 이익이 판결에 영향을 준다. 환경법원의 판결 내용을 실제로 집행할 능력이 있는지도 의심스럽다.

중국 정부는 2017년 1월 1일부터 〈새로운 해외 NGO 규제법〉을 시행하고 있다. 시진핑 정권하에서 환경단체의 활동 공간은 점점 더 제한되어 왔다. 특히 이 법이 시행된 이후에 더욱 그렇다. 중국은 항상 국내법이 국제 기준을 우선한다. NGO의 등록 절차는 국내 및 외국 환경단체의 경우 훨씬 더 어려워졌으며, 정부가 운영하는 정부조직 비정부기구(GONGO)•와 제휴를 맺어야 한다는 압박이 가중되었다. NGO와 시민의 참여가 제한되어 있기 때문에 장기적으로는 중국의 환경 개선에 대해 의구심이 생긴다.[36] 해외 NGO는 당국이 승인한 활동에 대해 중국에 대표 사무소를 등록하거나, 해당 활동의 성격이나 기간에 관계없이 '임시 활동'을 수행하기 위한 기록을 제출해야 한다. 〈새로운 해외 NGO 규제법〉에 의해 공식적으로 중국 공안의 감독하에 외국 NGO를 배치하고 있다. 중국 공안은 NGO 직원들에게 질문하고, 사무실을 검사하며, 문서를 살펴보고, 자산을 압수하고, 중국 파트너를 체포할 수 있다. 〈새로운 해외 NGO 규제법〉에 의하면, 중국의 민사국 대신 공안부에서 해외 NGO의 등록과 중국 내에서의 활동을 감찰한다. 이것은 외국 NGO의 보호 및 활동을 촉진시키기보다는 국가 통제의 메커니즘 아래에 두고자 하는 것이다.[37]

현재의 중국의 환경 문제들은 공공참여 제한 및 정보 제한과 연관되어 있

• 정부조직 비정부기구(GONGO)는 중국 정부의 정치적 이해를 증진하고, 중국 내에서는 시민단체와 시민사회를 모방하거나 해외의 관심을 증대하는 조직이다.

다. 주민참여를 위한 제도적 장치도 미흡하다. 대기 질 개선의 목표 달성 과정 및 평가에 주민참여는 극히 제한적이다.* 대기오염 규제 중점 과제의 달성 현황을 평가하는 항목 중 주민 만족도 평가가 결여되어 있다.

중국의 환경단체는 환경감시 기능이 매우 취약하다. 중국에서는 환경 관련 비정부 기구를 포함한 시민단체를 관청에 등기하게 하고 이들의 활동을 감시하면서, 이들을 통제하기 위해 각별하게 공을 들이고 있다.** 중국의 시민사회는 중앙 권력으로부터 불신을 받고 있다. 국가는 때때로 새로운 단체를 승인하지 않거나 심지어 기존 단체를 해산시키기도 한다. 해외에서 자금을 받거나 해외 사상이나 정보를 중국에 전파한다는 의심을 받는 시민단체들을 폐쇄시키고 있다. 하지만 깨끗한 환경에 대한 중산층의 요구는 향후 영향력 있는 시민사회를 만드는 중요한 추진력이 될 것으로 보인다.[38)]

5. 베일에 가려진 중국의 미세먼지 통계

가짜 데이터 및 축소 보고된 통계 자료 제공

지난 몇 년 동안 중국의 대기 질에 대한 모니터링 및 보고 자료는 개선되었다. 2012년에 도입되어 2016년에 구현된 '신 대기질 표준'은 중국의 공식적인 대기 품질 모니터링 결과를 관리하는 데 사용된다. 이로 인해 보고의 적시성,

* 중국 산둥성 주민들은 환경 인식의 부재로 인해 초미세먼지로 자욱한 날씨를 안개 낀 날씨로 생각하고 일상생활을 영위할 정도이다.
** 중국 당국은 감시 및 사회 신용점수 부여 등을 통해 개인의 자유를 억압하고 있다.

공간 적용 범위 및 데이터 접근성 측면에서 대기 질 데이터의 품질이 향상되었다. 현재 중국의 337개 도시와 1,435개의 모니터링 스테이션에서 측정된 실시간 측정값은 온라인에서 이용할 수 있다. 중국 국가환경모니터링센터의 국가 대기 질 실시간 자료와 생태환경부의 국가 대기 질 지수는 매우 중요한 대기 질 데이터의 공급원이다.[39)]

하지만 공간 적용 범위의 확대 및 대기 질 모니터링의 향상, 보고의 적시성에도 불구하고 대기 질 데이터와 통계의 신뢰성에 대해서는 여전히 의문의 여지가 있다. 과거에는 정부가 데이터 형식을 변경하고, 28개의 모니터링 스테이션의 위치를 의도적으로 이동시키며, 데이터 조작에 대한 우려가 있었다. 중앙정부가 지방에 필요한 '푸른 하늘 일'*을 달성하기 위한 목표를 설정한 후, 일부 공무원들은 이러한 목표에 도달하기 위해 통계를 조작한다는 의문이 제기되었다. 예를 들어, 베이징시에서 2006~2007년 기간 심하게 오염된 지역에 설치된 2개의 모니터링 스테이션이 제거되었다. 또한 베이징시 정부는 대기 질 지수(AQI)가 100보다 약간 높은 날을 '푸른 하늘 일'로 선언하여 93일간을 '푸른 하늘 일'로 허위 보고하였다. 2001년부터 2010년까지 중국 주요 도시에서 자체적으로 보고한 미세먼지 데이터에서 약 50%가 조작된 징후가 있음이 밝혀졌다.[40)]

최근에도 가짜 데이터와 조작된 통계 자료를 제공했던 실제 사례들이 다수 존재한다.[41)] 중국의 악명 높은 지방정부 관리들과 오염기업들은 중앙정부의 엄격한 경고와 처벌에도 불구하고 환경책임을 회피하고 오염 검사관을 능가하는 창의적인 방법을 찾아냈다. 2017~2018년 기간에 중국 생태환경부에서

* '푸른 하늘 일'은 대기 질 지수(AQI) 값이 100 아래로 떨어지는 날을 의미한다. AQI 값은 0~500 사이의 범위에 있으며, AQI 값이 0은 최상의 대기 질을 나타낸다.

발표한 검사 보고서에 따르면, 때로는 오염기업과 함께 일하기도 하는 현지 공무원들이 부정행위를 저지르고 개선 조치를 취하지 않는 여러 가지 방법을 고안하였다. 이들은 검사관에게 종종 가짜 데이터와 조작된 문서를 제공하였다. 2019년 5월에 생태환경부에서 발표한 보고서에 따르면, 오염 검사관은 여러 도시의 환경보호국에서 회의록을 가짜로 작성하고 현지 회사에 자료를 위조하라는 지시를 내린 증거가 발견되었다. 중국 남부 구이저우성에 있는 공무원들은 새로운 환경 목표를 지키는지 여부를 감독하는 사람들을 속이기 위해 10여 거의 회의록을 조작하였다. 광저우성에서는 2012년 이래 조작된 환경 데이터 모니터링에 118명이 참여한 63건의 사례가 있었다. 쓰촨성 남서부 지역의 수이닝시에서 환경보호국의 전·현직 직원 32명은 불법행위를 통해 630만 위안의 불법 수입을 취득한 것으로 밝혀졌다. 중국 중부 허난성의 검사관들은 열 및 전력생산 회사가 무선 마우스를 사용하여 봉인된 자동 모니터링 시스템을 방해하고 있음을 발견하였다. 이 회사는 과도하게 기준을 초과한 배출 데이터를 원격 조정을 통해 삭제하였으며, 환경관리국에는 선택적 데이터만 제공하였다. 또 다른 경우를 보면, 2017년부터 중국 후베이성에 있는 환경 검사관들은 세라믹 생산 회사가 데이터 모니터링 회사와 협력하여 자동으로 수집된 이산화황 배출량 데이터를 변경하였다. 일부 사기적인 통계조작 방법은 첨단 기술의 도움으로 발생하기 때문에 증거를 찾아내기가 어렵다. 게다가 지방정부의 환경관리들은 첨단 기술에 익숙하지 않은 경우가 많아 오염기업의 고도화된 데이터 조작을 발견하기가 어려운 실정이다.

일부 지방 공무원들은 지속적으로 대기 질 측정값을 축소 보고하고 있다.•

• 중국의 모든 대기 질 모니터링 스테이션은 지방 공무원들이 소유 및 운영하고 있다. 따라서 중앙정부에 보고된 자료의 신뢰성과 정확성에 의문이 존재한다.

중국 생태환경부는 2018년 초에 데이터를 조작한 7개 도시의 공무원들을 적발하였다. 또한 중국 공안부는 산시성 린이의 지방 공무원 16명이 2017년 4월~2018년 3월 기간에 대기 질 모니터링 결과치를 53회나 조작한 사실을 적발하였다.[42] 현지 공무원들은 해마다 지속적으로 감소하는 오염물질 농도를 보고한다. 특히 오염이 심한 날에는 일일 데이터가 정확하지 않다. 이렇게 잘못 보고된 데이터는 중앙정부의 정책 결정을 부정확하게 만든다. 중국에서 수행된 다수의 연구에 따르면, 조작된 데이터 보고가 2012년 이후에는 더 이상 없다고 주장한다. 그러나 실제로 대도시 지역은 대기오염 농도가 감소하였으나 지방 공무원들의 잘못된 보고는 여전히 진행 중인 것으로 나타났다.[43]

신뢰하기 어려운 중국의 미세먼지 통계

'중국 통계는 고무줄이다'라는 말이 있다. 중국 통계의 신뢰성에 대해서는 꽤 오래전부터 많은 의문이 제기되고 있었다. 최소 10%~최대 50%의 차이가 있다는 주장도 제기된다.[44] 중국의 실업률 통계는 공식 실업률에 3배 정도 곱한 수치가 정확하다고 일부 전문가들은 말한다. 중국 정부의 통계 취합과 계산에 다소 신뢰하기 어려운 점이 있는 것은 잘 알려진 사실이다. 중국 정부는 자료의 출처와 통계 작성 기법을 숨기려는 경향이 있다.[45] 오죽하면 리커창 국무원 총리도 중국의 공식 GDP 통계치를 신뢰하지 않고 전력 사용량과 금융거래 통계를 경제지표로 활용하고 있다고 하겠는가?

중국 통계는 과거나 현재에도 '보고 싶은 것만 보고 듣고 싶은 것만 듣는다'라는 말이 있다. 지방정부에서 조작된 통계는 중앙정부로 단계적인 마사지를 거쳐 올라간다.* 이는 지방정부 관리들의 업무 성적표가 통계 수치에 좌우되기 때문이다. 지방정부는 중앙정부로부터 지원을 더 많이 받기 위해 GDP 성장률을 높게 보고하는 경향이 있고, 중앙정부는 확인 절차도 없이 단순 합산해서 통계를 작성한다. 예를 들면, 2013~2016년 기간에 GDP가 24% 증가한 반면 상장기업의 매출액은 13% 증가하는 데 그쳤다. 이러한 차이 때문에 2015년 6.9%의 경제 성장률은 관련 다른 자료와 비교한 결과 4%로 정정하는 게 정확하다는 주장도 있다.[46)]

중국 생태환경부는 337개 도시의 초미세먼지 농도를 발표하고 있다. 중국 정부가 발표한 공식 통계를 보면, 현재까지 중국 내 미세먼지에 대해 농도 추이 자료만 제공하고 있다. 그나마 주요 도시의 미세먼지 오염농도가 연차별로 증감 변화도 없이 일정하게 지속적으로 감소하는 패턴을 보인다. 그러나 중국 전국을 커버하는 농도 자료는 없고 전국 배출량 자료도 존재하지 않는다. 산업·발전·수송·가정·농업 부문 등에서 얼마나 미세먼지가 배출되는지에 대한 통계 자료가 없다. 또한 자동차, 공장, 농작물 등 유형별로 배출량 자료를 공개하지 않고 있다. 석탄 소비량은 엄청나지만 중국 정부의 공식 통계치가 없어서 해외 관련 통계를 이용하는 실정이다. 또한 중국 정부는 전국에 200곳 이상의 소각장을 운영 중이지만 대부분 실시간 배출량 자료를 공개하지 않는다. 소각장의 경우를 보면, 중국 자체의 배출 기준은 우리나라의 1/4 수준으로 상당히 완화되어 있다. 중국은 쓰레기 분리수거도 하지 않는다. 매년 소각장이 증가하는 이유이기도 하다. 현재 중국 허베이성 10개소, 산둥성 24개소, 장쑤성 30개소 등 동부 해안에 소각장을 집중적으로 배치하여 우리나라로 향한 미

• 코로나19가 발생한 2020년 상반기에 중국 중앙정부는 경제 정상화를 독려하였다. 이에 지방정부에서 통계를 조작하는 정황이 발생하였다. 블룸버그 통신에 따르면, 중국 저장성의 3개 도시는 관내 공장들에게 전력 사용량 수치를 상향 조정하여 다른 지방보다 경제 정상화가 빠르게 진행됨을 보여 주려 하였다.

세먼지 이동량이 증가하고 있다.[47)]

중국의 미세먼지 통계에는 베일이 드리워져 있다. 주요 도시의 미세먼지 농도 자료는 특히 고농도 상황을 제대로 반영하지 않아 중국 국민들의 신뢰를 얻지 못하고 있다. 이에 대한 하나의 근거를 제시하여 보면, 중국의 지방정부가 보고한 초미세먼지 측정값과 중국 내의 미국 외교 공관에서 측정한 값과는 다른 경우가 많다. 특히 대기오염이 심한 날에는 지방정부가 측정한 초미세먼지 관측치가 미국 공관에서 측정한 값보다 매우 낮게 나타났다.[48)]

중국발 미세먼지가 우리나라와 일본 등에 얼마나 영향을 주는지를 정확하게 정량적으로 분석하기는 어려운 상황이다. 일례로 2019년 11월에 발표된 한·중·일 LTP 보고서 작성 시 중국은 우리나라 연구진이 2010년의 중국 통계를 이용하였다고 평가절하하였다. 자기네는 2010년에 비해 40%나 감소 한 2013년도 자료를 사용하였다고 주장하였다. 중국은 우리에게 자국의 최신 배출량 통계를 제공하지도 않으면서 우리나라의 분석 내용이 엉터리라고 비난하였다. 중국발 미세먼지의 이동량을 파악하기 위해서는 최신의 정확한 중국 내 미세먼지 배출량 자료가 필요하다. 중국 생태환경부에서 발표하는 〈중국생태환경상황공보〉의 권역별 농도 자료는 대기오염 물질 모니터링을 실시한 도시들만의 평균값이다. 이 평균값에는 최근 강화된 대기환경 관리 정책 및 대대적인 환경감찰을 피해 지방도시와 외곽 지역으로 이전한 기업들의 대기오염 물질 배출량이 포함되어 있지 않을 가능성이 크다. 이 기업들을 모니터링 대상으로 추가하고 해당 배출원에 대해 보다 엄격히 관리할 필요가 있다.[49)]

중국의 대기오염 물질 농도, 배출량 및 배출원 정보에 대해 과학적이고 객관적인 통계 데이터를 공유하고 이에 근거한 실증연구가 요구된다. 이를 통해 중국의 대기오염 관리 정책이 얼마나 대기오염 물질을 저감하였는가를 함께 검증해야만이 비로소 중국 정부의 대기오염 관리 정책의 신뢰성이 향상될 수 있을 것이다.[50] 이를 통해 우리나라의 미세먼지 농도에 미치는 중국의 영향도 한층 더 정확하게 파악할 수 있을 것이다.

6. 중국발 미세먼지를 한결같이 부인하는 중국 정부와 언론들

중국발 미세먼지에 적반하장식 행태를 보이는 중국 정부

2017년 3월 21일 중국 외교부는 중국발 미세먼지가 주변 국가에 영향을 주는지의 여부는 과학적인 연구가 필요하다고 언급하면서 3장에서 소개한 한·미 대기 질 합동연구단의 연구 결과를 비판하였다. 2018년 5월에는 리커창 국무원 총리도 "미세먼지는 원인이 매우 복잡하다"고 언급하였다. 2019년 3월 6일 중국 외교부 대변인은 "한국의 미세먼지가 중국에서 온 것이라는 충분한 근거가 있는지 모르겠다"라고 말하면서, 미세먼지의 원인은 매우 복잡하며 과학적 자료에 근거해야 한다고 우리나라에 훈수를 두었다. 이를 보면 중국 정부는 미세먼지의 국가 간 영향에 대해서는 연구가 더 필요하다는 입장이다. 기후 및 기상 변화로 중국발 미세먼지가 한반도 쪽으로 날아오는 것을 중국 정부도 알고 있지만 인정하지 않으려고 하는 게 문제이다. 이를 인정하게 되면 모든 피해 보상까지 앞으로 중국이 부담해야 하는 상황이 올까봐 두려워한다. 그래서 중국발 미세먼지가 해외 국가에 영향을 끼치는 것을 알면서도 인정하지 못하고 있는 상황이라고 판단된다.[51]

중국 생태환경부는 한 걸음 더 나아갔다. 중국 생태환경부 대변인은 공식 브리핑에서 "서울의 고농도 미세먼지는 중국에서 발생하여 한국에 영향을 준다"는 주장에 대해 "서울의 대기오염 물질은 주로 서울에서 자체적으로 배출된 것"이라고 말하였다.[52] 2019년 1월 23일에 중국 생태환경부 대기국장은 "중국은 10% 이상 대기 질을 개선하였다. 중국이 영향을 준다고 탓하지 말라"고 주장하였다. 또한 2019년 1월 중국의 생태환경부는 "다른 사람이 자기한테 영향을 준다고 맹목적으로 탓하기만 해서는 미세먼지를 줄일 절호의 기회를 놓칠 것"이라며 미세먼지 해결책은 한국이 스스로 찾아야 한다고 주장하였다. 2019년 2월 리간지 전(前) 생태환경부 부장은 "대기오염은 상호 영향을 끼치는 것이다"라고 말하면서 우리나라의 책임론을 거론하였다. 이러한 중국 정부의 입장은 적반하장식 행태라고 평가된다.[53] 한국 미세먼지는 한국 탓이라고 일관된 태도를 보이며, 오히려 중국 정부는 우리 정부에 '너나 잘해라'는 식의 비아냥거림을 보여 주고 있다.

이렇듯 중국 정부는 중국발 미세먼지에 대한 책임론을 전면 부인하고, 보고 싶은 것만 보는 확증편향적 태도•를 보이고 있다. 중국 정부는 공식적으로 자국의 미세먼지가 우리나라에 영향을 미친다는 사실을 인정한 적이 단 한 번도 없다. 그러나 자루 속의 송곳은 언젠가는 드러나게 되어 있다.[54]

중국발 미세먼지는 중국 지표상의 농도를 줄이는 것만으로 해결되지 않는다. 오히려 장거리로 이동하는 중국 내 미세먼지가 문제이다. 1970년대에 영국은 '굴뚝 높이기' 정책을 통해 런던의 이산화황 배출량을 줄였는데, 오히려 이웃 국가인 노르웨이는 오염이 증가하였다. 이것은 지표면의 문제가 아닌 장

• 자신의 견해에 도움이 되는 정보만 취하는 성향을 의미한다. 반대로, 자신이 믿고 싶지 않은 정보에는 신경을 쓰지 않거나 외면한다. 다른 말로 자기중심적 왜곡(my side bias)이라고 부르기도 한다.

거리 이동 오염물질의 이동·확산이 매우 중요함을 보여 주는 사례이다. 마찬가지로 중국의 미세먼지 오염도가 줄었는데,* 우리나라는 오히려 오염도가 증가하고 있다. 중국 정부는 베이징 등 징진지 지역의 초미세먼지가 5년간 39%나 개선되었다며, 중국발 미세먼지가 우리나라 고농도 미세먼지 발생에 영향을 준다는 주장을 비판하고 있다. 그러나 앞에서 살펴본 바와 같이, 중국 내 '유출 효과'로 인해 베이징 등 대도시의 외곽 및 타 지역의 미세먼지 발생량이 더 증가하였다. 실제로 중국은 2013년부터 본격적으로 베이징 시내에 있는 공장들을 주변 지역으로 이전시키기 시작하였다. 당시에 1,500여 개의 공장들이 허베이성 등으로 이전되었다. 주로 대기오염이 심각한 철강, 시멘트, 비철금속 등의 업종들을 이전시켰다.

중국 동해안에는 공장, 소각장 및 석탄 화력발전소 등이 집중되어 있다. 고농도 시기에 우리나라 대기 악화의 주요 원인은 중국 동해안 지대에 밀집한 공장, 석탄 화력발전소 및 쓰레기 소각장 등에서 배출된 대기오염 물질 때문이라는 사실이 각종 연구 자료와 위성 사진 등으로 확인된다. 초미세먼지는 너무 가벼워 편서풍이 불면 중장거리 이동이 가능하여 우리나라에 직접적인 영향을 준다.

중국 내륙 지역에 있는 산시성, 섬서성, 서북 및 신장자치지구는 2015년 이후부터 미세먼지가 증가 추세에 있다. 반면에 징진지 지역은 감소하고 있다. 베이징에서 허베이성, 산둥성, 장쑤성 등으로 공장을 이전시킨 결과이다.** 국립환경연구원은 징진지를 포함한 중국 화북 지역에서 발생하는 미세먼지가

* 중국 전체의 미세먼지 농도와 배출량이 줄어든 것은 아니고, 주요 도시 337개의 농도가 감소한 것이다.
** 허베이성, 산둥성, 장쑤성은 중국 내에서 미세먼지 배출 상위 3개 성으로 우리나라에도 가장 많은 영향을 끼친다(NASA).

우리나라 수도권에 주로 유입되는 것으로 판단하고 있다. 징진지 지역과 산시·산둥·허난성을 합친 6개 성·시는 면적 기준으로 중국 국토의 7.2%에 불과하지만, 석탄 사용량은 중국 전체의 33%를 점유하고 있다. 석탄은 겨울철에 발전과 난방용으로 대량 소비된다. 징진지 지역만 놓고 보면 상황은 더 심각하다. 중국 석탄 화력발전소의 27%가 이 지역에 집중되어 있고, 배출가스 배출량이 소형차의 수십 배에 달하는 3.5톤 이상의 차량도 30% 정도가 이 지역에서 운행된다. 중공업 시설도 이 지역에 집중되어 있다. 중국 철강 생산량의 43%를 차지할 정도로 제철소가 많다. 석탄을 구워 만드는 제철용 코크스도 중국 전체의 47%가 이 지역에서 생산된다. 유리는 33%, 시멘트는 19%가 이 지역에서 생산된다.

중국은 전 세계 석탄발전 총량의 절반가량인 1,000GW를 차지하고 있다. 또한 건설 중인 시설을 포함하여 석탄발전소 용량도 205.9GW로 전 세계의 41%를 차지한다.[55] 중국 정부는 제13차 계획(2016~2020)에서 석탄발전소 건설을 억제한다고 발표하였으나, 실상을 보면 중국 동부 해안가 등에 석탄발전소를 확대·건설하고 있다. 중국의 석탄 화력발전소의 9.3%가 산둥성에 위치하고 있다. 발전용량은 87.4GW 규모에 달한다. 산둥성에 석탄발전소가 많은 이유는 석탄 매장량이 풍부하기 때문이다. 한반도에 가까운 중국 동부 해안 지역에는 50여 개의 석탄발전소가 있다([그림 4-7]). 석탄에서 배출되는 다량의 인위적인 대기오염 물질이 편서풍을 타고 한국으로 이동될 수 있음을 의미한다. 우리나라 서해 쪽에 가까운 중국 동부 지역에서 미세먼지 농도가 높게 나타나면 1~2일 후에 곧바로 서울에서도 높은 미세먼지 농도를 경험하곤 하는 사실은 위와 같은 객관적 사실들에 의해 설명이 가능하다.

중국 정부는 제14차 경제개발 5개년 계획(2021~2025)을 통해 석탄발전소 건

[그림 4-7] 우리나라 쪽에 집중된 중국의 화력발전소 분포도

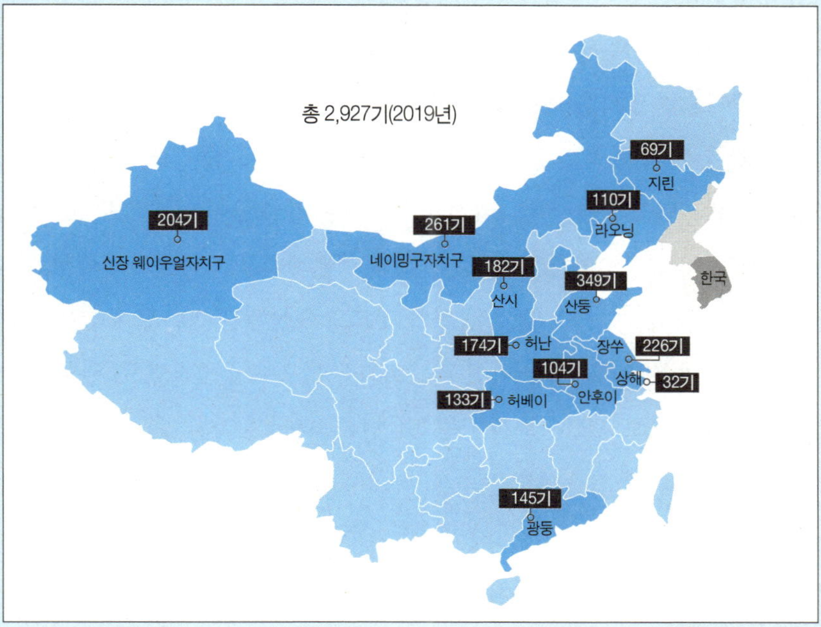

출처: 구글 이미지(CoalSwarm, endcoal.org/tracker).

설을 계속 추진할 것으로 보인다. 95GW 용량의 화력발전소 464기를 추가로 건설할 계획이다. 2020년에 중국 내에서 건설 중인 석탄발전소는 105기, 건설예정은 101기에 달한다. 중국 산시성도 9기의 건설을 추진하고 있으며 이웃에 위치한 산둥성도 8기를 건설할 계획이다.

또한 중국은 우리나라 서해 지역에 가까운 동부 연안에 쓰레기 소각장을 대거 추가로 건설할 예정이다. 현재 중국은 대부분의 생활폐기물을 매립하고 있지만 급증하는 생활폐기물과 매립지 부족으로 인해 점차 소각처리 방식으로 바꾸고 있다. 특히 우리나라에 인접한 산둥성·장쑤성 등의 중국 동부 연안

에서 생활폐기물의 소각처리가 주로 이루어진다. 향후 더 많은 생활폐기물 소각시설들이 중국 동부 연안에 만들어질 계획이다. 중국이 소각장을 동부 연안에 집중시키는 이유는 가을철을 제외하고 편서풍을 최대한 이용하여 자국에 미치는 대기오염 영향을 최소화하기 위한 것이라 판단된다. 이 여파로 우리나라의 대기 질은 더욱 악화될 전망이다. 2015년 기준으로 중국 내에 244개의 소각시설이 운용되고 있다. 현재 121개 소각시설이 건설 중이고, 추가로 106개 소각시설 건설이 확정되었다([그림 4-8]).[56] 향후 생활폐기물 소각처리에서 배출되는 대기오염 물질들의 양도 계속 증가할 것으로 예상된다. 2005년에 약 8,000만 톤이던 중국의 소각량은 2015년에 1억 8,000만 톤으로 급증하였고, 인구 증가와 매립지 부족으로 2020년 소각량은 2015년의 2배나 증가할 것으로 전망되었다.[57]

중국발 미세먼지를 'Made in Korea'라 부르는 중국 언론들

중국은 사회주의 국가이며 관료주의와 부패가 심각한 수준에 있다. 권력, 자본 및 언론 사이의 균형과 견제가 매우 취약하다. 일방적으로 국가권력이 강하며 사법부의 독립이나 언론의 자유도 턱없이 부족하다. '국경 없는 기자회'에 따르면, 2019년 중국의 세계언론자유지수는 180개 국가 중에서 177위를 기록하고 있다. 중국의 현재 상황은 언론의 자유가 없고 표현 및 집회결사의 자유가 없다.* 중국 공산당은 언제나 대중적인 정보의 흐름을 상대적으로 억압하는 편이었지만, 시진핑 정부는 훨씬 강력하게 이를 막고 있다. 개인이 소셜

* *South China Mornig Post*(2020. 2. 6)는 중국이 코로나바이러스 초기 대응에 실패한 것은 중국에서 언론과 시민사회(civic society)의 자유가 말살되었기 때문이라고 한다.

[그림 4-8] 중국의 동부 연안에 집중된 소각처리 시설

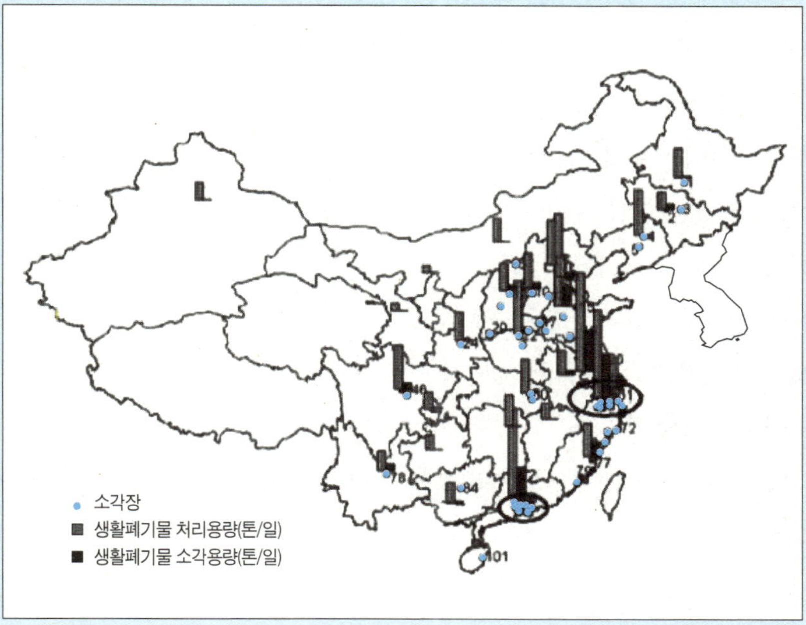

출처: 김순태(2016)에서 재인용.

미디어를 통해 목소리를 내지 못하게 하며, 해외 및 국내 웹사이트에 관한 검열과 봉쇄가 점점 심해지고 있다.*

2019년 3월에 중국의 관영매체인 환구시보**는 〈미세먼지에 대해 중국 탓을 하는 한국 여론이 지나치다〉는 제목의 사평(社評)을 통해 "한국 미세먼지에

* 중국은 '만리방화벽'(세계에서 가장 정교한 인터넷 감시 및 검열 시스템)을 활용하여 인터넷 접속을 제한하고 있다. 페이스북 차단과 트위터 진입도 금지하고 있다. 보이지 않는 잠규칙(潛規則)으로 폐쇄적인 표준과 인증을 정해 장벽을 치고 있다. 이를 통해 표현의 자유와 자유로운 토론 형성을 제한하고 있다.
** 중국 공산당 기관지인 인민일보의 자매지이다.

대해 중국 탓을 하지 말라"고 언급하였다. 북서풍이 영향을 준다는 우리나라의 지적에 대해 "중국이 수백km 심지어 수천km 밖에서 어떻게 바람이 딱 알맞게 불게 하고, 또 짙은 미세먼지를 한국으로 보낸 뒤 정확히 멈추게 할 수 있나?"[58]라고 매우 신기하다는 태도를 보이며 우리나라를 비꼬기까지 하였다. 또한 이 매체는 "한국 여론은 충동적이고, 너무 쉽게 격분하거나 비장해진다는 특징이 있다"면서 "한국인의 의식에서 민족주의의 역할이 다른 동아시아 국가들보다 더욱 크다"고 비판하였다. 또한 중국 북부 지역의 미세먼지 오염 정도가 약해지고 있지만 한국은 점점 심해지고 있다고 하면서 "한국인은 베이징의 미세먼지를 비닐봉지에 담아서 서울 상공에 뿌린다고 생각하는 것 아닌가?"라고 비아냥 거렸다.[59]

입자가 비교적 큰 황사도 일본을 거쳐 미국 서해안까지 도달한다. 초미세먼지는 황사에 비해 워낙 작고 가벼워서 한반도, 일본 심지어 미국 서부까지도 이동한다. 편서풍을 타고 중국발 미세먼지가 우리나라로 넘어오는 것은 초등학생도 아는 자명한 사실이다.

환구시보는 "한국 여론이 냉정해지기를 바란다"면서 "한국 학자와 연구기관들은 과학을 더욱 존중하고, 미세먼지 관련 입장을 내는 데 신중해야 한다. 일부 한국 정치인들의 급진적 태도는 완전히 투기적 성격이 있다"고 말하였다. 환구시보는 "미세먼지 문제에서 중국 탓을 하다가 한국이 미세먼지 방제 노력을 지체할 수 있다. 중국의 미세먼지 방제 경험을 참고하는 것도 괜찮을 것이다. 이것은 근거가 모자란 상황에서 중국 미세먼지 탓을 하는 것보다 한국에 더 이익이 될 것"이라고 충고까지 하였다.[60]

중국 언론들은 미세먼지 문제를 언급하면서 이제는 하다하다 우리나라의 민족성을 힐난하면서 민족주의까지 들먹거리고 있다. 논리가 너무 비약적이며 한국 비하 발언에 도가 지나치다. 도대체 중국 언론은 이성적인 논리를 가지고나 있는가?

중국의 영문판 관영매체인 글로벌타임즈*는 2019년 11월 한·중·일 3국의 LTP 공동보고서 발표 후에 한국의 대기오염 원인이 중국이 아닌 한국에 있다고 강조하였다. 이 공동연구 결과에서 "중국은 종종 한국으로부터 스모그 발생의 주요 원인이라는 비난을 받아왔다", "한국의 스모그는 'Made in Korea'인 것으로 밝혀졌다"고 말하고,[61] "한국이 오랫동안 해오던 비난의 게임을 종식할 수 있게 되었다"는 적반하장식 태도를 보였다.[62] 중국 정부도 2019년 11월에 발표된 한·중·일 3국의 LTP 공동연구 결과를 두고 중국 탓이 아니라고 아전인수격으로 해석하였다. 글로벌타임즈는 중국발 미세먼지에 대해 책임을 추궁하기보다는 협력이 필요하다고 주장하였다.[63] 그리고 한·중·일이 지난 20년간 환경협력을 이행해 왔지만, 미세먼지에 대한 과학적 공동연구와 기준이 없다고 말하였다. 더불어 책임에만 집중하다 보면 오히려 문제 해결에 방해가 된다고 언급하였다. 글로벌타임즈는 동북아 지역의 대기오염 문제 해결을 위해 3국의 경제발전 단계에 명확한 차이가 있는 만큼 효율적인 환경협력 체계 수립이 중요하다고 강조하였다. 또한 한국의 초미세먼지 발생에 한국 영향이 더 크다는 데 초점을 맞추고 있다.

그런데 글로벌타임즈는 미세먼지에 대한 기준이 없다고 말하였는데 어떤 기준을 말하고 있는가? 한·중·일 3국의 경제발전 단계에 명확한 차이가 있다고 언급하였는데 중국은 아직도 개도국인가? 중국은 자칭 G2 국가라고 전 세계에 선전하면서 개도국 코스프레를 하고 있는 것이다. 책임을 부담하는 것보

* 환구시보의 영문판으로 해외를 대상으로 하는 중국의 관영매체이다.

다는 알맹이 없는 형식적인 협력 추진과 재정지원을 받는 것만 강조하고 있다. 이러한 태도는 중국발 미세먼지 감축에 대한 신뢰성을 결코 담보하지 못한다. 중국발 미세먼지 영향에 대해 국제기구 등을 통한 과학적 공동연구와 실질적인 감축협정 체결이 매우 시급한 실정이다.

7. '피해자 코스프레' 하는 중국의 전문가들

중국 내 미세먼지 연구에만 집중하는 중국의 전문가들

중국의 전문가들은 중국발 미세먼지가 우리나라와 일본 등 타국에 미치는 월경성 영향에 대해서는 별로 관심이 없다. 반면 중국 내 미세먼지의 발생요인 및 개선대책의 효과 연구에만 집중하고 있다.[64] 왜 이런 현상이 발생할까? 2013년 이후 중국발 미세먼지가 크게 국제적으로 이슈화되자 중국의 전문가들은 침묵 상태로 접어들었다. 자국에 책임 추궁의 빌미를 줄까 봐 그런 것이 아닐까 하는 합리적 추론을 해본다. 또한 중국 정부는 미세먼지의 국외 영향보다는 자국 내의 대기오염 관리에 방점을 두고 있다.

2010년 이후 중국 내의 미세먼지 관련 연구 논문 발표 수가 지속적으로 증가하고 있으며, 특히 2013년 이후 증가세가 두드러지게 나타난다. 중국 학자들이 발표하는 학술논문 수와 증가율은 한국 및 일본과 비교하면 압도적으로 높은 편이다. 중국의 논문 수는 2012년까지 100편 이하의 수준을 유지하였다. 그러다가 2013~2014년에 약 150여 편, 2015년에 190여 편, 이후 2018년에는 510편을 발표하였다.[65] 반면 2018년에 한국은 30편, 일본은 27편의 논문을 발표하였다. 이는 2013년 이후 대기 질 개선 정책들이 본격적으로 추진되면서 중국에서 관련 연구 수요 역시 급격하게 증가하였기 때문이다.[66)]

중국은 미세먼지 연구 논문이 한국과 일본 등 다른 나라를 압도할 만큼 많이 보유하고 있기 때문에 타국의 주장을 무시하고 무조건 자국의 주장을 따르라는 고압적인 자세를 취하고 있다.[67)] 그러나 중국은 자국에서 발생하는 미세먼지의 건강 피해 및 저감 정책 분석 연구에만 집중하고 있어 중국발 미세먼지가 우리나라 등 타국에 영향을 주는 사실을 애써 외면하고 있다. 중국의 학자들은 자국 내 미세먼지 농도 개선에 대한 원인별 기여 분석과 조기사망 등 인체 건강 피해 연구를 주로 수행한다. 정책분석 연구는 '대기 10조' 등 중국의 배출 저감대책의 효과를 분석하고 있다. 오존 농도 증가와 기상조건 변화에 따른 추·동계 고농도 미세먼지 현상도 연구하고 있다.

예외적으로 여름철에는 한국이 중국에, 겨울철에는 몽골이 중국에 영향을 준다는 주장도 존재한다. 그러나 이것은 중국이 타국으로부터 대기오염 물질의 영향을 받는 것에 초점을 둔 것이다. 이들의 주장에 따르면, 여름철에는 중국 남부 지역과 한반도 서해에서 유입되는 초미세먼지 비중이 높으나, 겨울철에는 러시아와 몽골을 비롯한 중국 북서쪽 지역에서 유입되는 초미세먼지 비중이 높게 나타난다고 한다.[68)] 따라서 중국도 우리나라처럼 계절성 풍향의 영향을 받는다는 것이다.

한편, 2장에서 살펴본 바와 같이, 서울의 고농도 미세먼지 사례를 분석한 한국과학기술원(KIST)과 중국과학원의 공동연구는 베이징(풍상 지역)의 미세먼지가 편서풍을 타고 서울(풍하 지역)로 대량 넘어왔음을 증명하였다.[69)] 초미세먼지에 영향을 주는 질산염이 포함되었고, 2급 발암물질인 납(Pb)도 검출되었다. 그러나 이 연구는 중국발 미세먼지의 영향에 대한 공동연구를 대부분 거절하던 그동안의 관례를 깨고 그것도 중국 국가연구기관이 참여한 것으로써 우리를 어리둥절하게 만든다. 질산염과 납 성분은 자동차에서 대부분 발생하며 장거리 이동이 가능한 특성을 갖는다. 중국은 부생수소가 풍부하여 대량으로 수소차로 전환할 수 있고 이미 전기차도 상당히 보급되었다. 일각에서는 중국 정부가 화석연료 자동차의 종말을 선언한 후에 의도적으로 공동연구를 발표해서 자국의 책임을 회피하기 위한 사전 포석이 아닌가 의심하고 있다.

타국에 미세먼지 책임을 떠넘기는 중국의 전문가들

최근 중국의 전문가들은 국제무역과 초미세먼지 발생의 연관성에 관한 연구를 다수 수행하고 있다. 이들은 선진국이 중국에 공장을 세워서 자국으로 상품을 수입하여 발생시키는 대기오염이 중국 자체에서의 소비로 인해 발생되는 오염보다 더 크다고 주장한다. 중국은 '세계의 공장'이고 따라서 다국적 기업들이 중국을 오염시키고 있다는 것이다. 저렴한 인건비를 노려 중국에서 생산된 저가 상품을 사용하는 것은 한국, 일본, 미국 등의 소비자도 예외가 아니라는 것이다. 즉, 상품과 자본의 흐름이 중국의 환경 문제를 악화시킨다고 항변한다. 중국은 '세계의 공장' 역할을 수행하고 있을 뿐이며, 선진국의 소비자들은 제조업으로 인해 발생하는 높은 건강 피해 비용을 중국 국민에게 전가시킨다고 주장한다.

일부 전문가는 중국의 해외 수출로 발생하는 건강 피해가 중국 내에서 상품 및 서비스 소비로 발생하는 건강 피해보다 더 크다고 주장한다. 2007년에 중국에서 발생한 대기오염 물질 배출량의 50~60%가 중국 이외의 지역에서 소비되는 상품 및 서비스와 관련이 있다고 주장한다. 중국 전역의 초미세먼지 오염으로 발생한 110만 명의 조기 사망자 가운데 19%인 20만 8,500명이 수출에 기인하였다고 제시하고 있다.[70]

일례로 중국의 대미(對美) 수출이 대기오염 물질 배출에 영향을 끼친다는 주장을 살펴보자. 2006년에 중국이 전 세계에 수출한 상품생산은 아황산가스의 36%, 질소산화물의 27%, 일산화탄소의 22%, 블랙카본의 17%를 배출한다고 말한다. 특히 이들 오염물질의 배출량 각각에 대해 대미 수출이 약 21%나 기여하였다는 것이다. 한편, 미국이 중국에서 상품생산을 아웃소싱함에 따라 미국 서부 지역에서의 황산염 오염이 12~24%나 감소하였다고 주장한다.[71]

장거리 대기오염 물질의 이동과 전 세계 상품의 생산 및 소비로 인한 초미세먼지의 조기사망률을 분석한 내용을 살펴보자. 2007년에 중국에서 발생한 초미세먼지가 장거리 이동하여 전 세계 6만 4,800명 이상의 조기사망을 초래하였다고 한다. 이 가운데 유럽과 미국에서는 3,100명 이상의 조기사망을 초래하였다. 반면, 유럽과 미국에서의 상품 소비는 중국 내에서 발생한 10만 8,600명 이상의 조기사망을 초래하였다.[72] 결론적으로 중국에서 국제무역을 통해 다른 나라로 미세먼지 배출을 전가시켜 발생한 건강 피해가 장거리 이동을 통해 다른 나라에 미치는 건강 피해보다 더 크다는 것이다.[73]

중국의 미세먼지는 일본, 미국, 유럽 등의 선진국이 값싼 노동력을 이용하여 중국에서 만든 공장에서 발생한다고 주장한다. 이로 인해 중국의 미세먼지 배출량이 세계 최고라는 것이다. 인접 국가인 한국과 일본은 인구밀도가 더 높아서 더 큰 영향을 받는 것이라고 주장하고 있어 결국은 중국의 책임은 없고 선진국 책임이라고 주장한다.[74]

이렇게 중국은 국제무역을 통해 경제적 이득을 취하면서 생산 부산물인 대기오염은 자기 나라의 책임이 아니라고 타국에 책임을 떠넘기고 있다. 중국의 전문가들은 중국 내에서 발생한 미세먼지를 다른 나라의 책임으로 돌리는 연구를 다수 수행하고 있다. 이들은 중국의 국제무역으로 발생하는 중국 내의 미세먼지 발생을 연구한다. "전 세계가 Made in China 제품을 쓰고 있지 않은가? 미세먼지가 중국만의 탓인가?" 라고 항변하고 있다. 중국의 전문가들은 자국이 미세먼지 피해를 받고 있다며 오히려 '피해자 코스프레'를 하고 있다. 다국적기업들이 생산라인을 중국으로 옮긴 것은 대기오염도 함께 '수출'한 것으로 간주되므로 중국에서 배출되는 미세먼지 중 상당 부분은 실제로 선진국의 책임이라고 주장한다.

이렇게 중국은 자국의 대기오염을 다국적기업들에 전가하는 경향이 있다.[75] 그러나 사실은 중국의 대기오염은 선진국 기업들이 중국에 세운 수출지향형·최종 완제품 조립 공장에서 발생하지 않는다. 오히려 중국의 미세먼지와 온실가스 발생은 대부분 국내 건설 수요를 충당하기 위해 생산하는 철강, 시멘트 등 중공업 분야에서 발생한다.[76]

중국에서 발생하는 오염물질을 줄이기 위해서는 중국 제조업의 생산공정 개선 및 에너지 효율 향상이 필요하다. 만약 중국의 전문가들이 주장하는 것이 사실이라면, 값싼 노동력과 낮은 환경 비용을 기반으로 해외 직접투자와 합작투자를 유치해 온 중국은 자국 내의 해외 공장 개수와 생산량을 줄여야 할 것이다. 우리나라를 포함하여 해외 국가들이 대중(對中) 수입량을 줄이는 것도 중국 국민들의 미세먼지 피해를 줄이는 방법이다. 또한 환경 피해 비용을 중국의 생산품 가격에 반영하는 '오염자부담 원칙'을 강화시킬 필요가 있다. 이것은 중국의 에너지 사용량을 줄이게 되며 결과적으로 중국 내의 미세먼지 저감에도 기여할 것이다. 이로 인해 중국발 월경성 미세먼지의 이동량도 감소되어 우리나라에 대한 고농도 미세먼지 피해가 그만큼 감소될 것으로 기대된다.

8. 코로나19와 중국의 미세먼지 발생 동향

코로나19 발발로 인한 경제봉쇄로 중국의 대기 질 개선

중국 정부는 2020년 초에 코로나19 확산 방지를 위해 공장 폐쇄 및 이동금지 조치를 취하였다. 2020년 2월 초에 중국의 공장가동률은 약 10%에 불과하였고, 2020년 3월에는 60~70%로 나타났다. '세계의 공장'인 중국에서 공장 가동을 멈추니 대기 질 개선 효과가 뚜렷하게 나타났다. 2020년 2~3월에 중국 337개 도시의 초미세먼지 평균 농도는 36㎍/m³로 2019년 동 기간의 48㎍/m³ 대비 25% 감소하였다([그림 4-9]). 중국의 수도권인 징진지 지역의 경우, 2020년 2~3월에 초미세먼지 평균 농도는 54㎍/m³로 2019년 동 기간의 81㎍/m³ 대비 무려 33%나 감소하였다. 이러한 중국의 대기 질 개선은 우리나라에도 영향을 주어 2020년 봄철에는 미세먼지 공포가 거의 없었다. 참으로 오래간만에 숨쉬기 편안한 봄철을 만끽할 수 있었다. 그러나 이러한 대기 질 개선에도 불구하고 경제봉쇄(lock-downs) 기간 동안 중국의 초미세먼지 농도는 WHO 권장 기준보다 8~10배나 높은 수준을 나타냈다.

2020년 1월 1일~3월 1일 기간에 중국 정부는 코로나19 확산 방지를 위해 324개 도시를 봉쇄하였었다. 이들 도시의 1,600개 모니터링 스테이션으로부터 수집된 초미세먼지 농도 변화를 보면, 봉쇄된 도시들의 초미세먼지 농도가 미봉쇄 도시들보다 17%나 낮게 나타났다.[77]

코로나19 발발로 인한 중국의 대기 질 개선 효과는 미국 항공우주국(NASA)과 유럽우주기구(ESA)가 공개한 위성 사진으로도 확인되었다. 2020년 1월에 촬영한 사진을 보면, 산업생산 및 교통량이 많은 베이징·톈진·허베이, 상하이

[그림 4-9] 2020년과 2019년의 중국 대기 질 비교(2~3월)

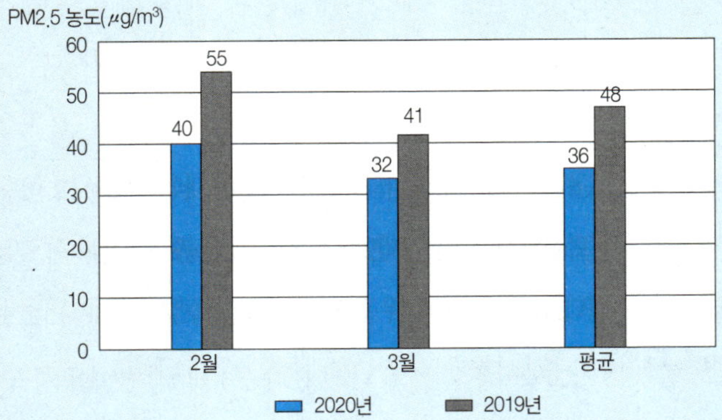

출처: 중국 생태환경부.

및 청두 지역의 이산화질소 농도가 다른 지역보다 훨씬 높게 나타났다. 그러나 2020년 2월에 촬영한 사진을 보면 이들 지역의 이산화질소 농도가 크게 줄었다. 2020년 2월 중순에 중국 상공의 이산화질소 농도는 다른 해와 비교하여 10~30% 감소하였다. 이는 코로나19 확산으로 인한 경제활동 둔화와 관련이 있다. 이 기간에 중국의 모든 주요 도시의 발전소, 산업시설, 차량 등에서 방출되는 이산화질소 배출량이 크게 줄었다. 이산화질소는 석유, 석탄, 천연가스와 같은 화석연료를 연소한 뒤 발생하는 대기오염 물질이며 미세먼지의 전구물질로서 주로 교통, 발전, 산업활동에서 발생한다. 특히 중국 우한시의 경우 이산화질소 농도는 2020년 2월에 전년 동월 대비 80%나 감소하였다. 이것은 2020년 1~2월 사이에 촬영된 위성 영상에도 나타난다([그림 4-10]).

[그림 4-10] 코로나19 발발로 인한 중국의 대기 질 개선 효과

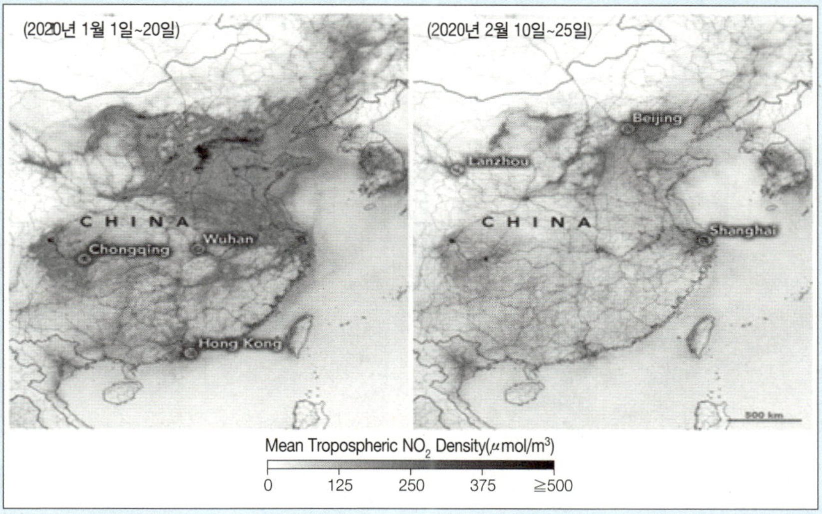

출처: NASA Earth Observatory(TROPOMI 위성 관측이 측정한 NO_2 농도 변화).

그러나 경제봉쇄가 풀리자 이전의 대기오염 수준으로 복귀

2020년 3월 이후 중국에서 산업활동 및 교통 부문의 봉쇄 조치가 풀리자 경제활동과 산업생산이 예전 수준으로 다시 돌아왔다. 이에 따라 대기오염은 평년 수준으로 복귀하였다. 2020년 4~5월에 중국 337개 도시의 초미세먼지 평균 농도는 29μg/m^{3}로 코로나19 발발 이전 시기인 2019년 4~5월의 30μg/m^{3}과 비슷하게 나타났다([그림 4-11]).

중국 정부가 전염병을 억제하기 위해 엄격한 봉쇄 조치를 강요하였을 때, 일부 대기오염 수준은 공장 폐쇄, 전기 수요량 및 교통량 감소 등으로 크게 떨

[그림 4-11] 2020년과 2019년 중국의 대기오염 수준 비교(4~5월)

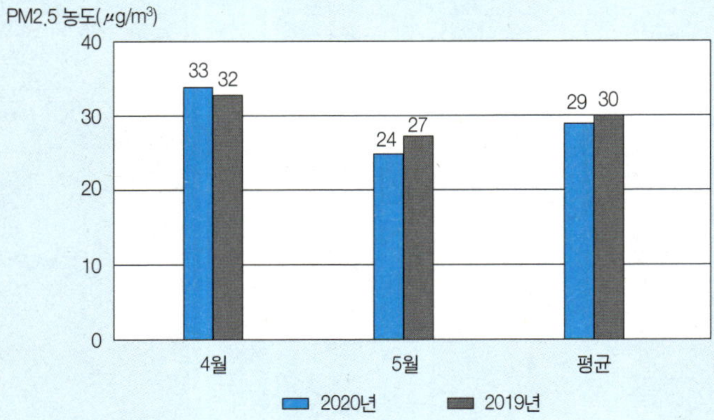

출처: 중국 생태환경부.

어졌었다. 그러나 2020년 4월에 중국의 일부 대기오염 수준은 2019년 4월보다 높았다. 경제활동이 시작되어 배출량이 급격히 증가해 '반등현상'이 일어났을 가능성이 높다. 통상 중국에서는 이산화질소의 농도가 겨울철에는 높다가 봄철과 여름철에는 감소하는 경향이 있다. 그러나 2020년은 설 연휴 직후부터 농도가 낮게 유지되다가 봄이 되면서 다시 높아졌다. 2020년에는 코로나19의 영향으로 이산화질소 농도 수준이 높아지는 시기가 조금 늦추어진 것으로 판단된다.

중국의 대기오염이 코로나19 발발 이전 수준으로 복귀한 사실은 위성 사진으로도 확인이 가능하다. 유럽우주기구(ESA)의 위성 사진에 의하면, 베이징시의 이산화질소 농도가 2019년 2월 대비 2020년 2월에 35%나 감소하였다. 그러나 봉쇄 조치가 풀리자 1년 후인 2021년 2월에는 팬데믹 이전 수준으로 회복되었고 다시 증가하는 추세를 나타내고 있다. 특히 충칭시의 경우 코로나19 이

[그림 4-12] 중국의 대기오염 수준의 변화

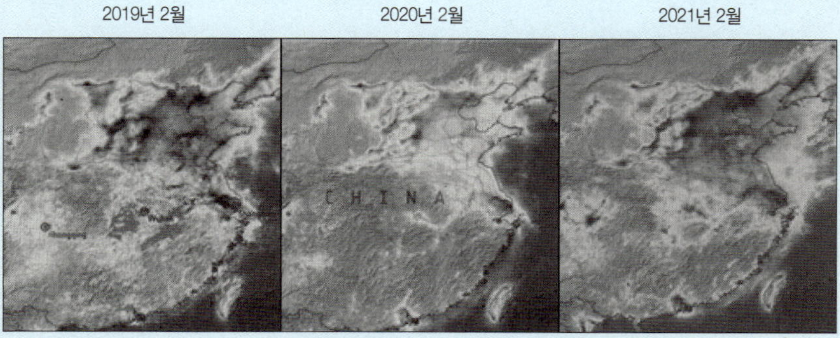

출처: European Space Agency.

후에 팬데믹 이전 수준 대비 거의 2배나 증가하였다([그림 4-12]).

중국은 코로나19로 발생한 경기침체를 빠르게 극복한 나라로 2020년 5월 초에는 초미세먼지, 이산화질소, 오존 농도가 2019년 5월 초 대비 각각 6%씩 증가하였다. 2020년 3월 초에 최저 수준을 기록한 후에 5월 초에는 예년 수준을 회복하였다. 특히 베이징이나 상하이 등 대도시의 대기 질은 2019년 수준에 근접하였다. 오존 농도는 2018년의 기록적 수준에 근접하였다.[78]

이와 같은 결과는 중국 정부가 최우선시하는 정책이 경제성장에 있음을 반증하는 것이다. 2019년의 연평균 GDP 증가율 6.1%에 비해 2020년에는 2.3% 성장에 그쳤다. 따라서 환경오염 관리는 잠시 제쳐두었다. 2020년 7월 현재 건설 및 계획 중인 석탄발전소 용량이 2019년 말 대비 21% 증가한 사실이 이를 뒷받침한다. 중국 생태환경부도 지방의 경제성장 촉진 정책이 환경보호 노력을 더욱 어렵게 만든다고 시인할 정도이다.

1) 주디스 샤피로 지음, 채준형 옮김(2017), 《중국의 환경문제》, 아연출판부.

2) 대기 10조의 구성은 다음과 같다: (제1조) 오염배출원에 대한 종합적 관리역량의 강화를 통한 배출량 감축. (제2조) 산업구조 개선 및 조정을 통한 산업 전환. (제3조) 기업의 기술역량 강화를 위한 과학기술 혁신역량 제고. (제4조) 에너지 구조조정과 청정 에너지 공급 확대. (제5조) 엄격한 에너지 효율화 및 환경 허가와 산업입지 공간구조 개선. (제6조) 시장 메커니즘을 통한 환경경제 정책의 완성. (제7조) 법률 체계 개선과 법 집행 및 감찰 관리 기능 강화. (제8조) 지역협력 메커니즘 구축을 통한 권역별 환경 관리. (제9조) 측정 모니터링 예경보 응급체계 구축을 통한 권역별 환경 관리. (제10조) 정부, 기업, 사회의 책임 강화와 전 인민이 참여하는 환경보호(출처: 중국 국무원, 《대기오염방지행동계획》).

3) 2017년에 이러한 1단계 대기오염 방지 행동계획을 마무리하고, 13차 5개년 경제계획(2016~2020)을 통해 더욱 강화된 대기환경 개선 목표를 수립하였다. 12차 5개년 계획(2011~2015)에는 초미세먼지 개선 목표가 없었으나, 13차 계획(2016~2020)에는 초미세먼지 18%의 감축 목표를 제시하였다.

4) 국가기후환경회의(2020), 《이슈리포트》, 2호, p. 10.

5) 한-중환경협력센터(2020), 《중국 환경정책 핸드북》, p. 20.

6) 중국 환경보호부 등 10개 부처·위원회 및 베이징, 톈진, 허베이성, 산시(山西)성, 산둥성, 허난성 등 6개 성·시 정부. 당해 10월부터 3월까지 6개월간 매년 추·동계 대기오염 종합관리 실시.

7) 난방 기간(11월 중순~2월 말)에 시멘트 및 건축자재 생산을 전면 중단하였다. 또한 철강생산 설비 운영을 50% 이상 중단하였다.

8) 펀웨이 평원에서 초미세먼지 3% 감소 및 중오염 일수 3% 감소, 장삼각 지구에서 초미세먼지 2% 감소 및 중오염 일수 2% 감소 목표치를 제시하였다. 이러한 목표치를 달성하기 위해 다음과 같은 10대 임무를 제시하였다: 산업구조 조정, 에너지구조 조정, 운수구조 조정, 토지사용구조 조정, 디젤화물 처리, 공업보일러 처리, VOCs 종합처리, 오염이 심한 날씨에 대처, 공업기업의 비절정기 생산 및 운수, 능력건설.

9) 국가기후환경회의(2020), 《이슈리포트》, 2호, p. 7.

10) 이밖에도 대기오염 물질 배출 기준 강화, 배출시설 허가의 통합 관리, 처벌 강화 등 직접규제 수단 보완, 대기오염 물질 배출권거래제, 환경세 등 간접규제 수단(경제적 유인 수단)을 도입하였다.

11) 中國 生態環境部(2020. 1. 23), 〈生態環境部公布 2019年 全國地表水、環境空氣質量狀況〉."

12) 중국환경현황공보(中國環境保護部, 2017) 및 중국생태환경현황공보(中國生態環境部, 2018).

13) 최민욱(2018), 〈중국의 최근 대기오염 규제 및 관리 정책에 대한 고찰〉, 《자원환경경제연구》, 제27

권 제3호.

14) J. Cheng et al.(2019), "Dominant Role of Emission Reduction in PM2.5 Air Quality Improvement in Beijing During 2013-2017: A Model-Based Decomposition Analysis," *Atmospheric Chemistry and Physics*, 19(9), pp. 6125~6146.

15) 2017년 상반기에 가구 가공, 도장 업체 등 2,860개 기업에 대해 생산 정지, 폐쇄 또는 이전 조치를 취하였다(무역협회, 《중국내 공장이전 동향과 기업의 유의점》, 2015. 10. 9).

16) 중국 관계자에 의하면, 중국에서 공장을 이전할 경우 각 성에서 심사하며 환경개선은 고위관리의 정치적 실적에 해당되므로 오염시설을 산둥성에서 받아들일 이유가 없다고 한다(중앙일보, 2019. 2. 7). 그러나 중국의 정치적 현실을 고려할 때 산둥성 등 우리나라와 가까운 해안가로 공장을 이전한 사실 여부는 정확한 조사 및 투명한 자료 공개가 선결 조건이라고 판단된다.

17) United Nations Environment Programme(2019), *A Review of 20 Years' Air Pollution Control in Beijing*.

18) 중국 정부는 대기오염의 남진 정책도 시행하였다. 베이징 지역의 대기오염 산업을 상하이 등 남쪽 지역으로 이전하여 수도권(징진지 지역)의 공기를 개선하고자 하였다. 이에 따라 중국 남부 지역의 대기 질은 악화되었다. *South China Morning Post*(2018. 2. 14)에 따르면 중국 남부 양쯔강 삼각주 지역의 2018년 1월 초미세먼지 농도가 2017년 1월 대비 20% 증가하여 72$\mu g/m^3$를 기록하였다.

19) Fang et al.(2019), "Clean air for some: Unintended spill-over effects of regional air pollution policies," *Science Advances*, Environmental Studies.

20) Fang et al.(2019), "Clean air for some: Unintended spill-over effects of regional air pollution policies," *Science Advances*, Environmental Studies.

21) Fang et al.(2019), "Clean air for some: Unintended spill-over effects of regional air pollution policies," *Science Advances*, Environmental Studies.

22) Guanghui Yuan et al.(2019), "Evaluating China's Air Pollution Control Policy with Extended AQI Indicator System: Example of the Beijing-Tianjin-Hebei Region," Sustainability 2019, 11, 939, MPDI.

23) SCMP(2019. 5. 19), "China's green efforts hit by fake data and corruption among the grass roots."

24) SCMP(2019. 5. 19), "China's green efforts hit by fake data and corruption among the grass roots."

25) SCMP(2017. 3. 31), "Thousands of polluters in northern China fake emissions data, resist checks."

26) 국가기후환경회의(2020), 《이슈리포트》, 3호.

27) Sarah Eaton and Genia Kostka(2017), "Protectionism in China: The Central SOE Problem in Environmental Governance," SOAS University of London.

28) 주디스 샤피로 지음, 최준형 옮김(2017), 《중국의 환경문제》, 아연출판부, p. 109.

29) 주디스 샤피로 지음, 최준형 옮김(2017), 《중국의 환경문제》, 아연출판부, p. 109.

30) USCBC(2019), "Environmental Compliance for US Companies in China, Challenges and Best Practices," March.

31) USCBC(2019), "Environmental Compliance for US Companies in China, Challenges and Best Practices," March.

32) USCBC(2019), "Environmental Compliance for US Companies in China, Challenges and Best Practices," March.

33) 아서 크뢰버 지음, 도지영 옮김(2017), 《중국경제》, 시그마북스, p. 161.

34) 최민욱(2018), 〈중국의 최근 대기오염 규제 및 관리 정책에 대한 고찰〉, 《자원환경경제연구》, 제27권 제3호.

35) KEI(2019), 《중국환경브리프》, 2호.

36) Chongyi Feng(2017), "The NGO Law in China and its Impact on Overseas funded NGOs," *Cosmopolitan Civil Societies: an Interdisciplinary Journal*, Vol. 9, No. 3.

37) Chongyi Feng(2017), "The NGO Law in China and its Impact on Overseas funded NGOs," *Cosmopolitan Civil Societies: an Interdisciplinary Journal*, Vol. 9, No. 3.

38) 주디스 샤피로 지음, 채준형 옮김(2017), 《중국의 환경문제》, 아연출판부, p. 54.

39) Angel Hsu et al.(2017), *ADDRESSING GAPS IN CHINA'S ENVIRONMENTAL DATA: THE EXISTING LANDSCAPE*, Yale.

40) Angel Hsu et al.(2017), *ADDRESSING GAPS IN CHINA'S ENVIRONMENTAL DATA: THE EXISTING LANDSCAPE*, Yale.

41) SCMP(2019. 5. 19), "China's green efforts hit by fake data and corruption among the grass roots."

42) Jesse S. Turiel et al.(2021), "Evidence of air quality data misreporting in China: A impulse indicators of local government-reported and U.S. embassy-reported PM2.5 concentrations (2015-2017)," PLOS ONE, 0249063.

43) Jesse S. Turiel et al.(2021), "Evidence of air quality data misreporting in China: A impulse indicators of local government-reported and U.S. embassy-reported PM2.5 concentrations (2015-2017)," PLOS ONE, 0249063.

44) 조광수(2017), 《중국이란 코끼리 다루기》, 호밀밭, p. 66.

45) 중국은 2020년 초에 코로나바이러스 사태로 공장 가동이 중단되었다. 그러나 경제성장 목표치를

달성하기 위해 저장성 내 몇몇 도시의 지방 관료들은 공장들에게 코로나19 발발 이전의 전력 사용량을 채우라는 지시를 내렸다. 이에 공장들은 에어컨을 모두 켜고 빈 기계를 돌리는 등 전력 통계치를 조작하였다. 전력 사용량은 제조업 공장 가동률을 나타내는 주요 지표이기 때문이다. 중국의 통계조작은 오래된 유혹이다. 중국의 성급 지방 관료들은 수치로 나온 실적에 따라 승진과 임명이 좌우되기 때문에 통계조작이 관행처럼 이루어져 왔다(Bloomberg, "China's Push to Restart Economy Revives Data Worries," 2020. 3. 2).

46) 조광수(2017), 《중국이란 코끼리 다루기》, 호밀밭, p. 66.

47) 김순태(2016), 《실시간 대기 현상을 반영하는 대화형 모델링 시스템 연구(I)》, 국립환경과학원.

48) Jesse S. Turiel et al.(2021), "Evidence of air quality data misreporting in China: A impulse indicators of local government-reported and U.S. embassy-reported PM2.5 concentrations (2015-2017)," PLOS ONE, 0249063.

49) 최민욱(2018), 〈중국의 최근 대기오염 규제 및 관리 정책에 대한 고찰〉, 《자원환경경제연구》, 제27권 제3호, p. 81.

50) 최민욱(2018), 〈중국의 최근 대기오염 규제 및 관리 정책에 대한 고찰〉, 《자원환경경제연구》, 제27권 제3호, p. 81.

51) "미세먼지의 장거리 수송에 관한 모델링을 비롯한 미세먼지 관련 분야에서 우리보다 학술적으로 훨씬 앞서가고 있음을 부인하기 어렵다. 중국 정부 관리들은 언론 인터뷰를 통해 중국발 미세먼지가 한국에 미치는 영향은 연구해 보아야 한다고 밝혔지만, 모델링을 할 능력이 없어서 안한 것은 아닌 듯싶다. 그동안 우리나라에서 중국발 미세먼지에 대한 책임론과 비난이 높은 것을 잘 알고 있는 만큼 이미 모델링을 해보았을 가능성도 있어 보인다. 우리 정부의 주장만큼 높지는 않지만 영향을 미치는 것은 확실하므로 결과를 공개하지 않고 있는지도 모른다. 현재로서는 공식적으로 인정하였다가는 중국에 유익할 것이 하나도 없기 때문이다"(장재연, 《공기 파는 사회에 반대한다》, 동아시아, 2019, pp. 131~133).

52) 北京青年報(2018. 12. 28).

53) 중국 우한발 코로나바이러스에 대한 한일 양국의 언급에 대해 2020년 3월 11일에 왕쥔성(王俊生) 중국 사회과학원 연구원은 "중국 책임론 거론은 한·중·일의 우호관계를 해칠 수 있다"는 위협을 내놓았다(문화일보, 〈오피니언〉, 2020. 3. 13).

54) 코로나19 발원지에 대해서도 중국 정부(외교부, 환구시보 등 관영매체, 중난산 어용학자 등)는 적반하장식 태도를 보였다. 코로나19의 발원지가 다음과 같이 수시로 변경되었다: ① 중국 우한에 있는 화난수산물시장(박쥐, 천산갑) → ② 미국(미국 초강력 반발) → ③ 프랑스 → ④ 이탈리아(이탈리아 초강력 반발) → ⑤ 우주 기원설(2010년 10월에 중국 상공에서 폭발한 운석설. 영국 웨일스대 교수에 따르면 코로나바이러스는 열에 대단히 약함. 운석은 공기와 마찰해서 몇천 도의 열이 발생) → ⑥ 미얀마, 라오스 베트남 등에서 비롯(관박쥐 'horseshoe bat'가 주로 사는 서식

지를 기원지로 제시) → ⑦ 베이징에서 발생한 코로나바이러스를 노르웨이산 연어로 지목 등.

55) Boom and Bust(2020), *ACKING THE GLOBAL COAL PLANT PIPELINE.*

56) 김순태(2016), 《실시간 대기현상을 반영하는 대화형 모델링 시스템 연구(I)》, 국립환경과학원.

57) 김순태(2016), 《실시간 대기현상을 반영하는 대화형 모델링 시스템 연구(I)》, 국립환경과학원.

58) 통상 저기압에서는 고기압과 반대 방향으로 바람이 분다. 달리 말해서 서쪽에서 몰려온 미세먼지가 한반도를 빠져나가야 하는데, 일본 인근에서 형성된 저기압이 이를 막고 있다(중국 쪽에는 고기압, 일본 쪽에는 저기압이 형성됨). 실제로 서쪽의 고기압과 일본 열도 인근의 저기압 사이에 끼어 있는 한반도에 미세먼지가 지속적으로 쌓인 것이다. 이것은 AirVisual 인공위성 사진으로도 확인이 가능하다.

59) 연합뉴스(2019. 3. 8).

60) 연합뉴스(2019. 3. 8).

61) 파이낸셜타임즈(2019. 11. 23); 한국경제(2019. 11. 21).

62) *Global Times*(2019년 11월)에 따르면, 중국과학원 대기물리연구소의 왕경천 연구원은 "이번 조사 결과(한·중·일 LTP 연구)는 그동안 한국의 초미세먼지 관련 잘못된 보도를 강력히 반박한다"며 "한국이 자국 내에서 발생한 초미세먼지를 두고 중국의 빠른 발전과 일부 지역의 심각한 오염을 이유로 중국을 탓하는 것은 불합리하다"고 지적하였다(파이낸셜타임즈, 2019. 11. 23; 한국경제, 2019. 11. 21).

63) *Global Times*(2019. 3. 25), "China not to blame for haze."

64) 최기철(2019), 《중국의 대기관리 정책 분석 및 한-중 협력 강화 방안》, KEI, p. 8.

65) 중국과학원의 논문 발간 편수는 200편 이상이다. 다음으로는 약 80여 편의 논문을 발표한 난징대학, 약 60여 편의 논문을 발표한 베이징대학이 있다. 중국 기상과학원(CAMS)은 약 50편 이상의 논문을 발표하였다. 난카이대학과 칭화대학은 약 40편 이상의 논문을 발표하였다(최기철, 《중국의 대기관리 정책 분석 및 한-중 협력 강화 방안》, KEI, 2019, p. 8).

66) "중국 내 지방자치단체 수준에서의 미세먼지 확산과 상호 영향에 관한 연구들은 다수의 학술지에 게재되었다. … 또한 우리는 최근에야 시작한 초미세먼지 측정과 구성 성분에 대한 연구를 중국은 이미 오래전에 실시하였고, 베이징 등에서는 무려 20여 년 전부터 조사연구를 실시하였다는 사실도 국제 학술지에 게재한 그들이 논문을 통해 알 수 있다"(장재연, 《공기 파는 사회에 반대한다》, 동아시아, 2019, p. 131).

67) 우리나라의 환경운동 대표는 "미세먼지 장거리 이동에 관한 기술력이나 경험을 객관적인 학술 실적으로 평가하면 중국이 우리보다 훨씬 앞서 있음을 부인하기 어렵다"고 주장하고 있다(장재연, 《공기 파는 사회에 반대한다》, 동아시아, 2019, p. 134).

68) L. Yao, L. Yang, Q. Yuan, C. Yan, C. Dong, and C. Meng et al.(2016), "Sources apportionment of 초미세먼지 in a background site in the North China plain," *Science of*

the Total Environment, 541, pp. 590~598.

69) 김화진 외(2020), "Measurement Report: Characterization of severe spring haze episodes and influences of long-range transport in the Seoul metropolitan area in March 2019," *Atmos. Chem. Phys.*, 20, pp. 11527~11550.

70) Hai-kun Wang et al.(2017), "Trade-driven relocation of air pollution and health impacts in China," NATURE COMMUNICATIONS, 8, 738.

71) J. Lin et al.(2014), "China's international trade and air pollution in the United Stats," P. Natl. Acad. Sci. USA, 111, 1736-41(https://doi.org/10.1073/ pnas.1312860111).

72) Zhang et al.(2017), "Transboundary health impacts of transported global air pollution and international trade," Nat. Publ. Group, 543, pp. 705~709(https://doi.org/10.1038/ nature21712).

73) 장재연(2019), 《공기파는 사회에 반대한다》, 동아시아, pp. 231~232는 'Qiang Zahng et al. (2017), "Transboundary health impacts of transported global air pollution and international trade," Nature'의 논문 발표 의도에 대해 다음과 같이 옹호하는 듯한 발언을 하고 있다: "전 지구적인 환경 문제의 본질적 원인은 미국, 서유럽, 일본, 한국 같은 국가들의 소비활동에 있으며 중국, 인도 등 아시아 국가의 환경오염은 지구적 관점에서의 책임이다".

74) Zhang et al.(2017), "Transboundary health impacts of transported global air pollution and international trade," Nat. Publ. Group, 543, pp. 705~709(https://doi.org/10.1038/ nature21712).

75) 중국의 상황과 무관하게 중국이 피해를 준 부분에 대해서 배상을 청구할 수 있다. 그러나 중국의 미세먼지 발생은 중국의 생산활동 때문이고 우리나라는 이로 인한 경제적 이익이 가장 큰 나라의 하나이다(김영성, 〈미세먼지 대응-무엇이 문제인가〉, 국회입법조사처 연속 전문가 간담회 자료집, 2018년 6월).

76) 아서 크뢰버 지음, 도지영 옮김(2017), 《중국경제》, 시그마북스, pp. 216~217.

77) Guojun He, Yuhang Pan, and Takanao Tanaka(2020), "The Short-term impacts of COVID-19 lockdown on urban air pollution in China," nature sustainability, 2020. 7.

78) CREA(Helsinki-based Centre for Research on Energy and Clean Air).

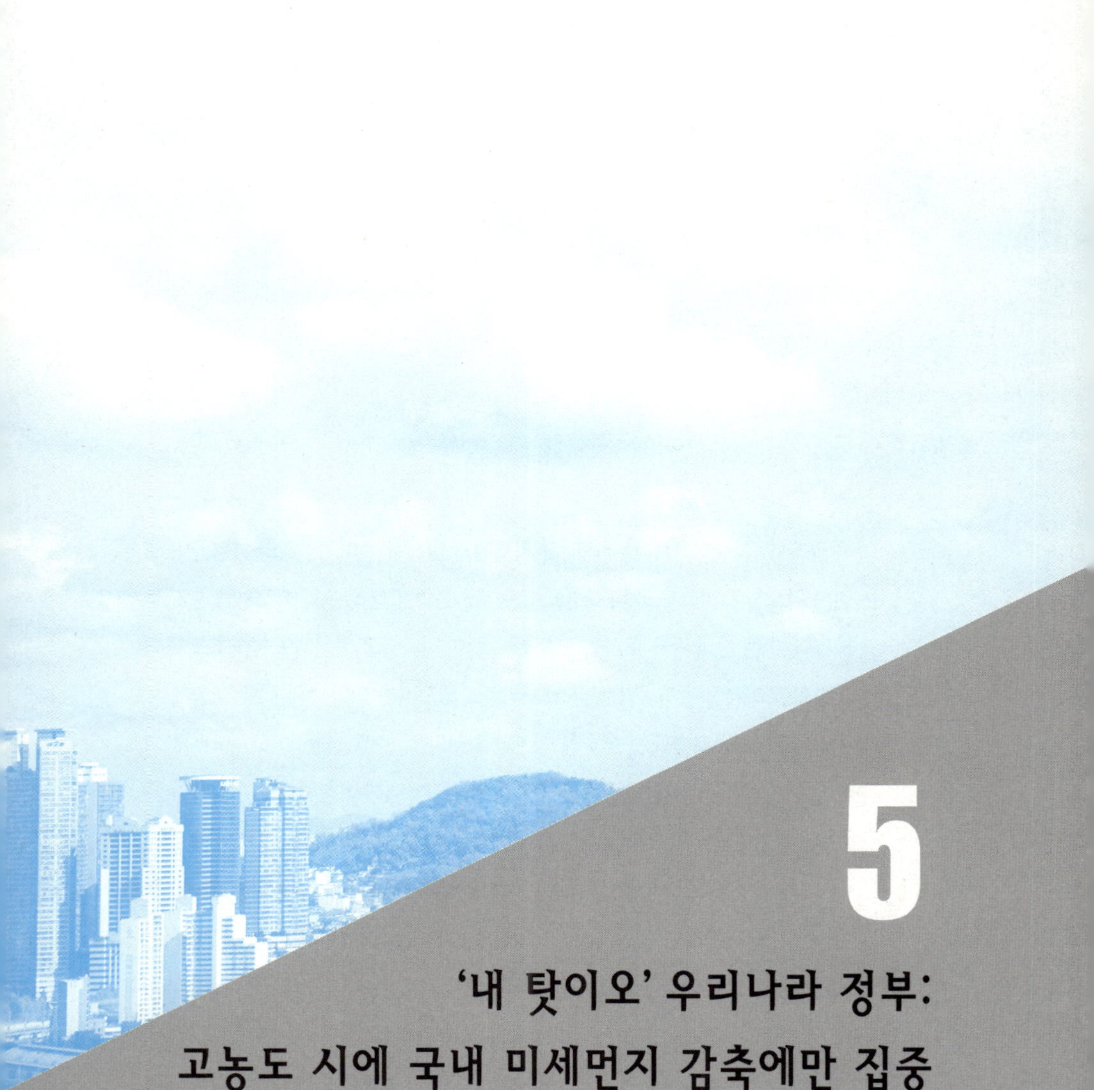

5

'내 탓이오' 우리나라 정부: 고농도 시에 국내 미세먼지 감축에만 집중

3장에서 살펴본 것처럼, 우리나라 자체에서 발생하는 미세먼지의 연평균 농도는 점차 감소하고 있다. 그러나 고농도 초미세먼지의 발생 일수와 최고치는 증가 추세에 있다. 이는 중국 주요 도시의 대기 질 개선이 나타나고 있음에도 불구하고 우리나라로 향한 미세먼지 이동량은 감소하지 않고 있기 때문이다. 봄철과 겨울철에 우리나라의 초미세먼지 농도는 오히려 증가하고 있다. 그럼에도 불구하고 우리나라의 정부, 일부 전문가 및 환경단체는 중국발 미세먼지에 대해서 침묵하거나 심지어 중국을 변호하기까지 하고 있다.

현재 우리 정부의 미세먼지 대책은 고농도 시에도 국내에서 발생하는 미세먼지 감소에만 거의 집중하고 있다. 물론 국내에서 발생하는 미세먼지 발생량을 줄이는 정책도 중요하다. 그러나 고농도 시에도 국내에서 발생하는 미세먼지 감축에만 열을 올리고 있는 것은 과녁을 한참 빗나간 화살을 쏘는 것과 같다.

이 장에서는 평상시의 국내 발생 미세먼지 감축의 중요성과 그동안의 정부 대책을 평가한다. 더불어 미세먼지 고농도 발생 시에 정부 대책의 무기력함을 살펴본다. 또한 중국발 미세먼지에 대응하는 우리 정부 및 환경단체들의 대응 자세를 비판적으로 분석하고, 마지막으로 문 정부의 탈원전 정책의 비현실성을 제시한다.

1. 평상시의 국내 미세먼지 감축이 중요하다.

우리가 할 수 있는 일을 먼저 하자.

전술한 바와 같이 국내에서 발생하는 미세먼지 배출량은 증가 추세임을 알 수 있다. 초미세먼지를 만드는 질소산화물과 암모니아 등 전구물질의 배출량도 증가 추세이다. 우리나라의 미세먼지 나쁨 일수가 지속적으로 증가함에 따라 건강에 대한 국민 불안이 증대되고 있어 미세먼지 저감 대책이 중요해지고 있다.

우리나라는 에너지 수입률이 94%에 달하고 에너지 사용량은 OECD 회원국의 평균치보다 40% 이상 높다. 국제에너지기구(IEA)에 의하면, 우리나라의 2017년 기준 1인당 에너지 소비량은 5.73toe(석유환산톤)• 으로 OECD 평균치인 4.01toe 대비 약 40% 높은 수준이다.

에너지 이용 효율도 OECD 회원국 중 최하위에 속해 에너지 낭비가 심하다. 2017년에 우리나라의 달러 기준 에너지 원단위(TOE/천 달러)•• 는 0.519로 OECD 35개국 가운데 33번째로 높게 나타났다. 이는 일본의 0.089에 비해 1.8배 수준이며 OECD 평균치인 0.105보다 50% 이상 높게 나타났다. 이것은 곧 미세먼지 발생량의 증가와 직결된다. 향후 에너지 사용량의 지속적인 증가, 에너지 다소비 및 저효율 구조의 고착화, 자동차 대수 증가 등이 예상되어 국내에서 발생하는 미세먼지 배출량은 지속적으로 증가할 것으로 보인다.

통상 겨울철에는 중국발 미세먼지뿐만 아니라 국내에서 난방용 화석연료

• 석유환산톤은 각 에너지를 석유 발열량으로 환산한 단위이며 1toe=1,000kcal이다.
•• 에너지 원단위는 국내총생산(GDP) 1천 US$를 생산하는데 소비한 에너지량을 의미한다.

의 사용량 증가로 인해 미세먼지 농도가 높아진다. 미세먼지의 영향을 주는 기상 요인, 즉 풍속 및 강우 일수도 우리나라의 미세먼지 농도에 영향을 주고 있다. 겨울철에는 여름철에 비해 대기 순환이 불안정하고 강수량이 낮기 때문에 중국발 및 국내에서 배출된 미세먼지가 잘 제거되지 않는다. 최근에 우리나라의 평균 풍속은 소폭 감소세를 보이고 있다. 이런 요인이 미세먼지가 바람에 희석되지 않고 정체되어 고농도 현상과 평균 농도를 상승시키는 것으로 밝혀졌다.[1)] 2004~2015년에 서울, 수도권 및 전국의 미세먼지 농도와 각 지역의 풍속과의 상관관계를 보면, 미세먼지 농도와 풍속은 반비례하는 것으로 나타났다.[•] 즉, 풍속이 평균 속도보다 강해지면 미세먼지 농도는 평균보다 낮아지고, 풍속이 평균 속도보다 약해지면 미세먼지 농도는 평균보다 높아졌다. 또한 우리나라 겨울철의 강우 일수도 최근 7년간 소폭 감소하여 미세먼지 농도 악화에 기여하였다.[2)]

고농도 시기가 아닌 2016년 5~6월에 발생한 미세먼지 오염의 50% 정도가 국내 요인에 기인하는 것으로 나타났다. 중국발 장거리 유입 먼지는 SO_2 기여도가 더 높았으며, 질산염과 암모니아는 중국에서 유입된 먼지와 국내 먼지 간의 비율이 대략 비슷한 수준이었다.[3)] 우리나라의 경우, 수도권의 자동차 통행량과 서해안에 자리 잡은 발전소에서 다량의 NOx가 배출된다. 서울시 미세먼지 중 질산염의 구성비가 높은 것은 놀랄 만한 일이 아니다. 따라서 국내 발생 요인을 고려하여 우리나라에서 자체적으로 해결할 수 있는 방안을 적극적으로 실천할 필요가 있다.

한국과학기술연구원(KIST)은 중국발 미세먼지에 포함된 황산염과 질산염

• 미세먼지 농도와 풍속 간의 상관계수 = −0.86.

이 우리나라 수도권으로 들어와 자동차 배출가스와 결합하면 입자 내에 질산염이 추가적으로 생성되어 미세먼지 농도가 더욱 증가한다고 말한다. 외부 유입이 없는 대기 정체 조건에서 34㎍/m³였던 초미세먼지 농도가 중국발 미세먼지가 유입될 경우 53㎍/m³로 높아졌다. 국내 대기까지 정체될 경우 72㎍/m³까지 증가하였다.[4] 따라서 국내 질소산화물 배출량의 저감을 통해 질산염 증가를 억제하면 중국발 미세먼지 유입 시 수도권의 초미세먼지 농도를 감소시킬 수 있다.[5]

우리나라 여름철 및 가을철의 미세먼지 농도는 상대적으로 낮은 수치를 보이지만, 연평균 초미세먼지 농도는 세계보건기구 기준(5㎍/m³)의 4~6배 수준을 나타내고 있다. WHO는 저농도에 장기간 지속적으로 노출되면 인체 건강에 유해하다고 주장한다. 미세먼지가 인체에 미치는 위해성 저감을 위해서 저농도 미세먼지 관리도 매우 중요하다. 대기오염과 사망률의 관계를 살펴보면, PM2.5가 16㎍/m³ 이하 농도에서 10㎍/m³ 증가 시 사망률은 7.3% 증가한다. 12㎍/m³ 미만 저농도에서 10㎍/m³ 증가 시 사망률이 13.6% 증가하는 것으로 나타나, 저농도 조건에서 상대적으로 인체 위해성이 더 크다.[6] 저농도 미세먼지에 의한 장기 노출을 막기 위해서는 국내에서 발생하는 미세먼지를 감축시키는 것이 중요하다. 평상시의 국내 배출량을 줄이는 대책은 장기적으로 국민건강 영향을 고려하는 것이고, 이를 위해서는 연평균 미세먼지 농도 저감에 관심을 가져야 한다.[7]

우리나라에 대한 중국의 비판 논리에 대응하자.

1980~1990년대 이후 국내 미세먼지는 꾸준히 개선되어 왔다. 이는 대형 사

업장의 관리 감독 강화와 교통 부문을 포함한 화석연료의 품질 개선 등을 통해 눈에 띄는 성과를 가져왔기 때문이다. 문제는 2012년도 이후부터이다. 2012년 이후 현재까지 국내 미세먼지 농도는 개선되지 않고 있다. 2013년부터 최근까지 고농도 미세먼지는 오히려 증가하는 경향을 보이고 있다. 연평균 농도만 소폭으로 감소하고 있을 뿐이다. 최근 초미세먼지 농도는 연평균 23㎍/m³에서 좀처럼 개선이 이루어지고 있지 않다.* 이것은 국내 배출원에서 발생하는 미세먼지 저감에 한계 요인이 있거나, 중국발로 인해 국내 대기오염 개선에 어려움을 보여 주고 있다고 판단할 수 있다. 실제로 국립환경과학원의 대기오염 배출량 자료를 보면 2000년 이후 일산화탄소나 황산화물 등 일부 오염물질을 제외하고는 배출량이 줄지 않았고 오히려 증가하는 현상을 보이고 있다.

중국의 1차 대기오염 방지 행동계획 기간(2013~2017년)에 베이징 등 중국의 주요 도시에서 초미세먼지 농도는 40~60% 감소하였다. 그러나 백령도, 제주도 등 우리나라의 배경 농도 측정소에서 측정한 초미세먼지 감소 정도는 매우 미미한 수준이다. 우리나라 미세먼지의 배경 농도에 가장 큰 영향을 주는 중국의 미세먼지 농도는 어느 정도일까? 중국은 2010년대 이후 탈질·탈황 정책 등이 일부 성과를 보여 미세먼지 농도가 2013년에 정점을 찍은 후 2017년까지 약 30% 이상 감소한 것으로 알려져 있다. 그러나 현재에도 중국 주요 도시의 연평균 미세먼지 농도는 35~70㎍/m³ 수준으로 국내 연평균 농도의 약 2~3배, WHO 기준의 7~10배 수준이기 때문에 기상조건에 따라 우리나라에 대한 중국의 영향이 여전히 크다.

중국은 우리나라의 화력발전과 국내 미세먼지 대책을 트집 잡아 우리가

* 2020년에는 코로나19로 인한 예외적이며 일시적인 현상이 발생하였다. 환경부는 2019년 23㎍/m³인 초미세먼지 연평균 농도를 2020년에 20㎍/m³로 감축할 계획이었는데 실제로는 19㎍/m³를 달성하였다.

미세먼지를 더 많이 배출한다고 주장한다. 중국의 관영매체들은 한국의 대기 오염의 주원인이 중국이 아닌 한국에 있다고 주장한다. 그러나 중국은 최근 경기둔화를 타개하기 위해 대규모로 석탄발전소 건설에 나서고 있다. 중국은 2020년 상반기에 1,022기가와트 용량의 석탄발전소를 가동 중이며, 이는 전 세계의 50%를 차지한다. 또한 252기가와트 규모의 석탄발전소를 건설 중이며 이는 전 세계의 48%를 차지한다. 이에 따라 우리나라의 대기 질은 더 악화될 전망이다. 중국의 관영매체인 환구시보는 자국의 화력발전소 증가에도 불구하고 오히려 우리나라의 화력발전 의존도가 OECD 회원국 중에서 가장 높다고 비난하고 있다. 환구시보는 우리나라 환경단체들이 신규 화력발전소 건설 중단을 요구하는 시위는 보도하였으나, 중국이 석탄 화력발전소를 대거 건설하는 것에 대해서는 일체 함구하고 있어 이중적인 태도를 보이고 있다.

중국은 자국의 미세먼지 배출량이 줄었다고 주장하고 있으나 사실은 중국 전체가 아닌 일부 도시의 개선에 불과하다. 중국 정부는 자국의 배출량을 줄여서 문제가 없고 오히려 한국의 배출량이 더 문제라고 지적하고 있다. 과거 유럽의 경우를 보면, 가해국인 영국은 배출량을 줄였는데 피해국인 노르웨이는 오히려 증가하였다. 이는 대기오염 물질의 장거리 이동에 기인한다. 중국 일부 도시의 대기 질 개선에도 불구하고 우리나라로 향한 미세먼지 이동량은 감소하지 않고 있다.

중국이 우리나라에 책임을 전가하는 것을 회피하기 위해서라도 국내 미세먼지 배출량을 줄이는 것이 중요하다. 이는 중국의 우리나라에 대한 미세먼지 감축 정책 요구와 핑곗거리 찾기를 사전에 차단하는 효과도 가진다. 대기오염의 피해를 본 유럽 국가들과 캐나다도 자국의 배출량 감축을 진행하면서 동시에 원인 제공 국가의 배출량 감축을 요구하였다. 따라서 중국발 미세먼지 감축을 요구하기 위해서는 에너지 사용량 감소와 에너지 효율 개선 등을 통해 국내 미세먼지 저감에 노력을 기울여야 한다.

2. 평상시의 국내 미세먼지 대책은 성과가 있다.

평상시 정부의 미세먼지 대책들

최근 미세먼지 고농도 사례가 빈발하면서 국민들이 체감하는 오염도는 크게 증가하고 있다. 이에 따라 고농도 미세먼지 문제 해결을 위한 새로운 대책 수립이 필요하게 되었다. 정부는 2016년 6월에 관계부처 장관회의를 통해 친환경차 보급 확대, 경유차 배기가스 관리 강화, 석탄발전소 미세먼지 저감 등을 골자로 한 〈미세먼지 관리 특별대책〉을 수립하였다. 또한 〈미세먼지 저감 및 관리에 관한 특별법〉(2019년 2월 15일)을 시행하여 국내 미세먼지 농도를 줄이기 위한 대책을 시행하고 있다.[8)]

2017년 9월에 정부는 국내 미세먼지 배출량 감축 목표를 더 강화한 〈미세먼지 관리 종합대책〉을 발표하였다.[9)] 이 대책은 2017~2022년 기간에 국내 미세먼지 배출량을 2014년 대비 30% 감축하는 목표치를 제시하였다. 이를 위해 2017~2022년 기간 동안 총 7.2조 원의 재정투입을 결정하였다. 국내 배출량 감축 대책을 부문별로 살펴보면, 발전 부문에서는 석탄발전을 친환경발전원으로 전환하는 정책을 추진하고 있다. 산업 부문에서는 사업장 오염물질 배출 총량제 확대와 배출 감시를 강화하고 있다. 수송 부문에서는 노후 경유차의 저공해화 확대, 친환경차의 보급 확대를 추진하고 있다. 국외 배출원 대책으로는 한·중 양자 간 협력과 동북아시아의 다자 간 협력을 통해 미세먼지 문제에 공동 대응하는 계획을 세웠다.

정부의 고농도 미세먼지 및 중국발 미세먼지 해결에 국민들의 불만족이 증가함에 따라 2018년 11월에 〈비상·상시 미세먼지 관리강화 대책〉을 수립하였다.[10] 이 대책은 2022년까지 미세먼지 감축량 목표를 종전의 2014년 대비 30%에서 35.8%까지 상향 조정하였다. 또한 〈미세먼지 관리 종합대책〉을 토대로 고농도 미세먼지 발생 시에 비상 저감 조치와 경유차 등 생활 주변 미세먼지 배출원에 대한 상시 저감 대책을 크게 강화하였다. 국내 배출량 감축에 있어서는 평상시에 추진하는 감축 대책과 더불어 고농도 미세먼지 발생 시에는 차량 2부제, 노후 경유차 운행 제한, 석탄 화력발전 가동 중지(3~6월), 석탄발전 상한제약 등을 시행하고 있다. 국외 배출원 관리를 위한 추가 대책으로는 다자 협력 및 한·중 협력사업의 내실화, 미세먼지 저감을 위한 남·북 협력사업을 제시하였다.

정부는 2019년 11월에 종전 대책이 연평균 농도 개선 미흡, 고농도 대응 실효성 부족 등을 야기시켜 추가로 〈미세먼지 관리 종합계획〉을 발표하였다.[11] 이 계획은 2020~2024년의 5년간의 미세먼지 저감 및 관리 방향과 추진 과제를 제시하는 법정계획의 성격을 가지고 있다.[12] 2024년까지 2016년의 초미세먼지 연평균 농도 26㎍/m^3 대비 35% 이상 저감하는 목표치 16㎍/m^{3}를 제시하였다. 이를 위해 2020~2024년 기간 동안 총 20.2조 원의 재정투입을 결정하였다.

이 계획의 주요 개선 대책은 국내 배출량 감축 가속화, 계절적 고농도 시기 대응 강화, 지역 단위 맞춤형 대책 수립 및 이행, 단계적·실체적인 한·중 협력 강화 등이다. 국내 배출량 감축 대책을 부문별로 살펴보면, 산업 부문에서는 대기 관리 권역 확대, 배출허용 기준 강화, 방지시설 설치비 지원 등을 이행

[표 5-1] 정부의 연차별 초미세먼지 감축 목표치

정부 대책	발표일자	2017	2018	2019	2020	2021	2022	2023	2024
미세먼지 관리 종합대책 (2017~2022)	2017. 9	7.6%	9.4%	12.5%	23.8%	29.7%	30% 배출량 감축[1]		
		25$\mu g/m^3$	23$\mu g/m^3$	21.5$\mu g/m^3$	20$\mu g/m^3$	19$\mu g/m^3$	17~18$\mu g/m^3$		
비상·상시 미세먼지 관리 강화 대책 (2017~2022)	2018. 11	7.6%	9.4%	12.5%	23.8%	29.7%	35.8% 배출량 감축[1]		
미세먼지 관리 종합계획 (2020~2024)	2019. 11								35% 이상 농도 저감[2]
									16$\mu g/m^3$

주: 1) 2014년 배출량 기준 배출량.

2) 2016년 기준 35% 이상의 농도 감축을 위해 2024년까지 PM2.5 19%, SOx 42%, NOx 64%, VOCs 32%, NH_3 25% 이상의 배출량 감축을 추진(2016년 배출량 기준). 전국 초미세먼지 연평균 농도는 2016년의 26$\mu g/m^3$에서 2024년에 16$\mu g/m^3$를 달성.

출처: 환경부.

한다. 수송 부문에서는 조기 폐차 물량 확대 등으로 노후 경유차를 조속히 퇴출하는 한편, 신규 경유차는 억제하고 저공해차 보급 확대를 적극 추진한다. 또한 선박·항만·건설기계 등에 대해 적극적인 감축 조치를 추진한다. 발전 부문에서는 석탄 화력발전소의 가동 중단 및 상한 제약, 조기 폐쇄 및 설비·시설 개선 등 감축 조치를 이행한다. 미세먼지 고농도 시기에는 계절관리제(12~3월)의 시행으로 고농도 발생을 억제한다. 국외 배출원 대책으로는 한·중 양자 협력 및 공동 대응 역량 강화, 동북아시아 및 국제 사회와 공조 노력을 강화한다.

평상시의 국내 미세먼지 대책은 성과가 있다.

우리나라는 서울을 포함하여 미세먼지가 전국적으로 개선되는 추세에 있다. PM10의 경우 전국을 기준으로 보면, 2001년의 58㎍/m³ 대비 2019년에는 41㎍/m³로 29% 감소하였다. 2020년에는 코로나19 사태로 인한 일시적이고 예외적인 상황이 발생하여 33.5㎍/m³를 기록하였다. 서울시의 경우 2001년의 71㎍/m³에서 2019년에는 41.4㎍/m³로 42%나 감소하였다. 2020년에는 역대 최저치인 20㎍/m³를 기록하였다.

PM2.5의 경우 연평균 농도 변화는 전국적으로 측정을 시작한 2015년의 26㎍/m³ 대비 2019년에는 23㎍/m³로 11% 감소하였다. 2020년에는 코로나19 사태로 인해 역대 최저치인 19㎍/m³를 기록하였다. 서울시의 경우, 2001년의 40㎍/m³에서 2018년에는 23㎍/m³로 43%나 감소하는 추세를 보이고 있다. 그러나 2019년에는 25㎍/m³로 악화되었다. 한편, 2020년은 역대 최저치인 20㎍/m³를 기록하였다.

초미세먼지의 전구물질인 아황산가스 농도는 1989년부터 꾸준히 감소 추세에 있다. 이는 황함유 기준제도(1981년), 고체연료사용 금지제도(1985년), 청정연료사용 의무화제도(1988년) 등 아황산가스 저감을 위한 정부 정책의 성과에 기인한다. 초미세먼지의 전구물질인 NOx 농도는 증감을 반복하며 최근에는 약간 감소 추세에 있다. 이는 자동차 대수는 늘었지만 배출 규제가 그만큼 강해졌다는 것을 의미한다. 이를 볼 때 평상시의 국내 미세먼지를 저감하는 정부 정책은 어느 정도 성과가 있는 것으로 판단된다.

한편, 우리나라 초미세먼지 배출량 추이는 약간 다른 면을 보여 준다. 초미세먼지 배출량이 2015~2016년에는 증가하는 추세를 나타냈다. 그러나 2017

년 배출량은 감소하였으나 향후 추이를 더 지켜봐야만 정부 대책의 효과를 정확하게 판단할 수 있을 것이다.* 국내 미세먼지 배출량은 순수 국내 요인에 기인하는 반면, 농도는 중국발 및 국내 요인을 동시에 고려해야 한다. 따라서 국내 미세먼지 배출량 통계가 정부 정책의 성과 판단에 더 정확한 정보를 제공한다고 할 수 있다.

그러나 평상시의 국내 미세먼지 대책은 비효율적이다.

전술한 바와 같이 우리 정부는 다양한 미세먼지 저감 대책을 수립하여 추진하고 있다. 현재 추진 중인 대책들은 크게 발전, 산업, 수송 및 생활 부문으로 구성되어 대부분 잘 알려진 배출원을 대상으로 다양한 감축 수단을 강구하고 있다. 2019년 2월에 미세먼지 특별법이 시행되고, 1조 원 규모의 추경예산을 편성하는 등 환경 현안으로서는 이례적으로 미세먼지를 대상으로 전방위적 대응을 하고 있다. 미세먼지 해결을 위해 2020년에는 2019년보다 2배나 많은 4조 원의 예산을 투입하였다. 정부는 재정투자를 대폭 늘려 미세먼지 감축 속도를 높이겠다는 정책 기조를 유지하고 있다. 2014년의 미세먼지 배출량(32만 4,000톤)을 기준으로 2022년까지 35.8%(11만 6,000톤)를 줄이려는 목표치를 세웠으나, 2021년에 조기 달성하겠다는 계획으로 예산을 편성하였다. 주요 감축 사업은 조기 폐차 지원, 매연저감장치(DPF) 부착 지원, 소규모 사업장 방지시설 설치, 가정용 저녹스 보일러 보급, 전기차와 수소차의 보급 등이다.

감사원에 따르면, 2019년 8월의 미세먼지 추경예산에서 1.5조 원의 국고보

* 환경부의 대기오염 물질 배출량 통계에 대한 감사원의 감사 결과 보고서(2020. 9)에 의하면, 초미세먼지 배출량이 13.7%나 과소 산정되었다.

조금 교부 총액에 대한 지자체의 실집행 비율은 67.4%이고 이월액 비율은 17.5%, 불용액 비율은 15.1%로 나타났다.[13] 구매자에게 보조금을 주는 수소차 보급사업은 89%의 예산집행률에 머무르고 있다. 정부의 미세먼지 예산은 전기차, 수소차 등 친환경차 보급에 68%가 편성되어 있다. 환경부 중기사업계획서(2020~2024)에 따르면, 전기자동차와 수소연료전지차 사업의 예산 비중이 2024년에는 81.2%로 증가할 전망이다.[14]

친환경차량 보급 지원에 가장 많은 예산이 배분되어 있으나, 미세먼지 저감 효과는 이륜차 보급 확대 사업과 함께 재정투입의 효율성이 낮다. 국회예산정책처에 의하면, 2018년 기준 1억 원 투입당 미세먼지 감축량은 친환경차 보급 확대가 0.02톤, 이륜차 보급 확대 0.02톤으로 가장 낮게 나타났다.[15] 경유차 조기 폐차 보조금에 비해 전기차 및 수소차 보조금의 재정 효율이 낮게 나타났다. 친환경차 보급 및 충전 인프라 구축 사업은 친환경차 관련 산업을 육성한다는 목적도 함께 포함하고 있다. 그러나 한정된 재원의 효율성을 보장하기 위해서는 특정 부문에 집중 투입하기보다는 배출원별 배출량 기여율, 재원투입 대비 저감 효과 등 사업의 효율성에 대한 종합적인 고려가 필요하다.

미세먼지 저감을 위한 친환경자동차 보급 및 충전소 구축은 2016년 이후 예산의 실집행 부진 문제가 제기되고 있다. 우리나라의 전기자동차 구매보조금 비율은 세전 차량 가격의 약 47%로써 국비 및 지방비 보조, 세제감면을 합쳐 15~17%인 중국, 일본, 영국 등에 비해 상대적으로 높은 수준이다. 환경부는 계획된 예산과 물량의 집행실적을 높일 수 있도록 사업 관리를 철저히 할 필요가 있다. 향후 보조금 지원에 관한 중장기 계획을 마련하고 재정을 물 쓰듯 퍼붓는 보조금 지원을 줄이고 세제 혜택 등 다양한 정책 수단을 검토하여 지속 가능한 국가 재정 대책 수립이 필요하다.[16]

또한 정부의 미세먼지 대책들은 과제 간의 우선순위 설정 미흡으로 효율적인 대책 추진을 위한 자원 및 역량의 투입 전략이 부족한 실정이다. 또한 분야별 대책들에 대한 우선순위 설정도 없이 나열식·백화점식으로 제시되어 있다. 미세먼지 저감을 위한 각 프로그램에 대한 미세먼지 저감 효과, 투입 비용 대비 편익, 정책 이행의 용이성 측면 등을 고려하여 정책 우선순위의 평가가 필요하다. 언론과 국회에서 지적하는 것처럼 사업의 효율성을 고려하여 재원 배분을 검토해야 한다. 즉, 제한된 예산과 인력을 고려하여 '선택과 집중'을 통해 미세먼지 저감 효과를 극대화시킬 필요가 있다.

국무총리 소속의 '미세먼지 특별대책위원회'가 출범하여 각종 미세먼지 대책의 추진 실적을 점검·평가하고 관계부처 간의 역할을 조율하고 있다. 그러나 대부분의 업무가 환경부에 집중되어 있고 그나마 국내에서 발생하는 미세먼지 해결 대책이 주류를 이루고 있다. 미세먼지 예산은 주무 부처인 환경부에 집중되어 있으며, 주요 사업은 이동오염원 관련 비중이 높은 실정이다. 에너지 정책, 환경 정책, 산업 정책 등은 상호 연관성이 강하기 때문에 통합적인 정책을 추진해야 실질적인 미세먼지 저감 효과를 거둘 수 있다. 산업구조 조정 및 화석연료 의존도 감축 등의 과제는 국가 전체적인 과제인데, 환경부 혼자서 이를 감당할 능력이 있겠는가? 환경부가 이니셔티브를 쥘 수 있겠는가? 환경 정책만을 주관하는 환경부가 책임지기에는 한계가 있고 효율성도 매우 낮다. 현행 미세먼지 관리 거버넌스 체계는 환경부를 주무 부처로 지정하고, 기획재정부, 산업통산자원부, 국토교통부 등 관련 부처와의 협의를 주요 전략으로 제시하고 있다. 이러한 거버넌스는 실제로 효과적으로 작동하고 있지 않아 실효성보다는 상징적이며 형식적인 대책에 그치는 한계점이 존재한다.[17)]

3. 하지만, 고농도 시에 국내 미세먼지 대책은 무기력하다.

고농도 발생 시의 미세먼지 감축이 더 중요하다.

우리 국민들은 여름철과 가을철에는 농도가 아주 낮은 초미세먼지를 경험한다. 그러나 봄철과 겨울철에는 중국발 초미세먼지로 인해 농도가 매우 높은 공기를 마시고 있다. 전국적으로 일평균 초미세먼지 농도가 '매우 나쁨' 수준인 76$\mu g/m^3$를 넘는 횟수가 점차 증가하고 있다. 초미세먼지 '매우 나쁨' 일수는 2015~2016년에는 전무하였으나 2017년에 2일, 2018년에 1일, 2019년에는 6일을 기록하였다. 예외적으로 2020년에는 코로나19 발발로 인한 한국과 중국의 경제활동 제한으로 '매우 나쁨' 날이 하루도 나타나지 않았다. 서울시의 경우를 보면 2015~2016년에는 초미세먼지 농도가 '매우 나쁨' 날이 전무하였으나, 2017년에 3일, 2018년에 2일, 2019년에는 9일을 기록하였다. 고농도 수치도 2017년에 78~95$\mu g/m^3$, 2018년에 83~88$\mu g/m^3$였으나 2019년에는 100$\mu g/m^3$를 초과하는 날이 4일이나 되었고, 공식 관측 이래 최대 농도인 135.28$\mu g/m^3$를 기록하기까지 하였다.

환경부는 고농도 초미세먼지가 지속될 경우 발전소 출력 제한, 건설공사장 공사 단축 등 비상저감 조치를 시행하였다. 환경부가 제시한 대응책은 계절관리제 시행, 재난대응 체계 구축 등으로 고농도 대응의 실효성을 제고시키고자 한 조치들이다. 그러나 고농도가 1주일 이상 장기화하는 데도 일률적 대응으로 일관하였으며, 고농도 발생 이후의 조치조차도 가시적인 농도 저감의 실효성에 의문을 주고 있다. KBS 공영미디어의 조사를 보면, 국민의 80%가 미세먼지의 주된 발생 원인으로 중국 등 국외 요인을 지목하였다. 또한 응답자의

52%가 공공기관 2부제, 노후 차량 운행 금지, 화력발전소 출력 제한 등 고농도 시의 비상저감 조치는 실효성이 없다고 답변하였다.[18] 2019년의 연평균 초미세먼지 농도를 보면, 정부 목표치를 달성하지 못하였다. 정부의 비상대책에도 서울의 미세먼지는 더 나빠졌다. 그럼에도 불구하고 환경부는 줄어든 강수량과 대기 정체를 주원인으로 돌렸다. 2019년 1월 및 3월의 기록적인 고농도 현상에 대해서는 국외발이라는 애매한 표현과 함께 국내 원인을 주요 원인으로 지목하였다.

정부의 적극적인 감축 노력이 미세먼지 농도의 현저한 개선과 고농도 완화 등으로 연결되지 않아 국민의 체감도는 매우 저조하다. 여전히 WHO 권고기준과 선진국 주요 도시 농도의 4배 이상 수준이다. 2019년의 연평균 초미세먼지 농도를 보면 전북 26㎍/m³, 충남 26㎍/m³, 충북 28㎍/m³, 서울 25㎍/m³, 세종 26㎍/m³를 기록하였다. 전북과 세종은 산업단지도 매우 적은데 전국 3위의 미세먼지 농도를 나타냈다. 왜 서쪽 지역에서는 이러한 결과가 나온 것일까? 그 이유는 자명하다. 고농도 미세먼지는 중국발에 기인하는 바가 매우 크기 때문이다. 한편, 중국발 제외 시 서울은 런던, 파리와 미세먼지 농도 차이가 거의 없는 수준이다.

고농도 발생 시에 정부의 미세먼지 대책은 과연 효과가 있을까? 국내 어느 환경단체 대표는 효과가 있다고 주장한다.[19] 그러나 실제 결과는 어떤가? 우리나라의 연평균 미세먼지 농도는 점차 줄어들고 있는 추세이지만, 고농도 사례일수는 크게 줄어들지 않고 있다. 고농도 발생 시의 우리나라 계절관리제는 효과가 없으며, 중국에서 유입된 고농도 미세먼지에 대해 국내 배출원 규제만 이루어진다면 실효성이 매우 낮아질 것이다.[20] 또한 중국에서 관측된 미세먼지 농도의 변화를 보면, 베이징, 톈진, 상하이 등 주요 도시의 미세먼지 농도의 최고치는 국내에서보다 1~2일 정도 먼저 발생하였고 이후 감소하는 경향이 나타나 국내의 고농도 발현 경향과 매우 유사한 패턴을 보이고 있다.

현행 정부의 미세먼지 대책에는 고농도 발생 시에 중국발 미세먼지 공습을 막는 대책이 전무한 실정이다. 우리나라 미세먼지 대책은 중국발 미세먼지는 쏙 빼고 국내 배출량 혹은 농도 감축에만 집중하고 있다. 고농도 시에 중국발이 80% 이상 기여하고 있는데도 정부는 국내 배출량 감축에만 박차를 가하고 있다. '구슬이 서 말이라도 꿰어야 보배다'라는 속담이 있듯이 아무리 많은 대책이 있어도 중국발을 포함한 실질적인 미세먼지 저감이 이루어지지 않으면 전혀 소용이 없다. 정확한 타깃을 설정해서 이에 맞는 대책을 추진해야 하는데 현행 정부 대책은 전혀 그렇지 않다. 미세먼지 발생에 따른 국민 건강 피해를 감안할 때 연평균 오염도뿐만 아니라 고농도 발생 일수를 중요한 정책 지표로 활용할 필요가 있다.

정부의 미세먼지 종합대책은 중국발 미세먼지 감축에 대한 대응이 실제로는 없는 것이나 마찬가지이다. 중국발 미세먼지에 대한 대응을 보면 장기적인 협력만을 추진하는 것에 그칠 뿐, 실질적으로는 중국의 배출 요인을 직·간접적으로 규제하거나 배출량을 저감시킬 수가 없다. 〈미세먼지법〉 제14조에서 연구(제1호), 교류(제3호), 홍보(제5호), 행사(제6호) 등의 방법만을 나열하고 있다. 정부 종합대책부터 〈미세먼지법〉에 이르기까지 가장 중요한 요인 중 하나인 중국발 미세먼지의 문제점에 관해 침묵하고 단지 선언적으로는 국제협력만을 강조하고 있다. 중국발 미세먼지를 실질적으로 해결해 주기를 바라는 국민적 염원과는 너무 단절되어 있는 상태이다. UN 등 국제기구, 국제 NGO 등과 국제적 연대를 이끌어 내기 위한 기초적 노력조차도 시도하지 않으면 중국발 미세먼지의 해결이 요원하다. 중국 정부의 이타심만을 바라고 있는 것은 연목

구어가 아닐까?

이상을 종합해 볼 때, 고농도 발생 시에 국내 대책만으로는 미세먼지 저감에 한계가 있음을 알 수 있다. 미세먼지 대책을 보다 어렵게 하는 것은 중국으로부터 날아오는 미세먼지다. 축구경기에서 아무리 많은 슈팅과 높은 볼 점유율이 있다 한들 골을 넣지 못한다면 무슨 소용이 있는가? 축구경기에서는 실제로 골을 넣는 유효슈팅이 가장 중요하다. 즉, 노력도 필요하나 정작 중요한 것은 성과이다. 마찬가지로 미세먼지를 줄이기 위해 다양한 정책을 추진해도 실제적인 저감 효과가 미미하다면 국민으로부터 지지를 얻기가 어려울 것이다.•

꼬리가 몸통을 흔드는 환경부의 '계절관리제'

환경부는 〈미세먼지 고농도 시기 대응 특별대책〉의 일환으로 2019년 12월~2020년 3월에 제1차 계절관리제를 시행하였다. 이 기간에 수도권 5등급 차량 운행 제한, 공공 부문 차량 2부제 실시, 주요 미세먼지 배출 사업장 특별점검 등을 실시하였다. 아울러 고농도 발생 시기에 미세먼지 농도를 저감시키는 대책을 시행하였다. 대표적으로 석탄발전소 28기를 한시적으로 가동 중지하고 가동률도 축소하였다. 2020년 12월~2021년 3월에는 제2차 계절관리제를 시행하였다. 이 기간에 석탄발전 가동 중단을 30기로 확대하였고, 5등급차 운행 제한과 대형 사업장의 자발적 감축협약 이행 등을 실시하였다. 현재는 제3차

• 2021년 3월 19일에 한·중 양국의 환경장관들은 상당한 고농도 발생 시 고위급(장관급 포함) 핫라인을 통해 조치 상황을 공유하며, 청천계획에 반영하기로 하였다. 그러나 고농도 발생 시에 중국발 미세먼지의 실질적인 감축 방안이 구체적으로 합의되지 않은 한계가 있다.

계절관리제(2021년 12월~2022년 3월)를 시행 중에 있다.

환경부에 따르면, 제1차 계절관리제를 시행한 2019년 12월부터 2020년 3월까지 초미세먼지 평균 농도는 33.4㎍/m³로 2019년의 같은 기간의 24.5㎍/m³ 대비 27% 감소하였다([표 5-2]). 초미세먼지 '좋음'(0~15㎍/m³) 일수는 2019년 같은 기간의 13일에서 2020년 같은 기간에는 28일로 증가하였다. '나쁨'(36~75㎍/m³) 일수는 35일에서 22일로 감소하였다. '매우 나쁨'(76㎍/m³ 이상) 수준인 고농도 일수는 2일로 나타나 2019년 같은 기간의 18일보다 16일이나 감소하였다([표 5-3]).

제1차 계절관리제 효과를 지역별로 살펴보면, 코로나19가 한창이었던 2020년 3월에 17개 시도의 초미세먼지 일평균 농도는 21㎍/m³로 2019년 3월의 39㎍/m³ 대비 46%나 감소하였다. 특히 중국발 영향을 크게 받는 서쪽 지역에서 개선 효과가 뚜렷하였다. 광주 및 전북 지역은 33㎍/m³에서 22㎍/m³로 33%나 감소해 최대 개선 폭을 보였다. 서울은 35㎍/m³에서 28㎍/m³로 20% 개선되었다. 산업시설, 교통, 화력발전소, 제철소가 매우 적은 광주와 전북이 최대 감소 폭을 기록하였다. 이것은 무엇을 의미할까? 코로나19 때문에 중국 공장의 가동이 크게 줄어든 것이 주요 원인으로 판단된다.

제2차 계절관리제 기간에는 전국의 초미세먼지 농도는 24.3㎍/m³로 최근 3년간 동 기간의 평균 농도인 29.1㎍/m³보다 16% 개선되었다([표 5-2]). 제1차 계절관리제 기간의 24.5㎍/m³와 비슷한 수준이다. 그러나 2020년 3월의 21.2㎍/m³ 대비 2021년 3월에는 27.1㎍/m³로 크게 악화되었다. 2021년 3월에는 2020년 3월 대비 '좋음' 일수가 28일에서 35일로 증가하였고, '나쁨 일수'는 22일에서 20일로 소폭 감소하였다. 그러나 '매우 나쁨' 수준인 고농도 일수는 2일에서 6일로 크게 증가하였다([표 5-3]). 이러한 현상은 4장에서 살펴본 바와 같이, 코로나19로 인한 경제활동 제한이 풀리자 중국의 경제활동과 산업생산이 회복되어 대

[표 5-2] **계절관리제 기간(12~3월) 초미세먼지 평균 농도**

구분	2017. 12~2018. 3	2018. 12~2019. 3	2019. 12~2020. 3 (제1차)	2020. 12~2021. 3 (제2차)
전국(㎍/㎥)	30.5	33.4	24.5	24.3

출처: 환경부.

[표 5-3] **계절관리제 기간(12~3월) 초미세먼지 좋음, 나쁨, 고농도 일수**

구분	2017. 12~2018. 3	2018. 12~2019. 3	2019. 1.~2020. 3 (제1차)	2020. 12~2021. 3 (제2차)
좋음 일수 (15㎍/㎥ 이하)	18	13	28	35
나쁨 일수 (36㎍/㎥ 이상)	41	35	22	20
고농도 일수 (51㎍/㎥ 이상)	17	18	2	6

출처: 환경부.

기 질이 평년 수준으로 회귀한 것에 기인한다.

환경부는 두 차례 시행된 계절관리제로 미세먼지가 개선된 배경을 다음과 같이 평가하고 있다. 제1차 기간에는 계절관리제의 정책 효과, 예년보다 높았던 평균 기온으로 인한 난방수요 감소, 강수량 증가(111→206mm), 동풍 일수 증가(7→22일) 등이 대기 질 개선에 유리하게 작용하였다고 주장한다.[21] 제2차 계절관리제의 기간에는 계절관리제의 정책 효과, 기상 영향•, 황사 등의 요인이 복합적으로 작용한 결과로 평가하고 있다.[22]

• 그러나 제2차 계절관리제 기간은 최근 3년 평균 대비 강수량(169 → 166mm), 풍속(2.1m/s), 대기정체 일수(65 → 66일)와 비교하여 변화가 거의 없어 기상 영향은 미미하였다.

환경부의 계절관리제 실시로 국내에서 발생하는 미세먼지 배출량 저감 효과는 크다고 평가할 수 있다. 발전 부문에서 계절관리제 실시 이전과 비교해서 제2차 계절관리제 실시로 미세먼지 배출량이 50% 감축되었고, 제1차 기간 대비 14% 감축되었다. 산업 부문에서는 계절관리제 실시 이전과 비교해서 제2차 계절관리제 실시로 미세먼지 배출량이 47% 감축되었고, 제1차 기간 대비 19% 감축되었다. 수송 부문은 전국적으로 5등급 운행차가 2021년 3월 기준 161만 대 감소하였다.

그러나 중국발 미세먼지가 극심한 고농도 발생 기간을 보면 환경부의 계절관리제 실시보다는 코로나19로 인한 중국의 경제활동 제한으로 중국발 미세먼지가 줄어들어 우리나라의 미세먼지 농도가 크게 개선된 것으로 판단된다. 중국은 2020년 1월 하순부터 2월까지 코로나바이러스 확산 방지를 위해 공장 폐쇄 및 사람들의 이동금지 조치를 취하였다. 이는 중국의 대기오염 개선 효과를 가져왔다.

증국 생태환경부에 따르면, 2019년 12월부터 2020년 3월까지 중국 337개 도시의 초미세먼지 평균 농도는 48㎍/m³로 전년 동기의 54㎍/m³ 대비 11% 감소하였다. 중국에서 코로나19가 대대적으로 창궐하기 시작하였던 2020년 2월에는 40㎍/m³로 2019년 2월의 55㎍/m³ 대비 27.3%나 감소하였다. 한반도와 가까워 중국발 미세먼지 영향이 가장 큰 베이징, 톈진, 허베이 지역은 2019년 12월부터 2020년 3월까지 77㎍/m³로 전년 동기의 88㎍/m³ 대비 12.5% 감소하였다. 2020년 2월에는 62㎍/m³로 2019년 2월의 108㎍/m³ 대비 무려 42.6%나 감소하였다. 이러한 긍정적인 영향이 우리나라 등 인근 국가에도 전해져 2020년 봄철에는 미세먼지 걱정이 적었다. 2019년 12월~2020년 3월에 우리나라의 전국 초미세먼지 평균 농도는 24.5㎍/m³로 2018년 12월~2019년 3월의 33.4㎍/m³보다 27%

나 감소하였다. 서울시의 경우에도 2019년 12월~2020년 3월에 초미세먼지 평균 농도는 27.5㎍/m³로 2018년 12월~2019년 3월의 35.5㎍/m³보다 23% 감소하였다.•

2020년 2~3월 기간에 우리나라의 초미세먼지 농도는 2017~2019년 동 기간 평균에 비해 9.9㎍/m³나 감소하였다. 이러한 감소치에 코로나19가 21% 기여하였고, 기상 요인이 5%, 계절관리제는 4% 기여하였다.[23] 즉, 2020년 봄에는 코로나19가 계절관리제의 정책 효과보다 초미세먼지 농도 감소에 무려 5배나 기여하였다.

2021년 3월에 발생한 고농도 미세먼지는 2019년에 사상 최초로 수도권에 7일 연속 미세먼지 비상저감 조치가 내려진 상황과 비슷하였다. 초미세먼지가 2021년 3월 12일에 서울 90㎍/m³, 인천 122㎍/m³, 경기 138㎍/m³, 충남 144㎍/m³ 등 중부 지역에서 '매우 나쁨'(76㎍/m³ 이상) 수준에 다다랐다. 이 시기에 우리나라에 직접적 영향을 주는 중국 징진지 및 주변 지역에서도 고농도 초미세먼지가 발생하였다. 2021년 3월 12일에 베이징시의 초미세먼지 농도는 288㎍/m³, 징진지 및 주변 지역은 중도오염(115~150㎍/m³)과 중오염(150~250㎍/m³) 수준의 고농도가 발생하였다.

매월 3월만 되면 어김없이 찾아오는 중국발 고농도 미세먼지에 대해 환경부는 국내에서 발생하는 미세먼지 감축에만 집중하면서 상당한 저감 효과를 거두었다고 자화자찬하고 있다. 중국발 고농도 미세먼지 시기에도 환경부는 배출가스 5등급 차량 운행 금지, 석탄발전소 가동 중지, 비산먼지 발생 사업장 운영 중단 등 국내 발생 미세먼지 감축에만 집중하고 있어 과녁을 한참 빗나간

• 2020년 3월 미국항공우주국(NASA) 지구관측위성 '아우라'는 2020년 2월 중국 내 이동제한령이 내려진 동안 미세먼지를 발생시키는 이산화질소의 농도가 전년보다 30% 감소한 사실을 보여 준다. 이 인공위성 정보를 보면, 우리나라도 코로나19로 대기오염이 줄었다는 것을 알 수 있다. 서울 지역은 2020년 2월 18일~7월 10일 기간 동안 이산화질소의 농도가 2015~2019년 평균치보다 약 57% 낮게 나타났다(동아일보, 〈대기오염 뚝…코로나19가 바꾼 지구촌 풍경〉, 2020. 9. 14).

화살들만 쏘고 있는 실정이다.

2020년 봄에 발생한 코로나19 사태로 중국 경제는 폐쇄(lock-down)되어 중국에서 발생하는 미세먼지 배출량이 크게 감소하였다. 이로 인해 우리나라로 향하는 중국발 미세먼지가 줄어들어 우리나라의 미세먼지 농도가 크게 개선되었다. 물론 코로나19로 인해 우리나라에서도 경제·사회 활동 정지로 국내에서 발생하는 초미세먼지 배출량도 감소하였다. 환경부는 "계절관리제가 당초 정책 목표대로 고농도 미세먼지 발생의 빈도와 강도의 완화에 큰 효과가 있었음을 확인할 수 있었다"고 자화자찬식 홍보를 하고 있다.[24)] 그러나 고농도 시기의 계절관리제 실시는 '한강 물에 물감 몇 통 풀어 넣어 강물 색을 변화시키려는 것'과 다름없다. 환경부는 중국발 고농도 발생 시기에 계절관리제라는 미봉책으로 침소봉대[•]하지 말아야 한다. 환경부는 꼬리(미세먼지 계절관리제)가 몸통(중국발 미세먼지가 우월한 고농도 발생 시기)을 흔들어 본말을 전도시키는 우를 범하지 말아야 할 것이다.

환경부의 제2차 계절관리제 대책에는 한·중 협력방안으로 양국의 초미세먼지 대응 성과 공동 발표, 고위급 핫라인 구축이 포함되어 있다. 그러나 중국발 미세먼지에 대한 구체적인 감축 목표와 실질적인 감축 대책이 없고 양국의 정책 소개에만 그치고 있는 실정이다.[••] 미세먼지 관리는 상시적으로 이루어져야 하며, 중국발이 극성을 부리는 고농도 시기에는 국내 배출을 아무리 줄여도 효과가 없으므로 중국에서 발생하는 미세먼지를 실질적으로 줄이는 양국 간의 감축 대책 마련이 필요하다.[•••]

• 작은 일을 크게 불리어 말함.

•• 작년 12월부터 시행해 오고 있는 제3차 계절관리제도 국내 발생 미세먼지 감축에만 집중하고 있다.

••• 중국 생태환경부도 한·중 양자 협력을 통한 실제 감축 내용이 없이 우리나라 환경부와 비슷한 입장을 반복하고 있다. 즉, 한·중 양자 협력이 성과를 거두고 있으며 한국을 포함한 주변 국가들과 협력을 강화하고 개방적이며 적극적인 태도로 환경 질 개선을 위해 노력하고 있다고 공허한 외교적 멘트만 날리고 있다.

4. 중국발 미세먼지에 '내 탓이오' 고해성사하는 우리나라 정부

국민 만족도가 최하위인 정부의 미세먼지 대책

우리 국민은 미세먼지에 대한 정부 정책을 가장 불만족스럽게 생각하는 것으로 나타났다. 2019년도 정부 정책 중에서 국민 만족도가 가장 낮았던 항목은 미세먼지 대책이다.[25] 2020년에 한국환경연구원이 일반 국민을 대상으로 한 인식조사 결과를 보면, 중국발 미세먼지가 국내에 미치는 영향 때문에 87%가 최근 5년 사이 중국에 대한 인식이 부정적으로 변하였다고 응답하였다.[26] 이 가운데 '중국발 미세먼지가 국내에 미치는 영향에 대해 중국 정부가 부인하는 태도를 보여서'라는 응답이 90%를 차지하였고, 68%는 '중국발 미세먼지 국내 영향 저감을 위한 한·중 협력에 대해 중국 정부가 적극적으로 참여하지 않아서'라고 답변하였다. 중국발 미세먼지에 대한 중국 관계자의 발언에 대해 '중국의 영향을 부정하고 있다'고 응답한 비율은 67%로 나타나, 10명 중 7명이 중국 정부의 대응에 부정적으로 인식하고 있다. 중국발 미세먼지 대책 수립에 정부의 역할이 가장 중요하다고 응답한 비율은 65%였다.[27] 2020년도의 감사원 설문조사에 의하면, 우리나라 미세먼지 주요 원인에 대해 응답자의 82%가 중국 등 국외에서 유입되는 오염물질이라고 답하였다.[28] 우리 국민들의 중국발 미세먼지에 대한 우려와 불만이 매우 큼을 알 수 있다.

최근 동북아시아의 급속한 산업화 및 도시화로 인해 대기오염 물질이 대규모로 배출되고 있으며, 대기 중으로 배출된 오염물질이 국경을 넘어 인접 국가의 대기 질에 영향을 미치고 있다. 중국의 산업 지역과 인구밀집 지역은 우리나라와 인접한 산둥성, 허베이성, 장쑤성 등 동부 지역에 주로 위치하고 있으므로, 여기에서 배출된 대기오염 물질들이 풍하 지역에 위치한 한반도 대기 질에 영향을 미치게 된다. 특히, 한반도의 서해안 인접 지역은 중국에서 발생하는 다양한 오염물질이 이동하는 주요 경로이므로 중국발 대기오염 물질의 장거리 이동이 국내 대기 질에 직접적인 영향을 미친다.

미·중 무역분쟁으로 인해 중국발 미세먼지는 향후 더 악화될 우려가 있다. 중국은 미국과의 무역전쟁이 장기화되면서 경기둔화가 우려되자 대기오염 관리 수준을 완화하였다. 중국 생태환경부는 2019년 10월 발표한 〈2019~2020 징진지(베이징, 톈진, 허베이)와 주변 지역의 동계 대기오염 종합관리 행동방안〉에서 2019년 10월~2020년 3월 기간 동안 미세먼지 농도를 2018년 대비 4% 감축하는 목표를 제시하였다. 이것은 2019년 10월에 공개한 초안보다 1.5%나 낮춘 것이다. 굴뚝 산업을 통한 경기부양 시도에 따라 징진지 지역의 산업활동을 증가시키기 위한 것으로 보인다. 미국과의 무역전쟁으로 2019년 3분기 경제성장률은 27년 만에 가장 낮은 6%를 기록하였다. 중국 정부는 환경보호보다는 당장의 경제살리기에 집중해야 하는 상황에 직면하고 있다.* 코로나19 사태로 인해 중국 정부의 환경 관리는 더 느슨해지고 있다. 석탄 사용 억제 정책도 완화되었다. 중국의 환경 규제 완화로 인해 중국에서 우리나라로 이동하는 대기오염 물질도 이전보다 더 많이 늘어날 것으로 예상된다.

중국발 미세먼지 공습으로 인해 우리 국민은 숨 쉴 권리를 잃고, 삶의 질이 하락하며 건강과 목숨마저 위협받고 있다. 그럼에도 불구하고 정부는 국내 배출량 저감 위주의 조치를 취하고 있어 미세먼지 저감에 한계가 있다. 고농도

* 중국의 GDP가 1% 성장하면 우리나라 미세먼지 농도는 3.32%나 증가한다고 한다(여준호 외, 2015, 〈한국과 중국의 경제성장이 한국의 미세먼지에 미치는 영향분석〉, 《환경정책》, 23(1), pp. 97~117).

발생 시의 미세먼지는 중국발과 국내 요인에 기인하며, 평상시의 미세먼지는 대부분 국내 요인에 기인한다. 물론 국내 요인으로 발생하는 미세먼지를 줄이는 정책 추진은 중요하고 당연히 정부가 해야 할 책무이다. 통계 자료를 보면, 국내 미세먼지 농도는 점차 감소 추세에 있다. 그러나 정부의 미세먼지 대책은 국민을 안심시키기에 턱없이 부족하다. 감사원의 감사보고서에 의하면, 정부가 미세먼지의 원인을 정확히 파악하고 있는가에 대한 질문에 응답자의 절반이 모르고 있다고 응답하였다.

과학적인 이해와 이에 바탕을 둔 정책 결정과 시행도 중요하고 국민 참여를 통한 정책 수립과 시행도 필요하다. 그러나 정작 중요한 것은 '꿩 잡는 게 매다' 라는 속담이 있듯이 실제로 미세먼지 농도를 낮추는 것이 가장 필요하다. 여기에 모든 대책을 집중해야 한다. 하지만 우리만 노력해서는 고농도 미세먼지 저감이 어렵다. 중국에서 한반도로 이동하는 미세먼지 저감이 중요하다. 따라서 한국과 중국이 협업하여 관련 연구를 심도 있게 진행하고,[29] 양국 간에 감축 정책을 동시에 추진할 필요가 있다.

중국 눈치 보기에 급급한 환경부: '중국 정부의 대변인'인가?

2019년 3월에 조명래 전(前) 환경부 장관은 "미세먼지, 중국 탓 전에 우리 스스로 줄여야" 한다라고 언급해 우리 국민들을 어리둥절하게 만들었다. 강경화 전(前) 외교부 장관도 "우리나라의 미세먼지도 바람에 따라서 중국에 간다"고 말해 국민 건강에 매우 중요한 사안도 외교적 멘트로 적당하게 '구렁이 담 넘어 가듯이' 하는구나 하는 생각을 갖게 하였다. 도대체 어느 나라 장관들인가? 반기문 전(前) 국가기후환경회의 위원장도 "중국 탓만 해서는 안 된다. 우리부터 미세먼지 배출을 대폭 줄여야 한다"라고 언급하였다. 또한 2020년 6월 29일 국회에서 "미세먼지는 우리나라가 70%, 중국이 30% 원인"이라면서 우리가 더 책임이 크다고 말하였다.[30] 이 같은 발언들은 사실을 의도적으로 무시하는, 과학적 근거가 부족한, 국익을 해치는 언동이라고 판단된다. 2장에서 언급한 한·중·일 공동보고서에서조차도 우리나라의 초미세먼지 배출이 중국에 미치는 영향은 2%로 아주 미미하다고 제시한 바 있었다.

중국은 지난 5년간 미세먼지 배출량을 40% 가까이 줄였다고 주장한다. 그러나 이것은 베이징 등 주요 도시에 국한된 것이다. 4장에서 언급한 것처럼, 베이징시와 징진지 지역은 초미세먼지 배출량이 감소하였으나 주변 지역과 중국 전역은 오히려 더 증가하였다. 이는 중국 수도권의 공장들이 우리나라와 인접한 동부 연안으로 이전한 결과이다. 한편, 환경부는 고농도 미세먼지 기간에 중국발보다는 국내 요인이 더 크다고 주장하고 있다. 최근의 고농도 사례는 국내의 대기 정체가 주요 원인이라면서 중국의 공장가동률 증가가 원인이 아니라고 한다. 그러나 장거리를 이동하는 대기오염 물질은 줄어들지 않고 있기 때문에 우리나라에 영향을 미치는 중국발 미세먼지의 규모는 여전히 매우 크다고 할 수 있다.

주중 한국 대사관은 중국은 2014년부터 도심 과밀과 무분별한 성장 방지를 위해 북경의 기업·물류단지 등을 허베이·톈진 등으로 골고루 이전 중이라고 언급하였다. 그러나 우리나라 환경부는 베이징에 있던 공장이 우리나라와 가까운 지역으로 이전하였다는 소문은 사실이 아니라고 주장한다. 심지어 우리나라와 가까운 산둥성은 이전 대상 지역이 아니라고 주장한다. 더불어 중국 전역은 모두 동일한 국가환경 기준을 적용받고 있어 특정 지역에만 오염기업이 입지할 수 없다고 말한다. 배출 감축 의무를 이행하지 않거나 환경 기준을 충족하지 못한 공장은 폐쇄·중단 조치하며, 이전·신설하는 경우에도 중국 정부의 규정에 따라 시설 개조 등 환경 기준을 엄격히 적용받고 있다고 한다.

중국에서는 중요한 환경 법규와 정책들은 중국 전역에서 매우 일관성 있게 집행된다. 하지만 실상을 보면 중국 주요 도시와 주변 지역의 환경 기준 적용이 다르다. 실제 관리 현장에서는 지방정부가 상당히 높은 수준의 재량권과 자율성을 지니고 있다.[31] 또한 베이징 시내 공장들은 환경 기준이 느슨한 산시성과 허난성으로 대거 쫓겨났다.[32]

중국 정부의 공식 자료에 의하면, 중국 동부 연안에 집중적으로 소각장을 증설하고 있다. 우리나라와 먼쪽인 서부 지역 칭화이성과 티벳자치구에는 소각장이 하나도 없는 반면에, 우리나라와 가까워 영향을 크게 주는 중국 동부 지역의 허베이성에는 10개소, 산둥성은 24개소, 장쑤성은 30개소를 설치하였다.

환경부는 중국발 미세먼지라 말하지 못하고 중국, 몽골, 북한 등의 국외발이라고 물타기하고 있다.* 중국발 미세먼지라는 표현조차도 사용하지 못하고 국외 유입 미세먼지라고 표현하는 외교적 저자세를 보이고 있다. 어찌하여 환경부는 중국 영향이라는 표현을 두려워하는가? 2018년부터 국외 영향이라는 애매한 표현을 지속적으로 사용하여 책임 소재를 불분명하게 만들고 있다. 황사는 '중국발'이라고 표현하고 미세먼지는 '국외발'로 표현한다. 중국발 미세먼지를 중국발이라 부르지 못하고 국외 유입 미세먼지라 부르니, 어찌 주권국가라고 할 수 있겠는가? 우리 정부의 지나친 중국 눈치보기는 도가 지나쳤다. 이렇게 해서는 중국이 우리나라를 우습게 본다. 중국발 미세먼지를 실질적으

* 환경부와 일부 전문가들은 중국발 미세먼지라 하지 않고 중국, 몽골, 북한, 일본 등의 미세먼지라 여론을 호도하고 있어 지록위마(指鹿爲馬, 사슴을 가리키며 말이라 함)라 표현할 수 있다.

로 해결해 주기를 바라는 국민적 염원과는 거리가 먼 태도이다.

환경부에 의하면, 최근 중국은 경기침체로 대기오염 관리가 느슨해짐에도 불구하고 오히려 대기 관리를 강화하고 있다고 한다. 또한 산업 구조·에너지 구조·운송 구조·용지 구조 개선 정책은 구조적이며 중장기적인 정책임에도 불구하고 고농도 시기(2019. 10. 1~2020. 3. 31)의 아주 짧은 기간에 효과적으로 추진하고 있다고 하면서 실상도 파악하지 않고 여과 없이 중국 당국의 주장을 그대로 우리 국민에게 전달하였다.[33] 또한 환경부는 국내 미세먼지 원인에 대해 중국 탓만 하는 것은 과학적이지도 않고, 한·중 협력 강화에도 도움이 되지 않는다고 말한다.[34]

중국 관영매체인 글로벌타임즈가 "한국의 스모그는 사실상 'Made in Korea'라는 사실이 드러났다"라고 언급한 적이 있다. 이에 대해 환경부는 글로벌타임즈의 보도 요지는 미세먼지 문제에 대한 책임 공방에서 벗어나 지역 단위, 지구 단위 협력을 강화해야 한다는 것이었다고 아주 친절하게 중국 정부를 대변해 주었다.[35] 환경부는 중국 정부의 대변인인가? 아니면 '방구석 여포'• 인가? 정부의 이러한 소극적 자세로 향후 미세먼지 주도권을 중국에 빼앗길 수 있다. 국민 건강이 최우선이다! 전략도 없이 조율되지 않은 내부책임론 운운하는 것은 향후 미세먼지의 감축 협상력을 심각하게 떨어뜨린다. 이렇게 해서는 중국을 협상 테이블로 끌어들일 수 없다.

국제 여론전에서도 우리나라가 중국에 비해 크게 불리하다. 영어권 사이트에는 미세먼지에 대한 중국 책임론 자료가 빈약한 실정이다. 우리 정부는 "중국을 비난하지 말자"고만 하는데, 중국발 미세먼지에 대한 우리나라의 외

• 집 밖이나 실생활에서는 평범하거나 조용하지만, 집안이나 온라인상에서는 과격한 사람을 후한 말기 무장인 '여포'에 빗대어 이르는 말이다(Daum 사전).

교적 노력은 All Stop인가? 우리나라 외교부는 중국발 미세먼지에 대해 소극적이고 환경부에만 짐을 지우려는 경향이 있다. 반면 중국 외교부는 매우 적극적으로 자국 입장을 옹호하고 있다. 한국 정부가 손을 놓고 있는 사이에 중국이 국제 사회에서 장기간 집요하게 외교전을 벌여 승리하였다는 평가가 주류를 이루고 있다. 적극적인 홍보전 미흡으로 국제 여론전에서 우리나라가 패배할 가능성 크다. 자국 내의 미세먼지 문제로 지탄받는 중국이 도리어 국제 무대에서는 대기 질 관리를 인정받아 후발 국가들의 본보기로 제시되었다. 국제적 연대를 이끌어 내기 위한 기초적 노력조차도 시도하지 않으면 중국발 미세먼지의 해결이 요원할 것이다.

유엔환경계획(UNEP)은 베이징 공기가 2013년부터 오염원별로 25~83% 개선되었다고 하며 베이징이 다른 도시들의 모범사례라고 극찬하였다.[36] 중국이 UN과 공동연구를 진행함으로써 앞으로 있을 수 있는 한·중 외교분쟁에서 우위를 차지하였다는 평가이다. 그러나 실제로는 베이징의 대기오염 시설들을 허베이성 등으로 강제로 대거 이주시켰다. 우리나라에게는 '조삼모사'식 정책에 불과하다. 고농도 미세먼지를 계속 배출하여 우리나라는 여전히 고통을 받고 있다.

환경부는 책임추궁식 접근에서 탈피하자고 하며, '신뢰와 내실'을 바탕으로 중국이 자체적인 저감 노력을 가속화하도록 유도하는 외교역량의 배양이 필요하다고 주장한다. 또한 중국과의 문제는 정치·경제적 여건의 영향을 받고 국가 간 외교사안인 만큼 현실적인 접근이 필요하며, 공동의 문제로 인식하고 연구 단계에서부터 기술협력, 나아가서 정책협력 단계까지 확대해 나가는 것이 중요하다고 언급한다. 정부는 2019년 12월~2020년 3월의 고농도 미세먼지 시기에 중국 정부와 '청천 프로젝트'를 통해 공동대응을 하겠다고 하였다. 또한 한·중 환경장관회의를 통해 대기오염 물질의 특성 파악, 오염 원인 규명, 대기 질 모델 개선 등에 대한 협력 확대를 추진하고 있다. 하지만, 실질적인 중국발 미세먼지 저감 성과는 거의 없는 실정이다.

고농도 발생 시에도 중앙정부와 지자체가 시행하는 대책은 국내 요인 차단에만 맞추어져 있으니 답답하다. 당연히 중국과 협의해 필요한 대책을 내놓아야 한다. 그런데도 정부나 국가기후환경회의나 "중국 탓만 해서는 안 된다. 우리부터 미세먼지 배출을 줄이자"고 강조한다. 사실 중국 탓만 하는 사람은 없을 것이다. 중국 요인도 있으니 중국 측에 책임 있는 필요한 조치를 요구하고, 함께 실질적인 미세먼지 감축 방안을 마련해 시행하는 것이 중요하다. 최근 한·중 환경 당국은 각각의 배출을 스스로 줄이고 나아가 상호 협력을 강화하자는 미세먼지 대응 상황을 공동 발표하였다.[37] 그러나 한·중 양국이 각국의 구체적인 감축 목표와 감축 방법 등을 제시하지 않고 있어 실효성에 의문이 든다. 그리고 고농도 발생 시에 문제가 되는 중국발 미세먼지의 감축 방안에 대한 논의는 아예 발표문에서 빠졌다. 이러한 한·중 미세먼지 협업에 관한 공개적인 선언은 그동안의 중국 정부 행태에 비추어 볼 때 실질적인 감축이 없는 단지 보여 주기식의 선언에 그칠 공산이 크다.

국내 미세먼지 책임을 더 강조하는 정부와 일부 전문가들

중국 동해안에는 공장, 소각장, 화력발전소가 집중되어 있어 우리 국민들에게 커다란 고통을 주고 있다. 미세먼지는 너무나 가벼워 장거리 이동이 가능하다. 특히 최근에 중국의 펀웨이 평원에 다수의 공업도시가 위치하여 우리나라에 크게 영향을 주고 있다. 그럼에도 불구하고 우리나라의 중앙정부와 지자체가 시행하는 대책은 국내 요인의 차단에만 맞추어져 있다. 예비저감 조치에 이어 비상저감 조치에 들어가도 배출가스 5등급 차량의 운행 제한과 대기오염 물질 다량배출 사업장의 가동시간 변경 등이 있을 뿐이다. 대통령령으로 만들어진 '미세먼지 문제 해결을 위한 국가기후환경회의'가 제안한 방안 역시 외부 요인의 해결방안에 대한 것은 존재하지 않는다. (전)국가기후환경회의의 제안은 미세먼지가 심할 때 석탄발전소 절반가량의 가동을 중단하고 노후 경유차량 운행을 제한하자는 정도이다.[38] 2005년 12월 이전에 등록된 2.5톤 이상의 노후 경유차량이 수도권에 진입할 경우 25만 원의 과태료를 부과하였다. 이는 하루 벌어 하루 먹고 사는 서민들의 생계를 위협하는 정책이다. 정부에서 중국발 미세먼지를 해결하지도 않으면서 서민들에게 미세먼지 책임을 떠넘기는 처사라 할 수 있다.

문정부가 추진하려는 인공강우를 통한 미세먼지 해결책은 세금낭비에 불과하며* 근본적인 해결방안이 되지 못한다. 기상청이 인공강우 실험을 14회 실시하였는데 그 가운데 4회만 수분을 나타냈다고 한다.** 그나마 강우량은 시간당 0.88mm 수준에 불과하였다.*** 인공강우는 화학물질인 요오드를 공기 중에 잔뜩 뿌리는 결과를 가져와 토양오염이나 생태계에 악영향을 준다. 전 세계적으로 미세먼지를 낮추려고 시도한 인공강우의 성공사례는 존재하지도 않는다. 중국은 미국과 함께 인공강우 분야에서 세계 최고라고 주장한다. 그러나 중국 내에서도 효과는 거의 없는 것으로 나타났다. 인공강우를 통해서 중국 내

* 미국 국립대기연구센터에서는 인공강우를 사용하면 m^3당 32~97원 정도 소요된다고 분석하여 경제적으로 큰 부담이 되는 대책이라고 말하고 있다.

** 경기도는 2017년에 인공강우 실험을 9번 실시하였는데 4번은 평균 0.08mm, 5번은 아예 비가 내리지 않았다.

*** 미세먼지를 해소하려면 최소한 시간당 10mm 이상의 강한 비가 내려야 한다.

미세먼지를 획기적으로 줄였다는 공식 보고는 아직까지도 없다. 우리 정부는 마치 인공강우가 중국발 미세먼지를 해결해 줄 수 있는 것처럼 홍보하여 국민을 호도하는 것은 바람직하지 않다.* 조명래 (전)환경부 장관이 주장한 것처럼, 중국발 미세먼지가 고농도로 우리나라에 공습할 때 야외에 대형 공기청정기를 설치하여 공기를 정화시키자는 것과 별반 차이가 없다. 한강 물에 물감 몇 통을 풀어 놓은들 색깔 변화가 있겠는가?

중국발 미세먼지에 대해 과학적 인과관계 규명만을 강조하면서 장기적으로 해결하자는 한국 정부와 일부 전문가들도 문제이다. 우리 정부는 종합대책부터 미세먼지법에 이르기까지 가장 중요한 요인 중 하나인 중국발 미세먼지 문제의 해결방안에 관해 침묵하고 단지 '중국과의 협력'만을 강조하고 있는 실정이다. 미세먼지 종합계획(2020~2024년)에서 2024년까지 연평균 초미세먼지 농도를 23㎍/m³에서 16㎍/m³로 낮추는 5개년 계획을 수립하여 5년간 20조 원을 투입할 예정이다. 그러나 국내 요인에만 집중하고 중국발 미세먼지 감축 대책은 전혀 없다. 노력도 필요하나 정작 중요한 것은 성과이다. 정부와 일부 전문가들이 주장하는 것처럼 "중국에 한마디 하자"고 하는 것은 의미 없는 일이다. 실효성 있는 압박 정책이 더 중요하다. 중국발 미세먼지에 대해서는 정부와 일부 전문가들은 "중국과 협력을 논의하는 것으로 만족하자", "갈등을 일으키지 말자", "경제(먹고 사는 것)가 더 중요하다", "긴 호흡을 가지고 장기적으로 해결하자"는 등 대답 없는 메아리처럼 중국과의 성과 없는 협력만을 강조한다. 또한 중국발 미세먼지에 대해 더 많은 연구가 축적되어야 한다고 반복적

* 2019년 2월 26일에 개최한 한·중 환경장관 회담 결과에서 인공강우 기술교류를 중국 측에 지시하였고 중국도 이에 동의하였다(환경부 보도 해명출처, 2019. 3. 9). 또한 인공강우 기술력은 중국이 우리보다 앞서 있어서 서해 상공에서 중국과 공동으로 인공강우를 실시하는 방안을 협의하고 2019년에 공동실험을 추진할 수 있도록 협의해 나갈 것이다(환경부 보도자료, 2019. 3. 7).

으로 주장한다. 그러나 언제까지 이렇게 주장할 것인가? 우리가 잘 아는 경제학자 케인스에 의하면 장기라는 시간은 우리가 다 죽고 난 후를 의미한다고 하였다.

환경부는 중국의 대기 질 예보 자료를 실시간으로 중국 측으로부터 공유받아 우리나라의 고농도 미세먼지 예보 정확도를 개선하는 등 사전 대응력을 높일 것이라고 밝혔다.[39] 정부는 앞으로 중국의 미세먼지 농도가 포함된 대기 질 예보 정보를 국내 비상저감 조치 발령에 활용할 것이라고 말하였다. 환경부는 예보정보 교류가 한·중 미세먼지 공동대응 기반을 마련하기 위한 것이라고 포장하고 있다. 미세먼지 예보제를 중국과 협력하여 정확도를 높이겠다고? 이것은 고농도 발생 시에 중국발 미세먼지를 인정하는 것이 아닌가? 중국발 미세먼지의 실제적인 감축은 언제 시작할 것인가? 실질적인 협력 체계를 도출하기 위해서는 연구와 성과 없는 협력에만 머무르지 말고, 감축 협상과 실질적인 감축제도의 도입으로 연결되어야 한다.

(전)국가기후환경회의는 "미세먼지 발생 원인 등에 대한 부정확한 정보로 국민 불신이 높다. 국민은 통상 중국 영향을 83%로 인식하지만, 과학계는 20~50%로 발표한다"고 말하고 있다. 한국환경연구원의 2020년도 국민 인식조사에 의하면, 전문가들은 최근 5년 사이 중국에 대한 부정적 인식 변화가 없다고 응답하였다. 반면 일반 국민은 중국에 대한 부정적 인식 변화가 크다고 응답하였다. 중국발 미세먼지에 대해 전문가의 76%가 국외 영향은 50% 이하로 인식하였다. 반면 일반 국민은 72.4%가 중국 등 국외 영향이 50% 이상이라고 인식하였다. 전문가들은 중국발 미세먼지 해결에 과학적 근거가 명확한 데이터를 바탕으로 정책을 수립해야 한다는 응답이 가장 높았다.[40] 그러나 중국이 책임을 인정하지 않고 과학적 근거 운운하면서 공동연구 협조만 요구하면 세

월만 축낼 것이다. 왜냐하면 지금까지 중국의 행태를 보면 공동연구조차도 중국 측에서 매우 소극적으로 나올 가능성 크기 때문이다.

일부 전문가들은 중국발 미세먼지 해결에 대해 정면 돌파를 시도하지도 않고 오히려 국내 요인을 더 강조하여 문제를 복잡하게 만들고 있다. 일례로 환경운동연합 공동대표는 "중국의 대기오염 물질이 한반도로 날아오려면 바람이 불어야 하고, 바람이 불면 오염물질이 퍼지고 희석될 수밖에 없지 않으냐"고 말하고 있다.[41] 즉, 중국의 오염물질이 고농도를 유지한 채 한반도로 접근하기 어렵다는 지적이다. 한국의 미세먼지 원인은 무조건 중국이라는 식으로 전 국민이 인식하는 상황은 한국의 월경성 대기오염 문제 해결에 장애가 될 수 있다고 주장하기도 한다.[42] 또한 우리나라의 미세먼지 고농도 발생에 중국의 영향이 큰 것이 사실이나 중국의 영향만으로 고농도가 발생하지 않는다고 한다. 고농도는 풍속이 낮은 정체 상태에서 발생하는데, 이때는 국내 영향도 크다는 것이다. 더불어 영향은 거리에 따라 지수적으로 감소하기 때문에 중국의 피해가 우리나라보다 훨씬 크고 중국은 이와 같은 피해를 저감하기 위하여 엄청나게 노력하고 있다고 주장한다.[43]

또한 중국의 미세먼지 발생은 중국의 생산활동 때문이고 우리나라는 이로 인한 경제적 이익이 가장 큰 나라의 하나라고 일부에서 주장하고 있다. 이에 대한 증거로 4장에서 분석한 중국 관변학자들의 주장을 제시하고 있다. 그러나 이것은 중국이 미세먼지로 인해 피해를 입고 있다는 일종의 '피해자 코스프레' 주장들이다. 국내 일부 전문가들은 중국 관변학자들의 진의조차 파악하지 못하고 있다. 우리가 중국과 무역을 통해서 경제적 이익을 얻고 있으니까 중국발 미세먼지로 인한 우리 국민의 건강은 희생되어도 괜찮다는 것인가? 일부의 주장처럼 우리 스스로 책임 더 크다고 인정하면 중국의 입장만을 옹호하는 것이다. 우리 정부와 국민이 일치단결된 모습을 보여도 책임 보상 문제 때문에 중국 정부가 움직일 가능성이 적은데, 하물며 국내 여론을 호도하거나 분열된 모습을 보이면 중국은 절대 자국의 미세먼지 책임을 인정하지 않을 것이다.

일각에서는 오히려 우리나라가 중국의 대기 관리 정책을 배워야 한다고 말한다. 이것은 국민을 호도하는 것이다. 똑똑하다고 자뻑하는 초등학생이 대학생더러 자기한테 한 수 배우라는 것과 같다. 민주당의 어느 국회의원은 "중국은 짧은 기간에 미세먼지 등 대기오염 문제를 해결하였다"면서 "중국의 석탄총량관리제, 도시별 감축 목표제, 기업별 등급제는 우리나라도 적극적으로 적용해야 한다"고 말하였다.[44] 즉, 우리나라가 중국의 환경 정책을 배워야 한다는 것이다. 반기문 (전)국가기후환경회의 위원장도 "중국이 2013년부터 2018년까지 5년 동안 미세먼지 농도의 40% 이상을 저감하였다"면서 "중국 탓만 할 것이 아니라 우리도 그런 중국의 경험을 배워 스스로 저감 노력을 해야 한다"고 말하였다.[45]

그러나 중국의 실상은 어떤가? 중국의 주요 도시의 농도는 감소하였으나 중국 전체의 배출량은 오히려 증가하였다. 이는 도시의 공장들이 외곽 지역으로 이동한 조삼모사 정책의 결과이다. 이로 인해 수만 명의 일자리가 없어졌다. 중국의 강제적인 공장 폐쇄나 조업 중단 정책을 우리나라가 본받으라고? 우리나라와 가장 가까운 중국 동해안 지역에 화력발전소와 소각장을 증설하는 것도 문제가 되고 있다.

4장에서 살펴본 바와 같이 중국 정부가 공기 질이 개선되었다며 제시한 수치는 많은 부분이 조작되었다. 공해가 심한 날에 생산의 임시 정지와 용량 감축은 종종 기업의 재량을 무시하고 강제로 시행되었다. 이러한 중국의 융통성 없는 환경관리 정책은 고비용과 비효율성을 초래하였다. 셧다운과 일률적인 용량 감축은 공급자와 고객 모두에게서 공급망을 붕괴시키는 결과를 초래하였다. 이로 인해 원자재 및 산업 제품 가격이 급격하게 상승하는 부작용도 발생하였다. 중국의 규제 기관은 지나치게 엄격한 비과학적 요구사항을 제시하기도 한다. 일부 지역의 환경 요구사항은 국제 표준보다 엄격하며 최첨단 환경기술로도 충족하기 어렵거나 불가능할 수 있다. 중국의 대기 관리 정책은 자연과학에 바탕을 둔 것은 아니라 정치적 압력과 성급하게 발표된 규제 등의 결과이다.

반면 우리나라는 사업장 환경 규제에 있어서 사업장의 융통성과 능률성을 강조하며 자율 규제, 자발적 협약 등을 추진하고 있다. 청정연료 보급과 오염방지 장치도 확충하였다. 오염매체별 관리에 있어서 사전예방적 통합 관리의 선진형 정책을 추진하고 있다.[46] 오히려 중국이 우리나라의 선진적인 환경 정책을 본받아야 한다.

중국은 권위주의적이고 독재적인 정권이다. 극히 초보적이며 강압적인 환경 정책을 추진하고 있는데 자유민주주의와 시장경제를 표방하는 우리나라가 중국의 환경 정책을 배우라고? 강압적인 규제 정책은 규제자의 입장에서는 제일 편한 일차원적 관리 수단이다. 중국은 미세먼지 배출량도 관리하지 않고 있다. 베이징시 등은 비민주적이고 경직적인 환경 관리를 하고 있다. 오히려 중국이 우리나라의 선진적인 대기 관리 정책을 배워야 할 것이다.

5. 문대통령의 중국발 미세먼지 공약은 어디에 있나?

문대통령의 미세먼지 선거 공약

- ▶ 임기 내(2022년 5월)에 초미세먼지 배출량을 2014년 대비 30% 줄이겠습니다.
- ▶ 국민 여러분 제가 대통령이 되면 중국에 직접 가서 미세먼지 강력하게 항의하고 미세먼지를 해결하겠습니다.
- ▶ 한·중 정상외교의 주요 의제로 미세먼지 대책을 다루겠습니다. 하지만 현재는 장관급 회담 수준에서 한·중, 동북아 미세먼지 협력을 논의하고 있습니다. 정상급 의제로 격상시키겠습니다.

'미세먼지 없는 푸른 대한민국'은 당시 대통령 후보 공약 사이트인 '문재인 1번가'에서 가장 많은 지지를 받은 대선 공약이다. 문대통령의 미세먼지 선거 공약 중에서 "당선되면 당당하게 중국 가서 항의하겠다", "한·중 정상급 주요 의제로 격상시키겠다"는 말들은 국민에게 크게 안심을 주었을 것이다. 심지어 대선 전날(2017. 5. 8)의 광화문 유세에서 "중국에게는 미세먼지 책임 당신들에게도 있다", "미세먼지 책임 中에도 있다"고 기염을 토할 때는 많은 유권자들에게 신뢰성을 주기에 충분하였다. 이와 같이 문대통령은 대선 공약에서 대통령에 당선되면 중국 최고위층과 협의해서 중국발 미세먼지를 해결하겠다고 공공연하게 약속하였다.

취임 이후 문대통령은 시진핑, 리커창 등과 회담 시에 4번이나 미세먼지를 언급하였다고 주장하였다. 그러나 실질적인 감축 내용은 없으며 한·중 정상급 주요 의제로도 격상되지 못하였다. 회담 시에 언급한 것과 주요 의제로 회담에서 본격적인 어젠다로 논의되는 것은 엄청난 차이가 있다.* 백마디의 그럴듯한 말보다는 한 가지라도 제대로 실천하는 것이 더 중요하다. 중국발 미세먼지 대책에 시늉만 내는 정책 공약도 문제이다. 문대통령은 중국과 협력해서 미세먼지 해결을 위해 서해 바다에서 인공강우 등의 조치를 취하겠다고 언급하였으나 인공강우는 실효성이 담보되지 않은 세금낭비 정책이라는 것은 이미 잘 알려진 사실이다.

문재인 정부는 '미세먼지 걱정 없는 쾌적한 대기환경 조성'을 국정과제로 추진하고 있다. 국내의 다양한 배출 부문에서 종합적인 미세먼지 저감 정책이 시행되었다. 그럼에도 불구하고 여전히 미세먼지 고농도 사례가 많이 발생하여 국민의 불안감이 증가하고 있다. 현 정부 들어 미세먼지를 줄이는 대책을 여러 번 발표하였다. 그러나 국민이 체감하는 미세먼지 상태는 더 악화되었다. 2019년도 정부 정책 중에서 국민 만족도가 가장 낮았던 항목은 미세먼지 대책이다. 2020년도 감사원의 설문조사 결과를 보더라도 국민의 2/3가 정부의 미세먼지 개선 효과가 크지 않으며, 잦은 고농도 상황이 주요 원인으로 지적되었다.[47]

문대통령의 대중국 외교 정책인 한·중 '운명공동체론'은 중국발 미세먼지에도 적용되는가? 만약 적용된다면 중국발 미세먼지와 한·중 운명공동체의 구체적인 연계성은 무엇인가? 그리고 임기 내(2022년 5월) 국내 미세먼지 배출량을 30% 감축하겠다는 공약은 실현 가능한 것인가? 가장 중요한 중국발 미세먼지 감축은 손도 못 대고 있는 실정이다. 일부에서는 "일본에 강하게 나가는 것만큼 중국에도 할 말은 해야 한다"고 하면서 정부에 더 강력한 조치를 주문하

* 박근혜 정부(2015. 10. 31)는 중국 리커창 총리와의 회담에서 중국이 발암먼지(미세먼지)의 원인이라고 하였으며, 발암먼지와 황사 절감을 위한 MOU를 체결하였다.

고 있다.

2017년 5월에 문재인 정부가 출범하고 한·중 양국 간 미세먼지 관련 협의가 진행되었지만, 중국발 미세먼지의 원인과 대책에 대해서는 구체적인 진전이 이루어지지 않았다. 그나마 양국 간 논의되는 내용은 대부분 '미세먼지 저감을 위한 협력방안 모색' 등 보여 주기식의 상징적 수준에 그치고 있다. 문대통령의 중국발 미세먼지 대선 공약은 아예 실종되어 버렸다.

급기야 국민들은 청와대 국민청원 게시판에 중국발 미세먼지 대책을 촉구하는 글을 올렸다. 2018년 4월 23일 청원에는 청원동의자가 약 28만 명에 달하였다. 청원내용은 주로 중국발 미세먼지 감축방안에 대한 정부의 소극적인 대책에 대한 불만이었다. 이에 대해 청와대는 원론적인 답변과 함께 오히려 국내 미세먼지 대책을 더 강조하였다. 당시의 기후환경비서관은 중국발 미세먼지 해결방안으로 한·중 환경협력과 공동연구를 강조하였다. 정부는 미세먼지의 한·중 정상회담 의제화 등 외교적 수단을 총동원해서 국외 미세먼지 감축 노력을 기울이겠다고 말하였다. 국제 소송을 요구하는 청원인의 요구에 대해서는 현재 관련 국제 조약도 없고, 한·중 양국 정부가 합의한 인과관계를 입증할 수 있는 자료도 없는 상황이라고 말하였다. 과학이 합의로 이루어지는 사항인가? 또한 중국도 미세먼지를 많이 줄였기 때문에 우리도 국내 노력을 더 기울여야 한다고 말하였다. 물론 국외 대책과 함께 국내 대책도 병행해야 한다는 것에 반대할 사람은 없을 것이다. 그러나 중국발 대책에 대해서는 매우 소극적이면서 국내 대책에만 적극적인 자세를 보이는 것은 균형 잡힌 정책이 아닌 것이다.

문대통령은 유엔 공식 기념일인 '푸른 하늘의 날'(2020. 9. 7)에 "인류의 일상을 침범한 코로나19도 기후 변화와 무관하지 않다"고 말하였다. 그러나 코로나19와 기후 변화 사이의 명확한 인과관계는 아직 과학적으로 증명되지도 않았다. 반면 과학적 근거가 확실한 중국발 미세먼지에 대해서는 "이웃 국가들과 상생 협력을 하겠다"는 원론적인 입장만 표명하고 있어 국민에게 실망감을 안겨주고 있다.

6. 중국발 미세먼지에 '묵언 수행' 중인 환경단체들

중국발 미세먼지에 항의시위조차 없는 환경단체들

중국은 2000년대 초반부터 산업화를 본격적으로 시작하였다. 이때부터 인체에 심각한 영향을 주는 초미세먼지가 중국에서 급증하기 시작하였다. 초미세먼지는 비소, 카드뮴, 구리, 납, 아연 등 중금속을 다량 함유하여 인체에 매우 치명적이다. 현재 중국은 세계의 공장으로 세계 최대 공업국가이다. 중국은 아직까지 오염물질 규제가 허술하다. 미세먼지를 여과 없이 그대로 배출하는 사례가 비일비재하다.

중국의 에너지는 주로 석탄에 의존하고 있다. 철강, 시멘트, 발전 부문에서 막대한 양의 석탄을 소비한다. 10억 명 이상의 가정에서 난방용으로 석탄이나 갈탄을 사용하고 있다. 석탄은 미세먼지가 많이 배출되는 에너지이며 또한 동일한 열량 생산을 위해 더 많은 양을 소비한다. 산업과 가정 부문에서 석탄 소비가 급증하자 고품질 석탄이 귀해졌다. 차선책으로 저품질 석탄인 갈탄 사용이 증가하였다. 갈탄은 석탄보다 유해물질 배출이 더 심각하며 열효율이 떨어져 동일한 열량 생산을 위해 더 많은 양을 필요로 한다. 이로 인해 중국에서는 갈색 눈과 시커먼 비가 내리기도 한다.

중국 정부는 소각장, 공장, 화력발전소를 우리나라에 가까운 동부 해안에 집중적으로 배치하였다.* 편서풍이 불면 중국 동부 해안에서 발생한 미세먼지는 중국 내륙에 영향을 주지 않고 한반도에 직접 영향을 준다. 또한 중국에서는 수억 명이 차량을 운전한다. 그러나 중국 차량의 환경인증은 신뢰성이 낮다. 실제로 도로에서 대다수가 저감장치를 떼내고 운전하고 있다. 주유소에서도 저품질 기름이 대규모로 유통되고 있다.

우리나라는 고농도 발생 시에 중국발 미세먼지 영향이 80~90%를 차지한다는 견해가 다수를 차지하고 있다. 그러나 국제환경단체인 그린피스는 50~70%가 국내 요인에서 발생하고 중국발은 30~50%라고 한다. 그린피스 동아시아 지부 사무총장**은 '미세먼지 = 중국'은 틀렸다고 주장하며 "미세먼지 문제는 각국에서 서로 최선을 다해야 해결될 수 있다. 하지만 한국 정부는 남 탓만 하거나 아예 엉뚱한 걸 원인으로 돌리고 있다"고 말하였다. 중국발 미세먼지의 피해가 과장되어 있다고 주장하는 것이다. 그린피스는 중국발 미세먼지 문제에 대해 중국과 입장을 같이하는 듯 보인다. 그러나 중국발 미세먼지는 2장에서 살펴본 바와 같이 한국과 일본은 물론 미국 서부까지도 영향을 준다. 과거에는 문제가 없었던 시골 지역, 백령도, 제주도까지도 매년 겨울철과 봄철에 고농도 미세먼지에 시달리고 있는 현실은 무엇을 의미하는가?

국제 환경단체들은 중국발 미세먼지에 대해 침묵하고 있다. 중국은 세계 1위의 석탄 소비량을 기록하고 있으며 석탄 소비량은 매년 증가하고 있다.[48)]

* 중국 정부는 2030년까지 해상부유식 원전을 포함한 원전 110기도 우리나라와 가까운 동부 해안에 설치할 예정이다.
** 홍콩 출신의 중국인으로 알려진 쯔이팽청으로 그린피스 서울사무소 대표도 맡고 있다.

그럼에도 불구하고 그린피스 등 환경단체들은 중국의 석탄발전소 증가에는 침묵하고 우리나라의 석탄 화력발전소 존재 자체를 부정적으로 보고 있다.* 중국발 미세먼지에 대해서도 침묵하고 있어 이중적이자 친중적인 행태를 보여 주고 있다. 그린피스는 인도네시아와 한국 정부에 대해 '인도네시아 자와 석탄화력 9호기와 10호기 사업 중단을 촉구'하였다. 2020년 6월 30일에는 인도네시아의 한국 대사관 앞에서 한국전력의 투자 중단 촉구 시위를 벌였다. 그린피스는 "한국 정부가 그린뉴딜을 표방하면서 동시에 자국 기업이 인도네시아에서 진행하는 석탄발전 사업을 지원하는 것은 이중적 행보"라며 사업을 즉각 중단하라고 요구하였다.[49]

그린피스는 해양환경을 훼손하는 중국의 인공섬 건설에는 그동안 명성을 날렸던 해상저항행위를 시도조차 하지 않고 있다. 중국은 남중국해 스프레틀리 군도(중국명 난사 군도, 필리핀명 칼라얀 군도)와 파라셀 군도(중국명 시사 군도, 베트남명 호앙사 군도)를 자국의 영유권이라고 일방적으로 주장하고 있다. 여기에 분포된 청정 산호초 섬들에 엄청난 시멘트를 퍼부어 자국의 군사기지화를 꾀하고 있다.** 중국의 해양환경 침해에 대해 국제 환경단체들이 항의시위조차 하지 않고 침묵하는 것은 우리를 매우 놀라게 하고 있다.***

우리나라 환경단체도 그린피스 등 국제 환경단체의 행태와 동조하고 있

* 그린피스 서울사무소는 한국 정부가 국제 사회에 발표한 2030년의 온실가스 감축 목표(2018년 대비 40% 감축)를 50% 이상으로 확대해야 한다고 주장하였다. 이를 위해 우리나라가 2050년으로 약속한 목표연도를 대폭 앞당겨야 한다고 촉구하였다.

** 썰물 때에는 산호초가 나타나고 밀물 때에는 바닷물로 인해 보이지 않는다. 국제법상 영토로 인정되지 않는다. 필리핀은 2013년 국제사법재판소에 중국을 상대로 스프레틀리 군도에 대한 자국의 영유권을 주장하는 소송을 제기하였다. 2016년 국제사법재판소는 중국과 필리핀 간의 분쟁에서 필리핀의 손을 들어주었다. 그러나 중국은 판결 결과를 수용하지 않고 있다.

*** 외국 언론에서는 국제 환경단체들을 수박이라고 놀린다. 수박은 겉은 초록색이나 속은 빨간색이다. 겉은 친환경주의자이지만 속은 공산주의자를 옹호하는 것을 빗대서 하는 말이다.

다. 2018년 10월 1일 환경운동연합과 (사)기후솔루션 등의 국내 환경단체들은 한국 공적 금융기관들이 국내외 석탄발전에 더 이상 투자하지 말 것을 촉구하는 선언문을 발표하였다. 중국발 미세먼지에 대한 항의시위는 없고, 오로지 국내 미세먼지에만 관심을 갖는다. 선택적 환경운동을 하고 있는 셈이다. 권위주의 개발만능 시대에 유독 환경 문제에 대해 침묵하였던 정치권과 언론을 일깨웠던 환경단체가 지금은 중국발 미세먼지에 대해서는 놀랄 만큼 '묵언 수행'을 하고 있다.* 우리나라 환경단체들은 중국 베이징에서 혹은 주한 중국 대사관 앞에서 날로 심해지고 있는 중국발 미세먼지에 대해 항의시위조차 하지 않고 있다. 국민 건강을 크게 위협하고 있는데도 그 흔한 선언문조차 발표하지 않고 있다. 국내 환경단체들은 어디에 꽁꽁 숨어 있는가? 지난날 4대강 정비사업, 경부고속철도의 천성산 터널 공사, 서울 외곽순환 고속도로의 사패산 터널 공사, 제주 해군기지 건설 등에 대해서는 온 나라를 뒤흔들 정도로 엄청난 반대 시위를 하지 않았던가?[50] 지나친 중국 눈치보기와 소국 대 강국 논리에 매몰되어 있지 않나 하는 합리적 의심마저 들게 한다.

환경운동연합 대표는 "'미세먼지는 중국 탓이지만 '우리나라 미세먼지를 줄이자'는 비논리적이며 정신분열적 주장은 정리할 때가 되었다. 아직 잘 모르는 '미세먼지 중국 탓'은 긴 호흡으로 한·중 공동연구에 맡기고 우선은 '우리나라의 미세먼지 줄이기'에 전념해야 한다."[51] 또한 "최근 5년 동안 중국발 미세먼지 탓과 마스크 및 공기청정기에만 매달리다가, 중국은 2013년 이후 5년 동안 40% 가까이 오염이 개선되었음에도 대한민국은 제자리걸음만 하며 세월

* 예외적으로 인천 환경단체들은 인천시, 청와대, 중국 대사관에 미세먼지 문제 해결을 촉구하는 서명운동을 추진하였다. 2019년 3월의 고농도 미세먼지 저감 조치 시행 중에 인천의 환경단체들(인천녹색연합, 인천환경운동연합, 가톨릭환경연대)은 관련 기관(인천시, 청와대, 중국 대사관)을 대상으로 국내 및 중국발 미세먼지 해결을 위한 "푸른 하늘 되찾기 범시민서명운동"을 추진하였다(인천투데이, 2019. 3. 7).

을 낭비하였다"고 우리 정부를 비판하고 있다.[52] 중국발 미세먼지에 대해서는 오히려 국내 환경단체들은 "중국의 영향보다 한국의 영향이 더 크다"고 주장하기까지 하고 있어 국민적 공분을 사고 있다.

'선택적 환경운동' 하는 환경단체들

이와는 대조적으로 우리나라 환경단체들은 국내에서 발생하는 미세먼지에 대해서는 매우 격렬하게 반대 시위를 하고 있다. 2020년 초에 SK하이닉스는 이천과 청주의 공장 증설로 늘어날 전력 수요에 대비하기 위해 공장 옆에 LNG 발전소를 건립하고자 하였다. 수도권에 비해 전력망이 취약한 청주공장 주변에서 정전 사태가 발생하면 예비 전력 투입이 어렵기 때문이었다. 하루 24시간 완전 가동되는 반도체 공정의 특성상 안정적인 고품질 전력 공급은 매우 중요하다. 충북 지역 환경단체들은 미세먼지 배출을 구실삼아 발전소 건립에 극렬하게 반대하였다. 그러나 원래 환경단체들은 탈원전 및 탈석탄의 대안으로 LNG 발전을 찬성하였었다.[53] 국민들은 이해하기 어려운 국내 환경단체들의 이중적 행태에 어리둥절하기만 할 뿐이다.

2020년 8월에 발생한 폭우로 대규모 산사태가 발생하여 강원도 철원, 충북 제천 등에서 산지 태양광 피해가 12건이나 발생하였다. 산림청은 2017년부터 3년간 산지 태양광 발전시설을 설치하기 위해 전국 임야에서 약 233만 그루를 베어냈다. 정치권은 태양광 발전설비를 설치하기 위해 나무를 베고 산을 깎아내면서 산사태 피해를 키웠다고 주장한다. 일부 언론에서는 탈원전 정책에 따른 태양광 발전시설이 난개발의 주요 원인이라고 지목한다. 자연재해가 아닌 잘못된 정부 정책이 초래한 '인재'라는 것이다.[54] 또한 한국환경연구원은 태양광을 경사도 10도 미만 산지에 설치하라는 기준을 정부가 무시했다고 주장하였다. 반면 산업통상자원부는 2020년 8월의 산지 태양광 피해는 2020년의 산사태 발생 건수 대비 1%, 전체 산지 태양광 허가 대비 0.1%에 불과하다고 한다. 따라서 산사태의 주요 원인이 탈원전 정책에 따른 태양광 발전시설의 난개발이라는 주장은 객관적인 근거가 부족하다고 한다. 또한 산사태 발생과 태양광 설치량은 상관관계가 없다고 주장한다.[55)]

이에 대해 환경운동연합 홈페이지를 보면, 정부의 주장과 일치하고 있어 정부를 대변해 주고 있지 않나 하는 의혹을 지우기가 어렵다. 물론 태양광 등 신재생에너지의 확대가 필요하지만 환경단체들이 태양광 설치 시에 발생하는 삼림 파괴, 산지에서 도시 지역으로 대규모 송배전망 설치로 인한 생태계 파괴, 태양광 패널의 중금속 오염 등에 대해서 침묵으로 일관하고 있는 것은 납득이 가지 않는다. 우리나라 환경단체들은 선택적 환경운동을 하는가? 환경단체들은 본래의 순수함을 잃어버렸다.[•]

한편, 중국발 미세먼지에 침묵하던 환경운동연합은 "국민의 호흡권을 보장하라"며 국가인권위원회에 진정을 제기하였다. 문재인 정부에 대해서는 국내 미세먼지의 발생 요인만을 없애라고 요구한다. 이 단체는 '중국발 미세먼지에 항의 안하느냐'는 비판에는 개의치 않는다고 하며, 우리 정부의 중국발 미세먼지에 대한 데이터는 과학적 근거 자료가 부족하다고 주장한다. 환경운동연합은 중국발 미세먼지에는 침묵하고, 국내 미세먼지 발생 요인 비판에만 열을 올리고 있다. 이 단체는 2019년 2월 28일부터 미세먼지 저감대책으로 '미

• "문정부 들어서 정부 보조금을 지원받는 환경단체 수가 5배 이상 늘었다"(중앙일보, 2019. 3. 13). "박원순 서울시, 시민단체에 5년간 7,000억 원 지원"(MK뉴스, 2021. 4. 11). "문정부 인사 앉히나 - 제로였던 지원금 '수백억 원'으로 껑충"(아주경제, 2020. 10. 7).

1970~1980년대에 우리나라의 대기오염이 지금보다 더 심하였다?

우리나라의 산업발전 시기인 1970~1980년대는 환경보호에 대한 인식이 거의 없었던 시기였다. 당시에는 검은 연기를 내뿜는 공장과 매연을 내뿜고 달리는 자동차로 인해 스모그 현상이 빈번하게 발생하였다. 1970~1980년대의 환경 문제는 도시공해 및 산업공해가 주요 요인이었다. 대표적인 사례가 울산·온산 산업단지의 산업공해였다. 겨울철 난방과 취사를 위해 연탄을 사용하여 대도시의 대기오염도 심각하였다. 그러나 당시에는 산업단지와 서울, 부산 등 대도시 지역에 국한된 국지적 대기오염 현상이었을 뿐이다. 대도시의 교외 지역이나 시골 지역은 낮에는 푸른 하늘 보기와 밤에는 밝은 별 보기가 일상이었다.

일부에서는 지금보다 1980년대에 대기오염이 더 심각하였다고 주장한다. 그러나 1970~1980년대는 국내 요인이 대부분이었다. 당시에는 중국이 산업화가 되지 않아 초미세먼지가 거의 없었다. 대기 중에 납, 수은 등 중금속도 포함되지 않아 인체 위해도가 낮았었다.

1983년에 서울시의 아황산가스(SO_2) 연평균 농도는 0.051ppm이었고, 2019년에는 0.004ppm이었다. 아황산가스는 1980년대가 지금보다 더 나빴다. 이후에 저유황유 공급, 고체연료 사용 규제, LNG 사용 의무화 등 청정연료 정책을 적극적으로 추진하여 서울 지역의 이산화황 농도가 크게 개선되었다. 1991년에는 0.043ppm으로 당시의 대기환경 기준 0.05ppm을 처음으로 달성하였다. 1980년대 초반에는 먼지도 심각하였다. 당시에는 입자가 큰 총부유분진(TSP)을 측정하였다. 서울의 경우 TSP 연평균 농도가 주거지역은 129μg/m^3, 공업 지역은 263μg/m^{3}이었다. 부산의 공업 지역은 342μg/m^{3}를 나타냈다(MK뉴스, 2019. 3. 15).

2000년대 초반부터 중국은 산업화를 본격적으로 시작하였다. 공장, 소각장, 화력발전소 등이 급증하였다. 자동차 대수도 크게 증가하였다. 중국 제조업의 공장 수 증대, 공장과 난방용 석탄 소비량 급증 등으로 중국 자체 요인에 의한 초미세먼지 발생이 크게 증가하였다. 이에 따라 우리나라에서는 겨울철과 봄철에 인체에 매우 위해한 고농도 현상이 자주 발생하고 있다. 일례로 2019년 1월 14일에 초미세먼지가 백령도 155$\mu g/m^3$, 수도권 145$\mu g/m^3$, 호남권 144$\mu g/m^3$를 기록하였다. 참고로 우리나라의 일평균 초미세먼지 기준은 35 $\mu g/m^3$이다. 한편, 중국 베이징시는 2019년 1월 12일에 191 $\mu g/m^3$, 칭다오시는 1월 13일에 216$\mu g/m^3$를 나타냈다. 편서풍을 타고 서해를 지나 우리나라에 직접 영향을 준 것이다. 1970~1980년대와 비교하면 최근 우리나라의 미세먼지 고농도 현상은 전국적이며 계절적 현상으로 발전하였다. 또한 납과 수은 등 인체에 치명적인 중금속이 다량으로 포함되어서 우리 국민의 건강을 크게 위협하고 있다.

세먼지 주범 노후 석탄화력 보령 1호기와 2호기를 즉각 폐쇄하라'는 취지로 1인 시위를 벌였다. (사)기후솔루션은 2020년 2월 18일에《국내 석탄화력 영향 보고서》를 발표하였다. 우리나라 석탄 화력발전소 60기로 인한 대기오염 물질로 연간 995명(하루 2.7명) 사망한다고 주장한다. 환경단체들은 2030년 이전에 국내 화력발전소를 전면 폐쇄할 것을 주장하고 있다.

그러나 산둥성 등 우리나라와 가까운 중국 동부 연안에 1,000기의 석탄발전소가 존재한다. 이 발전소들의 우리나라에 대한 영향은 매우 크다. 그럼에도 불구하고 이에 대한 언급은 없다. 왜 우리나라만 화력발전소를 없애라고 하는가? 이 주장의 근거는 환경 정의, 탈원전 및 탈석탄, 에너지 공정 거버넌스를 실현하기 위해서라고 한다. 환경 정의 및 공정의 개념, 그리고 탈석탄은 국내에만 국한되는 사안인가? 일국(national)에만 국한되는 개념은 아니라고 본다. 공정과 환경 정의에는 국경이 없다. 이웃 국가 중국을 포함해서 지역적(regional)·지구적(global) 공정 및 환경 정의 개념으로 확장해야 한다. 국내 환경단체들은 국내·외 환경 문제에 있어서 균형감각을 가진 환경 운동을 추진해야 한다. 국제 환경단체들과도 연대하여 중국발 미세먼지에 대한 국제 여론을 환기시키고 적극적으로 홍보할 필요가 있다.* 이래야 앞으로 있을 우리 정부의 중국발 미세먼지에 대한 대중국 협상력을 키워 주고 문제 해결에 큰 압력으로 작용할 것이다.

7. 우리나라 환경부 장관은 중국 생태환경부의 차관급과 상대하는 형국이다.

중국은 중앙정부와 지방정부 간에 권력 분산이 전혀 이루어지지 않고 있다. 오직 공산당만이 전체 공무원들을 통제한다. 그리고 공산당 중앙조직부가 모든 성(省)과 도시의 고위관리 등을 직접 임명한다. 중국에서 공산당은 정부를 지배하고 정부 지도자를 임명하며 국가 운영에 관한 모든 중대한 결정을 내리는 위치에 있다.** 공산당은 군대, 경찰, 국가 안보조직과 공안조직, 시민단체까지 관리하는 초법적 역할을 수행한다. 기업은 물론이고 초·중·고등학교와 대학교, 사회단체에 이르기까지 모든 요직에 공산당 당원을 배치하고 있다.***

중국 권력 체계의 정점에는 공산당 중앙정치국 상무위원회가 자리하고

* 6장에서 제시하는 유럽과 캐나다의 사례를 참조하시오.
** 공산당이 정부를 이끈다는 의미에서 이당영정(以黨領政)이라고 한다.
*** 현재 중국 민간기업의 90% 이상에 공산당 조직이 있다. 중국 기업에는 노조가 존재하지 않는다. 민간기업의 조직 내에 중국 공산당위원회가 존재하는데, 경영진은 공산당위원회의 위원장과 모든 사항을 협의해야 한다(헨리 M. 폴슨 주니어 저, 고기탁 역, 2020, 《중국과 협상하기》, 열린책들).

있다. 상무위원회는 현재 7명으로 구성되어 있으며 중국의 핵심 지도부이다. 중국에서 가장 중요한 정책을 최종적으로 결정할 때에는 상무위원회의 합의가 필수적이다. 물론 최고지도자(시진핑 공산당 주석)의 의견이 가장 중요하다.[56)]
중앙정치국 아래에는 '영도소조'들이 있다. 실질적인 정책 결정은 상무위원과 주요 당정 간부들로 구성된 영도소조에서 이루어진다. 영도소조에서 논의를 통해 합의한 사항들은 정부 부처를 넘나드는 권한을 갖는다. 영도소조에는 정부 공무원들과 공산당 간부들이 가입되어 있다.*

영도소조 아래에는 중국 국무원이 있다. 중국 국무원은 총리(리커창)가 이끌고 있으며 국가 내 최고행정기관으로서 다른 나라의 내각에 해당된다. 현재 외교부, 생태환경부 등 26개 부처가 소속되어 있다. 중국 국무원은 공산당의 결정 사항을 구체적으로 집행하는 역할을 하고 있다. 국무위원들은 각 부의 부장(장관급)보다 높은 지위를 가지며, 이들 중 일부는 추가로 부총리 수준의 직책을 맡고 있다. 국무원의 전체회의는 1년에 두 번 개최되며, 대부분의 경우 상무위원회(총리와 국무위원들로 구성)의 의지대로 움직인다.[57)]

환경 분야를 비롯한 여러 법규와 정책들은 중국 전역에서 매우 일관성 있게 집행된다. 하지만 실제 현장에서는 지방정부가 상당히 높은 수준의 재량권과 자율성을 가지고 있다. 공식적으로는 중앙집권화가 이루어져 있지만 실제로는 상당한 지방분권화가 이루어지고 있다.[58)]

우리나라는 중앙정부가 예산을 수반한 대부분의 정책 실행방안을 제시한다. 반면에 중국은 지방정부(성)가 대부분의 예산을 부담하고 있고, 중앙정부는 주요 정책 방향을 제시한다. 지방정부의 권력서열 1위는 당서기이며 인사

* 현재 11개의 영도소조가 있고, 그중 6개의 조장을 시진핑 주석이 맡고 있다.

와 예산을 담당한다. 권력서열 2위는 성장으로 행정을 담당한다. 대기 관리 분야를 예로 들면, 당 중앙과 국무원은 〈푸른 하늘 보위전 3년 행동계획〉을 수립한다. 생태환경부는 '추·동계 대책'과 '중오염대책'을 지도한다. 지방정부는 소관 지역의 대기오염 관리를 책임지며 행정허가, 배출원 관리, 예·경보 등 전반적인 행정업무를 수행한다.

중국 공산당 정치국 상무위원 겸 국무원 부총리인 한정(환경 담당)은 '징진지 및 주변 지역 대기오염 방지 영도소조'의 조장을 맡고 있다. 한정 부총리는 현재 중국의 대기오염 정책 결정에서 최고위 결정자 중 한 명이다. 중국의 대기 정책은 형식적으로는 행정부 차원에서 결정하나 실제로는 중국 정치 체제의 특성으로 인해 중국 공산당에서 결정된다.[59) '징진지 및 주변 지역 대기오염 방지 영도소조'는 중국의 대기 질 개선 목표와 임무를 확정하고 관련 계획을 검토한다. 즉, 중국의 최상위 대기 정책을 결정하는 역할을 수행한다. 그러나 '징진지 및 주변 지역 대기오염 방지 영도소조'에 참여하는 정부 부처들은 국내 이슈와 관련된 부처만 참여하고 있다. 따라서 미세먼지 문제 등 대기 관리 분야에서는 국제 협력보다는 국내적 측면만을 강조하고 있다.[60)]

중국의 생태환경부는 대기 정책에 대한 결정 권한이 없고 단지 '징진지 및 주변 지역 대기오염 방지 영도소조'에서 수립한 대기 정책을 이행하는 역할을 한다. 중국 생태환경부는 미국 EPA와 같이 오염 관리 성격이 강해서, 대기 정책 입안과 실행이 가능한 우리나라 환경부보다 정책 권한이 매우 약하다. 반면에 우리나라 환경부는 대기 정책을 결정하고 이행하는 역할을 하고 있어서 중국보다는 권한이 훨씬 더 크다고 할 수 있다.

중국 행정부에서 대기 분야의 실질적인 서열 순위는 국무원 주석(시진핑) → 국무원 총리(리커창) → 국무원 부총리 겸 환경 담당 상무위원(한정) → 생태

[표 5-4] 중국과 우리나라의 대기 분야 실제 서열 순위

서열	중국	우리나라
1	국무원 주석[1)]	대통령
2	국무원 총리	국무총리
3	국무원 부총리 겸 환경담당 상무위원[2)]	환경부 장관
4	생태환경부 부장(장관)	환경부 차관
5	생태환경부 부부장(차관)	환경부 실국장(대기)
6	생태환경부 대기환경사(실국장)[3)]	환경부 과장(대기)

주: 1) 시진핑 주석이 공산당 총서기를 겸직하고 있다. 국가부주석은 무역과 금융, 시장관리 등을 총괄한다.
2) 중국 공산당 정치국 상무위원 한정(환경 담당)은 국무원 부총리 직책을 맡고 있다.
3) 대기환경사는 중국 전역의 대기오염, 소음, 빛 등의 오염방지 관리 감독을 책임지고 있다.
출처: 저자 작성.

환경부 부장(장관) → 생태환경부 부부장(차관) 순이다. 중국과 우리나라의 대기 분야 실제 서열 순위를 비교하여 보면, 시진핑 주석(문대통령)* → 국무원 총리(국무총리) → 국무원 부총리 겸 환경담당 상무위원(환경부 장관) → 생태환경부 부장**(환경부 차관) → 생태환경부 부부장(환경부 실국장) 순으로 나타낼 수 있다.

이를 보면 지금까지 우리나라 환경부 장관은 미세먼지 협상에 있어서 중국 생태환경부의 차관급과 상대하는 형국이었다. 생태환경부 장관조차도 실질적인 대기 정책 결정 권한이 없는데 하물며 그 아래의 차관급과 상대하고 있었다니 정말 어이가 없다. 이러니 중국발 미세먼지에 대한 해결방안 논의가 '다람쥐 쳇바퀴 돌 듯'하지 않았나 싶다. 향후 중국발 미세먼지의 실질적이고 책임 있는 해결을 위해서는 우리나라 환경부 장관의 협상 파트너가 최소한 환

* 한·중·일 정상급 미팅에 중국 측에서는 리커창 국무원 총리가 참석하고 시진핑 주석은 참석하지 않아 문제로 지적되고 있다.
** 한·중·일 환경장관회의에서 중국은 차관급을 보내고 우리나라는 항상 장관급이 참석한다. 그러나 일본은 중국의 차관급 참석에 대응해 자국의 차관급을 참석시키고 있다(장재연, 2019, p. 137).

경 담당 상무위원(한정 국무원 부총리)이 되어야 할 것이다. 이래야 주권국가로서 동등하고 당당하게 중국발 미세먼지 문제를 해결할 수 있는 기본적인 협상 체계가 마련되는 것이다.

8. 역설적인 문정부의 탈원전* 정책

문정부의 탈원전 정책: '불가능한 삼위일체'

문정부는 2017년 10월 24일 국무회의에서 '탈원전 로드맵'을 의결하면서 신한울 3·4호기, 천지 1·2호기, 경북 영덕에 건설하려던 원전 2기 등 신규 원전 총 6기의 건설을 백지화하였다. 2017년 6월에는 고리 원전 1호기의 가동을 영구 정지하였다. 월성 원전 1호기는 2012년에서 2022년으로 수명연장을 결정하였으나 2019년 6월에 조기 폐쇄하였다.

제9차 전력수급기본계획(2020~2034년)은 문정부의 탈원전 정책을 더욱 공고히 하고 있다. 핵심 내용은 원자력 발전을 축소하고 신재생 에너지를 확대하는 것이다. 제9차 전력수급계획에 의하면, 원전 및 석탄 발전의 비중을 2020년의 46.3%에서 2034년에는 절반 수준인 24.8%로 감소시킬 계획이다. 반면 신재생 및 LNG 발전은 2020년의 47.4%에서 2034년에는 71%로 1.3배 증가시킬 계획이다. 이를 위해 원전은 현재 건설 중인 시설을 포함하여 2026년에 26기가 되는

* "용어도 계속 바뀌었다. 탈핵 → 탈원전 → 에너지 전환 정책으로 변경하였다. 다 똑같은 원전 폐지인데, 국민 저항을 가장 적게 받기 위해 미화하는 쪽으로 단어를 바꾼 것이다"(문화일보, 2019. 6. 21, 파워인터뷰, 성풍현 카이스트 원자력 및 양자공학과 교수). 이 책에서는 본래의 의미를 잘 살리는 탈원전이라는 용어를 사용하기로 한다.

데, 2034년까지 이를 17기로 줄이기로 한다. 노후 원전의 수명을 연장하지 않고 2023년부터 고리 2호기를 시작으로 11기를 폐쇄한다. 석탄발전소는 60기 중 절반인 30기를 2034년까지 가동 중단한다.*

이와 같이 원전 및 석탄 발전의 비중을 줄이는 대신 신재생·LNG 발전으로 대체하는 과정에서 비싼 발전 단가로 인한 전기요금 인상 가능성에 대한 근본적인 해답을 제시하지 못하고 탈원전 정책만 밀어붙였다.[61] 전량 수입에 의존하는 LNG를 늘릴 경우 유가 변동과 공급상의 장애 요인 발생에 따른 에너지 수급의 안정성 문제가 제기된다. 또한 가격 경쟁력이 낮은 신재생에너지와 값비싼 LNG 비중의 증가는 전기요금 인상 요인으로 작용한다. 2019년도 한국전력의 1KWh당 발전원별 구입단가는 원전(60.76원), 유연탄(78.97원), 신재생(90.03원), LNG(103.67원) 순으로 원전이 압도적으로 낮은 수준이다.**

2017년 6월 18일 문대통령은 고리원전 1호기 영구정지 선포식에서 "탈원전을 하더라도 전기요금 인상은 없다"고 국민을 안심시켰다. 백운규 산업부 장관도 인사청문회(2017. 7. 19)에서 "탈원전으로 전기요금 인상은 절대 없다"고 주장하였다. 산업통상자원부는 2017년 8월에 〈제8차 전력수급기본계획〉을 발표하면서 "2022년까지 전기요금을 인상하지 않겠다"고 약속하였다. 정부는 탈원전 정책을 추진해도 당분간 전기요금 인상이 없으며, 2030년까지 전기요

* 2021년 10월 18일 탄소중립위원회는 「2050 탄소중립 시나리오안」을 발표하였다. A안은 발전 부문에서 2050년에 2018년 대비 온실가스를 100% 줄이는 안으로, 화력발전은 전면 중단하고 LNG 발전량은 0%, 원전 발전량 6.1%, 재생에너지 발전량 70.8%를 달성하는 것이다. B안은 발전 부문에서 2050년에 2018년 대비 온실가스를 92.3% 줄이는 안으로, 화력발전을 전면 중단하고 LNG 발전량 5%, 원전 발전량 7.2%, 재생에너지 발전량 60.9%를 달성하는 것이다.

** IEA의 《전력생산비용전망》(2020.12) 보고서를 보면, 2025년에 우리나라의 균등화 발전단가(특정 국가의 다양한 발전원의 경제성을 비교하는 데 사용하는 지표로써 발전소 건설, 운영 관리, 연료, 탄소, 폐로, 사용 후 핵연료 처리 등의 비용을 포함)는 MWh당 원전 53.3달러, 가스복합 발전 86.76~95.89달러, 태양광(상업용 98.13달러, 대규모 발전단지 96.56달러), 풍력(육상 113.33달러, 해상 160.98달러)으로 전망하고 있다.

[그림 5-1] **문정부의 탈원전 정책: '불가능한 삼위일체'**

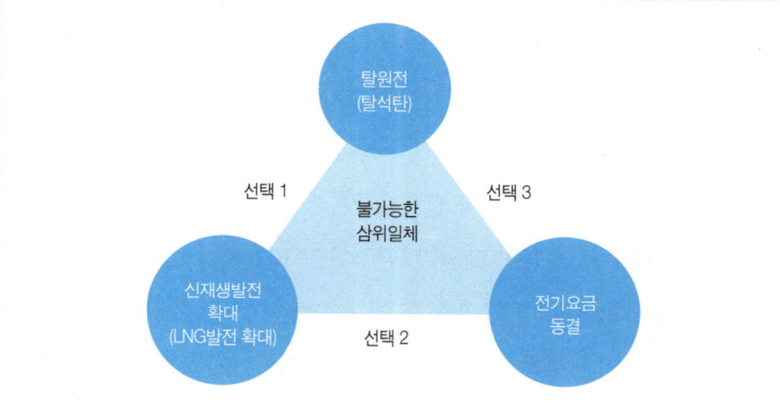

출처: 저자 작성.

금 인상 요인이 연평균 1.3%에 불과하다고 주장하였다. 그러나 연평균 소비자 물가 상승률이 2017~2019년 기간 동안 1.3%인 것을 감안하면 실제 전기요금 인상률은 현재 수준에서 동결하는 것이라고 볼 수 있다.

문정부의 탈원전 정책의 핵심 내용은 크게 다음 세 가지로 요약할 수 있다. 첫째, 탈원전·탈석탄을 추진한다. 둘째, 신재생·LNG 발전을 확대한다. 셋째, 전기요금을 동결한다.

그러나 통상 한 국가는 탈원전·탈석탄, 신재생·LNG 발전 확대, 전기요금 동결을 동시에 추구할 수 없다. 즉, 이 세 가지를 동시에 추진하는 것은 '불가능한 삼위일체'를 가능한 것으로 만들고자 하는 것이다.

한 국가는 [그림 5-1]의 삼각형 중 한 변을 선택하는 대가로 반대편 꼭지점을 포기해야 한다.

① 탈원전·탈석탄 및 신재생·LNG 발전을 확대하는 '선택 1'의 선분을 선택하면 반대편 꼭지점인 전기요금 동결을 포기해야 한다. 발전단가가 낮은 원전·석탄 발전이 줄어들면 그만큼 발전단가가 비싼 신재생·LNG 발전이 늘어나 큰 폭의 전기요금 인상이 발생한다. 따라서 전기요금 동결이 불가능하다.

② 신재생·LNG 발전 확대 및 전기요금을 동결하는 '선택 2'의 선분을 선택하면 반대편 꼭지점인 탈원전·탈석탄을 포기해야 한다. 발전단가가 비싼 신재생·LNG 발전의 확대는 큰 폭의 전기요금 인상을 초래한다. 따라서 전기요금이 동결된 상태에서는 발전단가가 낮은 원전·석탄 발전의 확대가 필요하므로 탈원전·탈석탄이 불가능하게 된다.

③ 탈원전·탈석탄과 전기요금을 동결하는 '선택 3'의 선분을 선택하면 반대편 꼭지점인 신재생·LNG 발전 확대를 포기해야 한다. 발전단가가 낮은 원전·석탄 발전이 줄어들면 그만큼 발전단가가 비싼 신재생·LNG 발전 확대가 필요하다. 그러나 전기요금이 동결된 상태에서 발전단가가 비싼 신재생·LNG 발전을 확대하는 것은 불가능해진다.

일본과 독일 등 탈원전 정책을 추진한 국가들도 이러한 '불가능한 삼위일체'와 힘겹게 씨름하고 있다. 일본은 전기요금의 상승으로 원전을 재가동한 사례이다. 2012년 이후 일본은 원전 가동정지로 인해 화력 발전량이 급증하였다. 가스발전 비중도 2010년 27%에서 2013년 38%로 큰 폭으로 증가하였다. 석유발전도 2010년 8%에서 2013년 14%로 증가하였다. 이로 인해 전력요금이 급상승하였다. 일본은 기존의 석탄 화력발전과 원자력 발전 방식보다 발전원가가 높은 재생에너지 발전으로 인해 추가적으로 상승한 비용을 '재생에너지 발전 촉진 부과금'이라는 명목으로 가정과 기업의 전기요금에 포함시켰다. 이 부과금은 1kWh당 2.64엔으로 2016년 기준 월 260kWh를 사용하는 일본 평균 가정의 월 부담액은 약 7천 원에 달한다. 이렇듯 원전 대체의 한계가 나타나면서 일본 경제산업성은 원전 재가동 계획을 반영한 〈제4차 에너지기본계획〉을 2014년에 공표하였다. 이 계획은 원자력을 주요 기저부하로 인정하여 원전 비중을 높였다. 일본은 2030년도 전원믹스를 가스 27%, 석탄 26%, 재생에너지 22~24%, 원전 20~22%로 제시하였다.[62]

일본에서 후쿠시마 원전 사고 이후 원전을 재가동한 진짜 이유는 LNG, 석유, 화력 발전 등 화석연료의 발전 증가로 인한 전력요금 상승 압박이었다.[63] 원전이 가동하지 않아 전력회사는 적자가 발생하게 되면서 적자분을 전기요금에 전가할 수밖에 없었다.* 전기요금이 오르면 산업활동의 국제경쟁력과 국민 생활에도 큰 영향을 미친다. 일본 전력회사는 원전 재가동 아니면 전기요금의 인상, 둘 중 하나를 선택해야 하는 양자택일의 어려운 상황에 놓여 있었다. 일본은 후쿠시마 원전사고 후 탈원전 정책을 선포하였으나 전기요금이 급등하고 전력 수급에 차질이 생기자 즉시 탈원전을 포기하였다.[64]

독일은 전기요금 상승을 감수하고 탈원전 정책을 밀어부친 대표적인 사례이다. 독일은 2011년 일본 후쿠시마 원전사고 이후 2017년까지 전체 원전 17곳 가운데 11곳을 폐쇄하였으며, 2022년까지 모든 원전을 폐쇄할 계획이다. 독일에서는 '에너지 전환 정책' 시행 이후 전기요금 인상 추세가 지속되었다. 그

* 일본은 도쿄전력, 간사이전력 등 민간회사가 전력시장을 운영한다. 적자가 발생하면 전기요금에 반영해야 경영이 유지된다. 반면 우리나라에서는 공기업인 한전이 전력시장을 운영하므로 전기요금 인상 요인을 한전의 적자 혹은 전력산업기반기금(전기요금 청구서의 3.7% 부과) 활용 등으로 충격을 흡수하는 특수한 측면이 존재한다. 실제로 2020년 2조 원 규모인 전력산업기반기금에서 9,919억 원(약 49%)을 신재생에너지 지원에 활용하여 탈원전으로 인해 발생한 비용을 지원하였다.

이유는 '재생에너지 부과금'이 주요 원인으로 지목된다. 〈재생에너지법〉에서 재생에너지로 생산된 전력에 할증가격을 부과하였다.[65] 실제로 '재생에너지 부과금'이 가파르게 상승하여 전기요금 상승을 압박하였다. '재생에너지 부과금'이 전기요금 전체에서 차지하는 비중이 2010년 9%에서 2017년 24%로 증가하였다. 가정용 전기의 '재생에너지 부과금'이 2009~2018년 동안 5배나 인상되었다.[66] 이에 따라 독일의 가정용 전기요금은 지속적으로 인상되었다. 에너지 전환 정책이 시작된 2000년과 비교하면 2017년에는 2배 이상 인상되었다. 에너지 전환 정책의 시행 이전에는 국제적으로 낮은 수준이던 독일의 가정용 전기요금이 2017년 기준으로 세계 최고 수준이 되었다. 독일의 가정용 전기요금은 2017년 기준으로 유럽 평균보다 50% 이상 비싸고 원전 이용률이 높은 프랑스에 비해 2배 수준에 달한다.[67]

탈원전 정책에 대한 일본과 독일의 사례는 우리에게 중요한 시사점을 준다. 즉, 우리나라에서 탈원전 정책을 지속적으로 추진하려면 전기요금을 큰 폭으로 인상해야 한다는 것이다. 그 이유는 발전단가가 낮은 원전과 석탄발전이 줄어들면 그만큼 발전단가가 비싼 신재생 및 LNG 발전을 늘려야 하기 때문이다.[68]

원전 발전량은 오히려 더 증가

문정부의 탈원전 정책은 2017년부터 본격적으로 시행되었다. 시행 결과를 보면 2017~2019년 기간에 원전 발전량과 석탄 발전량은 감소하였고, LNG 발전량과 신재생 발전량은 증가하였다. 석탄 발전량은 미세먼지 계절관리제의 시행으로 석탄발전소 가동이 중단되면서 발전량이 감소하였다. 그러나 2020년의 원전 발전량은 2017~2019년 기간과 대비하여 오히려 증가하였다. 2020년의 원전 발전량은 2019년 대비 10%나 증가하여 전체 전력 생산량 대비 29%를 차지하였다([그림 5-2]). 이는 탈원전 정책 추진 전의 2016년도 원전 발전량 비중이었던 30%에 도달하여 탈원전 정책 효과가 거의 없게 되었다. 원전 이용률도 상승하여 2018년 평균 65.8%였던 원전 이용률이 2019년 75.3%로 증가하였고, 2020년 12월에는 83.6%를 기록하였다.

신재생 발전은 정부의 탈원전 정책을 통해 전폭적인 지원을 받아 태양광, 풍력을 중심으로 늘리긴 하였으나 실제 증가율은 미미한 실정이다. 문정부가 탈원전 정책을 추진한 2017~2020년을 살펴보면, 전국을 태양광과 풍력 발전 등으로 온 나라를 떠들썩하게 만들고서도 신재생 발전량은 겨우 연평균 0.5% 증가한 것에 불과하다. 그야말로 '태산명동에 서일필' 정책이 아닌가 싶다. 이러한 신재생 발전량의 증가율을 고려할 경우, 〈제9차 전력수급기본계획〉에서 제안한 2034년의 신재생 발전량 비중 26.3%와 탄소중립위원회가 제안한 2050년의 61~71% 달성은 과연 가능할까?

문정부의 적극적인 탈원전 정책 추진에도 오히려 원전 의존도가 더 높아지는 역설적인 현상이 발생하였다. 이러한 역설적인 현상은 다음과 같은 이유에 기인한다. 우리나라의 에너지 발전 방식은 경제성을 최우선적으로 고려하는 '경제급전' 방식을 따르고 있어 기저부하 발전소의 경우 값싼 순으로 가동된다. 발전단가가 싼 원전과 화석연료의 발전 비중이 2/3를 차지하는 상황에서 비싼 신재생에너지와 LNG 발전 비중을 늘리면 전기요금은 상승할 수밖에 없다. LNG는 해외에서 전량 수입하며 발전단가도 비싸다. 또한 태양광 및 풍력 등 신재생 발전의 간헐성은 전기요금 상승의 요인으로 작용한다. 우리나라의 경우 태양광 발전의 평균 이용률은 약 15%, 풍력은 23% 수준이며 항시 전력

[그림 5-2] 에너지원별 발전량 비중 추이(%)

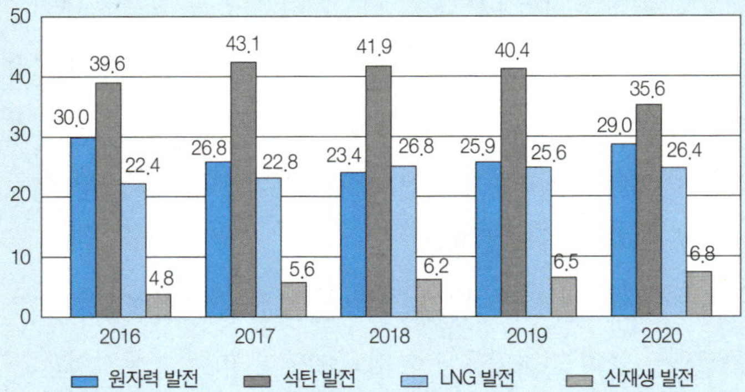

출처: 한국전력공사, 《한국전력 통계》, 각 연도.

공급을 할 수 있는 석탄과 원전의 평균 이용률은 75% 수준이다.[69] 탈원전 정책의 일환으로 전기요금이 동결된 상태에서 발전원가가 낮은 원전이 매력적인 발전원으로 떠올라 원전 발전량이 오히려 더 증가한 것으로 판단된다.

결국은 전기요금 인상으로 회귀

발전 비용을 상승시키는 LNG 발전 및 신재생 발전량의 증가는 정부의 전기요금 동결 정책으로 인해 한전의 적자 급증을 초래하였다. 원전 이용률이 1% 낮아질 경우 한전은 약 1,900억 원의 수입이 감소한다고 한다. 한전은 실제로 2019년에 1조 3,566억 원의 적자를 기록하여 11년 만에 최악의 적자를 기록하였다. 2021년 2/4분기에는 고유가로 연료비 원가가 상승하였지만 정부의 물가관리에 의한 전기요금 동결로 한전은 영업손실 7,648억 원을 기록하였다.

또한 태양광, 풍력 등 신재생 발전은 간헐성을 가지고 있어서 언제든지 대체할 수 있는 가스 및 화력 발전소, 에너지 저장시설(ESS) 같은 보조설비, 그리고 전력 수급을 조절하기 위한 통제 시스템과 그 운용에 필요한 추가 비용 등이 소요된다. 따라서 한전은 값싼 원전 대신 값비싼 LNG를 늘렸다. 결국은 신재생 발전과 LNG 비중이 커지는 데 따른 발전 비용 증가로 전기요금 인상 문제가 사회적 이슈가 되었다.

이에 문정부는 2020년 12월에 전기요금 인상안을 발표하여 그동안 탈원전 정책에서 강력하게 추진하였던 전기요금 동결 유지가 불가능함을 보여 주었다. 전기요금 인상은 문정부가 탈원전 정책을 밀어붙일 때부터 예견된 문제였다. 전기요금 인상안의 주요 내용은 다음과 같다. 첫째, 현행 전기요금은 기본요금과 사용량에 비례하는 전력량 요금을 합하여 산정되는데, 여기에 '연료비 조정요금' 항목을 신설하여 연료비 변동분을 주기적으로 반영한다. 둘째, 현행 전기요금에서 기후·환경요금을 분리하여 별도 고지 및 소비자 정보제공을 강화한다.[70)]

산업통상자원부는 2021년부터 현행 전력요금 체계에 연료비 연동제를 도입하였다. 연료비 연동제는 석유·LNG·석탄 수입가격 등락에 따라 3개월 주기로 연료비 조정요금을 인상 혹은 인하하는 제도이다. 그러나 변동 폭은 매우 미미하다. 그 이유는 한전이 마련한 안전장치 때문이다. 즉, 연료비 조정요금은 최대 ±5원/kWh 범위 내에서 직전 요금 대비 3원까지만 변동 가능으로 제한하였다. 상하한 ±5원/kWh 도달 시 그 이상으로 인상 혹은 인하되지 않는다.[•] 따라서 충격을 일부 완화하는 수준일 뿐 유가상승으로 인한 전기요금 인상은 필연적이다.

• 주택용 4인 가구 월평균 사용(350kWh, 월 5.5만 원) 기준 분기 최대 1,050원/월. 산업용 및 일반용 월평균 사용(9,240kWh, 월 119만 원) 기준 분기 최대 2.8만 원/월(산업통상자원부, 보도참고자료, 2020. 12. 17).

또한 기후·환경요금을 별도 요금으로 분리하여 고지하기로 하였다. 기후·환경요금은 신재생에너지 의무이행 비용(RPS), 온실가스 배출권 거래 비용, 미세먼지 계절관리제 시행 등으로 인한 석탄발전 감축 비용으로 구성된다. 2021년 1월 현재 기후·환경 비용은 총 5.3원/kWh로 전기요금의 약 4.9%를 차지한다.*

2017년에 문정부는 '탈원전을 하더라도 2022년까지는 전기요금 인상이 없을 것'이라고 약속하였었다. 그러나 이 약속은 깨졌다.** 원전 발전량이 오히려 증가하였고 전기요금도 상승하여 문정부의 탈원전 정책은 사실상 실패한 정책으로 판단된다.

---

* 기후·환경 비용 5.3원/kWh은 신재생에너지 의무이행 비용(RPS) 4.5원/kWh, 온실가스 배출권 거래 비용 0.5원/kWh, 미세먼지 계절관리제 시행 등으로 인한 석탄발전 감축 비용 0.3원/kWh의 합(산업통상자원부, 보도참고자료, 2020. 12. 17).

** 산업통상자원부는 2022년 4월 이후 LNG, 유연탄 등의 연료비 급등으로 기준 연료비를 킬로와트시(kWh)당 9.8원 인상한다고 발표하였다. 전기요금 인상은 2013년 11월 이후 8년 만에 처음이다.

1) 우리나라의 미세먼지 농도는 중국발 외에도 기후 변화에 따른 풍속 저하에도 영향을 받는다. 국립환경과학원에 따르면, 최근 10년간 서울 지역은 풍속이 10% 감소하여 미세먼지 농도가 20% 증가하였다. 즉, 풍속 변화의 2배 영향을 받는 것으로 나타났다.

2) 김순태 외(2017), "Recent increase of surface particulate matter concentrations in the Seoul Metropolitan Area, Korea", Nature, Scientific Reports.

3) KORUS-AQ(the Korea-United States Air Quality) 연구결과: NASA와 국립환경과학원 공동연구(2016년 5월 1일~6월 12일 기간 대상).

4) Jihoon seo et al.(2020), "Synergistic enhancement of urban haze by nitrate uptake into transported hygroscopic particles in the Asian continent outflow", *Atmos. Chem. Phys.*, 20, pp. 7525~7594.

5) 〈중국발 미세먼지 국내 오염물질과 만나 더 심해진다〉(조선일보, 2020. 7. 28). 〈KIST 연구진, 중국발 미세먼지의 국내 악화과정 규명〉(2020. 7. 28, 인더스트리뉴스). 〈중국에서 온 미세먼지가 국내 자동차 배기가스 만나면…최악의 은밀한 살인자〉(서울신문(2020. 7. 20).

6) Q. Di, Y. Wang, A. Zanobetti, Y. Wang, P. Koutrakis, C. Choirat, F. Dominici, and J. Schwartz(2017), "Air Pollution and Mortality in the Medicare Population", *The New England Journal of Medicine*, 376(26), pp. 2513~2522.

7) 연평균으로 보았을 때 약 12~13μg/m^3 수준의 순수 국내 요인은 부정하기 어렵다. 이는 중국, 한국 등 국외 영향을 포함한 실제 일본의 연평균 초미세먼지 농도인 12μg/m^{3}에 맞먹는 것이다(심창섭, 2019, 《에너지포커스》, 에너지경제연구원).

8) 미세먼지에 관한 본격적인 법제도는 2019년 2월에 〈미세먼지 저감 및 관리에 관한 특별법〉을 제정하면서 시작되었다. 이 법은 미세먼지 고농도 시 자동차 운행 제한, 배출시설 가동률 조정, 시차출·퇴근 등의 대응 조치 강화, 취약계층을 배려한 집중관리구역 지정과 공기정화시설 배치 지원, 미세먼지 특별대책위원회와 미세먼지 개선기획단 등의 미세먼지 전담조직 설치 등을 주요 내용으로 하고 있다.

9) 관계부처합동(2017), 〈미세먼지 종합대책〉, 2017. 9. 26.

10) 관계부처합동(2018), 〈비상·상시 미세먼지 관리 강화대책〉, 2018. 11. 8.

11) 관계부처합동(2019), 〈미세먼지 관리 종합계획(2020~2024년)〉, 2019. 11. 1.

12) 이 계획은 〈미세먼지 저감 및 관리에 관한 특별법〉 제7조에 근거하고 있다.

13) 감사원(2020), 《환경부 감사보고서-미세먼지 관리대책 추진실태》.

14) 미세먼지 예산이 집중되어 왔던 친환경차의 환경성에 대한 논란이 있다. 예를 들어, 전기차 보급

으로 차량에서 나오는 미세먼지 양은 감소하나 전력생산을 위해 배출되는 양은 오히려 증가하므로, 전기차의 보급이 대기오염원을 단순히 도로에서 발전소로 이동시키는 것 이상도 이하도 아니라는 주장이 있다(안상진, 2018, 〈대기오염을 유발하는 전기차의 역설〉, KISTEP(한국과학기술기획평가원), 제27호). 향후 전기차, 수소차, 경유차, 휘발유차, LPG차 등에 WTW(well-to-wheel), LCA(life cycle analysis) 등의 전 과정 분석을 통한 외부 비용의 통합·분석을 체계화 할 필요가 있을 것으로 보인다(국회예산정책처, 2019. 10, 《2020년도 예산안 위원회별 분석-환경노동위원회》).

15) 국회예산정책처(2019. 9), 〈미세먼지 대응 사업분석〉.

16) 국회예산정책처(2019. 10), 〈2020년도 예산안 위원회별 분석-환경노동위원회〉.

17) 김남욱(2017), 〈지방자치단체의 미세먼지 오염방지 및 저감 법제에 관한 개선방안〉, 《유럽헌법연구》, 25, pp. 453~486.

18) KBS 공영미디어연구소는 2019년 6월 9일에 전국 성인남녀 2,602명을 대상으로 설문조사를 실시하였다.

19) 장재연(2019), 《공기파는 사회에 반대한다》, 동아시아.

20) 이권호 외(2020), 〈인공위성, 지상관측, 궤적모델을 이용한 2019년 12월 고농도 연무 현상의 특성 분석〉, 《한국대기환경학회지》, Vol. 36, No. 1, pp. 128~138.

21) 1차 계절관리제의 전반기(2019. 12~2020. 1)에는 전년 동기 대비 34% 감소하였다. 이 시기에는 계절관리제 실시 효과, 기상 영향, 중국의 추·동계 대책 및 코로나19로 인한 경제활동 봉쇄 효과 순으로 영향을 미친 것으로 환경부는 평가하고 있다. 후반기(2020. 2~2020. 3)에는 전년 동기 대비 18% 감소하였다. 이 시기에는 기상 영향, 중국의 추·동계 대책 및 경제활동 재개 효과, 계절관리제 효과 순으로 영향을 미친 것으로 환경부는 평가한다(환경부 보도자료, 2020. 5. 13, 〈첫 계절관리제…고농도 미세먼지 완화효과 톡톡〉).

22) 환경부 보도자료(2021. 4. 5), 〈최근 3년 대비 초미세먼지 농도, 나쁨일수 좋아졌다〉.

23) Soontae Kim et al.(2020), "The Impacts of COVID-19, meteorology, and emission control policies on PM2.5 drops in Northeast Asia", Scientific Reports.

24) 환경부 보도자료(2020. 5. 13), 〈첫 계절관리제…고농도 미세먼지 완화효과 톡톡〉.

25) 환경부 설문 결과(2020. 6. 11, 조선일보)와 KBS 공영미디어연구소(2019. 6. 9)가 전국 성인남녀 2,602명을 대상으로 실시한 설문조사에서도 국민의 75.3%는 '정부가 미세먼지 저감 대책을 잘 못하고 있다'고 답하였다.

26) KEI(2020), 〈국민 인식조사〉, 《KEI 포커스》, 7권 11호.

27) KEI(2020), 〈국민 인식조사〉, 《KEI 포커스》, 7권 11호.

28) 감사원 감사보고서(2020. 9)는 환경부의 미세먼지 대책과 추진 실태에 대한 국민들의 인식을 확인하기 위하여 2020. 3. 11~3. 23 기간 동안 에어코리아(www. airkorea.or.kr) 홈페이지를 방문한 일반 국민 238명을 대상으로 설문조사를 실시하였다.

29) (전)국가기후환경회의는 중장기 정책과제로 다음을 제안하였다: 미세먼지의 국외 영향은 상당하며 국가 대기 질 개선 계획 수립과 이행에 중요하나, 활용 가능한 국외 데이터 부족으로 정확한 과학적 규명이 어려워 국민의 불안이 큰 실정이다. 이에 따라, ① 국내 연구의 한계를 보완하기 위해 국제 공동연구 등 동북아 차원의 연구 교류 인프라를 구축하고, ② 현재 도출되는 국외 영향 연구 결과들의 신뢰성 확보를 위해 고농도 사례 연구에 대한 비교 · 검증 체계 마련이 필요하다(국가기후환경회의, 2019. 10, 《국민정책제안》).

30) 경향신문(2020. 6. 29), 〈반기문 前 국가기후환경회의 위원장–미세먼지, 중국보다 우리 책임 더 커〉.

31) 아서 크뢰버 지음, 도지영 옮김(2017), 《중국경제》, 시그마북스, p. 45.

32) 세계일보(2018. 3. 27), 〈베이징 공장 이전? 중국발 미세먼지의 오해와 진실〉.

33) 환경부 보도자료(2019. 1. 22).

34) 환경부 보도 설명자료(2020. 1. 17).

35) 환경부 보도 설명자료(2020. 1. 17).

36) UNEP(2019), 《A Review of 20 Years: Air Pollution Control in Beijing》.

37) 환경부 보도자료(2021. 2. 10).

38) KBS 공영미디어연구소(2019. 6. 9)는 전국 성인남녀 2,602명을 대상으로 설문조사를 실시하였다: 국민은 공공기관 2부제, 노후 차량 운행금지, 석탄 및 화력발전소 출력 제한 등 기존 비상저감 조치에 대해서도 부정적인 견해를 나타냈다. 응답자의 51.6%가 이러한 비상저감 조치가 실효성이 없다고 답하였다.

39) 환경부 소속 국립환경과학원은 2019년 12월 27일부터 한·중 전용망으로 중국과 대기 질 예보정보를 공유한다고 발표하였다. 중국은 베이징, 장춘, 다롄 등 11개 성·시의 향후 3일간 예상 대기질 지수(중국의 AQI)와 미세먼지 농도 자료를 매일 1회 국립환경과학원에 제공하기로 하였다.

40) 중국 등 국외에서 발생한 오염물질이 장거리 이동하여 국내 미세먼지에 미치는 영향에 대한 국민들의 인식 파악을 목적으로 전국 만 19세 이상 69세 미만의 성인남녀 1,000명을 대상으로 2019. 9. 26~10. 25 기간 리서치앤리서치가 온오프라인 조사를 실시하였다(《KEI 포커스》, 제7권 제11호, 2020).

41) 장자연(2019), 《공기파는 사회에 반대한다》, 동아시아.

42) 신범식(2018), 《지구환경정치의 이해》, 사회평론아카데미.

43) 김영성(2018. 6), 〈미세먼지 대응–무엇이 문제인가〉, 국회입법조사처 연속 전문가 간담회 자료집.

44) 대한뉴스(2019. 11. 7).

45) 뉴스데일리(2019. 6. 13).

46) 한국대기환경학회(2018), 《대기환경》, 동화기술, p. 396.

47) 감사원(2020. 9), 《환경부 감사보고서–미세먼지 관리대책 추진실태》.

48) Boom and Bust(2020), 〈다시 석탄발전소 열풍부는 중국〉.

49) 동아일보(2020. 7. 2).

50) 누리꾼들은 환경단체에 대해 다음과 같이 비난하고 있다: "제주 구럼비바위 폭파를 강력히 반대하고, 4대강을 '녹조라떼' 라며 시위하던 환경단체분들 왜 이렇게 조용합니까?, 시민단체라면 당연히 대책을 촉구해야 한다. 정권의 눈치를 보는 건가?, 아무것도 하지 않고 국민들의 울분을 외면하는 청와대와 정치권, 정파에 따라 환경운동도 선택하는 환경 관련 시민단체들에 분노하는 것이다. 부끄러운 줄들 알아야지!"(빅터뉴스, 2019. 3. 6).

51) 장재연(2019), 《공기파는 사회에 반대한다》, 동아시아, p. 69.

52) 장재연(2019), 《공기파는 사회에 반대한다》, 동아시아. p. 68.

53) 한국경제(2020. 2. 19), 〈환경단체 '청정' LNG 발전도 반대…반도체공장 증설 '발목 잡힌' SK하이닉스〉.

54) 서울신문(2020. 8. 9), 〈이번에 산사태 왜이리 많나…주범은 '태양광 난개발'〉.

55) 산업통상자원부(2020. 8. 10), 보도 설명자료.

56) 아서 크뢰버 지음, 도지영 옮김(2017), 《중국경제》, 시그마북스, pp. 42~44.

57) 아서 크뢰버 지음, 도지영 옮김(2017), 《중국경제》, 시그마북스, pp. 42~44.

58) 아서 크뢰버 지음, 도지영 옮김(2017), 《중국경제》, 시그마북스, pp. 42~44.

59) 강택구 외(2020), 《중국의 대기정책결정 구조 분석과 한중 협력의 시사점》, KEI.

60) 강택구 외(2020), 《중국의 대기정책결정 구조 분석과 한중 협력의 시사점》, KEI.

61) 정부의 탈원전 정책으로 전기요금이 2030년까지 25.8%, 2040년까지 33%의 인상요인이 있다(한국경제연구원, 《탈원전 정책의 경제적 영향》, 2020. 1. 7).

62) 조석(2017), 《새로운 에너지 세계》, 메디치, p. 184.

63) 우에다 카즈히로 저, 이수철·조용성 역(2014), 《그린에너지 원론》, 하이에이전시, pp. 98~101.

64) 우에다 카즈히로 저, 이수철·조용성 역(2014), 《그린에너지 원론》, 하이에이전시, pp. 98~101.

65) 데이비드 엘리엇 엮음, 이지민 옮김(2018), 《원자력, 우리의 미래인가?》, 교보문고·에너지경제연구원, p. 277.

66) 최연혜(2018), 《대한민국 블랙아웃》, 비봉출판사, p. 84.

67) 최연혜(2018), 《대한민국 블랙아웃》, 비봉출판사, p. 133.

68) 대만은 대정전으로 탈원전 정책을 포기한 사례이다. 2016년 5월에 차이잉원 총통은 탈원전 공약을 발표하였다. 대만은 원전 제로 정책 추진으로 인해 2017년 8월 17일에 대정전(Black-out)이 발생하자 2018년 11월에 국민투표로 탈원전을 부결시켰다. 대만은 2025년에 화력 80%, 원전 20%의 에너지믹스를 목표로 탈원전 정책을 포기하였다.

69) 조선비즈(2021. 2. 20), 〈탈원전 포기 수순?…작년 원전 발전량 文정부 이후 최대〉.

70) 산업통상자원부(2020. 12. 17), 보도 참고자료, 〈원가연계형 요금제 등 합리적 전기요금 체계개편안 확정〉.

6

한·중 양자 간에 구속력 있는 미세먼지 감축 협정• 을 체결하자.

• 협정은 각국의 헌법 규정에 따라 다르나 국회의 동의를 필요로 하는 것이 일반적이다. 반면 협약은 국제법상 조약의 명칭으로 협정과 동의어로 쓰이기도 한다. 이 책에서는 협정과 협약을 동의어로 보고 혼용하기로 한다.

우리나라의 미세먼지는 국내에서 배출하는 대기오염 물질과 중국에서 발생해 국경을 넘어 국내로 유입되는 대기오염 물질로 구성된다. 우리 국민은 특히 중국발 미세먼지에 대해 우려와 관심이 높다.

국내 미세먼지와 중국발 미세먼지는 각각 달리 해결방법을 찾아야 하는 환경 문제이다. 월경성 미세먼지는 이웃 국가 또는 이해 당사국들과 협력을 통해서만 저감이 가능하다. 국제 협력을 통한 월경성 대기오염 물질 저감은 어려운 일이지만 지금까지 성공한 사례가 없었던 것은 아니다. 유럽의 장거리 월경성 대기오염 협약과 미국·캐나다 간의 산성비 협약이 대표적인 성공사례이다.

이 장에서는 중국발 미세먼지 해결에 있어서 현행 동북아 환경협력체의 현황과 한계점을 분석하고, 해외 성공사례들을 통해 다양한 해결방안을 제시하기로 한다.

1. 현행 동북아 환경협력체는 중국발 미세먼지를 해결 못한다.

동북아 환경협력체의 현황

동북아 지역의 환경 문제는 1990년대에 황산화물, 2000년대 초반에 황사, 그리고 최근에는 미세먼지 문제로 시간이 지남에 따라 양상이 변해 왔다. 우리나라와 일본은 편서풍의 풍하 지역에 위치하여 중국발 대기오염 물질의 영향을 크게 받고 있다. 현재 한·중·일을 포함한 동북아 지역에서는 월경성 대기오염 물질 개선에 대한 공감대가 형성되어 다양한 대기 질 개선 협력 프로그램이 진행되고 있다.

〈동북아 환경협력계획〉(NEASPEC)* 은 우리나라 주도로 1993년에 설립한 환경협의체이다. 현재 한국, 중국, 일본, 몽골, 러시아, 북한의 6개국이 참여하고 있으며 동북아의 대기오염 등 환경 이슈를 다루고 있다. 2018년에는 NEASPEC의 산하 조직으로 〈동북아 청정대기 파트너십〉(NEACAP)** 이 출범하여 역내 대기오염 저감을 위해 공동 대응하고 있다. NEASPEC은 미세먼지, 오존 등 대기오염 관련 정보 파악, 공동연구, 관련 정책제언 및 과학기반 정책협의를 주요 목표로 하고 있다.

〈동아시아 산성비 모니터링 네트워크〉(EANET)*** 는 일본 주도로 1998년에 설립한 정부 간 기구이다. 한·중·일을 포함한 13개 동아시아 국가가 참여하고

* North-East Asian Subregional Programme for Environmental Cooperation
** North-East Asia Clean Air Partnership
*** Acid Deposition Monitoring Network in East Asia

있다. 산성비 문제에 대한 공동 인식 구축과 정보 제공, 관련 협력을 증진시키는 것이 주요 설립목적이다. 동아시아 지역의 산성 침전물 문제를 파악하기 위해 산성 침전물 관측소, 내륙 수생환경 관측소를 설치하여 자료를 공유하고 있다. 당초에는 산성 침전물 관련 참가국들의 협조체계 구축이 목표였으나, 현재는 미세먼지 및 오존 등 모니터링 대상 물질의 확대를 논의하고 있다.

한국, 중국 및 일본 3개국이 참가하는 〈한·중·일 환경장관회의〉(TEMM)* 는 1999년에 설립되었다. 동북아시아 유일의 각료급 회의체로 참가국의 환경부처 및 산하 연구소가 참여하고 있다. TEMM은 3국 간 동북아 지역의 황사, 산성비, 국경 간 이동 대기오염의 협력 분야에 초점을 두고 있다. 2017년 한국에서 개최된 제19차 TEMM에서 한·중·일 3국은 '공동합의문' 채택을 통해 대기오염, 기후 변화와 같은 지역 및 지구 환경 문제의 지속 가능한 해결을 위해 오염물질 저감을 강조하였다.[1)]

한·중·일 3국이 공식적으로 참여하는 〈동북아 장거리 이동 대기오염 물질 공동연구〉(LTP)** 는 우리나라 주도로 1995년에 시작되었다. LTP는 동북아 지역 내 대기오염 물질의 장거리 이동 실태를 조사하고 대기 질 개선을 위한 공동연구사업을 추진하고 있다. 2장에서 언급한 바와 같이 2019년 11월 20일에 한·중·일 3국은 각자 연구한 초미세먼지 연구 결과를 공동으로 발표하였다. 이 연구 결과를 보면, 2017년 기준 서울, 대전 및 부산에 대한 미세먼지 영향은 중국이 32%, 일본이 25%를 기여하는 것으로 나타났다.[2)] 그러나 2019년도 LTP 공동 보고서 발간의 정치적 영향으로 인해 2020년부터는 동북아의 장거리 대기오염 물질 이동에 관한 공동연구가 중단되었다. 대신에 각국의 대기오염 상

* Tripartite Environment Ministers Meeting
** Long-Range Transboundary Air Pollutants in Northeast Asia

호 기여율은 더 이상 다루지 않고 각국의 초미세먼지와 오존 등 2차 생성물질의 발생 원인 분석으로 한정하였다. 결국은 학자들 간의 단순한 연구협력체로 바뀌었다.[3)]

2015년 6월에 설립된 〈한·중 대기 질 공동연구단〉은 대기 질 개선 협력 강화, 대기오염 물질 측정, 대기오염 예보 모델 및 고농도 현상의 원인을 연구하고 있다.[4)] 2017년 4월부터 베이징, 바오딩 등 중국 북부 4개 도시의 대기오염 물질 발생원을 규명하고 이동 및 변환 과정 추적을 공동으로 수행하기 위해 '청천 프로젝트'를 추진 중에 있다. 그러나 우리나라는 대기 질 측정 자료 공유 도시를 확대하고자 하였으나,* 중국 정부의 반대에 부딪혀 어려움을 겪고 있다. 우리나라 환경부는 대기 질 측정 자료 공유 확대가 어려워지자 한·중 간 미세먼지의 예보정보를 교류하는 쪽으로 방향을 바꾸어 소극적인 대응을 하고 있다.

유사협력체 중복과 대표협력체의 부재

현재 우리나라를 포함한 동북아 국가들은 월경성 대기오염 물질 해결을 위해 다자 및 양자 간의 국제 협력을 다양하게 진행하고 있다. 그러나 유사협력체의 중복으로 대기오염 물질 저감 효율성이 매우 낮다. 환경협력체 간의 어젠다 선정이 중복되고 공통의 합의사항 도출도 사실상 어려운 실정이다. 그나마 미세먼지 배출량 저감에 초점이 맞추어 있지도 않아서 중국발 미세먼지 감축은 거의 진전이 없는 실정이다.[5)]

* 우리나라는 한국 3개 도시, 중국 35개 도시에서 한국 17개 도시, 중국 74개 도시로 확대하고자 하였다.

현행 동북아 환경협력체를 보면, 정부 간 협력활동의 경우 국가 간에 리더십 경쟁이 존재한다. 각국의 특성과 이해관계가 상이하여 협력에 한계점을 가지고 있다. 중국은 EANET와 TEMM의 활동이 자국의 주권에 도전하는 것에 대해 우려를 나타내고 있다. 과거 몇 년 동안 중국의 이러한 행태가 자국의 대기오염 자료 공유를 거부하는 결과를 초래하였다. 한국은 NEASPEC을 중심으로 하는 지역 협력을 강조하고 있는 반면, 일본은 EANET를 중심으로 동아시아 협력을 중시한다. 일례로 일본이 EANET의 네트워크 센터를 자국에 설치하는 것에 한국은 반대하였다.[6)]

우리나라는 동북아의 미세먼지를 다루기 위해 양자 및 다자 간의 협력을 강조하고 있는데 주된 이유는 다음과 같다. 첫째, 한국은 아시아 특히 중국에서 발원하는 국경 간 이동 대기오염 물질에 가장 직접적인 영향을 받는 나라이기 때문이다. 둘째, 한국은 중국으로 하여금 자국의 대기오염 물질을 줄이게 하는 정치적 역량이 약하며, 일본처럼 많은 금액의 공적개발 지원(ODA) 자금을 투입할 수 있는 재정적 수단이 부족하기 때문이다. 셋째, 한국은 일본과 중국의 두 나라에게 완전히 방관자적 입장이 되는 것을 피하기 위해 동북아에서 최소한의 중재자가 되기를 원하기 때문이다.[7)]

반면 중국은 미세먼지 이슈를 국내 문제로 보고 있어 지역적(regional) 협력에는 관심이 매우 적은 편이다. '오염 제공국'이라는 부담을 회피하기 위해 소극적이거나 혹은 미온적인 입장을 견지하고 있다.[8)] 중국은 자국발 미세먼지 문제를 거론할 경우 주권침해 문제를 제기하여 관련 정보 공유에 상당히 부정적이다. 대기 배출량 자료를 공유하는 문제에 있어서 한국과 일본은 가능하지만 중국은 베일에 가려져 있다. 한국과 일본은 통계 자료를 투명하게 공개한다. 그러나 중국은 자국발 미세먼지의 동북아 영향을 공식적으로 인정하지 않고 있어서 제공하는 환경정보는 매우 제한적이고 불확실성을 갖고 있다. 중국의 현실을 보면, 주요 도시의 농도 자료만 있고 전국 배출량 정보를 공개하지 않아 정확한 배출원을 파악하기가 어렵다. 산업, 발전, 수송, 가정, 농업 부문 등 어디에서 얼마나 미세먼지가 배출되는지에 대한 통계 자료가 없다. 또한 자동차, 공장, 농작물 소각 등 유형별 배출량 자료에 대해서도 일체 함구하고 있다. 이로 인해 중국발 미세먼지가 한국, 일본 등에 얼마나 영향을 주는지를 정량적으로 분석하기 어렵다. 석탄 소비량도 엄청 나지만 중국 정부의 공식 통계치가 없어서 해외 통계를 이용하고 있는 실정이다.

현재 동북아 지역에는 한국, 일본 및 중국을 포함한 대기 분야의 다양한 협력체들이 있으나 이를 총괄하는 대표협력체가 부재한 실정이다. 중국발 미세먼지에 대한 과학적 인과관계 규명도 중요하지만 합의된 연구방법론이 부재하여 관련 국가들의 공통적인 인식 형성이 어렵다. 그동안 동북아 지역 내의 환경협력체들은 다양한 협력활동을 진행해 왔으나, 협력체별로 목표하는 바가 상이하여 실질적인 효과 달성이 어려운 측면이 있었다.[9] 향후 중국발 미세먼지 문제를 해결하기 위해서는 현행 동북아의 다양한 환경협력체의 협력활동을 총괄하여 효율성을 증진시키는 대표협력체 마련이 필요하다.

과학적 연구만을 강조하여 중국발 미세먼지 감축이 미미하다.

현행 한·중 협력사업의 대부분은 학술 연구사업 위주로 과학 및 공학 분야에 집중되어 있다. 장기적인 연구 기능만 강조하다 보니 중국발 미세먼지의 과학적 인과관계 규명과 감축 정책이 따로 노는 형국이다. 양국 간 과학자들 사이에도 의견일치가 이루어지지 않고 있다. 또한 연구 성과를 실제 미세먼지 감축 정책에 반영하기 위한 제도적 장치도 미흡한 실정이다.

현행 동북아 환경협력체들은 교류협력 선언 수준에서 한 걸음도 나아가지 못하고 있다. 황사나 미세먼지 등 대기오염은 동북아 지역의 가장 시급한 이슈임을 인식하면서도 실질적 감축 협의는 매년 겉도는 상황이다. 공동연구와 정책 관련 정보 공유의 수준을 넘어서지 못하고 있다. 중국은 중국발 미세먼지와 관련된 국제적, 지역적 협력에 대해 노력하지 않고 있다. 협력방식에 있어서 세미나, 포럼, 심포지엄 등을 통해 국가 간의 정책, 정보, 경험의 공유만을 주장한다. 중국은 비교적 낮은 수준의 협력을 선호하고 있으며, 정부 차원의 협력에서도 공동연구, 협력센터 설립 등 선진기술의 이전과 교류를 강조한다.[10)]

〈한·중·일 환경장관회의〉(TEMM)의 경우를 보면, 2017년 8월의 19차 회의에서 대기오염 연구 및 기술공유를 더욱 확대하자는 취지의 공동합의문을 채택하였다. 그러나 매년 회의 때마다 단골 메뉴로 나오는 '공동연구', '교류협력' 등의 선언적인 수준에 그치고 있다. 한·중 양국은 2015년 6월부터 베이징 내에 사무실을 개소하고 한·중 대기 질 공동연구를 진행 중이다. 중국에서 발생하는 미세먼지를 줄이기 위해 중국이 미세먼지 원인을 과학적으로 분석하고 개선대책을 수립하는 것을 지원하고 있다. 그러나 지금까지 중국발 미세먼지의 실질적인 저감 효과는 전무한 실정이다.

현행 동북아 환경협력체는 과학과 정책 간의 연계성이 미흡하여 미세먼지 저감이 매우 미미한 수준이다. 해당국 간에 미세먼지 감축 목표가 존재하지 않으며 감축 의지도 부족하여 관련 조사가 불충분하다. 미세먼지 발생의 국외 영향과 관련하여 해당 국가 간에 상호 인정하는 객관적인 자료를 확보하는 것이 중요하다. 그러나 연구자들 간에 합의된 과학적 근거를 확보하기가 쉽지 않고 대기오염 물질 저감을 위한 공동의 노력에도 한계가 있다. 향후 국경 간을 이동하는 미세먼지를 실제로 저감하기 위해서는 과학계와 정책계의 상호 연계성 강화가 필요하다.

구속력 있는 협약의 부재로 중국발 미세먼지 감축이 미미하다.

동북아시아는 급속한 경제발전을 이룩하여 대기오염의 상호 영향이 매우 큰 지역이다. 따라서 공동협력이 절실한 지역이지만, 국경 간을 이동하는 대기오염 물질의 감축 협정을 체결하기 위한 역내 여건은 아직까지 성숙되어 있지 않은 상태이다. 현행 동북아 환경협력체는 정치적 추진력이 결여되어 있으며 법적 구속력을 가진 협약 단계로까지 나아가지 못하고 있다. 기존의 환경협력체들은 자발적인 회의체 성격을 갖고 있다. 구체적인 감축 목표가 부재하며 법적 구속력을 갖는 협정 체결을 꺼려하여 장거리 이동 대기오염 물질의 감축 성과는 거의 없다. 앞에서 서술한 TEMM(1999), NEASPEC(1993), EANET(1998) 등은 모두 20여 년의 역사를 갖고 있으나 실질적인 대기오염 물질의 저감 효과는 거의 없는 실정이다.

중국은 구속력이 있는 감축 협정을 원하지 않으며 새롭게 지역 기구를 설립하는 것보다는 기존에 존재하는 양자 간 혹은 다자간의 협의체 틀 내에서 일하기를 원한다. 더욱이 중국은 최소한의 기여를 하고자 하며 기술적, 재정적 도움 측면에서 최대한의 이익을 취하기를 바라고 있다.[11] 중국은 동북아 지역의 모든 국가에게 환경보호의 책임이 있음을 강조하지만, 정작 한국과 일본 같은 경제선진국들이 지역 내 환경 개선을 위한 재정적, 기술적 지원만을 확대할 것을 주장한다.

한편, 우리나라의 미세먼지 저감에 큰 책임을 지고 있는 대통령 직속의 (전)국가기후환경회의는 다른 주장을 하고 있다. 국내 미세먼지에 가장 영향을 미치는 중국과의 국제 협력이 비교적 잘 진행되고 있다고 평가하고 있다. 구체적인 사례로 한·중 대기 질 공동연구 사업, 한·중 미세먼지 공동 저감 실증 협력 사업,[12] 한·중 정부 간의 대기 질 측정 자료 공유 등을 제시하고 있다. 또한 LTP, 동북아 청정대기 파트너십 등 다자간의 협력이 잘 진행되고 있다고 평가한다. 미세먼지 저감을 위한 국제 협력 연구 결과가 구체적으로 미세먼지 저감에 어떠한 성과로 이루어졌는지 평가하는 것은 시기상조라고 한다. 또한 상호 비판과 책임공방에서 벗어나, 한·중 양국이 호흡공동체라는 인식 아래 실질적인 협력으로 전환할 것을 주장한다. 동북아 지역의 낮은 신뢰 수준을 고려하여, 특정 국가를 타깃으로 한다는 오해를 불식시키기 위해 비구속적 문서로 추진을 고려해야 한다고도 주장한다.[13] 이를 보면 국가기후환경회의는 현실에 대한 직시를 회피하고, 책임을 회피하는 듯한 말을 하고 있다. 오히려 중국을 두둔하는 듯한 말을 하고 있어 우리 국민을 어리둥절하게 만들고 있다.

앞으로는 한·중 양국이 미세먼지 배출량의 감축 목표를 구체적으로 제시할 필요가 있다. 뒤에 서술할 유럽, 북미 등의 사례와 같이 법적 구속력을 가진 한·중 미세먼지 감축 협약을 체결할 필요가 있다. 더불어 이 협약을 구체적이며 강제적으로 이행하게 하는 의정서 체결이 요구된다. 한·중 협약 체결을 위해서는 모니터링 및 감시 체계 구축, 공동연구 체계 구축, 고농도 미세먼지 긴급대응 체계 구축 등 구체적인 협력 계획을 수립하고 이에 맞는 양국 간의 감축협력체를 구성해야 한다.

2. 해외 성공사례를 벤치마킹하자.

유럽 장거리 이동 대기오염 협약(CLRTAP)*

1960년대 후반에 스웨덴의 과학자 오덴(Svante Oden)은 화석연료 연소에서 발생한 이산화황(SO_2)과 산성비와의 관계를 발표하여 세계의 이목을 끌었다. 또한 유럽 대륙의 월경성 산성비 문제를 국제 이슈화하는 데 기여하였다. 스웨덴과 노르웨이는 유럽 대기오염의 풍하 지역에 위치하여 산성비 피해를 겪었으며, 더 산업화되고 오염유발 국가인 영국과 서독에 대응책을 요구하였다. 그러나 영국과 서독은 이러한 산성비 대응책 요구에 반대하였다. 영국과 독일은 산성비로 인해 발생한 피해를 축소시켰으며, 대기오염 물질을 줄이지 않고 오히려 피해 국가에 대해 더 많은 과학적 연구 결과를 요구하였다. 그러나 산성비 피해가 처음 생각한 것보다 더 광범위하고 풍상 지역에 위치한 자기들도 피해를 입는 것이 밝혀지자 협력하는 쪽으로 방향을 전환하였다.[14)]

1972년부터 1977년 동안에 OECD가 수행한 연구는 유럽의 대기오염 물질이 수천km를 이동할 수 있다는 가설을 확인시켜 주었다. 이에 유럽 국가들은 장거리 대기오염에 대해 개별 국가 차원이 아닌 국제적 수준에서 협력과 대응의 필요성을 인식하게 되었다. 1979년 11월 13일에 개최된 국제연합 유럽경제위원회(UNCEC)의 고위급 회의에서 〈유럽 장거리 이동 대기오염 협약(CLRTAP)〉이 채택되었다. 32개국이 이 협약에 서명하였고 1983년에 발효되었다. CLRTAP은 구속력을 갖는 다자간 협약의 성격을 갖고 있다. 이 협약은 드넓은 지역의

* Convention on Long-Range Transboundary Air Pollution

월경성 대기오염 문제를 다루는 첫 번째 국제 조약으로서, 대기오염 저감에 대한 국제 협력의 원칙을 수립하고 과학적 연구 및 정책에 대한 제도적 체계를 갖추었다.[15)]

하지만 CLRTAP 협약은 구체적인 감축 목표를 제시하지 않았던 한계를 가지게 되었다. 이에 유럽 국가들은 1985년에 '30% 감축 클럽'을 결성한 헬싱키 의정서를 체결하였다. 헬싱키 의정서는 스웨덴 등 스칸디나비아 국가가 주도하여 구속력 있는 강제적 감축 목표를 다음과 같이 설정하였다. 첫째, 각국은 SO_2 배출량을 1993년까지 1980년도 배출량의 30%를 감축해야 한다. 둘째, SO_2의 국경 간 이동 배출량을 최소한 30% 이상 줄여야 한다. 실제로 헬싱키 의정서의 이행으로 유럽 지역에서 주요 배출물질이 40~80%나 저감되는 성과를 거두었다.

스웨덴은 중부 유럽과 영국으로부터 발생한 산성비 피해 규명을 위해 다년간 노력하였다. 즉, 과학적 인과관계 규명을 지속적으로 수행하였다. 명백한 과학적 증거가 협약의 성공에 중요한 역할을 하였다. CLRTAP은 과학자와 정책 결정자 간의 정보교환의 토대를 제공하였다. 과학적 연구 결과가 이산화황의 30% 감축 협상에 기여한 것이다. 산성비 피해에 대한 국제적 관심을 이끌어내는 데 과학계는 매우 중요한 역할을 수행하였다. 과학자, 경제학자 및 생태학자 등 관련 전문가들이 협력하여 유럽에서 산성비 감축 정책을 추진하는 데 도움을 주었다.

또한 스웨덴은 과학적 인과관계 규명과 동시에 자국의 감축 정책도 병행하였다. 자국 먼저 SO_2 배출량을 줄이는 것을 실행하였다. 스웨덴은 자국 내의 배출량 감축 정책들을 지속적으로 추진하였고, 이것이 국제적인 협약 체결에 대한 압력으로 작용하였다.

CLRTAP 협약 체결에 있어서 과학적인 증거 제시가 중요하였지만, 그 자체가 각국의 환경 정책을 변경시키는 데 절대적인 역할을 한 것은 아니었다. 스웨덴은 과학적인 증거 제시뿐만 아니라 월경성 장거리 이동 대기오염 문제를 국제적 현안으로 부각시키는 데 노력하였다. 1972년에 스웨덴은 영국과 독일에서 발생한 산성비 피해에 대해 국제기구인 UNCEC를 활용하였다. 스웨덴은 1969년에 파리에서 산성비 문제를 OECD의 대기위원회 회의에 상정하였다. 3년 후에 OECD는 대기오염 물질의 장거리 이동을 측정하기 위한 기술적 프로그램을 설립하였다. 여기에서 수행된 과학적 연구는 스웨덴 과학자 오덴의 가설을 확증하였다. CLRTAP 협약의 형성에는 EC, 유럽의회, 유럽 환경장관회의, 유럽환경청 등 지역 내 기구도 중요한 역할을 담당하였다.

또한 NGO는 유럽에서 산성비에 대한 시민의식 제고와 각국 정부가 정책을 추진하는 데 매우 중요한 역할을 담당하였다. 그린피스와 스웨덴 NGO는 산성비 뉴스(Acid News)를 정기적으로 발간하였다. 산성비가 서독의 산림 피해를 야기한다고 언론들이 보도함에 따라 서독에서 녹색운동이 대대적으로 전개되었다. 이로 인해 서독 정부는 이산화황 배출량 저감에 적극적으로 나서게 되었다.[16)]

외교적 협상 및 군사안보적 수단의 강온 전략도 다자간 감축 협약인 CLRTAP 협약 체결에 크게 영향을 주었다. 1970년대 중반에 소련은 스웨덴과 노르웨이의 장거리 대기오염 물질 이동에 대한 감축행동 요구에 동참하였다. 소련도 대기오염의 풍하 지역에 위치한 피해 국가였다. 비록 소련의 지도자들은 산성비라는 환경 문제에 그다지 관심을 가지지 않았지만, 그들은 동서 간의 데탕트 이니셔티브를 촉진하는 데 유용한 이슈로 생각하였다. 긴 협상 후에 최소 공통분모가 도출되었다. 서유럽 국가들과 소련, 캐나다, 미국 등은 1979

년의 CLRTAP 협약에 서명하여 1983년에 효력이 발효되었다. CLRATAP 협약은 대기오염을 다루는 최초의 구속력 있는 국제 협약이 되었다. 과학적 원인 규명만이 산성비 감축에 대한 유럽 국가들의 포지션을 설명할 수는 없다. 중요한 것은 독일 녹색당의 출현, 대처 총리의 영국 내 석탄산업의 로비력을 약화시키려는 결연한 노력, 브레즈네프의 동서 간 데탕트에 대한 관심 등 국내외의 정치적 요인들이 협약 체결에 도움을 주었다.[17)]

CLRTAP 협약은 장거리 이동 대기오염 물질을 관리하고 배출량을 감축하는 중요 프레임워크를 개발하여 인체 및 환경에 대한 피해를 감소시키고, 국제 환경법 개발에도 큰 기여를 했다. CLRTAP 협약은 다자간 환경 협약에서 통상적으로 나타나는 선언적 의미만을 갖는 여타의 협정이나 회의체와는 달리 가시적인 성과를 낸 성공적인 사례이다. 이 협약은 현재 진행중인 중국발 미세먼지 해결에 관한 동북아의 다자간 협력 체계 구축에 좋은 모델이 될 수 있다.

미국·캐나다 대기 질 협약(AQA)*

1970년 후반에 등장한 미국과 캐나다의 산성비 문제는 10년간의 논쟁 기간이 있었다. 1991년 3월에 체결된 〈미국·캐나다 대기 질 협약(AQA)〉은 양국 간 산성비 문제를 해결하기 위해 추진해 온 성과물이다.[18)] 1984년 3월에 캐나다 오타와에서 아황산가스(SO_2) 배출량을 30% 감축하는 협상을 진행하려고 하였다. 하지만 미국의 불참으로 의미가 축소되었다. 1984년 9월에 당시 멀로니(Mulroney) 캐나다 총리가 취임하면서 협상의 불씨를 살리고자 전략을 수정하였

* U.S.-Canada Air Quality Agreement

다. 그는 '우리 손을 먼저 닦자', 즉 캐나다가 먼저 자국의 배출량을 감축하고 미국과 협상하자는 전략을 추진하였다. 1986년에 미국과 산성비 특사외교를 통해서 대기 질 개선의 협상 물꼬를 텄다. 그러나 레이건 행정부는 시기상조라고 주장하면서 감축 행동 전에 더 많은 과학적 연구를 요구하였다. 이에 캐나다는 공식적인 협상 프로세스에서 철수하겠다고 통보하였다. 1990년에 미국의 부시 대통령의 취임과 함께 협상이 순항하였다. 마침내 1991년에 양국 모두 SO_2 배출량을 40%씩 강제로 감축하는 AQA 협약을 체결하였다.

AQA 협약은 법적 구속력을 갖는 양자 간에 감축 목표를 설정한 최초의 성공사례이다.[19] AQA 협약의 대기오염 물질 감축 결과는 성공적이었다. 1991년에 미국은 자국의 SO_2를 51%나 감축하였다. 이는 캐나다가 1982년에 제안한 40%를 초과한 수치이다. 2001년에 동부 캐나다에서 SO_2는 1980년 수준 대비 50% 이상 감축되었다. 미국에서는 SO_2 감소로 건강 비용이 연간 100억 달러나 줄어드는 효과를 가져왔다. 2012년에 미국과 캐나다의 SO_2 배출량은 1990년 대비 각각 78%, 58% 감소하는 등 지난 20여 년간 많은 성과를 가져왔다.[20]

산성비의 가장 큰 피해국인 캐나다는 과학적 인과관계 규명을 지속적으로 추진하였다. 1980년대에 화력발전소와 철강 제련이 산성비의 원인이라는 데 과학적 의견일치가 이루어졌다. 북아메리카의 산성비 문제는 환경주의자들이 아닌 과학자들이 정치인들의 관심을 이끌어낸 사례이다. 미국이 SO_2를 70~80% 배출하여 캐나다에 비해 5배 이상을 기여하였다. 이것은 동북아의 초미세먼지에 대해 중국과 한국의 기여도 차이와 비슷한 상황이다.

캐나다는 과학적 인과관계 규명과 동시에 자국의 배출량 감축도 동시에 병행하였다. 미국이 캐나다에게 과학적 증거를 더 많이 요구하면서 반대하자, 캐나다가 먼저 자국의 SO_2 감축을 실행하였다. 우리나라와 중국의 관계처럼,

캐나다는 미국 경제에 대한 의존도가 매우 높았다. 캐나다는 1970년대와 1980년대 초에는 미국 내의 SO_2를 줄이는 데 협조를 받지 못하였다. 그럼에도 불구하고 캐나다는 자국의 SO_2 배출량을 효과적으로 줄이는 프로그램들을 계속 시행하였다. 후에 미국의 인식 개선으로 양자 간의 법적 구속력을 갖는 AQA 조약이 체결되었다. 이 조약은 감축량, 감축 비용 및 필요한 규제 조치들을 담고 있다.[21)]

캐나다는 협상 체결에 비외교적 수단들도 동원하였다. 미국 국민을 대상으로 장관급의 공식적 스피치와 대중 정보 캠페인을 시행하였다. 캐나다는 1979년의 CLRTAP 협약과 같은 다자간 채널을 통해 미국·캐나다 간의 어젠다를 힘있게 추진하도록 노력하였다. 미국 내 환경단체들은 〈대기 질 개선 법(Clean Air Act)〉 추진에 압력을 가하였다.[22)] AQA 협약은 중국발 미세먼지 해결을 위한 한·중 양자 간의 감축 협약 체결에 좋은 모델을 제공해 주고 있다.

월경성 연무오염 아세안 협약(AATHP)•

인도네시아는 화전(火田)이나 농장 조성을 위해 산림개발을 대규모로 진행하였다. 이 과정에서 발생한 화재로 연무가 발생하였고, 심각한 대기오염을 일으켰다. 인도네시아에서 싱가포르와 말레이시아 쪽으로 바람이 불면서 말라카해협을 건너 심각한 연무 문제를 일으키고 있었다. 연무로 인해 해당 국가 및 인근 국가에서 지속적으로 피해가 발생하자, 관련국들은 아세안(ASEAN) 차원에서 문제 해결을 모색하였다. 아세안 회원국들은 2002년에 〈월경성 연무오

• ASEAN Agreement on Transboundary Haze Pollution.

염 아세안 협약(AATHP)〉을 체결하였다. 그러나 연무를 자주 발생시키는 나라인 인도네시아의 의회가 10여 년이 지나도록 이 협약을 비준하지 않아 논란이 되었다.

인도네시아에서 발생한 연무는 싱가포르의 선박·물류·항공·관광산업에 막대한 피해를 주었다. 이에 싱가포르는 2014년 8월 〈월경성 연무오염 방지법〉을 의결하여 2014년 9월에 공포하였다. 이 법은 산불이나 화재를 초래한 개인과 기업이 자국 내 또는 국외에서 활동하였더라도 이로 인해 싱가포르에 연무 피해를 발생시켰을 경우 최대 200만 싱가포르 달러의 벌금형을 부과하도록 하였다.[23] 이 법에 따르면, 외국에서 대기오염이 발생하더라도 피해자가 손해배상 청구를 싱가포르 법원에 제소할 수 있다. 즉, 국내법이면서도 역외 적용이 가능하다. 이에 인도네시아는 주권침해라며 강하게 반발하였다. 인도네시아는 연무오염이 자국 내에서 발생한 국내 환경 문제이므로 아세안의 내정불간섭 원칙에 의거하여 비준을 거부하였다. 그러나 계속되는 화재와 이웃 국가인 말레이시아, 싱가포르 및 국제 사회의 설득으로 2014년 10월에 AATHP 협약을 비준하였다.

PM. Haze 등의 싱가포르 환경단체들은 전 국민을 대상으로 캠페인을 개최하는 등 연무오염에 대한 일반 대중의 인식을 제고시켰다. 또한 토지나 산림 개간을 위해 고의적으로 화재를 일으키는 팜오일 플랜테이션 기업에 대해 경각심을 일깨워 주었다. 친환경 라벨이 부착된 제품의 소비를 적극적으로 권장하였다. 유명 슈퍼마켓 체인에서는 연무를 발생시킨 것으로 밝혀진 일부 대기업 제품에 대해 판매 거부 운동을 벌이기도 하였다.[24]

AATHP 협약은 동남아시아 지역에서 체결된 최초의 대기오염 국제 조약이다. 이 협약에 따라 각국은 다른 회원국에 피해를 끼칠 수 있는 행동을 하지 말아야 하며, 관련 피해를 최소화하기 위한 예방 조치를 시행해야 한다. 이 협약의 이행을 위해서 각 회원국은 적절한 입법 및 행정 조치 등을 시행하고, 화재 취약 지역을 대상으로 상시적인 모니터링을 실시해야 한다. 또한 화재 발생 시 관련 정보를 신속히 공유하는 의무를 수행해야 한다. 그러나 이 협약은 위반국에 대한 제재를 가할 수 있는 법적 장치를 마련하지 않았고, 피해 보상이나 분쟁 해결방법을 제시하지 않았다는 점이 가장 취약하다. 이는 회원국의 주권을 최우선시하고 전원합의를 기반으로 운영되는 아세안만의 특수성이 반영된 것이기 때문이다. 이것은 참여국들의 공동 대응을 이끌어 내기 어렵게 만드는 요인으로 지목되고 있다.[25)]

3. 과학적 인과관계 규명과 감축 정책을 동시에 추진하자.

한·중 관계는 '운명공동체'가 아닌 '호흡공동체'이다.

한국은 미세먼지 이슈를 월경성 대기오염 문제로 인식하고 있다. 반면에 중국은 미세먼지 이슈를 자국 내의 대기오염 문제로 취급하고 있다. 중국발 미세먼지가 한국에 영향을 미친다는 사실은 거의 인정하지 않고 있으며, 결정적 영향이나 책임부담에 대해서는 근거가 부족하다면서 전면 부정하고 있다. 중국 정부, 언론 및 전문가들은 한국의 주장을 비과학적이며 비합리적이라고 폄하한다. 한국이 중국발 미세먼지에 대해 중국의 책임을 주장하는 것에 대해 과학적 근거가 부족하다고 비난하고 있다. 그러나 동북아 미세먼지와 관련한 연구와 협력의 필요성은 대체로 공감하는 편이다.

2017년에 중국을 국빈 방문한 문대통령은 한·중 관계에 대해 "한국과 중국의 관계가 경쟁 관계에 있는 것은 사실이지만, 더 크게 보면 양국 협력을 통해 공동으로 번영해 나가는 '운명적 동반자' 또는 '운명공동체 관계'라고 생각한다"고 말하였다.[26]

겨울철과 봄철에 자주 발생하는 중국발 고농도 미세먼지로 우리 국민은 막대한 건강 피해를 입고 있다. 문대통령이 한국과 중국을 운명적 동반자 또는 운명공동체 관계라고 말하는 것은 '남의 나라 일' 말하듯이 여겨진다. 지리·역사·주권적으로 대립할 때가 많았던 한·중 관계는 '운명공동체'가 아니라 같은 하늘 아래 '호흡공동체'의 일원이다. 한·중 관계는 경제 문제보다 국민 생존권이 달려 있는 호흡 문제가 더 중요하다. 미세먼지 속에 살다 보니 경제보다 생존이 더 먼저라는 국민 의견이 다수를 차지하고 있다. 국민 생존권도 보장 못 받는 나라에서 중국의 경제보복이 그렇게 두려운가? 중국의 눈치를 보지 말고 중국에 미세먼지 피해보상을 요구하고 감축하도록 강력하게 요구해야 진정한 주권국가라 할 수 있다.

그동안 우리는 '국민 건강'과 '비용 절감'이라는 두 가지 가치가 충돌할 때 비용 절감을 우선시 해왔다. 이제부터라도 경제보다는 국민 건강을 우선시하는 방향으로 정책을 추진해야 할 것이다. 국가의 존재는 국민의 생명과 건강을 지키는 것이다. 그 다음에야 비로소 경제, 외교, 정치 등이 존재하는 것이다.[27] 2020년 초반에 코로나19가 한참 창궐할 때 우리나라는 중국인들에게 국민 건강보다는 경제 문제를 우선시하여 국경을 활짝 열어주었다. 그런데 중국 지방정부들은 '외교보다 방역'이라며 한국인들을 자택 격리시켜 국제적인 문제를 일으켰었다. 중국도 자국민의 건강을 최우선시 한 것이다. 이제부터라도 우리 국민이 미세먼지 걱정 없이 마음껏 숨 쉴 수 있는 나라를 만들 필요가 있다. 중국발 미세먼지 저감은 우리 국민의 건강권을 지키는 것이자 국익 보호, 국민 안전을 수행하는 중요한 정책이다.

과학적 인과관계 규명과 감축 정책을 동시에 추진하자.

중국발 미세먼지에 대해 과학적 인과관계를 밝히는 연구는 계속되어야 한다. 중국발 미세먼지가 '어떤 배출원에 의해 주로 발생되고, 어느 경로를 통해 우리나라로 유입되는지'에 관한 실증 연구가 부족한 실정이다. 미세먼지의 생성 메커니즘 및 구성 성분 분석 등에 대해 한·중 간의 공동연구를 통한 빠르고도 명확한 진상 규명이 필요하다. 그리고 고농도 미세먼지 발생에 대한 보다 정확한 이해를 위해서는 대기오염 물질의 장거리 수송에 대한 객관적인 데이터와 과학적 근거를 바탕으로 한 실증연구가 필요하다.[28)]

CLRTAP 협약의 경우, 명백한 과학적 증거가 협약의 성공에 중요한 역할을 하였다. 당사국 간의 공동 모니터링 및 모델링 프로그램과 같은 인프라 구축과 공통의 과학적 이해가 중요한 역할을 하였다. 과학적 연구 결과가 유럽의 이산화황 배출량 감축에 기여한 것이다. 유럽의 산성비 피해와 국제 이슈화에 있어서 과학계는 매우 큰 기여를 하였다.

또한 미국과 캐나다 간의 대기오염 분쟁에 있어서 산성비의 가장 큰 피해국인 캐나다는 과학적 인과관계 규명을 지속적으로 수행하였다. 화력발전소와 철강 제련이 산성비의 원인이라는 데 과학적 의견일치가 이루어졌다. 북아메리카의 산성비 문제는 환경주의자들이 아닌 과학자들이 정치인들의 관심을 끌어낸 사례이다.

현재 중국발 영향에 대한 과학적 근거를 확보하거나 동북아 지역의 미세먼지 저감을 위한 국제 협력 사업들은 매우 지지부진한 실정이다. 한·중 교류 사업의 경우, 중국의 실태조사에 대한 비협조로 대기 질 측정 지역을 확대하기가 어려운 실정이다. 중국발 영향과 관련하여 과학적 근거 등 당사국 간에 서로 인정하는 객관적 자료를 다수 확보하는 것은 중요하다. 공동연구 및 기술 교류 확대를 통해 당사국 간에 상호 인정하는 미세먼지 발생원 및 이동에 대해 과학적으로 규명해야 한다.

그러나 과학적 인과관계를 찾아내는 것에만 매달려서는 안 된다. 과학적 연구가 만능인가? 물론 과학적 연구는 중국발 미세먼지의 정도, 기여율, 영향 등에 대해 중요한 정보를 제공한다. 그러나 실제 배출량 감축 정책에 집중하지 않는 것은 더 큰 문제이다. 중국발 미세먼지 공습으로 인해 우리 국민은 숨 쉴 권리를 잃고, 삶의 질이 악화되고 건강과 목숨마저 위협받고 있다. 우리 국민의 건강을 심각하게 위협하고 있는데 언제까지 연구에만 매달릴 것인가? 우리 정부, 환경단체 및 일부 전문가들은 중국발 미세먼지를 긴 호흡을 가지고 장기적으로 해결하자고 주장한다. 그러나 경제학자 케인스가 언급한 것처럼 장기라는 시기는 우리 모두가 다 죽고 난 후의 시기이다. 우리 국민 모두 병 걸려 죽은 후에 대책을 세운들 무슨 소용이 있겠는가? 소 잃고 외양간 고치는 격이다.

중국발 미세먼지에 대해 과학적 증거와 각국의 기여율 논의에만 매몰되어서는 문제 해결이 안된다. 동북아 미세먼지 문제는 '과학적 입증'만으로는 해결하기 어렵다. 국력이라는 보이지 않는 변수가 있고, 오염물질을 줄이는 데 막대한 돈이 들어간다. 중국발 미세먼지에 관한 문제는 원인 규명, 재원 확보 및 책임분담 등 복잡한 문제가 얽혀 있지만 정작 중요한 것은 문제 해결을 위한 강한 의지와 노력이다.

CLRTAP과 AQA의 두 협약이 성과를 낼 수 있었던 것은 오염물질을 얼마나 서로 주고받느냐보다는 함께 줄여 나가는 데 관심이 있었기에 가능하였다. CLRTAP 협약의 경우, 새로운 과학적 증거의 발견과 지식의 축적으로 인해 영국, 독일, 소련 등 반대 국가들이 오히려 태도를 바꾸어 국경 간 이동 대기오염 물질 축소에 참여하였다. 그러나 과학적 증거 자체가 유럽 국가의 환경 정책을 바꾸는 데 절대적인 역할을 한 것은 아니었다. 과학적인 이해와 이에 바탕을 둔 정책의 결정과 시행이 중요하다. '꿩 잡는 게 매다'라는 속담이 있듯이 실제로 미세먼지 농도를 낮추는 것이 가장 중요하다. 여기에 모든 대책을 집중해야 한다.

중국발 미세먼지는 '과학적 입증'만으로는 해결하지 못한다. 향후 과학적 인과관계 규명과 동시에 정책적, 제도적 접근도 병행해야 한다. 이제는 한·중 양국이 상호 감축을 위해 행동으로 나서야 할 때이다. 과학자, 경제학자 및 정책 결정자 등이 함께 참여해야 한다. 중국의 공장과 가정 등에서 발생하는 초미세먼지 배출량의 감축을 강력하게 요구해야 한다.

4. 우리가 먼저 감축하면서 중국을 압박하자.

우리나라에 영향을 미치는 중국발 미세먼지에 대해 중국이 '몇 %' 기여한다고 주장만 하지 말고 양국이 동시에 줄이자고 제안해야 한다. 캐나다는 '우리 손을 먼저 닦자'면서 자국의 대기오염 물질을 먼저 감축하기 시작하였다. 중국이 우리와 미세먼지 감축을 협의할 경우, 우리나라의 미세먼지 대책에 대해 문제를 제기할 공산이 크다. 이때 중국 및 우리나라의 미세먼지 관련 기준 및 집행 상태 등이 논의될 것이다. 우리나라도 미세먼지 관련 법과 제도를 국제적 수준으로 개편하고 집행해야 한다. 또한 중국은 우리나라의 화력발전소와 국내 발생 요인을 핑계 대고 있다. 중국발 미세먼지 감축을 요구하기 위해서는 우리나라가 먼저 미세먼지 감축 노력을 기울여야 한다. 화석연료 사용 비중을 낮추고 에너지 효율 향상과 재생에너지 확대를 위한 정책 수단의 도입과 투자 확대가 필요하다.

중국발 미세먼지는 국제 협력, 특히 중국과의 공동 노력을 통한 실질적 저감이 중요하다. 중국은 자국의 미세먼지 배출량이 줄어들었다고 주장하고 있으나, 사실은 중국 전체가 아닌 일부 도시의 개선에 불과하다. 중국 정부는 자국의 배출량을 줄여서 문제가 없고 오히려 한국의 배출량이 더 문제라고 지적하고 있다. 그러나 중국 일부 도시의 대기 질 개선에도 불구하고 우리나라로 향한 미세먼지 이동량은 감소하지 않고 있다. 중국이 우리나라에 부담시키려는 책임을 회피하기 위해서라도 국내 배출량을 대폭 감축할 필요가 있다. 이것은 중국이 우리나라에 대한 핑곗거리 찾는 것을 사전에 차단하는 효과도 가진다. 유럽 국가들과 캐나다도 자국의 배출량 감축을 진행하면서 동시에 오염 국가의 배출량 감축을 요구하였다. 캐나다, 스웨덴 및 노르웨이 등은 국내 및 국외 대기오염 물질 저감이라는 두 마리 토끼를 동시에 잡은 국가들이다. 우리나라도 스스로 할 수 있는 조치를 우선적으로 시행하면서 동시에 OECD, UN과 같은 국제기구와 공조를 통해 중국 정부가 미세먼지를 감축하도록 압박할 필요가 있다.*

* 국경을 넘나드는 미세먼지는 일종의 지구적 공공 악(global public bad)이라 할 수 있다. 따라서 국제기구 등과의 공조를 통해 미세먼지를 제거하고 깨끗한 공기를 만드는 것은 지구적 공공재(global public good)를 공급하는 것이다.

더불어 대기오염 관리 강화를 위해 중국의 환경법들이 실제로 실행되기를 요구해야 한다. 중국의 경우 환경법의 엄격한 집행이 필요하며, 낮은 환경기준을 국제 기준에 부합시키는 것이 중요하다. 이런 경우 가장 심각한 공해 피해를 줄일 수 있으며 심지어 중국 제품을 비싸게 만드는 역할을 한다. 중국 수출품 가격은 대부분 미세먼지 피해 비용을 반영하지 않고 있다. 저렴한 생산비용과 규모의 경제를 이용하여 저가 제품을 대량으로 수출하지만 수익률은 매우 낮은 구조를 가지고 있다. 이것은 중국 기업이 수혜를 받고 있는 환경유해 보조금과 낮은 에너지 가격에 기인한다.[29] 환경 피해 비용을 중국의 생산품 가격에 반영하는 오염자부담 원칙을 강화시킬 필요가 있다. 이러한 조치는 중국의 에너지 사용량을 줄이게 되며 중국 내 미세먼지 저감에도 기여할 것이다. 동시에 중국발 미세먼지가 감소되어 우리나라에 대한 미세먼지 피해도 감소될 것으로 기대된다.

중국의 대도시는 우리나라와 비슷한 대기 관리 정책을 추진하는 반면, 나머지 대부분의 지방은 대기 관리 수준이 상당히 낮다. 중국에서 발생하는 대기오염 물질을 줄이기 위해서는 중국 제조업의 생산공정 및 에너지 효율 개선을 권고할 필요가 있다. 중국의 공장과 화력발전소에는 대기오염 물질의 정화 필터가 제대로 장착되어 있지 않다. 중국의 소각장 배출 기준은 우리나라와 비교해 1/4로 완화되어 있다. 중국에는 200개 이상의 소각장이 있는데 대부분은 실시간 배출량을 공개하지 않고 있다. 중국의 공장, 화력발전소 및 소각장들이 국제 규정에 맞춰서 정확히 배출하는지 확인할 필요가 있다. 한국 정부와 공공기관들이 중국 정부와 협력하여 중국 내의 환경 기준 위반 행위들을 통제하는 노력들을 지원해야 한다.

중국은 체면 문화를 가지고 있어서 남을 잘 의식하며 특히 국제 여론에 민감한 나라이다. 한·중 양국의 환경단체들을 포함한 국내외 환경단체들은 중국 내 미세먼지의 불법 배출을 감시해야 한다. 앞에서 살펴본 바와 같이, 유럽 국가들과 캐나다, 싱가포르의 환경단체들은 월경성 대기오염 문제를 국제적으로 이슈화하였으며 또한 불법 배출에 대한 감시 역할을 충실히 이행하였다.

5. 한·중 양국의 미세먼지를 50% 이상 감축하는 협정안을 마련하자.

단계별로 미세먼지 감축 협정을 추진하자.

중국발 미세먼지는 중국 내의 지표면 농도만을 줄이는 게 문제가 아니다. 오히려 장거리 이동이 더 큰 문제이다. 중국 일부 도시의 대기 질 개선에도 불구하고 우리나라로 향한 미세먼지 이동량은 감소하지 않고 있다. 중국발 미세먼지 저감을 위해서는 중국의 주요 도시뿐만 아니라 도시 주변지역까지 포함한 중국 전 지역의 대기 질 개선이 필요하다. 향후 중국 내 및 우리나라에서 발생하는 미세먼지의 발생량 감축이 필요하다. 동시에 우리 국경을 넘어오는 중국발 미세먼지 감축에도 집중할 필요가 있다.* 이를 위해 다음과 같이 2단계 감축 협정방안을 마련하여 추진하자.

1단계로 한·중 양자 간의 미세먼지 감축방안을 마련하자. 중국과 공조하

* 요즘의 황사는 예전과 달라서 중국의 산업화된 지역을 거쳐 우리나라로 이동한다. 따라서 초미세먼지, 납 등 발암물질을 포함하고 있어 인체에 매우 위험하다. 황사를 방지하기 위해서는 중국의 무분별한 개발 행위 중지와 사막화된 지역의 나무 심기 등을 대규모로 추진할 필요가 있다.

여 양국이 동시에 감축하는 것이 중요하다. 이를 위해 중국과 '한·중 미세먼지 감축 협약'을 체결하자. 동시에 '한·중 미세먼지 감축 협의체'를 구성하여 한·중 양국의 배출량 및 국경 간 이동 배출량의 감축 목표치를 설정하고 구체적인 이행방안을 제시하자. 동시에 양국이 공동으로 미세먼지 펀드를 조성하고 구체적인 활용방안을 논의하자. 현행 동북아 환경 협의체들은 재원조달의 안정성이 부족하다. 참고로 1994년에 일본과 중국은 16억 달러 규모의 'Green Aid Fund'를 공동으로 조성하여 에너지 자원 개발 및 에너지 기술 연구 등에 활용한 바가 있다.

2단계로 한·중·일 3국과 대만, 몽골, 북한 등 동북아로 확대하여 다자간 동북아 감축 협정을 추진하자.* 이를 위해 '동북아 미세먼지 감축 협약'을 체결하자. 동시에 '동북아 미세먼지 감축 협의체'를 구성하여 배출량 감축 목표치를 설정하고 구체적 이행방안을 제시하자. 또한 국경 간 이동 미세먼지를 줄이는 방안도 제시하자. 현재 동북아에는 TEMM, NEASPEC, EANET 등 다수의 조직, 프로그램 및 회의체가 있는데 이를 하나의 협의체, 즉 '동북아 미세먼지 감축 협의체' 아래로 모아서 미세먼지 감축 효과를 극대화시키자. 아울러 기존의 동북아 환경 협의체들은 보조적 수단으로 활용하자.

한 · 중 양자 간에 구속력 있는 50% 감축 협정안을 마련하자.

최근 대부분의 국제 환경 협의체는 먼저 공동의 목표를 설정하는 협약을 체결하여 당사국들의 협력을 이끌어 낼 수 있는 최소한의 형식과 절차를 마련

* 저자가 AirVisual의 위성 자료들을 다년간 관찰해 본 결과, 중국발 미세먼지가 동북아 국가들(한국, 일본, 몽골, 북한, 대만 등)과 동남아 국가들(베트남, 태국, 말레이시아, 캄보디아, 라오스 등)에 상당히 영향을 미치고 있다.

하고 있다. 그 다음에 후속적인 의정서를 통해 협약의 내용을 구체화해 나가는 방식을 취한다. CLRTAP 협약의 경우에도 1979년의 협약 자체에는 대기오염 물질 감축을 위한 구체적인 방안이나 목표 감축량이 명시되어 있지 않았었다. 다만 상호 정보교환, 협동 조사, 오염물질에 대한 지속적인 감시를 할 것과 회원국들이 오염물질 축소를 위해 최대한의 노력을 기울인다는 등의 명목적인 내용을 담고 있었다.[30] CLRTAP 협약은 골격 협약의 성격을 가지며 당사국들에게 대기오염 배출량을 감축할 의무를 직접적이고도 실질적으로 부과하지 않았다. 다만, 이 조약은 당사국에게 월경성 대기오염으로 제한하고, 가능한 한 점진적으로 감축 및 방지하도록 노력할 것을 촉구하고 있을 뿐이다. CLRTAP 협약의 효력은 시간이 지나자 상당히 약화되었고 실효적이지 못하다는 사실이 곧 밝혀졌다. 결국 당사국들은 월경성 대기오염 물질을 효과적으로 규제하기 위한 구체적이고 실질적인 내용을 담고 있는 의정서를 채택하였다. 1985년에 채택된 헬싱키 의정서에서 당사국들은 자국의 SO_2 배출량과 국경 간 이동 배출량을 1993년까지 1980년 대비 최소한 30% 이상 의무적으로 줄이기로 합의하였다.

AQA 협약은 법적 구속력을 갖는 양자 간의 감축 목표를 설정한 최초의 성공사례이다. 1991년에 미국과 캐나다 모두 SO_2 배출량을 40% 저감하는 협약을 체결하였다.[31] AQA 협정의 이행을 감독하기 위해 양국 간 '대기 질 위원회'가 출범하였다. 이 위원회는 국가별로 동일한 위원 수로 구성되며, 협약의 이행 과정을 검토하는 역할을 담당한다. 공동 협약을 통해 양국이 공동 관리하고자 하는 대기오염 물질을 규정한 후 구체적인 배출 기준과 감축 목표를 설정하였다. 또한 협약의 이행 과정이나 진척도를 정기적으로 모니터링하고 대기오염 정보를 상호 제공하기로 하였다. 1992~2004년 기간 동안에 2년 주기로 협약 이행의 진척도를 평가하는 보고서를 발간하였고, 5년 주기로 협약 이행에 대한 리뷰를 하였다.

현재 우리나라가 주변국과 맺은 대기 질 개선 협력사업들은 자발적 단계에 머물고 있어서 실효성 있는 대기오염 물질 감축이 이루어지지 못하는 한계를 가진다. 따라서 한·중 양자 간의 실효성 있는 미세먼지 감축방안이 필요하다. 법적 구속력을 갖는 새로운 한·중 양자 간의 미세먼지 감축 협정안을 마련하자. 1단계로 2030년까지 한·중 양국이 자국의 미세먼지 배출량을 각각 50%씩 감축하고, 동시에 국민 건강을 크게 위협하는 고농도 미세먼지 감소를 위해서 월경성 중국발 미세먼지를 최대 50% 줄이는 협정을 체결하자.[32] 다음 2단계로 2040년까지 한·중 양국에서 자국의 미세먼지 배출량을 각각 70%씩 감축하고, 동시에 고농도 미세먼지 감소를 위해서 중국발 미세먼지를 최대 70% 줄이는 협정을 체결하자.[33]

더불어 한·중 양자 간의 미세먼지 감축 협정을 실제로 이행하는 '한·중 미세먼지 감축 의정서'를 마련하자. 이를 위해 상호 미세먼지 정보 제공, 지속적인 모니터링 실시, 이행 기구 설치 등이 필요하다. 실질적으로 양국의 배출요인을 직·간접적으로 규제하고 배출량을 감축시키는 방안도 고려하자. 미세먼지 저감 목표를 등록하고 공동평가를 수행할 사무국과 공동위원회를 구성해야 안정적인 제도운영이 가능해 진다. 한·중 협약이 실질적인 효과로 이어지기 위해서는 공동평가 방안도 구축해야 한다. 저감 목표의 이행 과정과 저감결과를 공동으로 '측정, 보고, 검증' 하는 절차를 구축하여, 상호간 정보를 공유하는 메커니즘이 확보되어야 유의미한 결과를 도출할 수 있다. 또한 협력사업의 지속적 추진을 위한 내용도 포함시켜야 한다. 기술교류 및 실증사업을 추진하고 제도화하여 양국 간 협력이 촉진될 수 있는 다양한 조치가 필요하다.

6. 온건 전략 I: 외교적 협상 수단으로 협정 체결을 유도하자.

강·온 전략 활용: 중국을 미세먼지 감축 협상 테이블에 앉히자.

우리나라는 중국발 미세먼지의 영향을 강조하고 국내 대책 및 주변국과의 협력을 강조한다. 그러나 중국 입장에서는 우리나라를 다수의 인접 국가 중 하나로 인식하여 상대적인 중요도가 낮다. 중국은 해외의 대기오염 영향에 대해서는 별로 관심이 없다. 중국 정부는 북경, 천진, 허베이성, 산시성, 산둥성 지역을 중심으로 주요 성시별 대기오염 발생을 줄이는 것만 목표를 두고 있다. 미세먼지를 포함한 대기오염 대책은 철저히 국내 중심적이다. 국경 간 이동 대기오염 문제로 인하여 중국은 한국과의 협력으로 자국이 얻을 것이 별로 없으므로 협력의 필요성을 중요하게 인식하지 않는 경향이 있다. 중국은 한국과 미세먼지 감축 협력을 강화할 이유가 없기 때문에 미세먼지 감축 협력이 구호성 혹은 국제적 과시용에 그칠 우려가 있다. 심지어 중국발 미세먼지의 문제 제기를 자국의 주권침해로 간주하기도 한다.

한·중 미세먼지 감축 협상에는 중국의 참여가 필수적이다. 미세먼지 감축 협력에 있어서 중국은 가장 중요한 파트너 국가이다. 따라서 중국을 미세먼지 감축 협상 테이블에 끌어들이는 전략이 중요하다. 그러나 중국은 협상 테이블에 나오지 않을 가능성이 크다. 그래서 한·중 미세먼지 감축 협정을 체결하고 이행하게 만드는 전략이 필요하다. 즉, 중국을 협상 테이블에 앉히는 혹은 협상 테이블로 끌어들이는 다양한 수단들을 모색해야 한다.

한·중 양자 간의 미세먼지 감축 협정 체결 성공을 위해서는 다음과 같은 강·온 전략을 단계적으로 추진하자.* 첫 번째 전략은 온건 전략으로써 감축 협정 체결과 이의 이행을 유도하는 전략이다. 온건 전략은 국제정치학의 이상주의 혹은 자유주의와 맥락을 같이 한다. 이상주의는 국제 분쟁에 있어서 이성적인 대화와 협력을 강조한다.[34] 이상주의는 국제 분쟁의 해결방안으로써 외교적 협상과 국제법적 수단을 사용한다. 이것은 싸우지 않고 외교로 분쟁을 해결하자는 것이다. 온건 전략은 한·중 미세먼지 감축 협정 체결과 이행을 유도하여 중국을 협상 테이블로 끌어들이는 전략이다.

온건 전략이 효과를 거두지 못할 경우 두 번째 전략인 플랜 B가 필요하다. 두 번째 전략으로써 강성 전략을 사용하여 감축 협정 체결과 이의 이행을 압박해야 한다. 강성 전략은 국제정치학의 현실주의와 맥락을 같이 한다.[35] 현실주의는 국제 관계에서 힘의 논리를 강조하며 국제 분쟁의 해결 방안으로써 경제적 제한 조치 및 군사안보적 수단을 사용한다. 강성 전략은 한·중 미세먼지 감축 협정 체결과 이행을 압박하는 협상 레버리지로 활용할 수 있다.

외교적 협상: 한 · 중 양자 간에 협정 체결 및 이행을 유도하자.

외교의 기능은 당사국 간에 직면한 쟁점 해결, 조약과 협정 체결을 위한 협상 및 흥정, 합의가 이루어진 후 협의 과정을 진행하는 것을 포함한다. 외교는 통상 각 국가를 대표하는 외교관들 사이에 이루어지나, 최근에는 국가 간 현안의 중대성을 고려하여 각국 수반들 사이에 정상외교가 추진되기도 한다. 온건 전략의 한 가지 형태인 외교적 협상은 설득과 타협을 통해 국가 간의 쟁

* 유럽 국가들은 CLRTAP 협약 및 헬싱키 의정서 체결에 있어서 외교적 협상 및 군사안보적 수단과 같은 강·온 전략을 활용하여 성공하였다.

점을 해결하는 것을 의미한다. 외교적 협상은 한·중 미세먼지 감축의 협정 체결 및 이행을 유도하는 중요한 수단이다. 외교적 협상을 통해 중국 정부를 미세먼지 감축 협상 테이블에 앉히자.

'중국 사람들이 세상에서 가장 무서워하는 것은 체면을 잃는 것이다' 라는 말이 있다. 중국이 가장 의식하는 것은 다른 나라들의 시선이다. 통상 중국은 한국, 일본 등의 상대국이 서로 연대하는 것보다는 이들 국가들이 소국으로 혼자 남아 있기를 선호한다. 중국은 미세먼지 문제를 국제적 연대를 통해 국제 이슈화시키는 것을 가장 싫어한다. 우리나라의 경우, 국제적 연대를 이끌어내기 위한 기초적 노력조차 시도하지 않으면 중국발 미세먼지 해결이 요원하다. 중국발 미세먼지를 국제 이슈화시켜 중국을 협상 테이블에 앉게 하자. 국가끼리 해결하기가 어렵다면 UN 등 국제기구를 활용하여 국제 문제로 이슈화해야 한다. 환경단체, 언론 등이 앞장서서 감축 협약의 필요성에 대한 국내외 여론을 조성하는 한편, 국제적 지지를 확보하기 위한 노력을 기울여야 한다. 미세먼지 저감을 위해 UN, OECD 등의 국제기구와 협력을 강화하고, 의제 채택 등 공동대응을 추진하며 실질적인 감축 대책을 모색할 필요가 있다. 국제기구 및 다른 국가들과 공동으로 협상 전략을 구사한다면 우리나라의 협상력을 더욱 증대시킬 수 있다.

5장에서 살펴본 바와 같이, 중국의 대기 정책은 형식적으로는 정부 차원에서 결정되나 실제로는 중국 공산당이 결정한다. 실질적인 정책 결정은 상무위원과 주요 당정 간부들로 구성된 '징진지 및 주변 지역 대기오염 방지 영도소조' 에서 결정한다. 이 영도소조의 조장은 국무원 부총리(한정 환경담당 상무위원)가 맡고 있고 생태환경부 등 관련 부처들의 장관 및 차관이 참여한다. 중국의 생태환경부는 이 영도소조에서 수립한 대기 정책을 이행하는 역할을 한다.

중국발 미세먼지의 실질적이고 책임있는 협상을 위해서는 우리나라 환경부 장관의 협상 파트너가 최소한 국무원 부총리(한정 환경담당 상무위원)급으로 격상되어야 한다. 아울러 중국과의 미세먼지 감축 문제는 정상급(시진핑 주석과 문 대통령)에서 먼저 Top-Down 식으로 합의가 이루어져야 비로소 환경부 장관을 포함한 일선 실무자들 간에 구체적인 성과를 낼 수 있다.

또한 우리나라 고농도 시의 중국발 미세먼지의 실질적인 감축을 위해서는 청와대가 컨트롤 타워가 되어 강력한 리더십을 발휘해야 한다. 환경부가 중심이 되어 추진하고 있는 계절관리제로는 어림없다. 중국발 미세먼지는 환경 문제뿐만 아니라 산업, 에너지, 무역, 외교, 재정, 과학기술 분야 등 범부처적 성격을 가지고 있어서 권한이 극히 제한적인 환경부가 주체가 되면 해결하기가 불가능하기 때문이다.*

중국발 미세먼지가 우리나라에 주는 영향을 정량적으로 산정하기 위해서는 주변 국가 및 제3자와의 공동연구가 필요하다. 현재 중국의 미세먼지 발생량, 전국 오염 농도 및 발생원 자료가 존재하지 않는 상태이다. 정확한 통계 자료 및 관련 정보 확보에 있어서 중국 측의 비협조가 큰 문제다. 중국발 미세먼지의 국경 간 이동 경로 연구도 필요하다. 이를 위해서는 중국발 미세먼지에 대한 신뢰도 높은 자료 확보가 필수적이다. 국제기구들과 협력하여 객관적인 중국발 미세먼지의 영향과 피해 자료들을 구축하자. 이러한 과학적인 자료들을 바탕으로 중국발 미세먼지의 이동경로 연구와 중국 내에서 오염저감을 위한 효과적인 실증사업을 시행할 필요가 있다. 이를 위해서는 한·중 협력 대상에 대한 구체화가 필요하다. 일부 전문가들이 주장하는 것처럼, 중국발 미세

* 우리나라 외교부는 중국 외교부와 달리 미세먼지 외교에 있어서 뒤로 물러나 남의 나라 일인 양 뒷짐만 지고 구경하고 있는 형국이다.

먼지가 중국 기여 중 대부분이 동부 지역에서 기인하기 때문에 우선적으로 이 지역을 대상으로 협력하는 방안도 필요하다.[36)]

CLRTAP과 AQA 협약의 경우처럼 중국발 미세먼지에 대해 제3자의 권위 있는 기관과 국제 공동연구를 추진하자. 이는 객관성 확보 및 중국에 손해배상 청구 근거로도 활용할 수 있다. 우리 측 및 중국 측의 과학자, OECD, UN 산하 환경기구, NASA, 유럽항공우주국 등이 참여하여 중국발 미세먼지의 건강 피해 및 경제 피해 비용을 산정하자. 객관적인 피해 비용 산정은 한·중 간의 비용분담 방안 마련에 필수조건이다. 또한 감축 비용을 부담하는 등 재정 지원과 참여 국가의 인센티브 제공을 통한 동기부여 방안도 모색하자.

더불어 중국발 미세먼지 이슈에 국내외 환경단체와 시민사회의 참여를 확대시키자. 중국발 미세먼지에 대해 계속 침묵 중인 국내 환경단체들은 국익 보호를 위해 애국적 행동을 할 필요가 있다. 싱가포르 환경단체들은 아세안 연무에 대한 대중인식 제고와 기업의 경각심을 일깨웠다. CLRTAP 협약의 경우, 환경단체들은 유럽에서 산성비에 대한 시민의식 제고와 정부가 감축 행동을 취하는 데 있어서 든든한 배경이 되었다. AQA 협약의 경우, 미국의 환경단체들은 〈대기질개선법〉(Clean Air Act)을 제정하도록 정부에 압력을 가하였고 결과적으로 수용되었다.

7. 온건 전략 II: 국제법적 수단으로 협정 체결을 유도하자.

국제관습법 적용

온건 전략의 한 가지 형태인 국제법적 수단은 한·중 양자 간의 미세먼지 감축 협정 체결 및 이행을 위한 유도 수단으로 활용 가능하다. 국제관습법에서는 'No-harm rule' 원칙이 핵심적 내용이다. 이 원칙은 국제환경법 원칙 및 월경성 대기오염과 관련된 국가 책임에 적용된다. 즉, 국가 관할권의 한계를 벗어난 지역의 환경에 피해를 주지 말아야 할 책임이 있다는 것이다. 아울러 체약국 국경 밖의 지역에 끼친 환경피해에 대한 배상 문제를 협력하도록 요구할 수 있다.

국경 간 이동 대기오염에 대해 적용 가능한 'No-harm rule'은 중국발 미세먼지에 대해서도 해당된다. AQA 협약에도 이 원칙이 적용되었다. 한국에 피해를 주는 중국발 미세먼지에 대해 중국의 미세먼지 저감 정책 추진과는 별도로 월경성 환경 피해에 대한 배상 논의를 시작할 필요가 있다. 1992년의 리우원칙도 한 나라의 주권이 자국 영역 이외의 환경에 악영향을 미치는 행위에 대한 책임까지 면제하지 않음을 명시하고 있다. 즉, 주권원칙에 대한 예외를 선언하였다. 이 경우 중국은 중국발 미세먼지가 한국에 피해를 주지 않도록 해야 할 국제법상의 의무가 있다. 국제사법재판소는 이러한 국제관습법을 인정하고 있다.

반면에 다른 주장들도 존재한다. 일례로, 중국발 미세먼지가 우리나라에 끼치는 피해가 통상적으로 중대하거나 심각한 수준에 도달해야 하며, 우리나라는 이를 입증할 명백하고 확실한 증거를 제시할 책임이 있다는 것이다. 중국 정부는 미세먼지 문제가 복잡하고 다양해서 책임 규명과 인과관계 증명이 어렵다고 말한다. 그래서 오염자부담 원칙의 적용이 안 된다고 주장한다.[37]

사법적 소송 제기

2017년 4월에 91명의 한국인이 한국 정부와 중국 정부를 상대로 미세먼지 손해배상 소송을 제기하였다. 한국 정부는 노후 자동차 및 에너지 정책 등 다각적이고 종합적인 접근이 부재하며, 미세먼지 문제에 대해 한국 정부가 중국 정부와의 관계에서 어떤 대책을 세웠는지 밝히라는 것이 주요 내용이다. 한국 법원은 중국 정부에 송장을 전달하였으나 중국은 이에 응하지 않았다. 그 이유는 중국 법원은 국제법상 중국 정부가 타국 법원의 피고가 될 수 없고 주권을 침해한다는 것이다.

현실을 보면, 관련 국제 조약이 없는 실정이다. 한·중 양국 모두 인정하는 인과관계를 입증할 자료가 없다. 절대주권 원칙하에서 어느 한 국가는 타국 법원의 피고가 될 수 없다. 그러나 중국발 미세먼지 문제 접근에 있어 주권 개념은 부분적으로 수정되거나 제한될 필요가 있다.[38] 이에 대한 싱가포르의 입법 사례는 우리나라에 좋은 시사점을 제공한다. AATHP 협정이 진전을 보이지 않자 싱가포르는 2014년 9월 역외 대상에게도 적용되는 〈월경성 연무오염 방지법〉을 공포하여 사법적 제소를 가능하게 만들었으며 싱가포르 내에서 민사상 책임을 부여하였다. 국내외 기업과 개인에 대해 관련 정보의 제출 및 조사에 대응하도록 요청하였다. 위반 시 최대 200만 싱가포르 달러의 벌금을 부과하도록 하였다.

국가 간의 환경 피해 규명에서는 인과관계 증명이 요구된다. 중국은 환경 문제 해결에 있어서 초국가적 협력의 필요성은 인정하나, 각국의 주권 존중을 강조한다. 이 주장의 근거는 '차별적 공동책임' 원칙이다. 이에 의거하여 산업을 개발하는 과정에서 발생하는 미세먼지는 불가피한 상황이라고 항변한다. 그러나 중국은 환경 문제라는 인류 공통의 과제 앞에서 차별적 책임을 주장하기 보다는 공동으로 협력해야 함을 인식해야 할 것이다.[39)]

우리나라의 대기오염 소송에는 '서울 대기오염 소송'이 있다. 이 소송은 녹색연합이 2007년 2월에 서울시에 거주하거나 근무하면서 호흡기 질환을 진단받았거나 치료를 받은 23명을 모아 제기한 것이다. 그러나 2010년 2월 3일 1심에서 원고 패소 판정을 받았다. 서울지방법원은 대기오염 물질과 호흡기 질환 사이의 역학관계를 부정하였다. 아울러 자동차와 대기오염 물질의 인과관계도 부정하였다. 반면에 2002년 동경지방재판소는 일본 국립환경연구소의 연구 결과를 바탕으로 일본 정부와 동경도에 대해 자동차 배기가스와 천식과의 인과관계를 인정하여 도로변의 주민들에게 배상 판결을 내렸다.

미국 메사추세츠주와 미국 환경청(US EPA)의 소송 건에 대한 미국 연방대법원 판결 내용은 다음과 같다. 미국 정부는 미세먼지가 인체에 무해하다고 합리적으로 설명해야 한다. 만약 설명하지 못하면, 그리고 배출 규제를 하지 못하면 미세먼지 배출 관리와 보호 의무를 위반하여 그 손해를 배상해야 한다.[•]

주지하다시피 중국발 미세먼지는 우리나라 영토에 도달하여 우리 국민에게 막대한 건강 피해를 초래한다. 우리나라 법원도 미세먼지 배상청구에서 일본 동경지방재판소의 사례처럼 인과관계를 증명한다면 이를 인정해야 할 것

• 미국과 한국의 환경소송 사례들을 보면 차이가 있다. 미국 법원은 환경 피해에 대한 무과실책임 원칙을 적용하여 가해자가 피해자에게 손해를 주지 않는다는 사실을 입증해야 손해배상 의무가 발생하지 않는다. 반면 우리나라 법원은 환경 피해에 대한 과실책임 원칙을 적용하여 피해자가 스스로 손해를 입증해야 손해배상을 받을 수 있다.

이다. 2016년 중국 최초의 환경공익소송인 산둥성 더저우시의 중급인민법원의 판결을 살펴보자. 중국의 환경단체(원고)와 중국 기업(피고) 간의 대기오염 책임 소송에서 법원은 피고의 주장을 기각하고 원고에게 손해배상액을 지불하라고 판결하였다. 중국 법원이 중국 내 기업의 대기오염 책임을 입증하여 기업에 책임을 부과한 판례이다. 이것은 우리나라가 중국발 미세먼지에 대해 오염자부담 원칙을 주장할 수 있는 중요한 선례가 될 수 있다. 향후 국제법적으로 중국의 책임을 묻는 데도 인용할 수 있는 판례이다.[40)]

사법적 소송을 한·중 미세먼지 감축 협약 체결의 지렛대(leverage)로 활용하는 방안을 검토하자. 미세먼지는 우리의 호흡, 즉 국민의 생명과 관련이 있다. 미세먼지에 대해 국가가 그 의무를 이행하지 않는 경우, 구체적인 입법이 없더라도 국민이 국가에 손해배상 청구를 할 수 있게 해야 한다. 중국발 미세먼지에 대한 과학적 증거를 토대로 국제사법재판소나 중국 사법부에 소송을 제기할 필요가 있다.

한·중 FTA 재협상 추진

한·중 FTA는 2012년 5월에 협상을 개시하여 2015년 12월 20일에 공식적으로 발효되었다. 한·중 FTA에는 환경조항이 존재한다. 2014년 7월에 서명한 환경협력양해각서에는 양국이 대기오염 예방과 관리 분야에서 협력을 강화하도록 규정되어 있다. 그러나 법적 구속력이 없는 한·중 양국의 약속은 강제적인 의무보다는 선언 내지 권고 수준에 그친다. 반면 한·미 환경협력양해각서는 조약 형태로 법적 구속력이 있다.

환경분쟁 절차를 보면, 한·미 환경협력양해각서는 FTA 분쟁해결 절차를 대상으로 환경 문제에 대한 협의 요청이 가능하다. 반면 한·중 FTA는 환경 문제에 대한 협의가 불가능하고 분쟁해결 절차가 없다. 한·미 FTA 협정은 제도적 장치로 양국이 '환경협의회'를 만들어서 절차적으로 이해관계인이 상대국의 환경법 위반에 대해 조사를 요구할 수 있도록 하였다. 그러나 한·중 FTA에서는 환경분쟁 사안에 대해 일반 분쟁절차를 이용하지 못하도록 규정하고 있다. 따라서 환경과 관련된 분쟁은 여전히 WTO 체제의 분쟁해결 절차를 통해 해결해야 한다. 반면 한·EU FTA 및 한·미 FTA는 일반 분쟁해결 절차를 이용할 수 있다. 이러한 상황에서 한·중 FTA에서 의도하고 있는 환경보호가 제대로 지켜질지가 의문이다.[41)]

더불어 한·미 FTA와 한·EU FTA에는 일반 시민의 참여권과 절차적 권리가 보장되어 있다. 예컨대, 상대국 정부에게 그 나라 환경오염으로 인한 피해 문제를 제기하고 조사를 요구할 시민의 권리가 규정되어 있다. 반면 한·중 FTA에는 시민사회의 참여 조문이 없다. 따라서 한·중 FTA는 민간과의 대화를 통해 환경보호 수준을 향상시키고 투명하고 공정한 절차 보장에 기여할 수 있는 긍정적인 측면을 실현하기 어렵다.[42)]

한·중 FTA 부속조서를 보면, 한·중 FTA는 발효 후 2년 후에 재협상을 하도록 하는 규정이 있다. 중국 내 미세먼지 배출량은 중국 내의 환경 관련 규제의 위반행위와 연관이 높다. 향후 재협상 시 미세먼지 등 환경문제에 대한 협의 및 분쟁해결 절차를 마련할 필요가 있다. 중국 기업 등이 자국의 환경법을 위반할 경우, 우리나라의 시민사회 및 정부가 중국 정부에게 심의·조사를 요청할 수 있는 조항을 재협상 협정문에 넣어야 한다. 또한 한·중 FTA 재협상을 통해 중국이 한국에 영향을 미치는 미세먼지 배출량 관리를 책임지도록 해야 한다.

한·중·일 FTA의 조건부 체결

한·중·일 3국은 2012년 11월 20일에 자유무역협정(FTA)의 협상 개시를 선언하였다. 한·중·일 FTA의 기본 목표는 한·중·일 FTA를 통해 3국 간의 경제협력 강화 및 동아시아 경제협력을 추진하는 것이다. 한·중·일 FTA는 3국 간의 경제협력 관계의 제도적 기반을 마련하고 장기적으로는 동아시아 경제통합의 기초를 형성할 것으로 전망된다. 한·중·일 FTA는 지금까지도 협상중에 있다. 제16차 한·중·일 FTA의 공식 협상이 2019년 11월에 서울에서 개최되었다. 그러나 코로나19 창궐로 인해 베이징에서 열릴 예정이었던 17차 협상은 잠정 토류되었다. 한·중·일 3국은 상품·서비스 시장 개방, 투자, 원산지, 경쟁 등 모든 영역에 걸쳐 논의를 진행할 예정이다.

중국은 코로나19 사태로 인한 탈중국화, 국제적 고립, 경제적 어려움 등을 탈피하기 위해 '한·중·일 FTA' 담판을 시도하려 하고 있다. 2020년 5월 중국은 양회*에서 코로나19 사태 이후 한·중·일 FTA 체결을 위한 협력 강화를 언급하였다. 그러나 중국은 양회에서 14억 인구의 내수 진작을 크게 강조하였다. 이것은 중국 내의 미세먼지 발생을 증가시키는 부작용을 가져올 전망이다.

향후 한·중·일 FTA 체결 시 대기오염 예방 조치를 위한 국제 기준의 준수를 단계적으로 확대하는 방안을 논의해야 한다. 중국발 미세먼지가 세 나라의 국민 건강을 크게 위협하기 때문이다. 한·중·일 FTA 체결을 중국발 미세먼지 해결과 연계하는 방안을 검토해야 한다. 또한 한·중·일 FTA 조문에 중국발 미세먼지를 감소시키는 환경조항을 삽입하자.

* 양회는 매년 3월에 중국에서 열리는 최대 정치 행사로, 전국인민정치협상회의(정협)와 전국인민대표회의(전인대)를 가리킨다. 양회는 국가운영 방침을 결정하고 정책 방향을 제시한다.

8. 강성 전략 I: 경제적 제한 조치로 협정 체결을 압박하자.

경제적 제한 조치: 한·중 양자 간의 협정 체결 및 이행을 압박하자.

통상 중국 외교협상의 기본 자세는 약자에게는 한없이 강하고 강자에게는 한없이 약하다고 한다.[43] 미·중 무역전쟁에서 보듯이 중국은 강자인 미국에게는 매우 약한 모습을 보인다. 2020년 7월 왕이 중국 외교부장이 중국은 미국에게 대들 생각이 없고 국제법을 잘 준수하고 있으니 미국도 국제법을 준수해 달라고 요청한 바 있다. 그러나 사드배치에 대해 중국이 우리나라에 보여준 내정간섭 행위들을 보면, 약자에게 강하게 행동하고 있음을 알 수 있다. 그리고 중국은 자국이 불리하면 국제법을 들먹이면서 내정간섭하지 말라고 하고, 조금만 유리하다 싶으면 국제법 따윈 무시하고 내정간섭도 서슴없이 자행하는 모습을 보이는 이중적 형태를 보인다.

한·중 미세먼지 감축 협정의 체결 및 이행에 강성 전략이 필요한 이유는 중국 외교의 특성상 온건 전략이 효과를 거두지 못할 가능성이 있기 때문이다. 강성 전략을 통해 한·중 간의 미세먼지 감축 협정 체결 및 이행을 압박할 필요가 있다. 특히 강성 전략은 미세먼지의 가해자인 중국에게 국제적 동정이 없을 때 효과를 거둘 수 있다. 미국 여론조사 전문기관 퓨리서치센터가 2020년 10월에 실시한 중국에 대한 호감도를 묻는 여론조사 결과를 보면, 한국을 포함한 14개국 응답자의 73%가 '비호감'을, 24%가 '호감'을 표시하였다. 한국에서는 응답자의 75%가 '비호감'이라고 답하였다.[44] 한국을 포함한 대다수 국가의 중국에 대한 인식이 2020년부터 매우 비우호적으로 나타났다.* 이와 같은 인식은

* 우리나라의 중국에 대한 비호감도가 2021년에는 77%로 2020년의 75% 대비 2% 증가하였다. 한편, 2017년

2020년 초 코로나19 사태와 관련하여 중국인의 입국 금지를 요청한 청와대 청원사례에서도 살펴볼 수 있는 바와 같이 중국에 대한 부정적 여론이 매우 큼을 보여 준다.

강성 전략은 다양한 경제적 제한 조치 및 군사안보적 수단을 사용하는 것으로써 한·중 양자 간의 미세먼지 감축 협정 체결 및 이행을 압박하는 협상 레버리지로 활용할 수 있다. 우리나라는 중국에 비해 영토는 작으나 경제적으로는 반도체 등 첨단산업이 발달한 나라이다. 경제 파워가 큰 우리나라의 이점을 살려서 한·중 미세먼지 협상에 임할 필요가 있다. 경제적 제한 조치는 상대국에 대해 경제적 불이익을 가함으로써 그 나라의 태도와 행위를 변화시키는 방법이다. 우리나라에서 활용 가능한 경제적 제한 수단은 대(對)중국 FDI 감축, 글로벌 공급망의 다변화, 대(對)중국 반도체 수출 제한, 환경상계관세 부과 등을 들 수 있다. 또한 우리나라의 지정학적 이점을 살려서 한·중 미세먼지 감축 협상에서 군사안보적 수단을 사용할 필요가 있다. 구체적인 수단은 사드 추가 배치 등 '3불(不) 정책' 폐기, 인도·태평양 전략(Quad Plus) 및 민주주의 기술동맹에의 참여를 들 수 있다.

대(對)중국 FDI 감축

중국이 '중국제조 2025'*와 '중국표준 2035'**의 성취를 위해서는 외국으로부터 해외직접투자(FDI)를 대대적으로 유치해야 하는 상황에 있다. 중국 내

에는 61%, 2018년 60%, 2019년 63%의 비호감도를 나타냈다.

* 2025년에 중국이 제조업에서 세계 1위를 달성하는 것.

** 인터넷(IoT), 클라우드 컴퓨팅, 빅데이터, 5G, 인공지능(AI) 등 새로운 첨단기술 분야에서 중국이 개발한 기술이 국제표준으로 채택되도록 하겠다는 야심찬 목표.

에서 외국 기업은 중국 수출물량의 약 50%, 그리고 첨단 기술제품의 약 70%를 생산하고 있다. 이는 수출품의 대다수를 자국 기업이 생산하는 미국, 독일, 일본과는 다른 모습이다. 전 세계의 생산망에서 중국의 역할은 주로 최종 완제품의 조립 장소로 국한되어 있다. 즉, 다른 국가나 중국 내의 외국 기업에서 생산한 부품을 수입하여 하나의 완제품으로 조립하는 것이다.[45)]

중국 내 외국 기업의 수는 매년 감소 추세에 있다. 중국 국가 통계에 의하면, 2017년 49,911개소, 2018년 47,736개소, 2019년 44,628개소이다. 2019년에 우리나라의 FDI는 미국 23.5%(1,036억 달러), 동남아 20.2%(887억 달러), 중국 19.4%(855억 달러), EU 14.2%(624억 달러), 일본 2%(89억 달러) 순으로 나타났다. 한국의 대(對)중국 진출 기업들은 장쑤성, 베이징, 산둥성에 가장 많이 소재하고 있는데, 이들 지역은 우리나라에 미세먼지 영향을 가장 많이 주고 있어 아이러니하다. 2014~2018년 기간 동안 한국 기업들의 대중국 투자액은 총 17,600백만 달러이다. 이를 중국 내 지역별로 보면, 장쑤성 4,889백만 달러, 베이징 2,335백만 달러, 산둥성 1,706백만 달러이다. 업종별로 보면, 화학제품 제조, 전자제품 제조 및 자동차 제조가 높은 편이다.

홍콩과기대 경영대학 장웅타오 교수는 "중국과 교역은 동전의 양면과 같다. 한 면은 경제적 이익이고, 다른 한 면은 국가안보와 국민 건강의 손실이다. 정상적인 국가라면 국가안보와 국민의 안전을 택할 것이다"라고 말하고 있다. 중국발 미세먼지는 우리에게는 국민 건강과 국익의 문제이다. 중국은 '세계의 공장'으로 불리는 과잉 생산국이다. 미세먼지를 과잉 배출하고 있어 우리나라에도 악영향을 준다. 한국의 대(對)중국 FDI 감축은 중국 내 화석연료 사용량을 감소시켜 중국 내 미세먼지 발생량 감소를 가져올 것이다. 이것은 우리나라로 향하는 중국발 미세먼지의 이동량 감소를 가져와 우리 국민의 건강 피해 및 경

제적 피해 감소를 가져온다.[46)]

중국 사회와 경제에서 가장 중요한 척도는 글로벌 자본과 중국의 노동력이 결합한 대(對)중국 FDI이다. 우리나라는 현재 安美經中(안보는 미국, 경제는 중국) 스탠스를 취하고 있다. 그러나 국가안보는 환경안보, 즉 중국발 미세먼지도 포괄하는 개념이다. 이제부터는 安美經中이라는 선입견에서 탈피하여 국가안보를 폭넓게 해석해야 할 것이다. 중국발 미세먼지를 줄이는 것은 국민 건강보호 문제이자 환경안보 문제이다. 우리 국민에게 경제 문제보다 더 중요한 것은 미세먼지 문제이다. 중국에 대해 안보 문제를 도외시하고 경제에만 치중해서는 더 중요한 미세먼지 문제를 해결할 수 없다. 한국의 대(對)중국 FDI를 감소시키는 방안은 중국을 미세먼지 감축 협상 테이블에 앉게 하는 유효한 수단이 될 수 있다.

글로벌 공급망 다변화로 탈(脫)중국에 동참

최근 중국의 임금 상승 및 미·중 무역분쟁으로 인해 대(對)중국 FDI 기업들의 탈(脫)중국화가 심화되고 있다. 특히, 코로나19가 발발하면서 안정적인 글로벌 공급망•을 확보하려는 해외 기업의 이목이 아세안과 인도에 집중되고 있다. 기존의 Just-In-Time과 글로벌 분산 제조법칙이 더 이상 통용되지 않는다. 시장에 보다 가깝게 제조공장을 이전하고, 효율성이 떨어지더라도 중복을 허용해서 공급의 안정성을 추구하고 있다.•• 이에 인도와 아세안의 역할이 조금씩

• 글로벌 공급망은 기업이 제품의 설계, 원재료 및 부품의 조달, 생산, 판매 등을 여러 지역이나 국가에서 운영하는 글로벌 분업 체계를 말한다.

•• 코로나19 이전에는 다국적 기업들이 글로벌 공급망의 효율성을 중시하는 'Just-In-Time' 관점에서 사업을 추진해 왔다. 그러나 코로나19 이후부터는 효율성보다는 안정성 확보라는 'Just-In-Case' 관점을 중시하고

확대되고 있다. 최종재 수요지를 아시아로 국한하여 보면, 아세안의 비중은 2011년(11.1%), 인도는 2013년(7.9%)이었다. 2018년에는 아세안 12.4%, 인도 9%로 증가하였다.[47] 중국이 글로벌 공급망에서 차지하는 역할이 축소되고 있지만 한국은 대중국 교역 의존도가 여전히 높다. 2019년 한국의 대중국 수출액 가운데 중간재 비중은 77.4%(1,054억 달러)에 달하였다.

코로나19 사태 이후 세계 각국은 제조공장의 '탈중국화'를 추진하고 있다. 2020년 4월부터 미국, 유럽, 일본은 '중국 제조업 의존에서 벗어나자'고 하면서 동남아나 인도로 공장을 이전하거나 자국으로 회귀(Re-shoring)하는 추세이다. 미국의 탈중국 전략으로 인해 애플, 구글, 인텔 등이 중국에서 빠져나오고 있다. 유럽과 우리나라 기업들도 중국 정부를 자극하지 않기 위해 드러내놓지는 못하지만 슬슬 짐을 싸고 있다. 독일의 탈중국도 눈여겨 볼만하다. 지금까지 독일은 중국을 경제 및 무역관계로만 대해 왔다. 독일도 우리나라처럼 중국과 긴밀한 경제관계를 유지하고 있다. 독일은 유럽에서 중국과의 교역에서 1위를 차지하는 국가이다. 약 5,200개 독일 기업이 중국에 진출하고 있다. 그러나 독일은 앞으로는 지정학적 이해와 인권 이슈를 중시하겠다고 천명하고 있다. 독일은 인도·태평양 지역에서 중국 외에 일본, 호주, 한국과 경협 및 5G 통신망 구축을 강화할 예정이다.[48]

중국 경제와 한국 경제는 상호 의존성이 높은 상태이다. 공급사슬 체계를 보면, 중국은 최종재를 생산하고 우리나라는 부품 등 중간재를 공급한다. 국내 업체들의 글로벌 공급망 다변화, 즉 탈중국 가속화를 중국발 미세먼지 감축 협상 레버리지로 활용하자. 이를 위해 한국의 대중국 중간재 수출 가운데

있다. 최근 중국 정부가 요소수 수출을 제한시키자 우리나라에서 요소수 공급 대란으로 이어진 사례는 Just-in-Case의 중요성을 보여주는 대표적 사례이다.

재수출용 공급망을 인도 및 아세안으로 다원화하자. 아세안은 역내의 완전한 경제통합을 목표로 2015년에 아세안경제공동체를 출범하였고, 우리나라도 신남방 정책을 실시하면서 다양한 분야에서 연대를 강화 중에 있다.[49)]

대(對)중국 반도체 수출 제한

반도체는 전자장치의 두뇌에 해당되며 '산업의 쌀'로 불린다. 컴퓨터, 휴대폰, 드론, AI, IoT 등에 필수 부품이다. 반도체는 '산업의 쌀'에서 더 나아가 미사일 유도장치, 인공위성의 중앙제어장치(CPU), 첨단 레이더, 무인 항공기 등 첨단 군사장비의 핵심 부품이다. 군사안보적 관점에서 반도체의 중요성이 매우 크다.

중국 정부가 내세운 기술 굴기 전략인 '중국제조 2025'에 의하면 2020년에 반도체 자급률* 40%, 2025년에는 반도체 자급률 70%를 달성하는 목표를 제시하고 있다. 그러나 미국 시장조사업체인 IC Insights는 중국의 반도체 자급률이 2025년에 19.4%에 불과할 것으로 예상하여 2025년 목표치의 1/4에 불과할 것으로 전망한다. 2019년에 중국의 반도체 자급률은 15.7% 수준으로 미미하다. 이 가운데 중국 기업은 5.7%에 불과하고 나머지는 삼성, SK하이닉스 등 외국 기업이 10%를 점유하고 있다.

2019년 중국의 반도체 수입액은 3,000억 달러로 원유 수입액을 앞질렀다. 세계 반도체 매출액 중 중국 내에서 소비되는 비중은 2017년 기준 32%로, 중국의 반도체 수요는 세계 최대 수준이다. 다음으로 美洲 22%, 유럽 9%, 일본 9%

* 중국의 반도체 자급률은 중국 반도체 시장에서 중국 영토 내에서의 생산량이 차지하는 비중을 의미한다.

순이다. 중국의 반도체 산업은 대만과 한국에 대한 수입 의존도가 매우 높은 편이다. 중국 전체의 무역적자 가운데 대만과 한국이 각각 38.1%, 30.4%를 점유하고 있다. 품목별로는 메모리 반도체가 36%로 전체 무역적자에서 비중이 가장 높다.[50)]

세계 메모리 반도체(D램) 제조사는 삼성, SK하이닉스, 마이크론(미국) 3개사가 95%를 점유하고 있다. 낸드플레시는 삼성, SK하이닉스, 인텔 등이 세계시장 대부분을 점유한다.* 중국 메모리 반도체 업체 현황을 보면, 중국 D램 업체는 허페이창신과 칭화유니(2021년 7월에 파산되어 법정관리 하에 있음)가 있다. 칭화유니는 중국 반도체 굴기의 상징이었다. 칭화유니의 자회사인 YMTC(양쯔메모리)는 낸드플레시를 생산하는 업체로 현재 정상운영 중이다. 중국은 D램과 낸드플레시를 거의 수입에 의존하고 있는 실정이다. 중국 허페이창신은 2019년 안에 17나노 D램을 양산할 계획이었으나 달성하지 못하였다. D램의 한·중 간 기술격차는 5년, 낸드플래시는 2년 이상으로 추정된다.[51)]

중국 비메모리(시스템) 반도체 업체 현황을 보면, 반도체 설계전문회사인 하이실리콘사는 팹리스 회사(비메모리 반도체 설계 전문업체)로서 화웨이의 자회사이다. SMIC는 파운드리 업체이며,** 대만의 TSMC가 생산을 담당하고 있다. 팹리스가 아무리 설계를 잘해도 파운드리의 기술력이 뒷받침되지 않으면 생산이 불가능하다. 파운드리 업체를 보면 2019년 3분기 기준 세계시장 점유율 순위는 1위 TSMC(대만) 53.9%, 2위 삼성(17.4%), 3위 미국 글로벌파운드리(7.0%)이다. 중국 SMIC는 4.5% 점유율로 5위를 차지한다. 파운드리의 경우 중국의 공정

* 메모리 반도체에는 D램과 낸드플래시가 있다. D램은 전원이 꺼지면 데이터가 지워지고, 낸드는 전원을 꺼도 데이터가 저장되는 메모리이다. 전자는 미세화 공정, 후자는 적층 단수를 높여 원가를 절감하고 성능을 제고시킨다.

** 파운드리 회사는 팹리스 회사의 주문을 받아 반도체를 생산하는 위탁생산 업체이다.

기술은 한국 대비 2세대(4~6년) 뒤쳐진다.[52)]

트럼프 행정부는 중국 기업이 미국의 반도체 기업을 인수하는 것을 허가하지 않았고, 국가안보 침해 등을 이유로 중국 기업에 대해 미국산 반도체 제품과 장비 공급도 제한하였다. 미국은 파운드리 업체인 SMIC의 화웨이 납품을 금지하였다. 미국 기술이나 장비 없이는 사실상 SMIC는 사업이 불가능하다. 삼성전자와 SK하이닉스는 미국 상무부 규제안에 따라 2020년 9월 15일부터 중국 화웨이에 반도체 공급을 중단하였다.* 메모리 반도체는 물론이고 5G 및 모바일 등에 소요되는 비메모리 반도체까지 공급이 중단될 전망이다. 바이든 행정부도 중국의 '반도체 굴기'에 대한 대응을 위해 트럼프 행정부와 동일한 전략을 취하고 있다. 2021년 6월 미국 백악관은 공급망 검토 보고서를 통해 주요 산업의 공급망 재편방안을 발표하였다. 이 보고서는 반도체, 배터리, 필수광물, 의약품의 4대 핵심 품목에 대한 공급망 점검을 이행하면서, 특히 반도체의 대중국 수출 통제 및 주요 동맹국과의 협력을 강조하고 있다.[53)]

중국은 한국으로부터 반도체를 수입하지 못할 경우 대체물을 마련할 수 있는 기술이 없다. 따라서 중국의 '중국 제조 2025'와 '반도체 굴기 2025' 목표를 중국발 미세먼지 해결 협상을 위한 레버리지로 활용이 가능하다. 대중국 전략으로 삼성전자의 시스템반도체(비메모리) 수출 제한**과 DRAM 수출 제한(삼성반도체, SK하이닉스)을 활용하자. 또한 화웨이뿐만 아니라 중국의 스마트폰 제조업체, AI 및 드론 제조업체 등 첨단업체에 대한 반도체 공급 제한과 반도체 인력 수출 금지를 미세먼지 감축 협상 레버리지로 활용하자.

* 미국 기술이나 장비로 만드는 반도체 제품을 화웨이에 공급하려면 미국 상무부의 허가를 받아야 한다고 발표하였다.

** 2020년 5월 대만의 파운드리 업체인 TSMC는 미국의 요청에 따라 화웨이에 수출을 금지하였다.

중국 제품에 환경관세 부과

세계무역기구(WTO)는 국제 무역관계에 있어서 각국이 준수해야 할 절차와 규칙조항을 설정한다. 무역장벽을 축소하고 수입관세, 수입할당, 수출 보조금의 폐지를 요구한다. 과도한 검사 요구, 과도한 제품 규격과 같은 비관세 장벽을 금지한다. 이를 통해 세계 각국의 자유무역을 촉진시키고자 한다. 그러나 WTO 규칙에 대한 폭넓은 예외 조항이 존재한다. 환경보전, 인간과 동식물의 생명이나 건강보호, 자연자원의 보존 등을 달성하기 위한 규제가 허용된다. 이 경우 해당 제품에 대한 수입량 제한 혹은 관세부과 등의 수입 규제가 허용된다.

환경관세(Environmental Tariff)는 환경오염 통제가 불충분한 국가로 수입되거나 혹은 그 국가에서 수출되는 제품에 대해 매기는 세금이다. 환경관세는 사실상 환경적으로 소홀한 국가와의 무역을 덜 바람직하게 만들기 위해 고안된 징벌적 과세이다. 환경관세는 국경 간 이동 대기오염 물질에 대한 통제 역할을 한다. 이는 오염 국가가 수출을 늘리기 위해 대기오염 물질의 배출을 남발하는 것을 방지하는 메커니즘이다.[54]

중국은 우리나라와 비교하여 환경 기준이 느슨한 국가이다. 중국 제품에 환경관세를 부과하면 우리나라에 대한 공급가격은 상승하여 국내 생산자의 시장 점유율이 증가한다. 우리나라의 시장 점유율 증가는 국내 일자리 보호 효과를 가져온다. 또한 중국산에 대한 우리나라의 수입량 감소는 중국 내 미세먼지 발생량을 감소시킨다. 이는 우리나라로 향하는 중국발 미세먼지의 감소를 가져와 우리 국민의 건강 피해 및 경제적 피해 감소 효과를 가져 온다.

일례로 우리나라가 중국 내 미세먼지 유발상품(예: 샤오미 공기청정기)에 대

[그림 6-1] 환경관세의 부과 효과: 수입감소 및 국내 제품 생산 증가

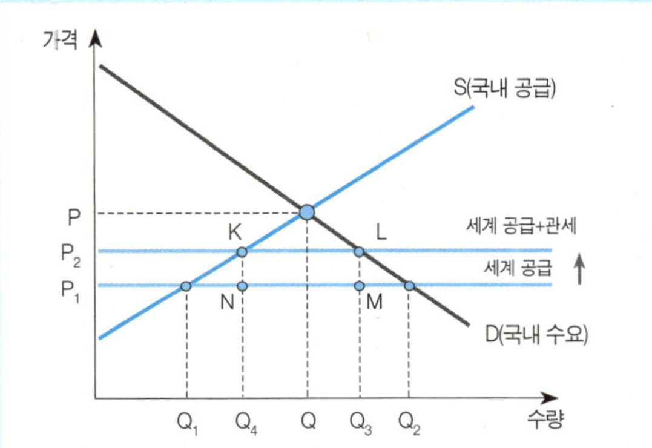

관세는 수입 제품에 부과하는 세금으로, 일반적으로 종가세 형식으로 부과한다. [그림 6-1]에서 보면, 무역이 없을 경우 국내 가격과 수량은 각각 P와 Q로 결정된다. 만약 한 국가가 세계 공급에 개방되면 가격은 P_1으로 떨어지고 생산량은 Q에서 Q_2로 증가한다. 그 결과 국내 생산업체의 점유율은 Q_1으로 감소하고 수입량은 증가하여 Q_1Q_2가 된다($Q_2 = Q_1 + Q_1Q_2$).

관세부과는 세계 공급곡선을 상향 이동시킨다(세계 공급곡선 = 세계 공급 + 관세). 이 경우에 가격은 P_2로 상승하고 새로운 생산량은 Q_3가 된다. 국내 생산자의 시장 점유율은 Q_4로 증가하고 수입량은 감소하여 Q_3Q_4가 된다($Q_3 = Q_4 + Q_3Q_4$). 그 결과 국내 생산자들은 세계의 다른 나라로부터의 저렴한 수입에서 보호를 받는다. 국내 소비자들은 더 높은 가격에 직면하고 있기 때문에 소비자 잉여가 감소한다. 반면 국내 생산자들은 관세가 없을 때 보다 더 높은 가격을 받기 때문에 생산자 잉여가 증가한다. 국내 시장 점유율의 증가는 국내 일자리가 보호된다는 것을 의미한다.

해 환경관세를 부과하면 중국 내에서 생산량이 감소한다. 이로 인해 우리나라에 대한 중국발 미세먼지 피해를 줄일 수 있다. 이 경우, 우리나라의 국산 공기청정기 생산량은 환경관세 부과로 인해 증가하여 국내 미세먼지 발생량이 증가한다. 그러나 만약 국내에서 발생하는 미세먼지 피해 비용을 국산 공기청정기의 판매가격에 완전히 반영하면 외부 효과가 제거되어 국산 공기청정기의 생산량 증가는 그리 문제가 되지 않는다.

또 하나의 예를 들면, 중국은 한국산 전기차에 보조금을 전혀 주지 않는다. 반면 우리나라는 중국산 전기차에 많은 보조금을 주어 중국 내에서 과잉 생산을 유도한다. 이로 인해 중국 내의 대기오염 물질 발생량이 증가하여 우리나라는 중국발 미세먼지의 피해를 입게 된다. 중국에서 우리나라로 수출되는 전기차 보조금의 폐지도 일종의 환경관세 기능을 하여 우리나라의 수입량 감축을 유도할 수 있어서 중국발 미세먼지 저감에 기여한다.

향후 중국 제품을 수입할 때 수입품에 중국발 미세먼지 피해 비용을 반영하는 환경관세를 부과하여 중국발 미세먼지 감축 협상의 레버리지로 활용하자.[55)]

9. 강성 전략 II: 군사 안보적 수단으로 협정 체결을 압박하자.

헬싱키 의정서 체결과 Pershing II 미사일 배치

1985년에 체결된 헬싱키 의정서는 '30% 감축 클럽'을 운영하여 법적으로 구속력을 갖는 감축 목표를 설정하였다. 유럽 국가들은 1993년까지 1980년 기준 SO_2 배출량을 30% 감축시키며, 국경 간 이동 배출량도 최소 30% 이상 줄이기로 합의하였다. 처음에 소련은 헬싱키 의정서의 체결을 반대하였었다. 그러나 갑작스럽게 헬싱키 의정서가 체결되었다. 그 배경에는 냉전(cold war)이 있었다.

당시 미국 레이건 행정부는 동서 간 힘의 균형에서 우위를 점하려는 정책을 추진 중이었다. 미국은 철의 장막 반대편에 있는 소련의 SS-20 미사일에 대항하기 위해 서독에 Pershing II 미사일 배치를 결정하였다. 이것은 소련이 협상을 시작하는 동기를 부여하였다. 소련은 미사일 배치를 반대하는 서유럽 여론에 호소하였다. 이는 서독에서 격렬한 정치적 반향을 불러왔으며 녹색 정당이 출현하는 계기가 되었다. 특히 환경보호에 찬성하는 서독의 좌파와 녹색 정치 그룹들이 미사일 배치를 적극적으로 반대하였다. 소련은 서독과 관계 개선을 목적으로 배출량 30% 저감 협상에 적극적으로 참여하였다. 결국 소련은 미국의 Pershing II 미사일 배치를 막기 위해 헬싱키 의정서 체결을 찬성하게 되었다.[56]

우리나라는 지금까지 20여 년 동안 TEMM, EANET 등 동북아 환경회의체에 참여하고 있으나 미세먼지 등 대기오염 물질 감축 성과는 거의 없는 실정이다. 유럽의 국경 간 이동 대기오염 물질 감축에 대한 이러한 성공사례는 우리에게 중요한 시사점을 준다.

사드 추가 배치 등 '3불(不) 정책' 폐기

2017년 3월 경상북도 성주에 고고도 미사일 방어 체계인 사드(THAAD)가 배치되었다. 사드는 북한의 중장거리 미사일을 방어할 목적으로 패트리어트(PAC-3) 요격 미사일과 통합 운영된다. 즉, 사드는 상층을 방어하고 패트리어트는 하층을 방어하는 이중 방어망을 구축하는 것이다. 한국의 사드배치 결정으로 한·중 양국 관계는 급속하게 냉각되었다. 한국은 북핵 방어용이라고 해명하였다. 그러나 중국은 한국이 미국의 대중국 포위 및 견제 전략에 합류한 것이라 주장하고 강력하게 반대하였다. 중국 정부는 한한령(限韓令, 한류 금지령)을 내려 한류 콘텐츠를 제한하였다. 중국의 단체 관광객 제한 및 한국 기업에 대한 규제 강화 등으로 각종 경제적 압력을 가하였다.[57)]

중국의 반발로 문정부는 중국 정부와 2017년 10월 31일에 '3불 정책'을 합의하였다. 3불 정책은 '사드를 추가 배치하지 않고, 한국이 미국의 미사일 방어 체계(MD)에 편입되지 않으며, 한·미·일 안보동맹을 군사동맹으로 발전시키지 않는다'는 내용이다. 홍콩의 SCMP는 "3불 정책은 경제를 정치·안보 문제에 연계시키는 선례를 만들었다"고 평가하였다. 중국은 안보를 경제와 연계시킴으로써 기존의 안보는 미국이고 경제는 중국이라는 안미경중(安美經中) 구도를 깨뜨렸다. 중국 국방부의 2019년도 국방백서는 "미국이 한국에 사드를 배치한 것은 아시아·태평양 지역의 전략적 균형과 안보이익을 훼손한다"고 기술하였다.

중국도 사드 보복을 지속하면서 '한한령'(韓寒領)을 우리나라에 대한 압박 수단으로 지속적으로 활용할 것을 표명하고 있다. 중국 측은 3불 합의 이후 아직까지도 우리나라에 경제 보복을 가하고 있다. 중국의 '내로남불' 현상은 정말로 가관이다. 미국 국방부에 따르면, 중국은 수 백기의 사거리 300~1,000km 미사일을 한국, 일본 및 대만을 겨냥하여 배치 중에 있다. 한반도와 주일 미군기지까지 감시가 가능한 탐지거리 3,000~5,000km의 초대형 레이더를 산둥반도, 헤이룽장성, 저장성에 배치하였다.* 중국 공산당 창건 70주년인 2019년에

* 2021년 7월에 싱하이밍 주한 중국대사는 한반도를 탐지하는 중국의 초대형 레이더 배치를 전면 부인하고 오히려 우리나라를 비난하는 기고문을 중앙일보에 기고하였다. 중국의 레이더 배치에 대한 타국의 지적은 내정간섭이라고 비난하면서 우리나라에 대해서는 내정간섭을 서슴지 않는 중국의 이중적 태도에 우리 국민들의 공분을 사고 있다.

다음과 같은 중국 고위층의 발언은 우리에게 공포심마저 준다. "만약 한국이 미국 미사일을 배치하면 한국은 중국 미사일의 총알받이가 될 것이다." 이것은 중국의 한국에 대한 이중적이며 주권침해적 행태를 보여 준다. 2019년 11월 28일에 주한 중국대사는 "한국이 미국의 중거리 미사일을 배치할 경우 사드 이상의 보복을 당할 수 있으니 주의하라"고 경고하였다. 이것은 우리나라에 대한 명백한 내정간섭이자 주권침해 문제로 볼 수 있는 행태이다.

미국은 동북아에서 미사일 방어 체계를 구축하고자 한다. 미국과 일본에는 이미 구축되었고, 한국에 사드가 배치되면 미사일 방어 체계에 한국도 포함되게 된다는 게 중국의 우려이다. 중국이 사드 배치를 결사반대하는 이유이기도 하다. 중국은 미국을 두려워하고 국제적 연대를 무서워하는 경향이 있다.

한·미·일 군사동맹 강화로 중국발 미세먼지를 해결하는 방법을 찾아보자. 한·미·일 3국이 중국발 미세먼지를 해결하라고 중국에 압박을 가하면 버티기 어려울 것이다. 한편, 중국 동해안에 다수 배치된 공장, 소각장, 화력발전소 등을 내륙 지역으로 대거 이전하도록 압박하여 우리나라로 이동하는 미세먼지를 감축하는 방안도 필요하다. 동북아 국가들의 최우선 관심사는 안보 문제이다. 한·중 미세먼지 감축 협상의 레버리지로 '3불 정책' 폐기 등 군사안보 문제와 연계하는 방안을 추진하자. 군사적 압박 수단으로 수도권, 서해안 등에 3~4기의 사드를 추가로 배치하자. 또한 사정거리 3,000km 이상의 최신형 중장거리 미사일을 한반도에 다수 배치하여 중국의 미세먼지 감축 협상 참여를 압박할 필요가 있다.*

* 2021년 5월 미국은 우리나라에 대한 사정거리 800km의 미사일 제한을 폐지하였다. 따라서 우리나라는 사정거리 제한이 없어졌으며 최신형 중장거리 미사일을 개발하고 배치할 수 있게 되었다.

인도·태평양 전략에 참여

시진핑 정부 이전에는 중국이 다른 국가와 관계를 맺는 이유는 순전히 경제적 목적이었으며, 해외 국가의 자국 내 정치 문제에 대해서는 불간섭 원칙을 고수하고 있었다. 그러나 중국의 대외 정책은 2013년에 시진핑 정부가 들어선 이후부터 확실하게 변하였다. 새로운 대외 접근법을 살펴보면, 남중국해에 대한 영유권을 강력하게 주장하고 동중국해에 방공식별 구역을 설정하였다. 2014년에 시진핑 정부는 동남아시아와 중앙아시아를 대상으로 '인프라 외교'라 불리는 일대일로(One Road One Belt, 육상 및 해상 실크로드) 정책을 시행하였다.[58)]

중국의 공격적 대외 정책에 대응하기 위해 미국은 인도·태평양 전략을 주도적으로 추진하고 있다. 이 전략의 핵심 내용은 일본, 인도 및 호주와의 동맹과 연대를 통해 중국의 해양 진출을 봉쇄하는 것이다. 또한 미국 정부는 인도·태평양 전략을 강화하기 위해 남중국해에 인접하고 있는 아세안 회원국들과의 협력과 연대에도 적극적으로 나서고 있다. 미국 정부는 중국 정부의 해상 진출을 저지하기 위해 인도·태평양 전략을 구체화하고 있다. 남중국해는 중국이 구축하고 있는 해상 실크로드의 출발점인 동시에 가장 중요한 무역통로이다. 우리나라의 입장에서 볼 때 남중국해와 인도양은 에너지 및 수출입 상품의 가장 중요한 해상통로이다. 남중국해는 태평양과 인도양을 연결하는 해상루트로, 전 세계 물동량의 25%가 통과하는 지역이다. 중국은 물론 한국, 일본, 대만이 수입하는 석유의 90%가 이곳을 통과한다.

미국은 인도·태평양 지역에 유럽의 NATO와 같은 수준의 아시아판 다자안보기구를 구상 중이다. 구체적으로 〈인도·태평양 전략〉(Quad plus)을 구상하고 있다. 'Quad plus'에는 Quad 4개국(미국, 일본, 호주, 인도) 외에 베트남, 뉴질랜드 등 10개국이 참여할 전망이다. 미국은 한국이 지정학적으로 중국과 가장 가까운 나라이면서 전통적인 미국의 안보동맹으로서 'Quad plus'에 적극적으로 참여하기를 요청하고 있다. 그러나 문정부는 소극적 자세와 '담벼락에 걸터앉아 양쪽 눈치를 보고 있는' 애매모호한 태도를 견지하고 있다. 2021년 6월 14일에 한국일보·한국리서치는 사드배치와 일대일로 참여에 대한 전 국민 여론조사를 실시하였다. 이 여론조사 결과를 보면, 우리나라 국민의 62%는 Quad 참여를 찬성하였고, 반면에 일대일로 동참은 36%의 지지에 불과하였다.[59)]

현재 우리나라는 미국과 안보동맹 관계을 맺고 있으며, 중국과는 '전략적 협력동반자' 관계라고 할 수 있다. 한국은 그동안 미국 주도의 인도·태평양 전략에 대해서 소극적인 입장을 취해 왔다. 그러나 우리나라가 인도·태평양 전략에 참여함으로써 중국발 미세먼지 감축 협상의 지렛대로 활용할 수 있다. 미국 주도의 'Quad plus'에 참여하는 것은 중국으로 하여금 미세먼지 감축 협상의 체결 및 이행을 유도하는 강력한 압박 수단으로 작용할 것이다.

'민주주의 기술동맹'과 'B3W' 계획에 참여

인공지능(AI), 양자 컴퓨팅, 유전 공학, 5G 및 로봇 공학을 포함한 새로운 기술들이 빠르게 발전하고 있으며 지정학으로도 큰 변화를 가져다주고 있다. 이러한 기술혁신은 한편으로는 큰 이점을 가져다 주지만, 다른 한편으로는 새로운 보안 문제를 포함하여 심각한 위험을 동반한다. 중국이나 다른 독재 국가가 민주주의 세계보다 먼저 이러한 신흥 기술을 개발하는 데 성공한다면 상당한 경제적, 군사적 이점을 얻을 수 있다. 또한 민주주의 가치와 일치하지 않는

기술표준과 규범을 설정할 수 있는 강력한 위치에 놓이게 된다.[60)]

이에 따라 미국 바이든 행정부는 신기술 활용에 대한 협력을 촉진하기 위해 D-10(민주주의 10개국)을 시작으로 주요 민주주의 그룹을 한데 모을 〈민주주의 기술동맹〉을 결성하기로 하였다. 이 동맹은 민주주의 국가, 선진화된 기술국가, 안보·정보 분야에서 미국과 협력이 가능한 국가를 대상으로 하고 있다. 주요 목표는 민주주의 세계가 첨단기술 경쟁에서 우위를 점하고 21세기의 세계 질서를 결정적으로 형성할 관련 규범과 표준을 만들 수 있도록 하는 것이다.

미국은 중국의 '기술 권위주의'•를 고립시키기 위해 '기술 민주주의'를 추구하는 반중 연합전선을 구축하고 있는 중이다. '기술 민주주의'는 공동의 가치를 추구하는 국가들과 기술협력 관계를 구축하는 것을 의미한다. 여기에서 말하는 공동의 가치란 법규범 준수, 표현의 자유, 인권 중시, 신기술의 표준 정립, 중앙정부로부터 자유로운 인터넷 환경, 개방형 인터넷 등을 실현하기 위한 다자간 협력을 의미한다.[61)]

또한 2021년 6월에 미국 바이든 대통령과 G7 국가들은 〈더 나은 세계 재건〉(B3W: Build Back Better World)계획이라 불리는 새로운 글로벌 인프라 건설계획을 추진하기로 합의하였다. 이 계획의 골자는 코로나19의 대유행으로 악화된 개발도상국의 기반시설 수요를 충족시킬 수 있도록 2035년까지 40조 달러 규모를 지원하는 것이다. B3W는 주요 민주주의 국가가 주도하는 가치 중심적이고 높은 수준의 투명한 인프라 파트너십이다.•• 라틴 아메리카와 카리브해에서

• '기술 권위주의'는 국가가 통제하는 폐쇄적 인터넷망(예: 중국의 만리방화벽) 운영을 통해 검열과 감시를 강화함으로써 이용자들의 자유로운 정보 접근 및 공유를 차단하는 것을 의미한다(세계일보, 2021. 5. 1, 〈中 기술 권위주의 vs. 美 기술 민주주의...불붙는 국제표준 전쟁〉).

•• 미국 백악관은 B3W가 환경, 反부패, 자유로운 정보의 유입과 소통 등을 기반으로 하고 있다고 설명하고 있다.

아프리카, 인도·태평양에 이르기까지 전 세계 중·저소득 국가의 인프라 건설에 적용된다.[62)]

B3W는 중국이 2013년에 시작한 일대일로 사업을 견제하는 것으로도 해석할 수 있다. 중국은 현재 아프리카와 유럽, 동남아 등 100여 개 국가에서 2,600개에 이르는 철도, 항구, 고속도로 건설의 일대일로 프로젝트를 수행 중이다. 시진핑 주석은 코로나19 발발 이후 2020년 5월 양회에서 일대일로 강화를 독려하였다. 그러나 일대일로 사업에 참여하는 국가들이 중국으로부터 빌린 돈을 제때 갚지 못하면 저당 잡힌 인프라 시설이 중국의 수중에 떨어지곤 한다. 독일의 Kiel 세계경제연구소에 의하면, 일대일로 참여국의 대중국 부채는 3,800억 달러 규모에 달한다.[63)] 아프리카 일부 국가들은 디폴트를 선언하였고 파키스탄도 사업을 전면 재검토 중이다. 2021년 4월 3일 한·중 외교장관 회담에서 중국 외교부 장관은 5G, 빅데이터, 녹색경제, 인공지능, 반도체, 신에너지 등의 분야에서 한국과 협력 파트너가 되기를 강력히 희망한다고 말하였다. 이것은 미국이 중국에 대해 시행하는 첨단산업 분야의 기술포위망을 뚫기 위해 우리나라를 적극적으로 활용하겠다는 의도로 해석할 수 있다.

향후 우리나라가 미국 주도의 〈민주주의 기술동맹〉에 참여함으로써 중국발 미세먼지 감축 협상의 유효한 지렛대로 활용할 수 있다. 또한 G7 국가들이 주축이 되어 추진하는 'B3W'에 참여하고, 동시에 중국 주도의 '일대일로' 사업을 탈퇴하는 방안을 고려하자. 이러한 군사안보적 수단들은 중국으로 하여금 미세먼지 감축 협상 체결 및 이행을 유도하는 강력한 압박 수단으로 작용할 것으로 판단된다.

1) 문진영 외(2017), 《국제사회의 장거리이동 대기오염 대응사례와 시사점》, 대외경제정책연구원, p. 85.
2) 그러나 연구 결과에 대한 3개국 공통의 합의된 의견을 도출하기 어렵고 표준화된 연구 방법이 개발되지 않은 한계점이 지적된다. 2017년에 4단계 연구 종료 후 2018년까지 보고서를 발간하고 한·중·일 환경장관회의(TEMM)에서 보고하기로 합의하였다. 그러나 중국이 배출량 자료 오류 등을 사유로 공개를 반대하여 요약보고서 수정 및 재검토 후 2019년 11월 20일에야 발간하는 등 한·중·일 3국이 합의한 연구 결과 도출이 쉽지 않았다.
3) 2020년 한·중·일 3국의 과학자들은 2021~2022년 기간의 공동연구 주제로 각국의 2차 생성 대기오염 물질 관측, 각국의 2차 생성물에 대한 모델링(확산, 배출, 이전, 이동), 대기오염과 기후 변화가 인체에 미치는 영향 평가를 선정하였다. 이것은 20년간 진행된 LTP의 신뢰도를 향상시키려는 방향으로 연결되지 못한 문제점이 있다(국회입법조사처, 2020, 《동북아 미세먼지 협력: 현황과 과제》).
4) 2014년 7월 한·중 양국 정상이 미세먼지 대기오염 감소를 위한 협력 강화를 발표한 후, 이에 부응하기 위해 한국 국립환경과학원과 중국 환경과학원 양 기관이 '환경협력 양해각서'를 체결하였다.
5) Mark Elder(2013), "Strengthening International Cooperation on Air Pollution in Asia", 16th IUAPPA World Clean Air Congress, Cape Town, South Africa, September 30.
6) Reinhard Drifte(2005), "Transboundary pollution as an issue in Northeast Asian regional policies", ARC Working Paper 12, ARC(Asian Research Center).
7) Reinhard Drifte(2005), "Transboundary pollution as an issue in Northeast Asian regional policies", ARC Working Paper 12, ARC(Asian Research Center).
8) Mark Elder(2013), "Options and Consideration for Strengthening Interantional Cooperation on Air Pollution in Asia", Tokyo, Japan, Feb. 1.
9) 최기철(2019), 《중국의 대기관리 정책분석 및 한-중협력 강화 방안》, KEI.
10) 류예리(2019), 《국제환경문제에서 중국의 국제법적 입장 – 한·중 미세먼지 책임을 중심으로》.
11) Reinhard Drifte(2005), "Transboundary pollution as an issue in Northeast Asian regional policies", ARC Working Paper 12, ARC(Asian Research Center).
12) 한-중 미세먼지 공동 실증협력사업은 2014년 7월 한-중 정상회담 합의에 따라 중국 내 미세먼지 저감과 국내 기업의 수출 확대를 목적으로 국내 대기오염 방지기술을 중국 산둥성 등 16개 지역의 대기오염 물질 배출시설(제철소, 화력발전소, 소각시설, 시멘트, 석유화학, 중형보일러 등)에 적

용하고자 하는 사업으로 중국 기업이 국내 기업과 계약을 체결할 경우 국내 기술을 중국 현지에 맞게 연구 및 재설계하는 비용을 지원하는 사업이다. 중국 기업이 우리나라 환경기술을 이용하여 대기오염 방지시설을 설치할 경우 우리나라 정부가 비용의 20%, 중국 정부 및 중국 기업이 80%를 부담하는데, 2016년에 5건(650억 원)의 계약을 체결하였으나, 2017년 실적은 제로이며, 2018년에는 8건(190억 원)의 계약 체결로 감소되는 등 성과가 저조하다. 또한 실제 사업 내용도 우리나라 미세먼지 저감에 얼마나 기여하는지가 명확히 분석되지 않고 있어 사업의 실효성을 검증할 필요가 있다(감사원 감사보고서, 2020. 9).

13) 국가기후환경회의(2020. 5), 《미세먼지 현황분석 및 개선보고서》.

14) 유럽 산업계는 경쟁력 약화를 우려하여 산성비 감축을 위한 엄격한 수단들에 반대하였다. 특히, 석탄 등 화석연료 산업과 자동차 업계가 반대하였다(Miranda A. Schreurs, 2007, "The Politics of Acid Rain in Europe", *Acid in the Environment, Lessons learned and future Prospects*, Springer, p. 125).

15) Miranda A. Schreurs(2007), "The Politics of Acid Rain in Europe", *Acid in the Environment, Lessons learned and future Prospects*, Springer, p. 126.

16) Miranda A. Schreurs(2007), "The Politics of Acid Rain in Europe", *Acid in the Environment, Lessons learned and future Prospects*, Springer, p. 130.

17) Miranda A. Schreurs(2007), "The Politics of Acid Rain in Europe", *Acid in the Environment, Lessons learned and future Prospects*, Springer, p. 134.

18) 문진영 외(2017), 《국제사회의 장거리이동 대기오염 대응사례와 시사점》, 대외경제정책연구원, p. 65.

19) Don Munton(2007), "Acid Rain Politics in North America: Conflict to Cooperation to Collusion", *Acid in the Environment, Lessons learned and future Prospects*, Springer.

20) Don Munton(2007), "Acid Rain Politics in North America: Conflict to Cooperation to Collusion", *Acid in the Environment, Lessons learned and future Prospects*, Springer, p. 176.

21) Don Munton(2007), "Acid Rain Politics in North America: Conflict to Cooperation to Collusion", *Acid in the Environment, Lessons learned and future Prospects*, Springer, p. 178.

22) Don Munton(2007), "Acid Rain Politics in North America: Conflict to Cooperation to Collusion", *Acid in the Environment, Lessons learned and future Prospects*, Springer, p. 178.

23) 대외정책연구원(2017), 《국제사회의 장거리이동 대기오염 대응사례와 시사점》, p. 82.

24) 대외정책연구원(2017), 《국제사회의 장거리이동 대기오염 대응사례와 시사점》, p. 82.

25) 박병도(2014), 〈동남아 연무문제 대응의 국제법적 함의〉, 《환경법연구》, 제36권 제2호.

26) 문대통령은 2017년 중국을 국빈 방문한 자리에서 "중국은 단지 중국이 아니라 주변국들과 어울려 있을 때 그 존재가 빛나는 국가이다. 높은 산봉우리가 주변의 많은 산봉우리와 어울리면서 더 높아지는 것과 같다". "中國夢이 중국만의 꿈이 아니라 아시아 모두, 나아가서는 전 인류와 함께

꾸는 꿈이 되길 바란다"라고 中國夢에 동참하겠다는 발언을 한 바 있다(연합뉴스, 2020. 12. 13). 여기서 中國夢은 시진핑 체제의 어젠다 중 하나로, "근대 이래로 모든 중국인들이 꾸고 있는 가장 위대한 꿈"이라는 중국의 주장을 말하며, 시진핑 주석은 이를 구체적으로 "중화민족의 위대한 부흥"이라 정의하였다. 中國夢은 1단계로 2020년까지 중산층 사회를 건설하며, 2단계로 2049년까지 부강한 사회주의 현대화 국가를 건설하자는 것이다. 현재의 G2(미·중 양강) 시대를 넘어서 중화인민공화국 건설 100주년이 되는 2049년에는 미국을 넘어 새로운 역학관계의 G2(중·미) 시대를 여는 것이다.

27) 2020년 3월 코로나19 창궐시에 "그렇게 중국 눈치를 본 결과가 어땠나. 우리가 중국에 거꾸로 '외교보다 더 중요한 건 방역'이라는 훈계를 듣더니, 이젠 중국이 먼저 '위험하니 한국에 가지 말라'고 하는 상황까지 왔다"(조선일보, 2020. 3. 19).

28) 최민욱(2018), 〈중국 대기환경 관리 실제 현황과 한-중 대기분야 환경협력 발전 방안 연구〉, 제27권 제3호, pp. 89~90.

29) 주디스 샤피로 지음, 채준형 옮김(2017), 《중국의 환경문제》, 아연출판부, p. 251.

30) 예종영(2007), 〈국제환경제도와 중견국가의 역할〉, 《국제관계연구》, 제14권 제1호.

31) Canada-United States Agreement on Air Quality, 30 I.L.M. 676(1991).

32) 인하대학교 조석연 교수에 의하면, 영국은 산업 및 교통 정책을 통해 1980년 런던의 이산화황 농도를 60㎍/m³에서 1985년 40㎍/m³로 감소시켰다. 그러나 영국발 이산화황의 영향을 받는 스웨덴의 국가배경 지역인 호버겐의 이산화황 농도 감소로 연결되지 않았다. 이에 국경 간 이산화황 이동을 30% 감축시키는 법적 구속력을 갖는 헬싱키 의정서를 체결하였다. 결과적으로 스웨덴 호버겐의 이산화황 농도는 3㎍/m³에서 1.5㎍/m³로 50%나 감소하였다.

33) 인하대학교 조석연 교수에 의하면, 중국의 도시 대기 질 개선이 우리나라의 미세먼지 개선으로 연결되지 못한다고 말한다. 중국이 2013~2017년 북경 등 주요 도시의 초미세먼지 농도가 40~60% 감소하였다. 그러나 대기청정 지역인 백령도의 초미세먼지 농도 감소는 매우 미미하였다. 따라서 중국발 미세먼지 저감을 위해서는 중국의 주요 도시뿐만 아니라 주변 지역까지 포함하는 전국적인 대기 질 개선이 필요하다고 주장한다.

34) Joseph S. Nye, Jr. 저, 양준희 외 역, 《국제분쟁의 이해-이론과 역사》, 한울.

35) Joseph S. Nye, Jr. 저, 양준희 외 역, 《국제분쟁의 이해-이론과 역사》, 한울.

36) 이재범 외(2017), 《대기 질 예보권역에 대한 배출원별 지역간 정량적 기여도 평가(I)》, 국립환경연구원; 주현수 외(2019), 《중국의 미세먼지 농도추이 및 한-중 간의 오염도 상관관계 분석》, KEI.

37) 류예리(2019), 〈국제환경문제에 있어서 중국의 국제법적 입장 - 한-중 미세먼지 책임을 중심으로〉, 《환경법연구》, 제41권 제2호.

38) 류예리(2019), 〈국제환경문제에 있어서 중국의 국제법적 입장 - 한-중 미세먼지 책임을 중심으로〉, 《환경법연구》, 제41권 제2호, p. 51.

39) 김홍균(2015), 《국제환경법》, 홍문사, p. 59.

40) 류예리(2019), 〈국제환경문제에 있어서 중국의 국제법적 입장 – 한–중 미세먼지 책임을 중심으로〉, 《환경법연구》, 제41권 제2호, pp. 46~48.

41) 이기평 외(2015), 《한–중 FTA 분야별 법제이슈 분석 연구》, 한국법제연구원.

42) 이기평 외(2015), 《한–중 FTA 분야별 법제이슈 분석 연구》, 한국법제연구원.

43) 린원청 저, 강병환 역(2017), 《중국을 다룬다 – 대중국 협상과 전략》, 학고방.

44) 이 조사는 2020년 6월 10일부터 8월 3일까지 한국을 포함한 14개국 성인 1만 4,276명을 상대로 전화 설문 방식으로 실시되었다.

45) 아서 크뢰버 지음, 도지영 옮김(2017), 《중국경제》, 시그마북스, pp. 320~321.

46) Matthew Shapiro(2016), "Transboundary Air Pollution in Northeast Asia: The Political Economy of Yellow Dust, Particulate Matter, and PM2.5", Korea Economic Institute of America, Academic Paper series, May 19.

47) 한국무역협회(2020), 《포스트 코로나 시대, 글로벌 공급망 재편에 따른 우리의 대응》.

48) "New Policy Guideline on the Indo–Pacific Region"(2020. 9. 2. 독일 각료회의).

49) 한국금융연구원(2020. 2. 23), 《중국 사태로 다시보는 對아세안 공급사슬》.

50) KDB미래전략연구소(2020), 《중국의 반도체 굴기 추진과 향후 전망》, 이슈보고서.

51) D램의 경우, 중국은 2019년 10나노 1세대 D램 양산 및 2020년 내 2세대 D램 양산을 추진하고 있다. 한국은 2021년 4세대 D램 양산을 추진하여 한–중 기술격차는 최소 5년 이상으로 추정된다. 낸드플래시의 경우, 128단 3D 낸드플래시를 한국은 2019년에 양산, 중국은 2020년 말~2021년 상반기에 양산할 계획이며 수율 등을 고려할 때 한–중 간 기술격차는 2년 이상으로 추정된다(한국수출입은행, 《이슈보고서》, 2020. 8).

52) SMIC는 세계 5위, 중국 1위의 파운드리회사로 2019년 말 14나노 공정을 도입하였으나 삼성전자는 2020년 2분기 5나노 양산 시작, 4나노 개발 중으로 삼성전자 대비 공정기술은 2세대 뒤쳐진다. SMIC는 최근 2020년 4분기에 7나노 양산계획을 발표하였으나 EUV 노광장비 도입이 어려워 7나노 이하 양산은 어려울 전망이다(한국수출입은행, 《이슈보고서》, 2020. 8).

53) The White House, "Building Resilient Supply Chains, Revitalizing American Manufacturing, and Fostering Broad–Based Growth", June 2020.

54) 환경 관세를 지지하는 사람들은 이러한 관세가 국가의 환경표준 수립 노력의 조화로운 혼합으로 이어지고 이 세금이 비준수 국가가 생산 과정을 개선하도록 장려한다고 주장한다. 환경관세로 인해 친환경 제품이 증가한다는 것이다. 반면 환경 관세 반대자들은 관세가 무역을 제한하고 더 청정하고 효율적인 프로세스를 채택하기 위해 소비자와 기업의 자연스러운 진행을 억제한다고 믿는다. 그들은 또한 관세가 오염원을 줄이거나 식별하는 데 아무런 역할도 하지 않는다고 말한다.

55) 일부에서는 다음과 같은 제안들을 하고 있다: 비관세 수단으로, 한국 국민 사이에서 대기오염을

발생시키는 공장에서 만든 중국 제품 대신 친환경 시설에서 생산한 물건을 사자는 자발적인 운동을 벌이자. 중국 내 친환경 시설에서 생산한 제품을 구매하자. 최후의 수단으로서 중국 내 미세먼지 유발 기업 제품에 대해 수입금지 조치 가능성도 고려하자.

56) UNITED NATIONS, "CLEARING THE AIR(2004)", *25 years of the Convention on Long-range Transboundary Air Pollution*, New York and Geneva.

57) 박태희(2019), 〈월경성 환경오염에 대한 중국의 인식과 접근〉, 《중소연구》, 제43권 제2호.

58) 아서 크뢰버 지음, 도지영 옮김(2017), 《중국경제》, 시그마북스, p. 327.

59) 한국일보와 한국리서치는 2021년 5월 25~27일간 웹조사(휴대전화 문자어 이메일 등) 방식으로 여론조사를 실시하였다. 대상은 전국 만 18세 성인 남녀 3,000명이고 표본오차는 95%, 신뢰 수준은 ±1.8포인트다. 응답률은 14.7%이다(한국일보, 2021. 6. 4, 〈한국인 '日 가장 혐오' 통념 깨진다. 2030세대 '中이 더 싫다〉).

60) Atlantic Councl, "Creat a Democratic Technology Alliance", April 8, 2021.

61) 세계일보(2021. 5. 1), 〈中 기술 권위주의 vs. 美 기술 민주주의…불붙는 국제표준 전쟁〉.

62) The White House(2021), "FACT SHEET: President Biden and G7 Leaders Launch Build Better World (B3W) Partnership", June 12.

63) 서울경제(2021. 6. 26), 〈'부채함정' 오명에 B3W까지…난관 부딪힌 '수퍼 차이나'의 꿈〉.

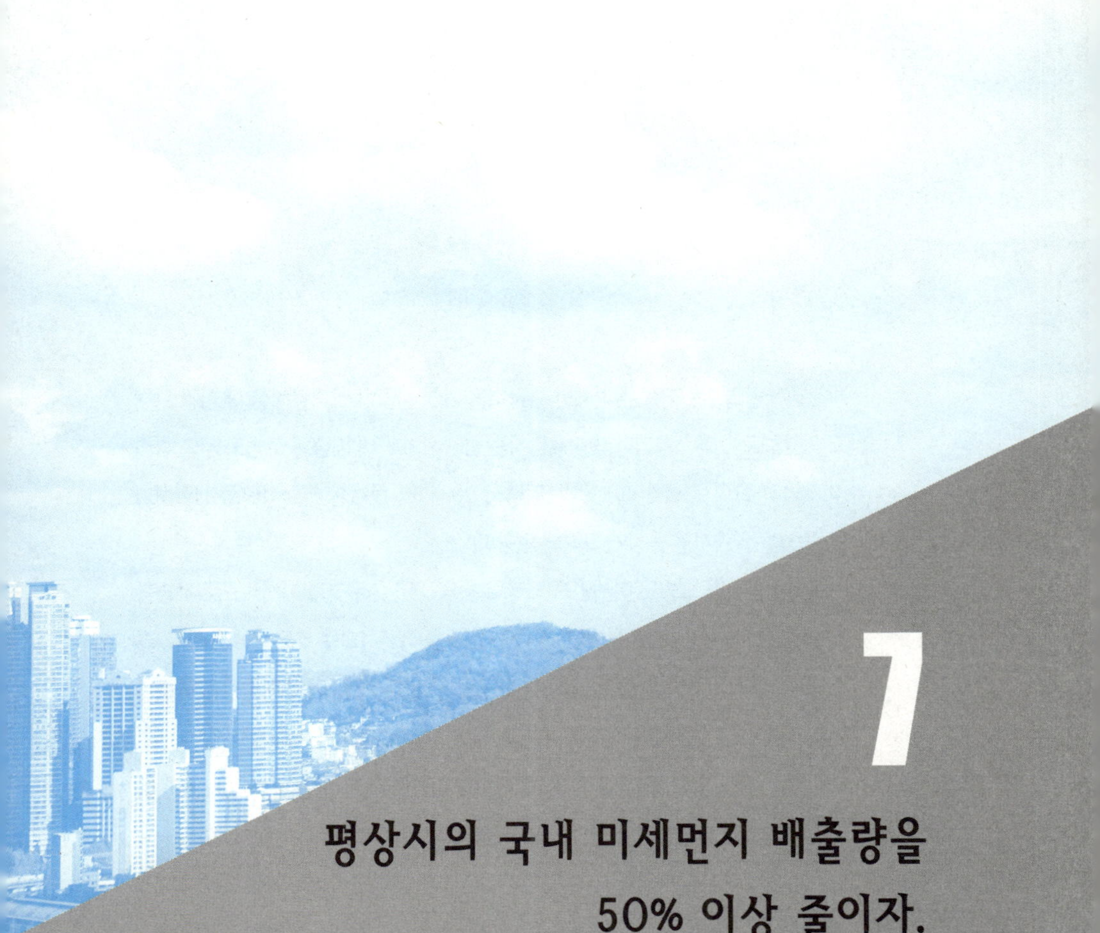

7

평상시의 국내 미세먼지 배출량을 50% 이상 줄이자.

우리 국민의 절반가량은 미세먼지 감축을 가장 시급하게 해결해야 할 환경 문제라고 생각하고 있다.[1] 우리나라 미세먼지는 평상시의 국내 배출과 고농도 시의 중국발 미세먼지 합으로 조성되어 있다. 따라서 미세먼지 문제를 궁극적으로 해결하기 위해서는 이 두 가지를 동시에 고려해야 한다.

그러나 중국발 고농도 미세먼지 해결도 중요하지만, 우리가 자체적으로 해결할 수 있는 국내 배출 미세먼지를 먼저 줄이는 정책을 적극적으로 추진해야 한다. 그래야 중국에 대해 미세먼지 배출량 감축을 요구할 수 있다. 또한 국내 배출량을 줄이는 대책은 국민 건강 개선에도 크게 기여한다.

이 장에서는 평상시의 국내 배출량을 50% 이상 줄이기 위한 감축 로드맵과 이를 실현하기 위한 다양한 정책방안을 제시한다.

1. 평상시의 국내 미세먼지 감축 로드맵을 마련하자.

국내 미세먼지 농도는 과거에 비해 감소 추세에 있다. 그러나 여전히 WHO 기준 대비 4배 이상이나 나쁜 수준에 머물러 있다. 최근 우리나라의 대기 정체 현상으로 미세먼지 농도 개선에 어려움이 존재한다. 이로 인해 국내 배출량뿐만 아니라 중국발 미세먼지의 영향으로 고농도가 자주 발생하고 있다.

6장에서 살펴본 바와 같이, 우리보다 먼저 대기오염 문제를 겪은 유럽 대륙과 캐나다는 국외발 및 국내 발생 대기오염 물질 감축이라는 두 마리 토끼를 동시에 잡는 데 성공하였다. 국경을 이동하는 대기오염 물질의 피해를 입은 유럽 국가들과 캐나다는 먼저 자국의 배출량 감축을 진행하면서 오염 원인자들에게 대기오염 물질을 감축하도록 압박하였다. 우리나라도 국내 발생 및 중국발 미세먼지 발생량을 동시에 감축할 필요가 있다. 이를 위해서는 우리가 자체적으로 할 수 있는 감축 정책을 먼저 적극적으로 추진하자. 평상시의 국내 배출량을 줄이는 대책은 국민 건강 개선에 크게 기여한다. 대기오염으로 인한 건강 부담은 상대적으로 낮은 농도에서도 중요하며 효과적인 공기 질 관리는 건강 위험을 최소화하기 위해서 필요하다. 저농도 미세먼지에 장기간 노출되면 건강 위해도가 증가한다. 따라서 현행 우리나라 대기환경 기준 15㎍/m³와 WHO 권고 기준 5㎍/m³를 조기에 달성하려는 노력이 요구된다.

으리가 먼저 미세먼지 감축을 추진해야 중국에 대해서도 감축을 요구할 수 있다. 중국이 우리나라에 책임을 전가하는 것을 회피하기 위해서라도 국내 미세먼지 배출량을 줄이는 것이 필요하다. 중국은 우리나라의 화력발전소와 국내 발생 요인들을 트집 잡아 우리가 미세먼지를 더 많이 배출한다고 주장한다. 중국의 관영 언론들은 국내 미세먼지의 주원인이 중국이 아닌 한국에 있다고 책임을 전가하고 있다. 향후 미세먼지 문제에 대해 한국과 중국은 유럽 및 미국·캐나다처럼 공동으로 대응하는 체제를 마련하는 한편, 국내적으로도 오염물질을 줄이기 위한 노력을 게을리하지 말아야 할 것이다.

EU는 미세먼지 감축을 위한 중장기 목표를 세우고 있다. EU는 2001년부터 유럽의 대기 질 개선을 위해 '국가별 배출량 상한 지침'을 채택하였다. 이 지침은 회원국의 오염물질 배출량 한도를 설정하고 이를 준수하도록 하고 있다. 2016년에 개정된 지침에 따르면, EU는 회원국의 초미세먼지 배출량을 2005년 배출량 대비 2020년에 22%를, 2030년에 51%를 감축하는 목표치를 제시하였다.[2] 또한 이 지침은 월경성 장거리 이동 대기오염 문제도 다루고 있다. 이러한 새로운 지침으로 인해 EU에서 대기오염으로 인한 조기사망은 2030년에는 2005년 대비 절반으로 감소할 전망이다. 2030년까지 매년 400~1,400억 유로의 건강편익이 발생하며 노동생산성 향상으로 매년 30억 유로의 직접편익도 발생할 전망이다. 추가적으로 의료비 절감, 농업생산성 증대, 건축물 피해 감소 등도 예상된다. 이 지침을 이행하는데 따르는 편익은 건강편익만을 고려해도 소요 비용 대비 41배 이상이다. 증대된 생산성과 경쟁력 강화로 10만 개의 일자리 창출과 경제성장에도 긍정적 영향을 미친다.[3]

현재 우리나라는 2024년까지 미세먼지 관리를 위한 5개년 계획을 추진 중에 있다. 이 계획은 2020~2024년의 5년 동안 미세먼지의 관리 방향과 추진 과제를 제시하고 있다. 반면 대기오염 문제 해결을 위해 유럽은 20년 이상, 일본은 10년 이상이 소요되었다. 우리나라는 미세먼지에 대한 중장기 목표가 부재한 실정이다. 한편, 온실가스 감축에 대해서는 2030년 장기 목표 및 2050년 탄소중립 전략을 수립하고 있다.

평상시의 국내 미세먼지 배출량을 감축하기 위해서 중장기 목표를 설정하고 이를 실제로 이행할 수 있도록 로드맵을 작성해야 한다. 1단계 목표로 2030년까지 국내 미세먼지 배출전망치(BAU: Business As Usual) 기준으로 50%를 감축하자. 2단계 목표로 2040년까지 BAU 기준으로 70%를 감축하기로 하자. 이를 달성하기 위한 부문별, 단계별 대책을 아울러 제시할 필요가 있다. 동시에 사후 모니터링 체계를 구축하여 실제로 감축되는지의 여부를 평가하고 피드백 시스템을 마련할 필요가 있다.

국내에서 발생하는 미세먼지를 감축시키기 위해서는 많은 비용이 수반된다. 발전, 산업, 수송, 생활 부문 등에서 미세먼지 감축 효과가 큰 대책들을 우선적으로 추진하여 비용 효과성을 증대시킬 필요가 있다. 대기환경 개선을 위해서는 에너지의 생산 과정에서 청정에너지 의존율을 높여야 하고, 에너지 소비 과정에서는 배출물질 규제 강화에 힘써야 한다. 또한 미세먼지 문제는 복합적인 문제로 에너지 및 사회·경제구조와 밀접하게 연관되어 있다. 한 가지 대책으로만 미세먼지 문제를 모두 해결할 수 없다. 따라서 미세먼지 배출을 저감하기 위해서는 환경, 에너지, 산업, 과학기술, 재정 등 여러 분야의 정책이 동일한 목표를 달성하도록 상호 연계되어 추진되어야 한다.

2. 부문별로 효율적인 미세먼지 저감 대책을 추진하자.

발전 부문의 미세먼지 저감 대책

발전 부문은 2016년 기준으로 국내 전체 미세먼지 배출량의 12%를 차지한다. 석탄발전소는 미세먼지를 배출하는 주요 배출원이다. 석탄발전소는 발전소 개수로는 전체 180기 가운데 60기인 33%를 차지하지만, 미세먼지는 전체 발전 부문의 93%를 배출한다. 발전소에서 배출되는 이산화탄소, 질소산화물, 황산화물 등은 광화학반응을 일으켜 다량의 초미세먼지를 만들어 낸다.

노후 석탄발전소는 전력생산의 효율성이 낮고 오염물질 배출이 높다. 따라서 미세먼지 저감을 위해 노후 석탄발전소의 가동을 중단하거나 조기 폐쇄하는 방안을 적극적으로 추진할 필요가 있다. 공정률이 낮은 석탄발전소 건설을 원점에서 재검토하고, 신규 석탄발전소의 건설을 원칙적으로 금지하는 방안을 검토하자. 현재 석탄발전이 전력생산에서 차지하는 비중이 가장 높다. 따라서 석탄발전 비중을 줄이면 다른 발전원을 그만큼 증가시켜야 한다. 가격 경쟁력 확보 및 보급 확산 지원을 통해 재생에너지 발전원을 증대시키는 방안도 고려해 보자.

발전소는 자동차와는 달리 24시간 가동되며 다량의 배출가스를 공기 중으로 뿜어낸다. 만약 배출되는 특정 대기오염 물질의 농도가 미량이라도 증가한다면 실제 그 배출량은 시간당 배출량과 배출시간의 배수로 증가하게 된다. 현재 운영 중인 석탄발전소의 환경설비 교체와 성능 개선을 통해 미세먼지 배출량을 최소화할 필요가 있다. 화력발전소의 대기오염 물질을 줄이기 위해서는 전기집진설비 등 친환경설비 등을 설치해야 한다. 이를 위해 정부의 재정지원을 확대하자. 또한 석탄 화력발전 사업자에게 배출가스 공시 의무를 부과할 필요가 있다. 예를 들면, PM10, PM2.5 등 미세먼지와 각종 대기오염 물질 배출량을 발전사업자가 실시간으로 온라인에서 공개하도록 하는 것이다.

전력 1MWh당 초미세먼지는 석탄발전 120g, LNG 발전 15g, 원전은 0g을 발생시킨다. 또한 발전원별 이산화탄소 배출량은 1GWh당 석탄발전 243톤, LNG 발전 97톤, 원전은 4.4톤이다.[4] 화석연료 가운데 석탄은 동일한 에너지 생산 시

미세먼지와 이산화탄소 배출량이 가장 크지만, LNG도 미세먼지는 석탄의 12.5%, 이산화탄소는 40%를 배출한다. 미세먼지 저감과 기후 변화 대응을 위해 제일 값싸게 얻을 수 있는 원전 사용량을 확대하는 방안을 검토하자. 미세먼지의 획기적인 저감과 탄소중립(net zero) 달성을 위해서는 원자력 발전이 필수적이다. 풍력·태양광과 같은 신재생 발전은 대규모로 증설하기가 어려워 미세먼지를 획기적으로 감축하기가 어렵고 탄소중립도 결코 달성하지 못한다. 향후 원전 재가동 및 원전의 신규 건설을 통해 미세먼지와 온실가스 감축을 적극적으로 추진할 필요가 있다.

산업 부문의 미세먼지 저감 대책

산업 부문은 2016년 기준 국내 미세먼지 배출량의 41%를 차지하는 최다 배출원이다. 이 가운데 1종 대형 사업장*이 63%를 배출한다. 대형 사업장 가운데 특히 발전과 철강, 석유, 시멘트 4개 업종의 미세먼지 배출량이 1~3종 대기배출업체 배출량의 88%를 차지하고 있다.

그동안 산업 부문에서는 불법 배출 등으로 인해 법집행이 현장에서 제대로 이행되지 않는 사례가 종종 있었다. 최근 대기오염 물질 배출량 조작으로 적발된 여수 산단과 석포제련소 사례와 같이 대기업까지도 불법 배출에 가담하였다. 정부는 미세먼지 고농도 시 경유차 관리 강화 등의 비상 저감 대책을 쏟아냈지만 정작 최대 배출원인 사업장 관리는 부실하였다. 미세먼지 배출원이 사업장에 집중되어 있으나, 미세먼지 예산은 이동오염원에 편중되어 있다.

* 대기배출업체는 연간 대기오염 물질 배출량에 따라 1~5종으로 구분하고 있다: 1종(80톤 이상), 2종(20~80톤), 3종(10~20톤), 4종(2~10톤), 5종(2톤 미만).

향후 상대적으로 소홀하였던 사업장의 미세먼지 관리가 강화가 필요하다.

1종 대형 사업장의 숫자는 전체의 2%로 소수에 불과하지만, 전체 사업장에서 배출하는 미세먼지의 63%를 배출하고 있다. 대형 사업장은 오염배출을 스스로 관리할 수 있도록 엄격하게 규제해야 한다. 즉, 환경오염 원인을 제공한 자가 환경오염의 방지·제거 및 손실에 대한 책임을 져야 한다는 〈대기환경보전법〉상의 오염원인자 책임 원칙을 엄격하게 적용해야 한다. 또한 대형 사업장은 총량관리제•, 통합환경관리제•• 등 새로운 제도 도입에 적극 참여하도록 유도하여 미세먼지 저감에 기여하도록 해야 한다.[5)]

단위 배출량은 적으나 4·5종의 중소 사업장 수는 2019년에 55,206개소로 전체의 91%에 달한다. 중소 사업장은 오염배출에 대한 직접 감시 및 관리가 어렵고 배출정보에 대한 불확실성이 존재한다. 4·5종 중소 사업장의 경우, 환경설비에 투자할 자본이 부족하고 해당 사업장에서 운영할 기술력이 미약하여 방지시설 설치를 적극적으로 지원할 필요가 있다. 특히, 중소 사업장은 규모가 작고 영세하여 노후 방지시설 개선이나 신규 방지시설 설치 등의 배출 저감시설 투자가 어려운 실정이다. 따라서 강화된 규제를 충실히 이행하여 미세먼지를 획기적으로 줄일 수 있도록 과감한 재정적, 기술적 지원이 필요하다.•••

또한 소규모 사업장은 자체 관리역량이 매우 부족한 실정이다. 전문 환경기술인을 의무 고용해야 하는 1~3종 배출사업장과는 달리 4·5종의 소규모 사

• 대기오염 물질 총량관리제는 사업장에 배출허용 총량을 할당하고, 방지시설 설치 또는 배출권 거래를 통해 할당량을 준수하도록 하는 제도이다. 수도권 지역은 2008년부터 시행하여 왔으며, 2020년부터는 중부권, 남부권, 동남권 내의 799개 사업장을 대상으로 총량관리제를 실시하고 있다.

•• 통합환경관리제는 2017년부터 시행된 제도이다. 사업장의 오염물질 배출시설을 대기, 수질 등 매체별로 관리하던 기존 방식에서 벗어나, 하나의 사업장 단위로 허가를 받고 통합적으로 관리하는 제도이다.

••• 환경부는 4~5종 소규모 사업장에 대해 사물인터넷(IoT) 측정기기 부착을 제도화하여 방지시설 등 운전 상태를 원격으로 점검할 계획이다.

업장은 기술자격을 요구하지 않는다. 규모가 영세하므로 전문인력 확보가 어렵기 때문에 방지기술 및 대응 능력이 미흡하다.[6] 중소 사업장을 대상으로 적정 수준의 환경기술인을 고용하도록 지원해야 한다. 또한 전문성 강화를 위한 교육 훈련 프로그램을 강화하도록 지원이 필요하다.

수송 부문의 미세먼지 저감 대책

2016년 기준 수송 부문은 전체 미세먼지 배출량의 29%를 차지하며, 이 가운데 경유차가 42%를 차지하고 있다. 경유차는 미세먼지 발생에 있어서 전체 배출원 가운데 4위로 기여하고 있지만, 인구가 밀집된 수도권 등 대도시에서는 기여도가 1위를 차지하는 주요 오염원이다.

최근 경유 차량의 지속적 증가 및 노령화가 나타나고 있다. 경유차는 2000년 3.6백만 대에서 2019년 3월에는 9.9백만 대로 2.7배나 증가하였다. 10년 이상된 노후 경유차가 전체 차량 비율에서 차지하는 비중은 2000년 5%에서 2019년 1월에는 31%로 급증하였다. 수송 부문의 미세먼지 배출량 가운데 노후 경유차가 63%를, 대형 트럭 및 버스가 29%를 차지하고 있다.

미세먼지 배출량이 많은 차종 순으로 감축 대책을 집중하자. 즉, 화물차(중대형 화물차 및 1톤 이하 소형 화물차) > 승합차(노후 차량) > 승용차(RV 차량) 순으로 정책 우선순위를 설정하여 효율성을 증대시킬 필요가 있다. 단기적으로는 정부 보조금 지원을 통한 노후 차량 교체 및 저공해화를 추진하고, 중·대형 화물차에 대해 유가보조금 지원을 축소하자. 중장기적으로는 저공해 엔진 기술 개발과 친환경차인 전기차, 수소차 보급을 활성화시키자.* 버스, 화물차, 건설

* 정부는 〈제4차 친환경 자동차 보급계획(2021~2025)〉을 수립하여 전기차, 수소차, 하이브리드차를 2025년에

기계, 이륜차의 친환경화에 대해 경제성을 이유로 제작사 및 장치개발사에서는 기술개발을 기피하는 경향이 있어서 정부 재정지원이 필요하다.

우리나라 자동차세제의 경우, 취득단계에서는 개별소비세와 취득세를 부과한다.• 개별소비세와 취득세는 자동차 가격을 기준으로 하고 있다. 따라서 환경오염이나 교통혼잡 등 자동차로 인해 발생하는 외부 비용의 반영이 미미한 수준이다. 반면 다수의 유럽 국가는 CO_2 배출량을 기준으로 취득세를 부과하고 있다. 특히 프랑스, 오스트리아, 벨기에, 이탈리아 등은 CO_2 배출량에 기초한 보너스-부담금제도를 도입·시행하고 있다. 벨기에, 이탈리아 등은 휘발유차와 경유차에 대한 세금을 차등 부과한다. 노르웨이, 싱가포르, 이스라엘 등은 CO_2뿐만 아니라 등록되는 자동차의 대기오염 물질 배출량을 고려하여 세금을 부과하고 있다.

최근 우리나라는 미세먼지 오염도의 악화로 인하여 자동차, 특히 경유차에서 배출되는 질소산화물 등 대기오염 물질의 삭감이 절대적으로 필요한 실정이다. 향후 취득단계에서 부과하는 개별소비세 및 취득세를 CO_2와 대기오염 물질의 배출량을 고려한 친환경 세제로 개편하는 방안을 모색할 필요가 있다.

한편, 우리나라에서는 자동차 보유 시 자동차세를 부과한다.•• 승용차의 경우를 보면, 배기량에 따라 자동차세를 부과하고 있다. 또한 차령이 오래될수록 자동차세를 경감하여 주는 시스템을 가지고 있다. 유럽의 사례를 분석해

283만 대(전체 차량의 11%), 2030년에 785만 대(전체 차량의 30%)를 보급할 계획이다.

• 개별소비세 세율은 자동차 가격의 5%이며, 추가로 개별소비세의 30%를 교육세로 부과한다. 취득세 세율은 자동차 가격의 7%를 부과한다.

•• 자동차세는 배기량 기준으로 cc당 80~200원을 부과한다. 여기에 추가로 자동차세액의 30%를 지방교육세로 부과한다.

보면, CO_2 배출량을 기초로 세금을 부과하는 나라가 다수 존재한다. 이외에도 일부 국가들은 대기오염 물질이나 사용 연료의 종류를 기초로 세금을 부과하고 있으며, 세액을 차령에 따라 차등 부과하고 있는 나라들도 있다.

향후 우리나라의 자동차세를 사용 연료, 차령, 배출가스 등급에 따라 차등적으로 부과하는 친환경세제로 전환시킬 필요가 있다. 보유단계에서 부과하는 자동차세는 현재 배기량을 기준으로 하고 있어 사용하는 에너지 종류에 대한 구분이 되어 있지 않다. 따라서 휘발유, 경유, LPG 등 사용연료를 구분하여 세율을 차등화할 필요가 있다.

또한 보유단계의 자동차세에도 자동차 배출가스 등급을 고려하여 개편할 필요가 있다. 환경부는 2019년 7월 1일부터 자동차 배출가스 등급제도•를 본격적으로 운영하고 있다. 이에 따르면, 자동차 배출가스 등급은 자동차의 연식, 유종, 미세먼지 등 오염물질 배출 정도에 따라 5개의 등급으로 분류된다. 전기차와 수소차는 1등급, 휘발유와 LPG차는 1~5등급, 경유차는 3~5등급을 부여받게 된다.[7] 이러한 환경부의 자동차 배출가스 등급제도를 적용하여 자동차세를 개편할 필요가 있다.

수송 부문의 미세먼지 저감 대책들 가운데서 실제로 가장 효과가 크고 비용이 적게 드는 저감 대책은 교통수요 관리라 할 수 있다. 교통수요 관리는 자가용 중심의 도시교통 정책에서 발생된 자가용 의존과 이로 인한 교통혼잡 문제를 해결하기 위해 등장한 정책으로, 사람의 통행 행태에 미치는 요소에 변화를 주어 통행 수단의 선택 과정에 영향을 줌으로써 교통혼잡을 해결하려는

• "자동차 배출가스 등급 산정방법에 관한 규정"(환경부고시 제2018-58호, 2018. 4. 25)에 따라 운행 중이거나 제작단계에 있는 모든 차량을 유종(휘발유, 경유, LPG 등), 연식(생산연도), 미세먼지와 질소산화물 등 오염물질의 배출 정도에 따라 5개 등급으로 분류하는 제도이다.

광범위한 정책들을 말한다. 과거 우리나라의 교통 정책은 도로건설 및 확장 등 공급위주로 정책을 추진하였다. 그러나 1990년대 이후 국민소득 증가와 마이카 붐 현상이 발생함에 따라 자가용 보유대수가 급증하였다. 이에 따라 교통혼잡 문제가 발생하였고 미세먼지 발생량도 크게 증가하였다. 기존의 교통수요관리 정책은 혼잡통행료 징수, 승용차 요일제, 저오염 배출지역 지정, 자전거 활성화 등이 대표적이다.

향후 미세먼지 발생량 감축을 위해 승용차 이용을 억제하고 대중교통 이용을 촉진하는 교통 부문의 수요량 감소 정책이 필요하다. 특히, 경제적 유인 제도를 활용하여 승용차 수요를 감소시킬 필요가 있다. 예를 들면, 대중교통 시설의 확대 및 서비스 확충을 위한 재정투자, 도심 통행세 징수, 주행세 도입, 대중교통 수단 이용자에 대한 세금감면 혹은 교통비 보조 등을 들 수 있다.

농축산업 부문의 암모니아 저감 대책

국내 배출원별 암모니아 배출량을 보면, 농축산업 부문에서 78%나 배출하여 가장 많다. 특히 가축분뇨와 비료 사용이 암모니아의 주요 배출원이다. 암모니아는 대기 중에서 황산화물, 질소산화물 등과 광화학반응을 통해 초미세먼지를 생성시킨다. 최근 농경지 감소 등으로 인해 비료 사용으로 배출되는 암모니아 양은 2001년 35,125톤에서 2015년 19,901톤으로 감소하는 추세에 있다. 반면에 축산분뇨 관리에서 배출되는 암모니아 양은 2001년 137,814톤에서 2015년 211,362톤으로 증가하는 추세에 있다. 특히, 양돈 부문은 축산분뇨 관리 암모니아 배출량의 약 45%를 차지한다.

유럽연합은 장기적인 암모니아 감축 목표를 설정하여 축산폐기물 등을 관리하고 있으나, 현행 국내 대책에는 암모니아 관리 목표가 설정되어 있지 않고 관리방안도 매우 취약한 실정이다. 미국, 유럽 등 주요 선진국에서는 축산 부문의 암모니아 생성, 증발, 이동을 억제하기 위한 효과적인 방안을 수립하여 이행 중이다. 우리나라도 농축산업 부문의 암모니아 삭감 목표를 세우고 배출량을 철저히 관리할 필요가 있다. 농축산업 부문에서의 암모니아 저감 대책은 우리나라의 초미세먼지 발생량을 줄이는 데 크게 기여한다. 농업 부문에서 발생하는 암모니아 관리를 위해서는 가축분뇨 처리와 비료 관리가 필수적이다.[8)]

3. 지자체의 미세먼지 관리역량을 강화하자.

지역 맞춤형 감축 정책 추진

2018년 12월 한국행정학회는 전국 지자체 공무원을 대상으로 미세먼지의 심각성에 대한 설문조사를 실시하였다. 이 설문조사에서 미세먼지 관련 업무 담당자의 31%는 미세먼지 문제가 매우 심각하고, 61%는 심각하다고 생각하는 것으로 나타났다.[9)]

미세먼지 배출량은 지역마다 다르게 나타난다. 2016년도 기준으로 미세먼지의 직접 배출(PM2.5)과 SOx, NOx, VOCs의 전구물질들은 모두 영남권의 기여가 크게 나타났다. PM2.5와 SOx는 충청권이, NOx와 VOCs는 수도권이 크게 기여하는 것으로 나타났다. 시·도별로 보면 PM2.5는 경북이, SOx는 충남이, NOx와 VOCs는 경기도가 가장 크게 기여하였다.[10)] 미세먼지 주요 발생원을 보면 도로가 우세한 지역이 있고 산업이 우세한 지역이 있다. 또한 석탄발전이 우세한 지역이 있다. 서울은 차량·난방, 충남은 발전, 경기도는 산업, 부산은 항만, 대전·광주는 차량이 주요 배출원이다.

2016년 7월 27일 서울시는 '대기 질 개선 특별대책'의 일환으로 연평균 미세먼지 농도를 2015년의 23㎍/m³에서 2018년까지 20㎍/m³로 낮추는 목표를 제시하였다. 2030년까지 초미세먼지 농도를 15㎍/m³까지 감축하는 장기 목표도 제시하였다. 이를 위해 서울 지역의 미세먼지 3대 발생 요인인 자동차, 건설기계 및 비산먼지에 대한 강도 높은 대책으로 미세먼지를 대폭 줄이고, 배출 영향이 가장 큰 교통 부문은 교통수요 관리 강화를 통해 발생 원인을 근본적으로 차단하기로 하였다.[11]

2016년 9월 21일 경기도는 '알프스 프로젝트'의 추진으로 미세먼지 배출량을 2020년까지 2016년의 1/3 수준으로 감축하여 알프스 수준의 미세먼지를 달성하는 것을 목표로 제시하였다. 이를 위해 경기도 내 영세 사업장의 노후 대기오염 방지시설을 교체하고 휘발성유기화합물(VOCs)을 유발하는 화학제품의 사업장에 오염방지시설을 설치하여 미세먼지 저감을 추진하기로 하였다. 이와 함께 전기자동차 공급 확대, 노후 경유차의 조기 폐차비용 지원, 도로먼지 제거, 폐비닐과 같은 농업잔재물의 분리 등 경기도의 실정에 맞는 다양한 대책을 추진하고 있다.[12]

환경부는 권역별 맞춤형 미세먼지 관리를 통해 국민 건강을 보호하고자 권역 관리 체계로 전환하였다.[13] 국내 초미세먼지 농도에 크게 영향을 미치는 지역을 중심으로 기존의 수도권 외에 중부권, 남부권, 동남권을 대기관리권역으로 추가 지정하였다. 초미세먼지 등 2024년까지 달성할 대기오염 개선 목표치도 권역별로 제시하였다. 이는 지역별로 현재의 대기오염 수준과 향후의 배출량 변화 등에 의한 영향을 고려하여 맞춤형 관리를 수행하기 위해서이다. 예를 들면, 수도권은 도로이동 오염원, 중부권은 발전소 및 제철소 등 대규모 배출 사업장, 남부권은 석유화학 등 대형 사업장, 동남권은 사업장 및 항만 관리 등을 추진하기로 하였다.

현재 종합적인 미세먼지 대책 및 대응 전략이 부재한 지자체가 다수를 차지하고 있어 이에 대한 대응책 마련이 필요하다. 또한 각 지역별로 미세먼지의 배출 특성과 발생 원인이 다르게 나타나므로 미세먼지 관리의 실효성 확보가 필요하다. 이를 위해 지역별 주요 발생 원과 지형조건 등 다양한 특성을 고려한 지역 맞춤형 정책을 수립·추진하고, 환류 체계 구축을 통해 감축 성과를 평가할 필요가 있다. 예를 들면, 수도권은 경유차와 건설기계와 같은 도로 및 비도로 이동오염원이 절대적인 비중을 차지한다. 따라서 경유차 중심으로 노후차 교체나 오염물질 저감장치 설치를 유도하는 대책을 추진하는 것이 효율적이다.

중앙정부의 지원 확대로 지자체의 관리 역량 강화

미세먼지 최다 배출원인 사업장의 경우 대기오염 배출시설의 허가, 개선명령 및 조업정지 등의 규제 권한이 지방으로 이양된 바 있다. 그러나 〈환경오염시설의 통합관리에 관한 법률〉에 따라 대기오염 물질을 연간 20톤 이상 발생하는 사업장의 허가는 환경부가 담당한다. 중소 사업장의 대기 관리 사무에 대해서는 지방 이양이 이루어졌지만, 막상 지자체는 실질적으로 대기 관리를 할 수 있는 부서와 인력이 없는 경우가 많다. 최근 측정대행업체와 배출 사업장에 대한 관리업무가 지방으로 이양된 후에 여수 산단의 배출량 조작사건 등

을 비롯해 불법행위가 늘어나고 있다. 이는 지자체의 관리 감독·체계상의 문제점과 연관이 있다.[14)]

지자체 공무원을 대상으로 미세먼지 대응에 대한 설문조사 결과를 보면, 기관 내 "미세먼지 담당 부서가 없다"고 응답한 비율이 59.8%로 "담당 부서가 있다"(40.2%)보다 더 높은 비율을 보였다. 담당 부서가 있는 경우, 부서 인원으로 '2명 이상~5명 미만'이 가장 높은 49.5%를 차지하였다. 수도권은 담당 부서가 있다는 응답률이 58.6%를 차지하였고, 그 외 지역은 40% 미만의 응답률을 보였다. 미세먼지 문제해결의 주체는 중앙정부라고 인식하는 비율이 가장 높았으며, 대다수 지자체는 조직 및 인적 자원, 역량 부족 등을 지적하였다.[15)] 한국행정학회의 설문조사 결과를 보면, 지자체 공무원들은 미세먼지 해결의 가장 큰 어려움으로 인력 부족(84%)을 가장 많이 꼽은 것으로 나타났다. 다음으로 예산 부족(74%)을 지적하였다.[16)]

최근 미세먼지 종합대책 등 중앙정부 차원에서 몇 가지 노력을 기울이고 있으나, 집행 기구격인 지자체와의 협업에 대한 논의가 미흡한 실정이다. 실제로 지자체 역시 미세먼지 문제해결에 소극적인 것이 현실이다. 효과적인 미세먼지 저감 대책을 이행하는 측면에서 중앙정부와 지자체 간의 협력을 통한 정책 효과 극대화가 필요하다. 중앙정부는 미세먼지 저감 및 관리를 위해 매 5년마다 종합계획을 수립해야 한다. 시·도지사의 경우 종합계획에 따른 시행계획을 수립하고 추진 실적으로 매년 보고해야 하므로 중앙·지방 차원의 협업의 중요성이 증대되고 있다.

EU와 일본에서는 중앙정부가 대기환경 기준과 법령을 제정하고, 집행은 지자체에 위임한다. 중앙정부는 미세먼지 기준 및 기준 강화의 근거를 마련하고 대기 질 관리 정책은 지자체가 담당한다.[17)] 미국의 경우, 대기환경 기준 및 각종 법령은 환경청(USEPA)에서 제정·공표한다.[18] 대기 질 관리를 위한 시행계획은 각 주에서 마련하며, 환경청의 승인하에 실행된다. 일례로 환경청이 전국적 시행을 위해 마련한 배출허가제도는 실제 집행을 각 주에 위임하고 있다.

우리나라도 중앙정부와 지자체 간에 환경 관리의 역할분담 방안 마련이 필요하다. 또한 지자체의 미세먼지 저감 노력에 대한 경영평가 및 인센티브 제공이 요구된다. 일례로 지자체의 대기관리 실적에 따라 특별교부금 차원의 인센티브 제공 방안이 요구된다. 미세먼지 관리 정책에 있어서 중앙정부와 지자체 간의 역할분담이 명확하게 설정되고 관리 주체가 상호 협력할 경우 미세먼지 관리 정책의 실질적 효과를 기대해 볼 수 있다.

중앙과 지방 정부 간의 역할분담과 함께 '환경자치' 도입 차원에서 지자체의 미세먼지 관리역량 확보가 필요하다. 미세먼지 관리는 중앙정부가 추진해야만 하는 전국적 과제인 동시에 지자체가 지역적으로 추진할 필요가 있는 정책 과제이다. 이를 위해 지자체의 관리역량 강화를 위한 당사자 참여형 거버넌스 발전이 필요하다. 구체적으로 말하면, 지방 공무원(규제자), 배출 사업장(피규제자) 및 중앙정부와 전문가들이 참여하는 정책 소통 플랫폼 구축이 필요하다.[19] 한편, 지자체 공무원들은 지자체의 정책 이행에 있어 여전히 중앙정부의 예산과 인력 지원에 절대적으로 의존하고 있는 실정이다. 향후 미세먼지 정책의 실효적 이행을 위해서 중앙정부는 재정 지원과 인력 확대를 통해 지자체의 관리역량 강화에 노력할 필요가 있다.

4. 에너지 가격 기능을 강화하여 과도한 에너지 소비를 줄이자.

에너지 과소비로 미세먼지 증가

우리가 일상생활에서 소비하는 석유, 천연가스, 석탄과 같은 화석연료는 다량의 미세먼지와 온실가스를 배출한다. 화석연료는 흔히 일컫는 '외부 비용,' 즉 사회적 비용을 초래한다. 이것은 생산 혹은 소비활동이 시장의 테두리 밖에서 발생하여 제3자에게 의도하지 않은 비용을 유발시키는 것을 의미한다. 현행 에너지 가격은 외부 비용을 제대로 반영하지 않아서 에너지 과소비를 유발하는 측면이 있다([그림 7-1]). 사회적으로 바람직하지 않은 과도한 수준의 에너지 사용은 미세먼지와 온실가스와 같은 환경 피해 비용을 초래하여 우리에게 막대한 건강 및 경제 피해를 가져다준다.

우리나라는 에너지 소비에 따른 대기오염 및 온실가스 피해 비용, 교통혼잡 비용 등 대규모의 사회적 비용이 발생하고 있다. 국내 에너지 부문의 사회적 비용은 대기오염 물질 배출로 인한 환경 피해 비용이 61조 원, 이산화탄소 배출에 따른 외부 비용이 15조 원 규모로 추정된다. 교통혼잡 비용은 29조 원의 외부 비용이 발생한 것으로 추정되며, 에너지 비축을 위한 에너지 안보 비용의 경우 12조 원으로 나타났다. 이러한 환경 피해 비용과 교통혼잡 비용, 에너지 안보 비용의 총액은 117조 원으로 GDP의 약 10%를 차지한다.[20] 그러나 에너지 관련 세수 규모는 23조 원 정도로 에너지 사용으로 발생하는 사회적 비용의 1/5 정도만 부담하고 있는 실정이다.

우리나라는 에너지의 다소비·저효율 소비 구조가 고착화되어 있다. 최근

[그림 7-1] **에너지 소비의 외부 비용과 내부화 방안**

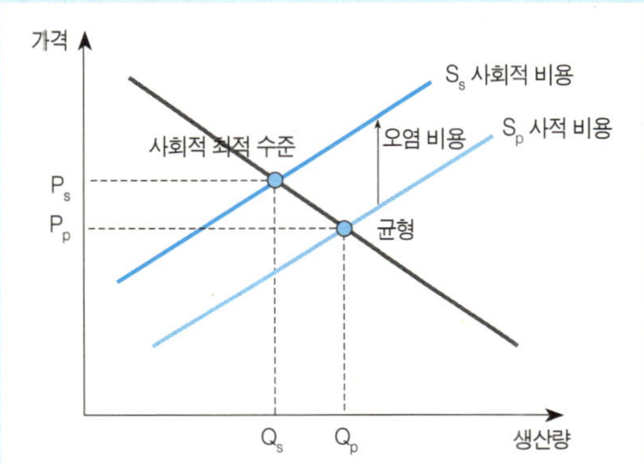

정부의 규제가 없는 에너지시장의 경우, 공급함수(비용함수)와 수요함수가 교차하는 수준에서 생산량과 가격이 결정된다. 이 경우 사회적으로 과잉 생산을 하게 되며, 미세먼지와 온실가스 같은 환경오염 물질을 사회적으로 바람직한 수준 이상으로 배출하는 수준에서 시장균형이 달성된다. [그림 7-1]에서 Q_p는 사회적으로 과잉 생산된 수준이다. 사회적으로 바람직한 생산 수준은 Q_s이며, 이를 달성하기 위해서는 외부 비용을 에너지 가격에 내부화시키는 환경세 부과가 필요하다. 환경세는 사회적 공급곡선(S_s)과 사적 공급곡선(S_p)의 차이, 즉 오염 비용만큼을 부과한다.

우리 사회는 에너지 다소비형 산업 구조, 부가가치 창출력 미흡, 에너지 절약 인식 부족 등으로 에너지 원단위가 선진국과 비교하여 매우 낮은 수준이다. 2017년에 우리나라의 에너지 원단위는 OECD 35개국 중 33위로 거의 꼴찌 수준이다. 국제에너지기구(IEA)는 에너지 효율 향상을 온실가스 감축 기여도가 가장 높은 정책 수단으로 제시하고 있다. 온실가스 감축에 에너지 효율 향상은 40%, 신재생에너지는 35%, CCUS 기술•은 14%를 기여하고 있다. 우리나라의 에

• CCUS(carbon capture, utilization and storage) 기술은 이산화탄소를 배출단계에서 포집, 저장, 활용하는 친환경 기술을 가리킨다.

너지 원단위는 제조업, 비제조업 구분 없이 미국, 일본, 독일에 비해 높다. 특히, 비제조업 부문에서 우리나라의 에너지 원단위는 일본, 독일에 비해 2배 이상 높은 실정이다. 이러한 에너지 다소비형의 산업 구조는 에너지 수요 관리 및 에너지 원단위 개선에 장애 요인으로 작용하고 있다.

또한 2017년 우리나라의 에너지 수입의존도는 94%에 달한 반면, 에너지 소비량은 세계 8위로 에너지 다소비 국가이다. 주요 선진국에 비해 에너지 소비가 가파르게 증가하는 상황에 있다. 2010~2017년 기간에 우리나라의 1차 에너지• 소비는 17.9% 증가하였다. 같은 기간에 일본은 14%, 독일 0.6%, 미국은 3.6% 증가한 반면, OECD 회원국은 평균 2.4% 감소하였다. 주요 선진국은 에너지 효율 향상을 통해 GDP 증가에도 불구하고 에너지 소비가 감소하는 탈동조화(decoupling)에 성공하였다. 반면, 우리나라는 GDP와 에너지 소비가 동시에 증가하는 동조화(coupling) 현상이 지속되고 있다([그림 7-2]). 우리나라의 경우 산업 부문에서 철강 및 석유화학 등 에너지 다소비 업종이 에너지 소비 증가를 주도하고 있다. 서비스업 성장으로 인한 건물 부문과 수송 부문의 차량 대형화로 인해 에너지 소비량이 꾸준히 증가하는 추세에 있다.

우리나라는 산업 및 발전 부문 등 여러 부문에서 에너지 가격의 현실화가 매우 부족하다. 우리나라 에너지세의 실효 세율은 OECD 평균 세율의 53.8%에 불과한 수준이다. 또한 각종 보조금 지급 및 비과세 조치가 이루어지고 있고 에너지 가격에 환경 피해 비용이 과소 반영되어 있다. 이로 인해 에너지 과소비가 발생한다. 기존의 낮은 에너지 가격은 화석연료의 실질적인 비용을 제대로 반영하지 못하여 대기오염 물질, CO_2 배출 등 외부 비용을 발생시킨다. 적

• 1차 에너지란 석유, 천연가스, 석탄 등 직접에너지원으로 사용되는 것을 가리킨다.

[그림 7-2] 국가별 GDP(조$), 1차 에너지 소비(백만TOE) 변화

출처: 관계부처 합동, 〈에너지효율 혁신전략〉, 2019. 8. 21.

정한 사회적 비용이 에너지 가격에 내부화되지 못할 경우 에너지원 간 소비 패턴 및 투자 구조의 왜곡을 초래하여 자원배분의 효율성을 저해시킬 뿐만 아니라 대기 질도 악화시킨다.

우리나라의 산업 부문은 에너지 투입이 많고 미세먼지와 온실가스를 다량 배출하는 특성으로 인해 단기적으로는 환경오염에, 장기적으로 기후 변화 대응에 취약하다. 향후 산업 구조를 저에너지·고효율 체제로 전환시켜 지속 가능한 경제성장을 이룰 수 있도록 에너지 가격 체계의 변화가 필요하다.

에너지 가격에 환경 피해 비용을 반영하자.

지금까지 우리나라의 미세먼지 대책은 정부 재정을 대량으로 투입하는 기술개발 프로그램을 추진하거나, 생산 및 소비활동을 직접적으로 규제하는 관리방식에 집중하고 있다. 전기차·수소차 보급,* 노후 경유차 규제, 석탄 화

* 미래차산업 발전 전략(2019)에 의하면 2030년까지 전기차 300만 대, 수소차 95만 대를 보급할 계획이다.

력발전소 가동 중단이 대표적인 사례이다. 미세먼지는 에너지 사용과 밀접한 관련이 있다. 특히 에너지 가격 정책은 에너지 사용량 및 에너지 효율성에 큰 영향을 준다. 미세먼지 등 환경 피해 비용을 반영하는 적정 에너지 가격 정책은 에너지 가격이나 전기요금의 상승을 초래하므로 이해관계자들의 저항이 클 수 있다. 그래서 정부는 국민적 저항이 매우 작은 기술개발 투자나 직접규제에 의존하고 있는 것으로 판단된다.

에너지세제의 외부불경제 교정 기능을 강화하기 위해서는 에너지원별로 현행 세율에 환경오염 및 온실가스 피해 비용, 교통혼잡 비용 등 사회적 비용을 최대한 반영하도록 노력해야 한다. OECD는 우리나라에서 급증하고 있는 사회복지 지출에 대응하기 위해 부가가치세, 재산세와 더불어 환경세와 같은 간접세의 비중을 확대하도록 권고하고 있다.[21] 외부 효과는 시장실패의 대표적 사례로 정부 정책이 개입될 수밖에 없는데, 대표적인 정책이 에너지세제를 통한 가격 조정 정책이다. 대부분의 국가들은 외부 효과를 '내부화' 하기 위해 연료세 및 환경세를 에너지 소비에 부과하고 있다. 환경세의 한 종류인 탄소세를 부과할 경우, 화석연료 사용량이 감소되면서 연소 과정에서 발생하는 SOx, NOx 등 초미세먼지 전구물질도 함께 줄어들어 일석이조 효과(공편익, co-benefit)를 가져온다. 탄소배출이 20% 감소하면 SOx와 NOx 배출량은 각각 21%와 14% 감소한다.[22]

더불어 환경세 부과는 오염원인자에게 기술진보 유인을 제공한다. 기술진보는 동일 배출량 수준에서 기업의 오염 저감 비용을 낮추거나, 혹은 동일한 오염 저감 비용 수준에서 기업의 배출량을 저감하는 역할을 한다. 또한 환경세 부과로 에너지원 간의 상대가격 변화를 가져와 신재생에너지와 같은 친환경 에너지 사용을 촉진시킨다.[23]

에너지 가격은 에너지 수요에 직접적으로 영향을 미친다. 에너지세제를 통해 시장가격을 교정함으로써 과도한 에너지 소비를 방지하고 에너지 이용의 효율성을 높일 수 있다. 또한 에너지세제는 환경, 건강, 기후 변화 등 에너지 사용에 따른 사회적 비용을 에너지 가격에 반영시킴으로써 에너지 사용으로 발생하는 외부 효과를 내부화시키는 기능을 수행한다. 사회적 비용이 포함된 에너지 가격을 바탕으로 소비자들은 어떤 종류의 에너지를 얼마만큼 사용할 것인가를 선택하게 된다.

현재 우리나라의 일인당 에너지 소비량은 증가 추세에 있고, 절대적인 에너지 소비량도 증가 추세에 있다. 향후 에너지 가격 기능 강화를 통해 에너지 소비량 감소를 적극적으로 유도할 필요가 있다. 독일은 2050년까지 1차 에너지 소비량은 2008년 대비 50% 감축하는 목표를 세우고 이행 중에 있다. 일본도 적극적인 에너지 효율 정책을 통해 최종에너지 소비량을 2016년 3.4억kℓ(원유환산)에서 2030년까지 3.2억kℓ 수준으로 감축할 계획이다.• 또한 우리나라의 에너지 자급률은 매우 낮은 실정으로 국가발전에 저해 요소로 작용할 가능성이 크다. 환경보호와 경제발전의 조화를 이루기 위해서는 현행 에너지세제가 시장 기능과 외부성의 교정 기능에 더욱 충실하도록 관련 정책을 추진해야 한다. 에너지 가격에 사회적 비용을 충실히 반영할 경우, 수요 측면에서는 에너지 소비 억제를 가져오고 공급 측면에서는 신재생에너지 확대를 도모할 수 있어 우리나라의 에너지 자급률을 증대시킬 수 있다.

더불어 에너지세제의 외부불경제 교정 기능을 강화할 경우 물가연동제를

• 우리나라도 '제6차 에너지이용 합리화 계획(2020~2024)'을 통해 2024년까지 에너지 소비량을 9.35% 감축하고, 에너지 효율을 13% 개선하는 목표를 수립하여 이행 중에 있다. 그러나 에너지 가격 기능 강화가 결여되어 있다.

동시에 고려할 필요가 있다. 우리나라의 에너지 과세 체계는 물가변동을 고려하지 않은 명목 종량세액을 장기간 이행함에 따라 환경세적 기능이 크게 약화되는 등 과세 체계 전반에 걸쳐 문제가 나타나고 있다. 이로 인해 시간이 경과함에 따라 실질 에너지 가격이 하락하였고, 저렴한 에너지 가격은 에너지 사용량 증가를 유도하는 결과를 가져오게 되었다. 이를 방지하기 위해서는 사회적 비용의 명목가치를 물가 수준과 연동시켜 실질세율을 유지하도록 할 필요가 있다. EU 국가들은 분기별로 종량세율을 물가에 연동시켜 에너지 가격을 조정하고 있어 우리에게 시사점을 제공한다.

5. 전기요금 현실화로 과도한 전기 소비를 줄이자.

과도한 전기화 현상으로 미세먼지 증가

우리나라의 전기사용량은 OECD 국가 평균 사용량의 2배 정도에 달한다. 우리나라의 1인당 전기사용량은 2018년에 10.2MWh로 2000년의 5.1MWh 대비 18년 만에 2배로 증가하였다. 2009~2018년 기간 동안에 총 전기사용량은 33.4%나 증가하였다. 특히 농사용 전기는 91.3%나 증가하였고 산업용 전기는 41.5% 증가하였다. 우리나라 경제의 전 부문에서 유류 소비 감소와 전기 소비 증가가 뚜렷하다. 2000~2018년 기간 동안에 전기 소비는 120%나 증가한 반면, 석유와 도시가스 소비는 각각 24%와 99% 증가하였다. 제조업 부문에서는 전력이 각종 가열 및 건조용 에너지 수요로 전환되고 있고, 농어업 부문에서는 각종 농수산물 건조용 에너지 수요로 전환되고 있다. 상업 및 가정 부문의 난방에너지

수요는 유류에서 전력으로 급속하게 전환되고 있다.[24]

우리나라는 석유, 가스 등 화석연료에 비해 이러한 화석연료를 연소하여 생성하는 전기요금이 낮아 에너지 소비가 화석연료보다는 주로 전기를 통해 이르어지는 '전기화' 현상이 발생하고 있다. 2009~2018년 기간에 전기요금은 46% 상승하였다. 반면, 동 기간에 중유 가격은 142%, 도시가스(산업용) 요금은 67%나 상승하였다. 고유가 및 유류세로 인한 등유 가격의 지속적 상승과 전기요금의 억제 결과 전기요금은 다른 나라에 비해 낮고 유류 가격은 더 높은 실정이다. 전기요금이 석유류 가격보다 높은 역전 현상이 발생하고 있는 것이다. 우리나라는 석유, 천연가스, 석탄 등 1차 에너지보다는 2차 에너지(전기)가 더 싼 유일한 국가이다. 석유, 가스 등으로 태워 생산되는 전기는 화석연료에 비해 에너지 효율성이 절반에도 미치지 못해 에너지 효율성이 매우 낮다.*

2019년의 발전용 LNG 및 유연탄 가격 인상에도 불구하고,** 우리나라의 가정용 전기요금은 OECD 국가에서 가장 저렴한 것으로 나타났다([그림 7-3]). 2019년에 우리나라의 가정용 전기요금은 kWh당 약 116원으로 OECD 26개국 가운데 가장 저렴한 수준이다. 산업용 전기요금도 kWh당 약 107원으로 OECD의 평균보다 낮은 수준이다. 석유제품과 도시가스 등 전기의 경쟁연료 가격은 지속적으로 상승한 반면, 전기요금에는 연료비 변동이 제대로 반영되지 않고 정부 정책에 의해 낮은 수준으로 억제되고 있다. 이렇게 낮은 전기요금으로 인해 제조업, 농어업 등 전 부문에서 전기화가 급격하게 진행되고 있다.

우리나라의 저렴한 전기요금은 신재생에너지의 시장 진입을 저해하는 요

* 유류, 가스가 전력으로 전환 시 열손실이 60%나 발생한다.
** 2019년 4월에 유연탄은 kg당 36원에서 46원으로 인상하였다. 발전용 LNG는 kg당 60원에서 12원으로 인하하였다.

[그림 7-3] 우리나라의 전기요금 국제 비교

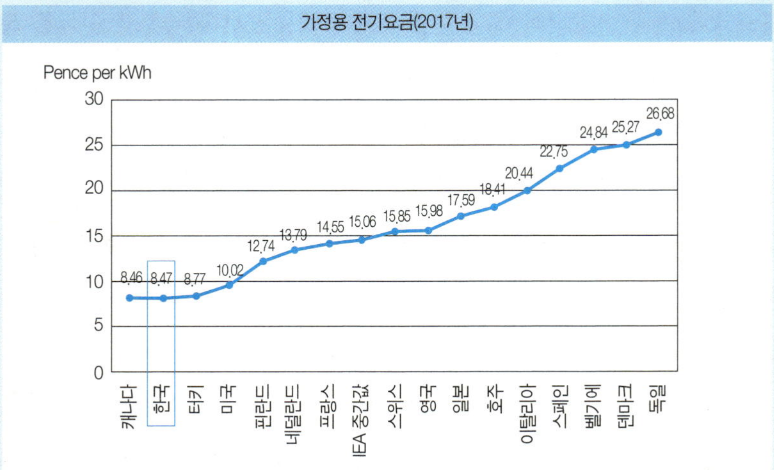

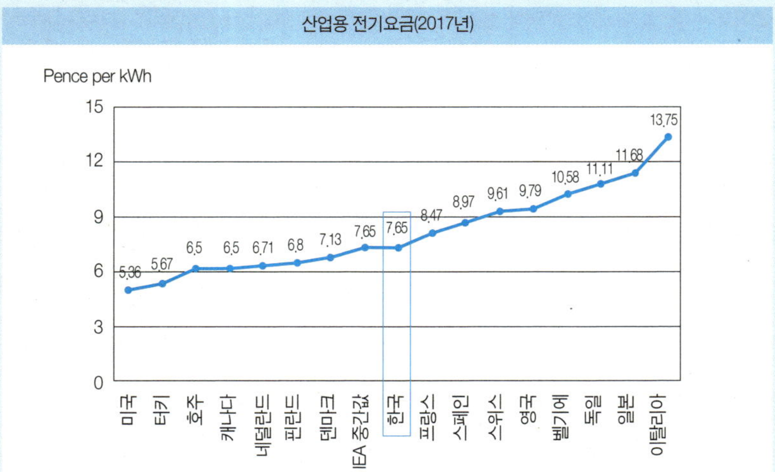

출처: IEA & 국가기후환경회의.

인으로도 작용한다. 낮은 전기요금으로 인해 전체 발전량 중 신재생에너지가 차지하는 비중은 2020년 6.8%에 불과하여 OECD 회원국 중 최하위를 기록하였다. 화석연료 연소에 따른 미세먼지나 온실가스 배출에 대한 환경 비용이 전기요금에 충분하게 반영되지 못하고 요금이 낮게 설정되어 전력 소비가 증가하고 있다.* 환경 비용을 제대로 반영하지 않는 우리나라의 저렴한 전기요금은 미세먼지와 온실가스 배출량을 큰 폭으로 증가시킨다.

전기요금 현실화로 전력 사용량을 감축시키자.

과도한 전력 사용량을 줄이고 합리적인 전력 사용을 유도하기 위해서는 소비자들에게 올바른 가격 신호를 전달하는 것이 매우 중요하다. 이를 위해서는 전기요금 인상을 통한 전기 가격 현실화가 이루어져야 한다. OECD에서도 우리나라의 높은 수준의 전기 소비를 낮추기 위해서는 생산 비용에 맞춰 전기요금 인상을 권고하고 있으며, 낮은 전기요금이 전력 사용량을 증가시키고 미세먼지와 온실가스 배출량을 증가시킨다고 지적하고 있다.

우리나라와 같은 원가 이하의 전력공급은 일종의 보조금을 지급하는 결과를 초래한다. 전력 소비 절약을 위한 수요 관리 강화 차원에서 단계적으로 원가주의 전기요금 체계로 개편해야 한다. 미국은 1970년대에 연료비 연동제를 도입하였고 일본은 1996년에 도입하였다. 유럽의 경우에는 전력시장이 자유화되어 연료비 변동이 도매 전력 가격 변동으로 이어지고, 이는 다시 소매 전력 가격 변화로 이어져 연료비가 변함에 따라 전기요금에 자동적으로 반

* 정부는 2021년부터 기후·환경요금을 별도 요금으로 분리하여 고지하고 있다. 그러나 부과 수준이 미미(5.3원/kWh)하여 환경 피해 비용을 제대로 반영하지 못하고 있는 실정이다.

영되도록 하고 있다.

향후 연료비 연동제를 통하여 연료비 변화에 따른 비용 증감을 전기요금에 반영할 필요가 있다. 발전 원가는 연료비에 좌우되며 전력 원가에서 연료비가 차지하는 비중은 약 50% 수준이다. 연료비 변동에 따른 비용 증감을 전기요금에 적절히 반영하여 전력에 대한 가격 신호를 소비자에게 적기에 전달할 필요가 있다. 정부는 2021년부터 현행 전력요금 체계에 연료비 조정제도를 도입하였으나 효과는 매우 미미하다. 연료비 변동 폭에 상하한(±5원/kWh)을 두어 유가 충격의 일부를 완화하는 수준에 불과하며, 큰 폭의 유가변동 시 전기요금에 제대로 반영되지 않는 구조를 갖고 있다.

전기에 대한 과세 대상은 생산물인 전기와 투입물인 발전연료이다. 전기에 과세하는 방안으로는 전기 사용량에 직접 과세하는 방법과 발전연료의 투입량에 과세하는 방법으로 나뉜다. 현재 발전연료에 대한 낮은 세금과 원가 이하의 전력 공급으로 전력의 과소비와 미세먼지 등 환경오염 문제가 발생하고 있다. 또한 LNG, 등유 및 프로판의 난방용 연료에는 세금이 부과되고 있으나, 미세먼지와 온실가스를 다량 배출하는 발전·산업용 연료인 유연탄과 중유는 거의 면세 수준으로 과세 형평성에 문제가 있다. 등유 및 프로판의 높은 가격으로 저소득층이 피해를 보아 겨울철 난방에 큰 경제적 부담을 가지고 있다.* 이러한 문제들을 해결하기 위해서 발전용 연료인 유연탄 및 LNG 등에 추가로 과세하는 한편, 동시에 전기에 직접적으로 신규 과세할 필요가 있다.[25] 이것은 전기요금 현실화와 과세 형평성을 동시에 가능하게 해 준다.

발전 원가와 환경 피해 비용 등이 반영되면 전기요금이 상승한다. 이 경우

* OECD에서도 권고하는 바와 같이 저소득층에 대한 지원방안은 에너지 가격을 인하하는 대신에 에너지 쿠폰(바우처)을 지급하는 방안이 효율적이다.

국민의 수용성을 높이는 것이 중요하다. 전력 수요 관리의 중요성에 대해 국민의 인식을 증진시킬 수 있는 논리를 개발하고, 전력요금 인상 예고제 등 해외 전기요금 인상사례를 분석하여 국민과의 소통을 강화할 필요가 있다.

6. 문정부의 탈원전 정책은 폐기되어야 한다.

'에너지 섬' 나라 대한민국: 에너지의 안정적 공급이 생존 조건

안정적인 에너지 공급은 국가발전의 기반 요소이다. 해외 국가들은 에너지의 공급 안정성을 국가안보 문제로 간주한다. 우리나라는 2017년 기준으로 전체 에너지의 약 94%를 해외에서 공급받는 해외 자원 의존형 국가이다. 우리나라는 지하자원이 매우 부족하며, 세계 상위권의 에너지 다소비 국가로서 에너지 안보에 매우 취약한 나라이다.

한 나라의 에너지 자급률이 낮으면 다른 나라의 에너지 자원에 의존하게 된다. 그러면 국제적인 정치안보 정세의 영향을 쉽게 받고 에너지 공급이 불안정해진다. 우리나라의 에너지 소비는 2016년에 OECD 35개 국가 중 미국, 일본, 독일 다음으로 많다. 그러나 에너지 자급률•은 원전을 포함하면 18.1%로 33위이고, 원전을 포함하지 않으면 3.3%로 OECD 국가 중 최하위 수준이다.[26] 우리나라의 에너지 자급률은 대부분 원자력 발전의 효과에 달려 있다. 따라서 문정부의 탈원전 정책이 진행될수록 원전 가동률이 낮아지기 때문에 에너지 자급

• 에너지 자급률이란 1차 에너지 공급 가운데 국산 에너지가 차지하는 비중을 나타내는 지표로 에너지 안보를 재는 척도라고 할 수 있다.

률은 지속적으로 하락할 것으로 예상된다. 우리나라는 조선, 자동차, 철강, 석유화학 등 제조업 강국으로 전력 수요가 많은 나라이다. 우리나라와의 경쟁 상대국을 고려해야지 제조업이 발달하지 않은 국가들의 탈원전 흐름에 무조건 따라가서는 안 된다고 판단된다.

독일 정부는 2022년까지 원전을 단계적으로 전부 폐쇄한다고 발표하였고 신재생에너지 발전량을 크게 증가시켰다. 그러나 독일은 인근 국가와 전력망이 연결되어 있어서 전력 수요가 갑자기 많아져 위급해질 경우, 프랑스나 체코의 원전으로부터 남는 전기를 수입할 수 있는 안전장치가 마련되어 있다. 즉, 유럽 전력망과 연결되어 있어 단전위험이 거의 없기 때문에 신재생에너지를 과감히 증대할 수 있는 여건이 조성되어 있다.

반면에 우리나라는 3면이 바다로 둘러쌓여 있고 나머지 한 면마저 DMZ으로 가로막혀 국토가 단절된 상태이다. 또한 우리나라는 일본이나 중국과 전력공급망이 연결되어 있지 않아 '에너지 섬나라'라고 볼 수 있다. 이런 점이 독일과 다르다. 우리나라는 인접 국가와의 전력망 연계가 불가능하며, 설령 북한에 송전선로를 설치하여 '적성 국가'인 중국과 러시아와의 전력망 연계가 가능하다 할지라도 정치·안보적 영향을 크게 받아 전력공급의 불안정성이 매우 높다. 전력공급이 부족할 경우 전력을 주변 국가와 공유할 수 없어 국가적 위기가 발생한다.

문정부는 원전 비중을 줄이고 신재생에너지를 확대하는 탈원전 정책을 추진하고 있다.[27] 탈원전과 탈석탄을 가속화하면 결과적으로 LNG 발전 및 신재생 발전이 급증한다. 풍력 및 태양광 발전은 태생적 문제점을 가지고 있다. 경제성보다는 이용 가능 시간의 간헐성과 불규칙성이 문제이다. 풍력이나 태양광 발전은 바람의 양이나 지속시간, 일조시간과 기후가 항상 일정하지 않아 정확한 예측이 어렵고 발전량과 발전 가능 시간도 들쑥날쑥하다.[28] 전력은 매 순간 수요와 공급이 일치되어야 한다. 전력의 과부족 혹은 과잉공급이 발생하면 대정전(black-out) 가능성이 높아진다.•

우리나라는 LNG를 외국에서 전량 수입해야 하고 값도 비싸서 전력공급의 안정성에 있어서 한계가 존재한다. 생산지가 한정되어 있어서 많은 물량을 구하기가 어려워질 수도 있다. LNG는 가격이 상승하는 문제가 전부는 아니다. 우리나라 에너지의 대부분은 말레이반도와 인도네시아 사이의 말라카 해협, 미·중 분쟁 지역인 남중국해를 통해 수송된다. 앞으로 원전과 석탄의 공백을 메우기 위해서는 많은 LNG 물량을 선박으로 운송해야 하는데 해상봉쇄나 전쟁 발발 시 수입을 못하고 All Stop될 위기가 상존한다.[29]

러시아산 천연가스와 유류를 북한이나 중국을 경유하는 파이프라인을 통해 우리나라로 운송하자는 제안이 논의된 바 있었다. 에너지를 파이프라인으로 공급받는 것은 중국, 북한, 러시아 등 주변국들과의 관계에 따라 공급단절 가능성이 존재한다. LNG는 한 달 이상의 장기 비축이 어려워 수입에 문제가 생길 경우 에너지 안보 문제와 경제위기로 직결될 가능성이 높다. 유엔 등 국제사회가 대북 제재를 시행하는 상황에서 북한의 비핵화 해법이 없는 한 에너지 안정성이 전혀 보장되지 못한다. 북한은 체제유지를 위해 절대로 핵을 포기하지 않을 것이며 북한의 군사적 위협도 상존하고 있는 실정이다. 중국은 우리나라 성주에 사드기지를 건설하자 한한령(寒韓領) 등 다양한 보복 조치를 아직까지도 시행하고 있다. 러시아로부터 북한을 경유하는 가스공급에 단절이 발생하면 가스가격 인상과 공급 불안정 문제가 존재한다. 일례로 2006년 1월에

• 2011년 9월 우리나라에서 발생한 순환 정전 사태가 대표적인 국가위기 사례이다.

러시아와 우크라이나 양국은 천연가스 공급가격 협상에 실패하면서, 러시아가 우크라이나에 대한 가스공급을 중단하였다. 이 여파로 인해 전 유럽에서 겨울철에 동사자가 다수 발생하였다. 이외에도 유럽은 러시아에 대한 에너지 종속으로 인해 여러 차례 국가적 위기를 겪은 바가 있다.*

최근에 논의되고 있는 '동북아 전력망 연계사업'에 따르면 재생에너지 자원의 빈국과 부국을 상호 연결함으로써 동북아 지역이 청정에너지를 사용할 수 있다고 주장한다. 동북아 전력망 연계사업은 역내 긴장 완화와 평화 정착에 기여한다는 장밋빛 전망도 제시하고 있다. 이 사업은 러시아의 수력자원, 몽골의 태양광 및 풍력자원의 매우 큰 잠재력을 실현하며 한국, 중국, 일본이 청정하고도 저렴한 전력을 활용하여 전력수급 안정에 기여한다고 주장한다. 그렇지만 이러한 전력망 사업도 러시아산 가스의 국내 도입처럼 동북아의 정치안보적 요인으로 인한 공급 불안정성이 상존하며 우리나라의 에너지 안보를 심각하게 침해할 수 있다.**

우리의 경쟁국인 중국, 일본 모두 원전의 유지 내지는 확대 정책을 펴고 있다. 중국은 전 세계적으로 신규 원전건설을 주도하며 가장 많이 원전을 건설하고 있다. 전 세계 원전 발전용량 증가의 50%를 차지하고 있다. 2017년 기준으로 총 37기를 운영하고 있으며, 24기를 현재 건설하고 있다. 향후 해상부유식 원전을 포함한 신규 원전을 178기나 더 건설할 예정으로 2030년에는 약 239기가 될 전망이다.[30] 일본은 2014년 '4차 에너지 기본계획'에서 원자력을 주요 기

* 러시아는 2007년 벨라루스와의 에너지 분쟁 때 송유관을 차단하였고, 2009년과 2014년에도 파이프라인을 이용하여 자원외교를 펼쳤다.

** 2021년 6월에 대통령 직속 '2050 탄소중립위원회'는 2050년에 탄소중립을 실현하기 위한 전원믹스 방안을 제시하였다. 여기에서 이 위원회가 제안한 1.4GWh급 원전 3기에 해당하는 전기(전체 발전량의 6~7%)를 중국과 러시아로부터 수입하겠다는 방안은 우리나라의 에너지 안보를 심각하게 위협한다.

저부하로 인정하였다. 2015년의 '전력생산 계획 2030'에 의하면 전력공급 중 LNG 27%, 석탄 26%, 재생에너지 22~24%, 원전 20~22%를 목표치로 제시하였다.

미국도 원전 재가동을 시작하였다. 2010년 오바마 대통령은 대표적인 환경론자임에도 불구하고 현재의 탈원전 정책은 잘못되었다고 판단하였다. 늘어나는 에너지 수요를 감당하면서 지구 온난화를 막기 위해서는 이산화탄소를 배출하지 않는 원전건설이 필요하다고 보고 원전 22기를 새로 짓기로 결정하였다. 트럼프 정부는 옛 영광을 되찾겠다고 선언하며 2018년에 첨단원전 연구개발에 1조 원을 지원하였다. 바이든 행정부는 탄소중립 이행을 위해 스마트 원전으로 불리는 소형모듈원자로(SMR)* 에 대한 대규모 투자계획을 발표하였고, 현재 운영 중인 원전의 수명도 80년으로 연장하였다. 이렇게 미국인들은 탈원전 정책을 잘못된 정책으로 인정하고 있다.

한편, 2018년에 문대통령은 원전 수출을 위해 체코를 방문하였다. 당시에 우리나라는 지난 40년간 원전을 운영하였는데 단 한 건의 사고가 없었다고 홍보하였다. 반면, 국내에서는 원전의 안정성에 큰 문제가 있다고 적극적으로 홍보하면서 신규 원전 건설 백지화, 노후 원전 수명연장 금지, 월성 1호기 조기 폐쇄 등 앞뒤가 전혀 맞지 않는 행보를 보여 주고 있다. 또한 2021년 5월에 문대통령과 바이든 대통령은 한·미 정상회담의 공동성명에서 "원전산업 공동참여를 포함해 해외 원전시장에서 협력을 강화하고, 최고 수준의 원자력 안전·안보·비확산 기준을 유지하기로 합의하였다"고 발표하였다.[31] 양국 정상이 협력을 약속한 내용은 해외 원전시장 진출에 관한 것으로서 국내 원전 사업

---

* 소형모듈원자로(Small Modular Reactor)는 증기발생기, 냉각재 펌프, 가압기 등 주요 기기를 하나의 용기에 일체화한 전기출력 300MW 규모의 소형원자로이다. 공장제작과 현장조립이 가능하여 차세대 원전으로 부상하고 있다. 또한 SMR은 '2050 탄소중립' 목표 달성을 가능하게 하는 중요한 탈탄소 기술이다.

과는 관련이 없다고 정부 측은 해명하고 있다. 산업부는 국내에 원전을 짓지 않겠다는 탈원전 정책은 그대로 밀고 나갈 것이라고 말하였다. 이렇게 '앞문 닫고 뒷문 열어주는' 문대통령의 행태에 "자국에서는 탈원전을 밀어붙이면서 외국에 원전을 수출하겠다는 것은 모순"이라는 비판이 나오고 있다.[32)]

에너지 공급의 안정성은 원전이 주는 중대한 편익이다. 이는 원전은 국내에서 공급하는 에너지원이기 때문이다. 원전은 에너지 수입 의존도를 줄이고 에너지자급률을 높임으로써 에너지의 공급 안정성에 기여한다. 향후 우리나라에서 기저부하는 원전이 담당하고 전력 수요의 증감에 따른 부하변동은 신재생과 LNG 발전과 같이 좀 더 신축적인 발전소들이 담당할 필요가 있다.[33)]

원전의 안전 및 사용후핵연료* 처리가 매우 중요

후쿠시마 원전사고 이후 안전의 중요성이 크게 부각되고 있다. 원전사고는 발생확률이 낮긴 하지만, 한 번 발생하면 국민의 생활 및 생명과 직결되는 결과를 초래한다. 원전 옹호자들은 원전에는 각종 안전장치가 있어서 어느 발전원보다 안전하다고 주장한다. 또한 원전은 값싸고 깨끗한 에너지원이라고 주장한다. 기후 변화로 초래되는 비용과 위험이 원전이 가진 문제보다 더 크다고 주장하기까지 한다. 반면, 원전 비관론자들은 원전의 운영과 폐기 과정에서 생길 수 있는 안전 문제를 가장 중요한 것으로 거론한다.

2016년 9월 12일에 경주에서 규모 5.1과 5.8의 지진이 발생하였는데 역대 최대 규모였다. 울산과 부산을 둘러싼 동해안 지역은 고리원전, 월성원전 등

* 사용후핵연료는 '상업용 또는 연구용 원자로에서 연료로 사용된 핵물질 또는 기타의 방법으로 핵분열시킨 핵연료 물질'을 의미한다.

국내 최대의 원전 단지로서 국민 불안이 가중되었다. 원전 가동에는 안전성이 기술적으로 담보되어야 한다. 심각한 사고 발생시 주변 주민이나 원전 근로자들의 안전 확보 시스템이 갖추어져야 한다. 가장 중요한 것은 원전의 안전성 평가이다. 원래 절대적으로 안전한 기술은 없다. 원전은 위험한 것이지만 규제와 기술적 대책을 강화함으로써 사회가 허용할 수 있는 수준까지 위험을 줄일 수 있는 것이 중요한 문제이다.[34)]

또 한 가지 큰 문제는 사용후핵연료 처리 문제이다. 원전을 가동하면 방사성 폐기물이 반드시 발생한다. 사용후핵연료의 저장과 해체된 폐기물의 보관 장소 찾기가 큰 문제로 대두되고 있다. 원전의 사용후핵연료 문제, 방사능 폐기물 처리 문제가 아킬레스건인 것은 오래전부터 지적되어 왔다. 그럼에도 불구하고 별다른 해결책을 찾지 못한 채 문제가 연기되어 막다른 골목에 놓여 있는 상황이다.

현재 저장 중인 전 세계의 사용후핵연료는 30만 톤 규모인데, 이 가운데 10만 톤은 재처리되었고 나머지 20만 톤은 습식이나 건식으로 저장하고 있다. 그러나 이마저 중간저장 단계일 뿐 최종적으로 처분하고 있는 곳은 세계에서 어느 나라에도 존재하지 않는다.[35)] 또한 사용후핵연료는 국가 간 이송에 규제를 받고 있다. 타국에 사용후핵연료를 위탁 재처리할 경우, 재처리한 뒤에 남게 되는 최종 방사성폐기물은 발생시킨 국가로 도로 이송해야 한다는 규제가 있다.

우리나라의 경우 사용후핵연료가 연간 750톤씩 발생되고 있다. 2015년 기준으로 24기 원전에서 발생한 사용후핵연료는 약 14,000톤으로 원전 내 저장시설에 보관 중이다. 방사선과 독성이 비교적 경미한 중·저준위 방사성폐기물은 경주에 처분시설을 확보하여 2015년 6월부터 관리 중에 있다. 그러나 고준위 방사성폐기물에 해당하는 사용후핵연료의 경우 현재 원전 내 저장시설 용량을 최대한 확충하여 원전 내에서 저장 관리 중에 있으나, 저장시설 용량에 한계가 있어 곧 포화 시점이 다가올 전망이다. 현재 발생량 추세를 보면 별도의 추가 조치가 없는 한 월성 원전(중수로)이 2019년부터 저장시설 포화가 되는 것을 시작으로 경수로형 원전은 한빛고리(2024년), 한울(2037년), 신월성(2038년) 순으로 포화될 전망이다.

원전의 사회적 신뢰 회복을 위해서는 안전성 증대가 필수적이다. 사용후핵연료 처리 문제 해결을 위한 연구개발 투자와 인재육성이 요구된다. 또한 정부는 지역주민과 지자체에 파격적인 유인책을 제공하는 등 사용후핵연료 처분시설 확보에 부단한 노력을 기울여야 한다.

원전과 신재생 발전 위주의 전원 믹스로 미세먼지 및 온실가스 감축 극대화

주요 선진국들은 2015년 파리에서 합의된 기후변화협약을 이행하기 위해 석탄발전 비중을 줄여나가고 있다. 영국은 2025년까지, 독일은 2038년까지, 프랑스는 2021년까지 석탄발전을 종결할 것을 대내외에 공표하였다. 반면, 우리나라는 제9차 전력수급기본계획에 의해 2034년까지 노후 석탄발전 30기를 폐지하는 대신에 24기를 LNG 발전으로 전환하기로 하였다. 또한 건설 중인 7기의 석탄발전소도 계속 짓기로 하였다. 이로 인해 2034년에 LNG 발전 비중은 약 31%나 되며 석탄발전도 15%를 차지할 전망이다.

우리나라는 언제든지 중국에서 대규모로 미세먼지가 날아올 수 있는 특수한 환경에 처해 있는 나라이다. 더구나 앞으로는 그 양이 대폭 늘어날 전망이다. 중국은 수년 내에 대규모의 석탄발전소를 우리와 가까운 동부 지역에 집중적으로 지을 계획이다. 어떻게 하든지 중국발 초미세먼지와 국내에서 발생하는 초미세먼지가 합쳐져 임계점을 넘기는 현상은 방지해야 한다. 이를 위해서는 국내 초미세먼지 발생의 주요 요인인 석탄발전을 최대한 줄여야 한다.

LNG도 화석연료로 정도의 차이가 있을 뿐 초미세먼지와 이산화탄소를 발생시킨다. LNG 연소로 배출된 이산화탄소 배출량은 석탄연소 시 배출량의 절반을 방출한다. 가스전 및 파이프라인, LNG 탱크로부터 대량으로 발생하는 메탄은 이산화탄소보다 온실가스 효과가 21배나 된다.[36] LNG는 기후 변화에 큰 악영향을 끼쳐 그 빛을 잃어 가고 있다.

최근 미국과 유럽에서 기후 변화 대응 잠재력 때문에 원전을 재검토하고 있다. 지구 온난화를 막기 위해서는 이산화탄소를 거의 배출하지 않는 원전이 매우 중요하다. 그린피스의 설립 멤버로 대표까지 역임한 패트릭 무어는 원전은 화석연료를 대체하고 에너지 수요를 충족시킬 수 있는, 그리고 온실가스를 배출하지 않는 유일한 에너지원이라고 강조하였다. 미국은 기전 발전, 즉 석탄과 천연가스 발전을 44%, 원전을 20% 유지하기로 하였다. 2018년 MIT 연구진은 미국에서 탄소중립을 달성하는 1,000개의 시나리오를 분석하였다. 이 가운데 가장 저렴한 방법은 원전을 활용하는 방법이었다. 원전은 365일 24시간 사용 가능한 유일한 탄소 제로 에너지원으로 원전만큼 효율적이고 친환경적인 전력생산 방법이 없다.[37]

우리나라는 '2050 탄소중립 추진 전략'을 무리 없이 실행하기 위해서 원전 감축의 속도 조절이 필요하다. 아니 원전을 오히려 더 증대시켜야 한다. 2020년 11월에 한국수력원자력이 실시한 설문조사를 보더라도 우리나라 국민의 65%는 원전이 필요하다고 응답하였다. 필요하지 않다고 응답한 비율은 15%로 원전이 필요하다는 여론이 4배 이상이나 높게 나타났다.[38] 우리나라의 에너지 정책은 원전 아니면 신재생에너지라는 배타적인 이분법에 갇혀 있어 문제가 되고 있다.* 원전과 같은 특정 에너지를 이념적으로 배제하는 것은 적절하지 않다. 우리나라는 저비용 전력을 안정적으로 공급하기 위해서, 또한 미세먼지와 이산화탄소를 획기적으로 감축하기 위해서 신재생발전과 원전 위주의 전원믹스를 추진할 필요가 있다.** 따라서 문정부가 추진해 오고 있는 탈원전 정책은 전면적으로 폐기되어야 한다.

이를 위해서는 운영을 중단한 신한울 2호기의 운영을 즉각 개시하고 신한울 3, 4호기의 건설을 하루속히 재개해야 한다. 현재 40년으로 명시한 원전수명을 안전성을 대폭 보강하여 해외 국가들처럼 60~80년으로 연장 운영함으로써 경제성을 확보할 필요가 있다. 한편, 탄소중립위원회가 발표한 에너지 믹스를 전면적으로 수정하고 원전 발전량 비중을 크게 늘려 '2050 탄소 중립' 목표 달성에 신뢰성을 담보해야 한다. 또한 차세대 기술이자 탈탄소를 담보하는 소형모듈원자로(SMR) 등에 대한 재정투자 지원을 강화하여 원전산업과 관련 기술을 활성화시켜야 한다.

* IEA(world energy outlook 2021)는 원전을 저탄소·친환경에너지라고 주장하면서 태양광·풍력·수력과 함께 탄소중립 달성을 위한 핵심 에너지원으로 말하고 있다. 즉, 원전과 신재생 발전은 배타적이 아닌 상호 양립 가능한 발전원으로 간주하고 있다.
** 미국의 바이든 대통령은 청정에너지시스템(clean energy evolution)으로 전환을 위해 신재생에너지와 원전으로 대표되는 전원믹스를 공약하였다.

1) 한국환경연구원(KEI)이 3천명을 대상으로 진행한 〈2019 국민환경의식조사〉에서 응답자 중 47%가 미세먼지 개선을 가장 시급하게 해결해야 할 과제로 지적하였다.

2) Acid News, No. 1, March 2014, "Air Pollution & Climate Secretariat", Göteborg, Sweden.

3) Acid News, No. 1, March 2014, "Air Pollution & Climate Secretariat", Göteborg, Sweden.

4) 데이비드 엘리엇 저, 이지민 옮김(2018), 《원자력, 우리의 미래인가?》, 교보문고·에너지경제연구원, p. 16; 원전의 이산화탄소 배출량은 전력 1KWh당 10g으로 화력발전의 1%에 불과하며 태양광(54g)과 풍력(14g) 발전보다도 더 적게 생성된다(이명헌, 2017, 《탄소경제학》, 학현사, p. 182).

5) 김동영 외(2019), 《미세먼지 개선의 핵심과제는 사업장 배출시설 관리역량의 강화》, 이슈&진단, 경기연구원.

6) 김동영 외(2019), 《미세먼지 개선의 핵심과제는 사업장 배출시설 관리역량의 강화》, 이슈&진단, 경기연구원.

7) 자동차 배출가스 등급 산정에 관한 규정(환경부 고시 제2018-58호, 2018. 4. 25).

8) 신동원(2018), 〈미세먼지(PM2.5) 개선을 위한 암모니아 관리 필요성과 정책방안〉, 《KEI 포커스》, 제36호, KEI.

9) 설문조사 대상은 전국 지자체 미세먼지 담당자이며 조사기간은 2018. 12. 18~12. 22, 조사방법은 웹디자인 방식(한국행정학회, 2018. 12).

10) 심창섭 외(2020), 《미세먼지 통합관리 전략 수립 연구》, KEI.

11) 주현수 외(2018), 《미세먼지 통합관리 전략 수립 연구》, KEI, pp. 159~163.

12) 주현수 외(2018), 《미세먼지 통합관리 전략 수립 연구》, KEI, pp. 159~163.

13) 환경부 보도자료(2020. 4. 3), 〈권역별 맞춤형 미세먼지 관리로 국민 건강 보호한다〉.

14) 국회입법조사처, 《미세먼지 행정의 현황과 개선과제》, NARS 현안분석 Vol. 57, 2019. 5. 27.

15) 지자체 미세먼지 관리 대책 담당자 96명을 대상으로 설문조사 실시. 조사기간: 2020. 7. 28~8. 24(28일간), 웹 설문시스템을 활용한 온라인 조사(심창섭 외, 2020, 《미세먼지 통합관리 전략 수립 연구, 미세먼지 통합관리를 위한 정책지원 자료 구축》, KEI).

16) 조사 대상은 전국 지자체 미세먼지 담당자이며 조사 기간은 2018. 12. 18~12. 22, 조사방법은 웹디자인 방식(한국행정학회, 2018. 12).

17) 김윤수 외(2019. 11), 《미세먼지특별법에 대응한 맞춤형 전략세워 서울시, 미세먼지 관리에 선도적 역할 강화》, 이슈페이퍼, 서울연구원.

18) 캘리포니아주는 미국 환경청보다 강화된 자체 대기환경 기준 및 해당 기준 준수를 위한 법령의 제정 및 집행이 가능하다.

19) 심창섭 외(2021), 〈국내 미세먼지(PM2.5) 관리 개선을 위한 과제〉, 《KEI 포커스》, 제9권 제4호.

20) 강만옥 외(2012), 《화석연료 사용의 사회적 비용 추정 및 가격구조 합리화 방안(I)》, KEI; 강만옥 외(2015), 《에너지세제의 환경친화적 개편 및 지속가능한 환경재정체계 구축방안 연구》, KEI.

21) OECD(2015), 《한국경제보고서》.

22) 이명헌(2017), 《탄소경제학》, 학현사, p. 42.

23) 이명헌(2017), 《탄소경제학》, 학현사, p. 46.

24) 강만옥 외(2012), 《자원·환경위기 시대에 대비한 에너지 가격체계 추진전략 연구, 전기요금 개편 중심》, KEI.

25) 강만옥 외(2012), 《자원·환경위기 시대에 대비한 에너지 가격체계 추진전략 연구, 전기요금 개편 중심》, KEI.

26) World Energy Balances(2017).

27) 문대통령은 유엔 공식 기념일인 '푸른 하늘의 날'(2020. 9. 7)에서 "깨끗하고 안전한 에너지로의 전환을 가속하겠다"며 "석탄 화력발전소는 임기 내에 10기, 2034년까지 20기를 추가 폐쇄하겠다"고 약속하였다. 그리고 "태양광과 풍력설비를 2025년까지 2019년보다 3배 이상으로 확대할 계획"이라고 밝혔다.

28) 단, ESS시설이 안정적일 경우에는 에너지 변환 효율과 이용 효율이 향상된다. 그러나 여기에는 많은 비용과 시간이 소요된다.

29) 최연혜(2018), 《대한민국 Black-out》, 비봉출판사, p. 26.

30) WNA(World Nuclear Association).

31) 한겨레신문(2021. 5. 22), 〈'2021 탈원전'으로 시작한 문재인 정부 '원전수출'로 문닫나〉.

32) 조선일보(2021. 5. 22), 〈국내선 탈원전하면서, 미국 가서는 '원전 수출' 논의〉.

33) 데이비드 엘리엇 저, 이지민 옮김(2018), 《원자력, 우리의 미래인가?》, 교보문고·에너지경제연구원, p. 234.

34) 우에다 카즈히로 저, 이수철·조용성 역(2014), 《그린에너지 원론》, 하이에이전시, p. 26.

35) 조석(2017), 《새로운 에너지 세계》, 메디치, p. 328.

36) 레스터 브라운 지음, 정성우·조윤택 공역(2015), 《에너지 대전환》, 어문학사, p. 24.

37) 빌게이츠 저, 김민주·이엽 옮김(2021), 《기후재앙을 피하는 법》, 김영사, p. 123.

38) 2020년 11월에 한수원은 여론조사기관 엠브레인에 위탁하여 원전의 필요성에 대한 설문조사를 실시하였다. 설문조사는 전국 17개 시도에 거주하는 만 19~59세 성인 1,500명을 대상으로 진행하였다.